广东当代金融史

上册

Contemporary
Finance:
A History of
Guangdong

许涤龙 主编

中国社会科学出版社

图书在版编目（CIP）数据

广东当代金融史：全三册/许涤龙主编.—北京：中国社会科学出版社，2023.12
ISBN 978-7-5203-3073-2

Ⅰ.①广… Ⅱ.①许… Ⅲ.①金融—经济史—广东—现代 Ⅳ.①F832.97

中国版本图书馆 CIP 数据核字（2019）第 296280 号

出 版 人	赵剑英
责任编辑	喻　苗
责任校对	曲　迪
责任印制	王　超

出　　版	中国社会科学出版社
社　　址	北京鼓楼西大街甲 158 号
邮　　编	100720
网　　址	http://www.csspw.cn
发 行 部	010-84083685
门 市 部	010-84029450
经　　销	新华书店及其他书店
印　　刷	北京明恒达印务有限公司
装　　订	廊坊市广阳区广增装订厂
版　　次	2023 年 12 月第 1 版
印　　次	2023 年 12 月第 1 次印刷
开　　本	787×1092　1/16
印　　张	89
插　　页	2
字　　数	1048 千字
定　　价	598.00 元（全三册）

凡购买中国社会科学出版社图书，如有质量问题请与本社营销中心联系调换
电话：010-84083683
版权所有　侵权必究

《广东当代金融史》
编纂委员会名单

总 顾 问：宋 海　陈云贤

学术顾问：叶世昌

委　　员（按姓名笔画排序）：

丁方忠　于海平　白鹤祥　刘平生　刘佳宁
任志宏　许涤龙　邱 勇　邱亿通　陈 刚
陈 剑　陈双莲　何伟刚　何晓军　李腾飞
罗向明　聂林坤　钟 雄　胥东明　倪全宏
黄 富　梁建国　彭大衡　裴 光　蔡卫星
蔡进兵　潘文波

主　　编：许涤龙

副 主 编：陈双莲　陈 刚

编写工作组：许涤龙（召集人）何伟刚　胥东明　刘佳宁
　　　　　　　罗向明　任志宏　蔡卫星　陈 刚　钟 雄
　　　　　　　彭大衡　蔡进兵　陈双莲　封艳红　胥爱欢
　　　　　　　刘晓晗　汪子萧　张 伟　王 茜　刘盛宇

　　　　　　　　黄锐生　尹志勇　阮珊妮　庄德栋　宋思琪
　　　　　　　　汤智斌　许　啸　陈国容　周雨欣　谭汉荣
　　　　　　　　于鑫蕾　况　涛　岑敏华　唐辉宇　魏吉文
　　　　　　　　董晗月　黄　俊　肖　尧　刘公石　张　俊
咨询工作组：陈双莲（召集人）　薛　冰　张跃国　刘少波
　　　　　　　　吴超林　雍和明　邹新月　易行健　邢益海
　　　　　　　　王美怡　刘小敏　袁笑一　苏　赟　张之祥
　　　　　　　　陈平健　李庆新　何华权　曾金贤　曾　山
　　　　　　　　王德昌　杨轶明　欧峻青　李锦霖　陈　平
　　　　　　　　陈逸飞　林新贵　徐秀彬　余　波　蒋　伟
　　　　　　　　曾　力　邓晓云　聂丽燕　赵志涛　李贵远
　　　　　　　　庄希勤　李有生　梁小敏　廖检文　吴仲安
　　　　　　　　李志鹏　李嘉颖　李溢航　杜　霏　熊万高
调研工作组：陈　刚（召集人）　孙　犇　汤　胜　马　冰
　　　　　　　　江　乙　吴劲军　梁　胜　刘立新　郑铭荣
　　　　　　　　邹玮烨　杨凤麟　汪丹霓　程明庆　罗力怡
　　　　　　　　冯智圣　林遥鹏　徐　远　尹旭东　李美洲
　　　　　　　　余始兴　靳钰凌　苏基溶　李锋森　邱全山
　　　　　　　　梁　欢　戈志武　张　芳　杨　亮　陈　静
　　　　　　　　陈志炎　张良驹　欧魏海　邓勋平　刘家生
　　　　　　　　曾　翔　颜征程　李关进　郑玉航　韦庆芳
　　　　　　　　罗文棋　陈思达　马　超　高惠南　胡　阳

（以上编撰工作班子均按承担工作任务先后排序）

前　言

新中国成立以来，广东发生了翻天覆地的变化，改革开放之后广东的变化更是日新月异。从地区生产总值（GDP）看，广东GDP从1949年的20.30亿元，增加到1978年的185.85亿元，继而增加到2021年的124369.67亿元，成为全国首个GDP突破12万亿元的省份，无论按照何种口径和价格计算，广东GDP都实现了成百上千倍的增长。从1949年到1978年再到2021年，广东在全国GDP总量中所占的比重从5.67%变为5.35%进而达到10.87%。从1989年开始，广东GDP已经连续33年位居全国省份第一。即使放到世界范围来看，2021年广东GDP总量折合为1.92万亿美元，按经济体排名也可排进全球主要经济体前10位，超过部分西方发达国家。

金融对广东发展起着举足轻重的作用。2021年，全省金融业增加值11058亿元，占GDP比重达到9%，金融业已成为广东名副其实的支柱产业；金融机构总资产达到34万亿元，金融业实现税收4169亿元，占全省税收总额的1/6；金融产业主要发展指标基本位居全国首位或前列，金融服务实体经济的水平和效能大幅提高。广东金融的改革创新同样走在全国前列，进入新时代，广东先是经国家有关部门批准启动建设珠江三角洲金融改革创新综合试验区、深化粤港澳台金融合作改革创新试验区（广州南沙）、全国小微企业信用体系建设试验区（江门）和全国农村信用体系建设试验区（梅州）；继而广东自贸区设立并获批开展系列金融改革创新试验（广州南沙、深圳前海蛇口、珠海横琴），广东省获批设立全国首批绿色金融改革创新试验区（广州花都），《粤港澳大湾区发展规划纲要》规划建设大湾区国际金融枢纽和多个富有特色的金融中心，《关于支持深圳建设中国特色社会主义先行示范区的意见》及其相关规划全面谋划深化金融改革开放的创新举措；2021年，谋划多年的广州期货交易所经国家有关部门批准设立，党中央、国务院批准实施《横琴粤澳深度合作区建设总体方案》和《全面深化前海深港现代服务业合作区改革开放方案》，2022年国务院又颁布实施《广州南沙深化面向世界的粤港澳全面合作总体方案》，为粤港澳金融合作创新提供了更加前沿的发展平台。相关情况表明，新时代改革开放越是向前，广东承担的改革创新使命越是重大，广东金融改革发展的步伐越加迅捷。

广东当代金融的发展植根于深厚的岭南金融历史底蕴。广东是中国最早开放的地区和商品经济的主要发源地，也是中国近现代金融业发展的先驱。清嘉庆十年（1805年），由宝顺洋行、怡和洋行等外商在广州成立的谏当保安行，是中国最早成立的保险机构；道光二十五年（1845年），最早进入中国的外国金融资本——英国丽如银行在香港设立分行、在广州设立分理处，成为中国最早成立的银行机构。与此相应，近现代中国的金融制度、金融机构和金融工具，许多都是自广东发端的。《岭南金融史》的研究表明，岭南地区具有深厚的金融历史文化底蕴和不竭的金融创新发展动力，挖掘以广东为代表的岭南金融历史对弘扬岭南优秀历史文化和指导当代广东金融改革发展具有重要意义。

广东当代金融发展的根本在于中国共产党的坚强领导。中国共产党历来高度重视金融工作，革命战争年代，党领导下的革命政权就在广东等地建立银行、发行货币并卓有成效地组织开展金融工作，为革命的全面胜利奠定了基础。新中国成立后，党领导的人民政权传承红色金融基因，在广东迅速恢复金融市场秩序并建立起社会主义金融框架，为广东实现社会主义改造、推进社会主义建设作出巨大贡献。改革开放以来，在党中央的部署和指引下，广东始终走在中国特色社会主义建设的前列，通过不断探索、艰苦实践逐步建立起适应社会主义市场经济发展要求的现代金融体系，并在进入新时代以后逐步走上高质量发展的现代化金融发展道路。由此可以说，新中国成立以来广东金融的发展历程，既是赓续红色金融血脉的辉煌历程，也是彰显党领导下的社会主义金融事业服务于社会主义改造、建设和改革并在此过程中不断发展壮大、不断创新进步的壮丽篇章，是值得当今人们尤其是当今广东金融人深入研究总结并大力弘扬宣传的历史领域。

正因为如此，广东省人民政府时任副省长欧阳卫民在省委、省政府领导下，基于历史责任和时代担当，于2018年10月提出编纂《广东当代金融史》的理论构想和工作要求，[①] 明确要求有关部门组织金融系统、学术机构和专家学者系统整理、深入挖掘新中国成立

---

① 2017年12月，根据当时尚在广州市工作的欧阳卫民同志的意见，广州市金融工作局时任副局长聂林坤曾召集广州市社会科学院许涤龙、广州市金融工作局政策法规处欧峻青、广州国际金融研究院（广州大学金融研究院）钟雄、广州金融业协会陈双莲等开会商讨开展《广东当代金融史》研究编撰事宜，并形成了"关于联合组织开展《广东当代金融史》研究编写工作的会议纪要"报欧阳卫民同志审阅。

以来广东金融史实史料，总结探讨广东当代金融的历史成就、发展规律与独特经验，为新时代全面深化广东金融改革开放、部署广东金融强省升级建设提供理论依据，为岭南金融博物馆更新建设及全省各类新型金融机构平台创新建设提供智力支撑；并提出希望通过《广东当代金融史》讲好广东金融故事，为宣传广东金融提供丰富生动的素材，以此书向新中国成立70周年献礼，或者向中国共产党成立100周年献礼。随即，广东省地方金融监管局根据省政府研究部署全省2019年度金融重点工作会议的精神，将该项工作明确列入"2019年广东省重点金融工作责任清单"，要求有关责任单位"带领全省金融系统深入学习贯彻习近平新时代中国特色社会主义思想和习近平总书记重要讲话精神，一体领会、整体落实，加强学习调研和金融文化研究，编撰《新中国广东金融史》（当时项目名称）"。欧阳卫民同志领导组建了《广东当代金融史》编纂委员会，形成了有序的组织体系和高效的运作机制，并进行了适当的工作分工。其中，组织协调和行业支持工作主要由广东省地方金融监管局协同中央驻粤（深）金融监管机构、组织市（县）政府金融部门等承担；理论研究和书稿编撰工作主要由广州市社会科学院组织有关科研单位、高等院校等承担；调查研究和资料搜集工作主要由广州金融业协会组织有关金融机构、社会组织等承担（广东南方金融创新研究院承担了前期部分调研工作）。

在本书编纂委员会领导下，广州市社会科学院时任副院长许涤龙教授牵头制定了《〈广东当代金融史〉编撰工作方案》，提出了本书的研究编撰思路、内容框架结构、工作进度计划和组织实施安排等，同时制定了本书的编撰大纲、编撰规范和调研方案，一并报有关领导同志和省地方金融监管局审阅后执行；约请政府部门、监管机构、科研单位、高等院校等方面专业人员建立起《广东当代金融史》的编撰工作班子和专家队伍，并以此为班底组织推进研究编撰的各项工作。其中，编写工作组主要依托《岭南金融史》的研究编写人员并约请有关领域的专家学者和专业人员组成，主要负责本书各章内容研究和书稿撰写，按章次组建了研究编撰团队并以系列课题形式开展研究编撰工作；咨询工作组主要由政府部门、监管机构、学术机构等单位专家学者和专业人员组成，主要负责为本书研究编撰提供专业性建议、承担书稿评审任务并提出修改意见等；调研工作组主要由金融机构、行业协会、文化单位等方面专业人员和工作人员组成，主要负责为本书组织开展系列专题调研、搜集整理数据资料和参考文献等。

本书的研究对象是新中国成立以来主要是改革开放以来广东金融发展的历程及其启示。编撰团队对本书的研究编写范围作出了明确的界定：（1）行业范围：包括货币、银行、证券、保险等经典金融领域、各种新金融与类金融业态以及与金融密切相关的经济、社会、科技活动。（2）地域范围：本书以广东省行政区划为地域范围。鉴于在海南建省之前广东包括海南地区，在涉及当时金融历史时应遵循历史事实，以广东当时实际管辖范围为编史范围，即包括当时的海南地区史实在内。对于广东与香港、澳门之间的金融关系，不论历史上的地域关系如何，均作为广东与其他地区金融交流合作对待。（3）时间范围：本书反映的时间范围为新中国成立（1949年）以来主要是改革开放（1978年）以来广东金融的发展状况，一般应体现到2019年前后的进展情况，后期明确某些重要史实应反映至书稿定稿之前（2021年上半年）的最新进展情况。按照这种思路，本书的基本结构采取"时期"与"业态"交叉的方式构建，即：将建国初期至改革开放之前广东金融发展情况综合起来作为第一章，从第二章至第十二章分领域（业态）展示改革开放以来广东金融发展情况，各章即各领域（业态）内部再分阶段或分领域展示具体发展情况；同时本书包括独立成章的绪论和跋论，主体内容共有 14 个部分，另含 2 个附录，共计 16 个部分（未计前言、参考文献等）。

本书各部分研究编写工作分工如下：绪论"在习近平关于金融工作的重要论述指引下推进广东金融高质量发展"，由欧阳卫民撰写；第一章"新中国成立初期至改革开放前的广东金融发展"由许涤龙负责，封艳红、周雨欣、谭汉荣、于鑫蕾参加；第二章"中央银行驻粤机构发展与货币信贷运行"由何伟刚（中国人民银行广州分行）负责，胥爱欢参加；第三章"广东银行业发展与银行监管实施"由胥东明（广州市社会科学院）负责，刘晓晗参加；第四章"广东证券业发展与证券监管实施"由刘佳宁（广东省社会科学院）负责，汪子萧、况涛参加；第五章"广东保险业发展与保险监管实施"由罗向明（广东金融学院）负责，张伟、岑敏华、唐辉宇参加；第六章"广东地方政府金融管理服务体系发展"由任志宏（广东省社会科学院）负责，王茜参加；第七章"广东新金融与类金融业态发展"由蔡卫星（广东财经大学）负责，刘盛宇、魏吉文、董晗月参加；第八章"广东金融功能区建设发展"由陈刚（广东南方金融创新研究院）负责，黄锐生参加；第九章"广东金融交易平台建设"由钟雄（广州金融控股集团有限公司金融研究院）负责，尹志勇、黄俊、肖尧、刘公石参加；第十章"广东金融科技发展"由彭大衡（广东财经大学）负责，阮珊妮、张俊参加；第十一章"广东金融对外开放"由蔡进兵（广州市社会科学院）负责，庄德栋参加；第十二章"广东金融环境优化"由陈双莲（广州国际金融研究院暨广州大学金融研究院）负责，宋思琪、汤智斌、许啸、陈国容参加（其中，许涤龙编写了第二至第十二章2020—2021年有关内容并增补了2019年及以前年份部分内容，陈双莲、钟雄、宋思琪、汤智斌、刘公石协助搜集相关资料或编写部分文稿）；跋论"赓续红色金融血脉 促进金融守正创新"，由欧阳卫民撰写；附录A"广东当代金融发展主要指标数据"由许涤龙负责，宋思琪、汤智斌、许啸、封艳红参与整理；附录B"广东当代金融大事年表"由许涤龙负责，宋思琪、汤智斌、刘公石、陈国容参与编写。全书由许涤龙负责修改统稿和总纂定稿，陈双莲等参与修改统稿。

本书从2018年10月启动研究编撰，至今已完成9稿。应该说，经过研究编撰团队的反复修改打磨，本书的体系不断完善，规模不断扩充，内容也在不断健全。同时，本书的内部书稿名称也几经变化，曾先后叫做《广东当代金融史》（一二稿，分别于2019年2月、2019年3月完成）、《新中国广东金融史》（三稿，2019年4月完成）、《新中国广东金融发展史》（四至六稿，分别于2019年8月、2019年11月、2019年12月完成）、《广东金融史（1949—2019）》（七稿，2020年2月完成）和《广东当代金融史》（八九稿，分别于2021年7月、2021年11月完成），即最终的书名还是用回了最初的名称。这些稿本，先后都印制成一定数量的内部文本，用作专家评审、征求意见和修改参阅。事实上，本书在编撰过程中形成的9个稿本及相应名称的每一次变化，都代表了本书研究编撰一个新的阶段，其中意味着呕心沥血的再编再造和字斟句酌的评审修改过程，凝结了从调研、咨询到编写、评审等参与人员不断深化探索形成的阶段性成果，展示了编纂领导班子和研究编撰团队追求完美、探求真理的科学精神。在这个过程中，编撰工作团队组织召开了多次编撰工作会、专家审稿会、修改研讨会等工作会议，开展了各个工作阶段的专题调研、补充调研或扩充调研及文献资料搜集，审阅了各个稿本的书稿并提出了系统性的修改意见，对编撰工作的每一次推进和书稿质量的每一次提升都付出了艰辛的劳动。

本书的研究编撰，得到广东政府机构、金融系统、学术领域等有关各方及有关领导、专家的大力支持和无私帮助。广东省人民政府副省长张新同志关心本书的研究编撰，在欧阳卫民同志离粤赴京工作后对本书编撰及相关研究工作继续给予支持；广东省人民政府原副省长、第十二届全国政协委员会常务委员兼副秘书长宋海同志和广东省人民政府原副省长陈云贤同志担任本书编纂委员会总顾问，亲自审阅书稿并参加专家审稿会，为完善编撰框架、把准史实史料和修订完善书稿提出指导性意见；著名经济史学家、复旦大学经济学院教授、博士生导师叶世昌先生担任本书编纂委员会学术顾问，审阅本书编撰大纲、编撰规范和部分书稿，就编撰学术规范制定及某些疑难学术问题处理给予指导；广东省地方金融监管局时任局长何晓军和现任局长于海平、中国人民银行广州分行行长白鹤祥、中国银保监会广东监管局局长裴光、中国证监会广东监管局时任局长邱勇等同志，协调组织广东金融系统有关部门、机构及专家对本书研究编撰提供支持，或推动开展对有关地区、金融机构及金融文化单位的调研，或参加专家审稿会并在书稿征求意见时组织对书稿的书面评审，通过多种方式实实在在地推动了本书的研究编撰工作；广东省地方金融监管局副局长倪全宏、副局长李腾飞和总经济师梁建国、广州市地方金融监管局局长邱亿通、广州金融控股集团有限公司董事长兼广州金融业协会会长聂林坤、深圳市地方金融监管局时任党委书记和副局长刘平生、中国人民银行深圳市中心支行时任副行长黄富、中国银保监会深圳监管局时任副局长潘文波、中国证监会深圳监管局副局长陈剑、广东大观博物馆（佛山岭南金融博物馆）馆长丁方忠等同志组织本单位有关部门和所属机构支持、参与本书开展的调查研究、资料搜集及书稿评审等工作，为本书研究编撰作出积极贡献。此外，在历次书稿评审或征求意见中，国家开发银行政策研究室处长薛冰、广州市社会科学院党组书记和院长张跃国、暨南大学经济学院时任院长刘少波、华南师范大学经济与管理学院教授吴超林、广东金融学院院长雍和明、广东财经大学副校长邹新月、广东外语外贸大学金融学院时任院长易行健、广东省社会科学院历史与孙中山研究所研究员邢益海、广州市社会科学院历史研究所所长王美怡等同志认真负责地审阅本书的阶段性书稿，均通过书面方式提出诸多修改意见和建议。

  在本书研究编撰过程中，有众多单位在文献资料、实地调研、专业咨询等方面提供了帮助。其中，提供帮助的政府部门和监管机构主要有：广东省人民政府办公厅、广东省地方金融监管局、中国人民银行广州分行、中国银保监会广东监管局、中国证监会广东监管局、广东省发展和改革委员会、广东省市场监管局、广东省统计局、国家统计局广东调查总队、广东省档案局（馆）、广州市人民政府办公厅、广州市人民政府参事室、广州市地方金融监管局、广州市统计局、国家统计局广州调查队、广州市档案局（馆）、深圳市地方金融监管局、中国人民银行深圳市中心支行、中国银保监会深圳监管局、中国证监会深圳监管局、深圳市档案局（馆）、广州市南沙开发区金融工作局、深圳市前海深港现代服务业合作区管理局以及全省各地市金融及有关部门（珠海、汕头、佛山、梅州、惠州、东莞、中山、江门、湛江、肇庆等地市金融部门承担了专项资料搜集任务，韶关、河源、潮州、汕尾、揭阳、茂名、阳江、云浮、清远等地市有关部门协助开展了调研工作）和部分县区金融及有关部门等；提供帮助的金融机构和行业协会主要有：国家开发银行、招商银行总行、平安银行总行、平安保险集团总部、深圳证券交易所、广东省农村信用社联合社、广东省交易控股集团有限公司、广东股权交易中心、广东省融资再担保有限公司、广东省小额贷款公司协会、广东省融资担保业协会、广州金融业协会、广州金融控股集团有限公司、广州南沙科金控股集团有限公司、广州南粤基金集团有限公司、广州民间金融街管理有限公司、广州绿色金融街投资管理有限公司、广州立根小额再贷款股份有限公司、广州市南沙区金融行业协会等；提供帮助的科研机构和文化单位主要有：广东省方志馆、广东省社会科学院、广州市社会科学院、广州国际金融研究院（广州大学金融研究院）、国家金融与发展实验室广州基地（广州金羊金融研究院）、广州绿色金融研究院、广东南方金融创新研究院、广州金融书店、岭南金融博物馆（广州）、广东大观博物馆（佛山岭南金融博物馆）、汕头市侨批博物馆、潮州市博物馆、韶关市博物馆等。还有诸多单位和个人对本书研究编撰工作提供了帮助、支持和指导，由于篇幅所限未能将名单一一列出。同时，本书参考借鉴了众多组织机构和专家学者的研究成果或工作资料，其中大多已在书中标注或列示，有的由于编者疏漏未能一一标示。在此，一并对有关单位和个人致以诚挚的感谢！对未能列出的单位和个人以及未能标示的文献作者表达深切的歉意！

  本书的研究编撰始终是在广东省委、省政府及有关部门关心、支持下进行的。我们希望没有辜负省委、省政府及有关部门的期望，冀望通过本书能够比较系统地展现广东当代金融波澜壮阔的发展历程，并对未来广东金融走好现代化建设新征程上的高质量发展之路有所启迪。但"广东当代金融史"是一个全新的学术领域，一项此前尚没有人全面涉足的研究课题，而且它的研究对象和学术视域既有待界定又在不断延展。我们选择特定历史阶段大胆地开了一个头，这个头开得怎么样同样有待历史的检验。现在编撰工作已经完成，虽然本书未能如预期的那样在新中国成立70周年或中国共产党成立100周年之际出版，但编撰本书的初心无疑是值得称道的，相信本书的价值将同样受到称道。

《广东当代金融史》编写工作组

2021年7月1日拟稿

2022年11月9日定稿

总目录

绪论　在习近平关于金融工作的重要论述指引下推进
　　　广东金融高质量发展 …………………………………（1）
第一章　新中国成立初期至改革开放前的广东
　　　　金融发展 ……………………………………………（75）
第二章　中央银行驻粤机构发展与货币信贷运行 …………（183）
第三章　广东银行业发展与银行监管实施 …………………（290）
第四章　广东证券业发展与证券监管实施 …………………（396）
第五章　广东保险业发展与保险监管实施 …………………（515）
第六章　广东地方政府金融管理服务体系发展 ……………（640）
第七章　广东新金融与类金融业态发展 ……………………（683）
第八章　广东金融功能区建设发展 …………………………（759）
第九章　广东金融交易平台建设 ……………………………（892）
第十章　广东金融科技发展 …………………………………（975）
第十一章　广东金融对外开放 ………………………………（1045）
第十二章　广东金融环境优化 ………………………………（1119）
跋论　赓续红色金融血脉　促进金融守正创新 ……………（1236）

附录A 广东当代金融发展主要指标数据 …………（1259）

附录B 广东当代金融大事年表 ……………………（1270）

主要参考文献 …………………………………………（1365）

目 录

（上册）

绪论 在习近平关于金融工作的重要论述指引下推进广东金融
　　　高质量发展 …………………………………………………… （1）
　第一节 习近平关于金融工作的重要论述是做好新时期金融
　　　　　工作的根本遵循 ………………………………………… （1）
　第二节 在习近平关于金融工作的重要论述指引下做好广东
　　　　　金融工作 ………………………………………………… （8）
　第三节 在习近平关于金融工作的重要论述指引下推动广东
　　　　　银行业稳健发展 ………………………………………… （22）
　第四节 在习近平关于金融工作的重要论述指引下推动广东
　　　　　资本市场发展走前列 …………………………………… （33）
　第五节 在习近平关于金融工作的重要论述指引下推动广东
　　　　　保险业发展开新局 ……………………………………… （47）
　第六节 在习近平关于文化建设的重要论述指引下促进广东
　　　　　金融文化建设 …………………………………………… （57）
　第七节 在习近平关于金融工作的重要论述指引下推进金融业
　　　　　高质量发展 ……………………………………………… （67）

第一章　新中国成立初期至改革开放前的广东金融发展 ……（75）

第一节　国民经济恢复时期的广东金融 ……………………（75）

第二节　第一个五年计划时期的广东金融 …………………（110）

第三节　第二个五年计划时期的广东金融 …………………（135）

第四节　国民经济调整时期的广东金融 ……………………（154）

第五节　"文化大革命"对广东金融事业的冲击及拨乱反正 ……………………………………………………（164）

第二章　中央银行驻粤机构发展与货币信贷运行 …………（183）

第一节　中国人民银行驻粤机构 ……………………………（183）

第二节　国家外汇管理局驻粤机构 …………………………（193）

第三节　货币信贷运行 ………………………………………（197）

第四节　货币市场发展 ………………………………………（220）

第五节　现金发行与流通管理 ………………………………（230）

第六节　信用体系建设 ………………………………………（236）

第七节　支付体系建设 ………………………………………（250）

第八节　跨境人民币业务 ……………………………………（280）

第三章　广东银行业发展与银行监管实施 …………………（290）

第一节　重建国有专业银行和启动银行业对外开放 ………（290）

第二节　银行业商业化改革和监管体系建设 ………………（304）

第三节　银行业深化改革创新发展的新成就 ………………（350）

第四节　银行业改革发展成效与展望 ………………………（374）

第四章　广东证券业发展与证券监管实施 …………………（396）
　　第一节　股票市场发展 …………………………………（397）
　　第二节　债券市场发展 …………………………………（435）
　　第三节　期货业发展 ……………………………………（443）
　　第四节　基金业发展 ……………………………………（455）
　　第五节　证券市场主要行业机构 ………………………（464）
　　第六节　证券市场监管与政策法规发展历程 …………（486）

绪论　在习近平关于金融工作的重要论述指引下推进广东金融高质量发展*

第一节　习近平关于金融工作的重要论述是做好新时期金融工作的根本遵循**

金融是现代经济的核心，是配置资源要素的枢纽、调节宏观经济的杠杆，直接影响着实体经济的兴衰。党的十八大以来，习近平总书记在金融工作方面作出一系列重要论述，包括健全金融机构和市场体系、提高金融服务实体经济的能力和水平、把防控金融风险放到更加重要的位置、完善全球金融治理等内容。这些重要论述既立足国内又放眼世界、既立足当前又着眼长远，是解决当前中国金融领域突出问题的战略指引，是做好新时期金融工作的根本遵循。

---

* 本篇根据作者欧阳卫民在广东工作期间撰写发表的相关论文综合整理而成。作者时任广东省人民政府副省长等职，现任中国金融学会副会长。本篇的大部分文章曾收入作者主编的《中国主流金融思想史》（中国金融出版社2020年10月出版），本书收录时作者对部分文章的标题和内容作了修改。

** 本文原载《人民日报》2017年4月25日第7版，本书收录时有修改。

一 习近平关于金融工作的重要论述具有丰富思想内涵

2008年国际金融危机爆发后,国际经济金融形势更加复杂多变,国际竞争越发激烈;与此同时,中国经济发展进入新常态,经济下行压力加大,产业转型升级任务紧迫。无论是国内经济发展、产业升级还是国际经贸竞争合作,都对发展多层次、多元化、多类型的金融服务提出了更高要求。习近平总书记关于金融工作的重要论述,深刻把握国内外发展条件和发展要求的变化,高屋建瓴、提纲挈领,为新形势下做好金融工作指明了方向和路径。

坚持金融服务实体经济是做好金融工作的总体要求。习近平总书记多次强调提高金融服务实体经济的能力和水平。他指出:"我们国家要强大,要靠实体经济,不能泡沫化",① "要改善金融服务,疏通金融进入实体经济特别是中小企业、小微企业的管道",② "如何让金融市场在保持稳定的同时有效服务实体经济,仍然是各国需要解决的重要课题",③ "金融是现代经济的核心,在很大程度上影响甚至决定着经济健康发展"。④ 这些重要论述告诉我们,金融

---

① 《习近平:国家强大要靠实体经济 不能泡沫化》(习近平总书记2013年7月21日在考察武汉重型机床集团有限公司时的讲话),央视网,2013年7月22日,http://jingji.cctv.com/2013/07/22/VIDE1374466440527106.shtml。

② 《习近平:要改善金融服务 疏通金融进入实体经济管道》(习近平总书记2015年7月17日在长春召开的部分省区党委主要负责同志座谈会上的讲话),《证券时报》2015年7月19日。

③ 习近平:《习近平谈治国理政》第2卷,外文出版社2017年版,第471页。

④ 习近平:《关于〈中共中央关于制定国民经济和社会发展第十三个五年规划的建议〉的说明》,新华网,2015年11月4日,http://politics.rmlt.com.cn/2015/1104/407487.shtml。

应始终坚持服务实体经济,关注产业发展和技术发展的未来,与实体经济实现利益共享。金融体系脱离实体经济自我循环、用钱生钱来壮大自己,是不良的发展方式,一旦造成经济金融化、金融泡沫化,必然对经济发展造成巨大伤害。

培育公开透明和长期稳定健康发展的资本市场。资本市场是实施国家经济发展战略、调整产业结构的重要平台和手段。习近平同志长期以来高度重视资本市场发展,他在福建省工作时就强调"进一步发挥资本市场的作用,尤其是证券市场的功能,推动国有企业改组改造,从整体上搞活国有经济"。[1] 2015 年,习近平总书记在接受美国《华尔街日报》采访时进一步指出,"发展资本市场是中国的改革方向",[2] 并对资本市场的发展提出了具体要求,包括"要防范化解金融风险,加快形成融资功能完备、基础制度扎实、市场监管有效、投资者权益得到充分保护的股票市场"[3] 等。这些重要论述,不仅坚定了我们发展资本市场的决心和信心,也明确了资本市场的功能地位、制度建设等重要问题。我们要认真学习贯彻习近平总书记这些重要讲话精神,积极培育公开透明、健康发展的资本市场,更好引导资金流向,支持符合条件的企业上市融资、发行债券、并购重组,优化资源配置,助力企业做强做优,进而推动我国经济转型升级。同时,创新金融风险管理工具,做好风险防范

---

[1] 《习近平:资本市场大有可为》(《上海证券报》对时任福建省省长习近平同志的专访),《上海证券报》2001 年 1 月 5 日。

[2] 《习近平接受〈华尔街日报〉采访》,新华网,2015 年 9 月 22 日,http://www.xinhuanet.com/politics/2015-09/22/c_1116642032.htm。

[3] 《习近平主持召开中央财经领导小组第十一次会议》,新华网,2015 年 11 月 10 日,http://www.xinhuanet.com/politics/2015-11/10/c_1117099915.htm。

工作。

　　发展普惠金融、科技金融、绿色金融是做好金融工作的重要抓手。习近平总书记强调：发展普惠金融，目的就是要提升金融服务的覆盖率、可得性、满意度；发展绿色金融，是实现绿色发展的重要措施，也是供给侧结构性改革的重要内容。他还一再强调科技创新的重要性，要求金融服务好创新驱动发展战略，为科技创新提供持续推动力。这些重要论述，明确了当前中国建设现代金融体系的三个重点：发展普惠金融，有效缓解"三农"和中小微企业融资难、融资贵问题；发展科技金融，促进科技与金融深层次结合，支持国家创新驱动发展战略；发展绿色金融，支持和促进生态文明建设，助力国民经济绿色发展。

　　积极稳妥推进金融监管体制改革，守住不发生系统性金融风险的底线。习近平总书记指出，要把防风险摆在突出位置，着力增强风险防控意识和能力，力争不出现重大风险或在出现重大风险时扛得住、过得去。他明确指出："要坚持市场化改革方向，加快建立符合现代金融特点、统筹协调监管、有力有效的现代金融监管框架，坚守住不发生系统性风险的底线"，[①]"防控金融风险，要加快建立监管协调机制，加强宏观审慎监管，强化统筹协调能力，防范和化解系统性风险"。[②] 这些重要论述，针对建立现代金融监管框架、建立监管协调机制、加强宏观审慎监管等关键问题，坚持维护金融稳定的底线思维，坚持金融稳定在金融工作中的优先地位，为

　　[①] 习近平：《关于〈中共中央关于制定国民经济和社会发展第十三个五年规划的建议〉的说明》，新华网，2015年11月4日，http://politics.rmlt.com.cn/2015/1104/407487.shtml。

　　[②] 习近平：《在中央财经领导小组第十五次会议上的讲话》，《人民日报》2017年3月1日。

做好金融工作提供了根本保障。

完善全球金融治理，彰显中国在维护全球金融稳健发展中的担当。习近平总书记高度关注完善全球金融治理，在多个国际场合作出一系列重要论述，彰显了中国作为负责任大国的担当。在第五次金砖国家领导人峰会上，他指出，金砖国家要加强在联合国、二十国集团、国际经济金融机构等框架内协调和配合。在二十国集团领导人杭州峰会上，习近平主席指出："我们决心完善全球经济金融治理，提高世界经济抗风险能力。"[①] 在世界经济论坛 2017 年年会开幕式上，他深刻指出："国际金融危机也不是经济全球化发展的必然产物，而是金融资本过度逐利、金融监管严重缺失的结果"，并承诺"中国无意通过人民币贬值提升贸易竞争力，更不会主动打货币战"。[②] 这些重要论述深刻揭示了全球金融市场频繁动荡、资产泡沫积聚、抗风险能力不强的问题，剖析了全球金融治理机制与市场新需求不相适应的现实，提出创新发展理念、超越财政刺激和货币宽松的标本兼治、综合施策的思路，为稳步推进国际经济金融体系改革、完善全球治理机制、推动世界经济健康稳定增长提供了有效方案。

二 深入贯彻落实习近平关于金融工作的重要论述，推动金融工作创新发展

习近平总书记关于推动金融发展的重要论述，集中体现了我党

---

① 习近平：《在二十国集团领导人杭州峰会上的闭幕辞》，新华网，2016 年 9 月 5 日，http://www.xinhuanet.com/world/2016-09/05/c_129270557.htm?from=groupmessage&isappinstalled=0。

② 习近平：《共担时代责任 共促全球发展——在世界经济论坛 2017 年年会开幕式上的主旨演讲》，新华社，2017 年 1 月 17 日，http://www.xinhuanet.com/politics/2017-01/18/c_1120331545.htm。

对新时期金融工作的战略部署，具有重要理论价值和现实指导意义。广东省广州市既是改革开放的先行地区，也曾是受亚洲金融风暴冲击最大的城市之一，还是国家重要的中心城市和华南地区的门户枢纽城市。近年来，广州市深入贯彻落实习近平关于金融工作的重要论述，推动金融工作创新发展。

使金融回归服务实体经济的本质。习近平总书记关于金融工作的重要论述，抓住了金融的本质即服务实体经济。可以说，金融自身发展如何、对促进经济发展发挥了多大作用，取决于金融与实体经济结合的程度。因此，推动金融发展，首要的是从根本上纠正金融的不良发展方式，促使金融和产业、虚拟经济和实体经济更好结合，进而推动经济平稳健康发展。从国际经验看，1929年美国股灾、1997年亚洲金融风暴、2008年国际金融危机等事件，都充分暴露了金融脱离实体经济造成的严重后果。从国内情况看，现阶段中国金融发展在一定程度上存在"脱实向虚"问题，大量资金在金融体系内"空转"，金融之水难解实体经济之渴。对此，需要通过大力完善现代金融服务体系，不断提升金融服务实体经济的能力，特别是把提升直接融资比重放在突出位置，为实体经济发展提供高效率、低成本的融资服务。2016年广州市直接融资占社会融资的比重达65.7%，居全国大城市第一位。通过直接融资，为企业降低融资成本超过250亿元。广州市大力发展金融与产业结合最紧密的业态——融资租赁，已成为全国融资租赁产业新的增长极。此外，广州市不断增强金融服务民生的能力，通过在全国首创民间金融街、将普惠金融服务延伸到村庄和社区等做法，有效解决金融惠民"最后一千米"问题，不断提高金融普惠价值，提高群众的获得感和满意度。

深入把握金融改革、发展和稳定的关系。习近平总书记关于金融工作的重要论述，牢牢坚持稳中求进的工作总基调，深入把握金融改革、发展和稳定的关系。金融既是现代经济的核心，也是风险集中高发的领域，一旦发生系统性风险，就可能引发整体经济危机乃至政治危机和社会危机。随着我国经济发展进入新常态，经济运行中存在的不少矛盾和问题都有可能引发金融风险。当前，这些风险集中表现在商业银行不良资产上升、各类债务违约增多、互联网金融风险加大、非法集资案件频发等方面。与此同时，美联储加息、英国脱欧、全球债务水平超过警戒线等国际政治和金融风险对中国金融市场的影响也需要高度警惕。广州市高度重视金融风险的防范和化解工作，大力推进供给侧结构性改革，制定并实施去杠杆行动计划，将银行机构不良贷款率、互联网金融风险都控制在较低水平；大力防控房地产金融风险，开展购地企业资金来源核查工作，及时叫停首付贷、众筹购房等违规行为；认真做好非法集资处置和金融维稳工作，有力维护了区域金融安全稳定。

为完善全球金融治理贡献力量。习近平总书记关于金融工作的重要论述不仅立足国内，更着眼全球。当前，西方个别国家出现一股反经济全球化的思潮，保护主义情绪在贸易投资领域和货币金融领域弥漫开来。习近平总书记提出的完善全球金融治理的有效方案，对推动经济全球化持续健康发展、构建人类命运共同体具有重要指导意义。在经济全球化的十字路口，中国保持战略定力，坚定不移推进供给侧结构性改革，大力实施创新驱动发展战略和"中国制造2025"，营造宽松有序的投资环境，深入推进"一带一路"建设，加快从金融大国向金融强国迈进，在全球金融治理中发挥更大作用，让各国人民搭乘中国发展的"快车"，为世界经济金融发展作出重大贡献。广州市深入贯彻落实广东省委、省政府关于"金融支持对外开放合作"的总体要求，充分发挥广东自贸区南沙新区片区的独特优势，大力发展跨境金融、商贸金融、航运金融等特色金融，加强与"一带一路"沿线国家和地区金融交流合作，支持企业走出去和引进来，不断扩大国际金融"朋友圈"，为完善全球金融治理贡献力量。

第二节 在习近平关于金融工作的重要论述指引下做好广东金融工作[①]

习近平总书记关于金融工作的重要论述全面阐明了金融的重要地位和作用，确立了金融回归服务实体经济本源的根本宗旨，确立了不发生区域性系统性、金融风险的坚守底线，确立了建设中国特色现代金融体系的发展方向，确立了党对金融工作领导的原则要求，确立了为全球金融治理贡献中国力量的责任担当。近年来，广东金融系统深入贯彻习近平总书记关于金融工作的重要论述，大力推进金融改革创新，全省金融呈现"创新有效、发展有序、服务有力、风险可控"的良好态势，金融强省建设初见成效。新时代，广东金融要有新作为，要奋发有为建设金融强省，当好全国的排头兵，助力广东贯彻落实习近平总书记对广东的系列指示批示精神，把广东建设成为向世界展示践行习近平关于金融工作的重要论述的重要"窗口"和"示范区"。

金融是国家重要的核心竞争力，是现代经济的命脉。习近平总书记站在战略和全局的高度，敏锐洞察，科学判断，精辟阐述了金融领域的重大理论和现实问题，对如何做好新时代金融工作提出了

[①] 本文原载《南方金融》2018年第3期，本书收录时有修改。

一系列新观点、新论断、新要求,是推动广东金融改革发展的行动指南和根本遵循。深入学习贯彻习近平金融思想,是全省金融系统首要的政治任务,是做好做实广东金融工作的第一要务。

一 进一步深刻领会习近平关于金融工作的重要论述的丰富内涵和重要意义

党的十八大以来,习近平总书记在金融工作方面作出一系列重要论述,构成了习近平新时代中国特色社会主义思想的重要组成部分,为中国未来金融发展确定了基调、指明了方向、规划了蓝图、勾勒了重点。习近平总书记关于金融工作的重要论述的主要内容,可以概括为:"一个阐明""五个确立"。

(一) 全面阐明了金融的重要地位和作用

金融是现代经济的核心。习近平总书记在充分总结中国金融改革发展经验和国际金融危机教训的基础上,提出:"金融是国家重要的核心竞争力,金融安全是国家安全的重要组成部分,金融制度是经济社会发展中重要的基础性制度"①,"金融活,经济活;金融稳,经济稳"② 等一系列论断,旗帜鲜明地把金融上升到国家核心竞争力、金融安全上升到国家安全、金融制度上升到基础性制度的层面来认识。这些重要论断是我们认识和思考金融工作的根本,也是我们做好金融工作的底气。要从三个维度认真领会其中的深刻内涵。

一是金融是国家重要的核心竞争力。党的十八大以来,在以

---

① 习近平:《习近平谈治国理政》第 2 卷,外文出版社 2017 年版,第 278 页。
② 《习近平:金融活经济活 金融稳经济稳》,新华网,2017 年 4 月 26 日, http://www.xinhuanet.com/politics/2017-04/26/c_1120879349.htm。

习近平同志为核心的党中央坚强领导下，中国金融改革发展取得重大成就，已逐步崛起成为世界金融大国，对世界经济稳定和发展的影响力空前提高。在新的时代，中国要参与全球竞争，提升国际影响力和话语权，就必须大力提高金融发展的质量和效益，进一步壮大金融实力，增强国家的核心竞争力。

二是金融安全是国家安全的重要组成部分。金融是一把"双刃剑"，用好了，一着棋活，满盘皆活；一旦金融出现问题，就会影响到国家经济安全和社会稳定。从国际来看，20世纪90年代，东南亚金融危机期间，索罗斯等国际金融投机者狙击东南亚外汇市场，严重冲击了相关国家经济安全。历史上，中国也出现过金融稳定影响国家经济安全的事例。因此，必须从正反两个方面看待这些经验和教训，深刻认识和领会党中央高度重视金融安全、把防范化解金融风险放在极其重要位置的重大意义和深邃用意，打好防范风险攻坚战。

三是金融制度是经济社会发展中的重要基础性制度。金融制度是社会主义经济制度的重要组成部分，也是社会主义基础制度。因此，必须从制度建设入手，建立和完善与中国经济社会发展实际相适应的金融制度体系，夯实金融改革发展的"地基"。

（二）确立了金融回归服务实体经济本源的根本宗旨

习近平总书记强调"为实体经济服务是金融的天职，是金融的宗旨，也是防范金融风险的根本举措"，[①] 并特别强调，金融要"回归本源，服从服务于经济社会发展"。[②] 这些重要论述告诉我们，如

[①] 习近平：《习近平谈治国理政》第2卷，外文出版社2017年版，第279页。

[②] 习近平：《习近平谈治国理政》第2卷，外文出版社2017年版，第278—279页。

果没有实体经济作为支撑,金融就失去了发展的基础,成为了无本之木,无源之水。对于如何做好服务实体经济工作,习近平总书记强调,"要贯彻新发展理念,树立质量优先、效率至上的理念,更加注重供给侧的存量重组、增量优化、动能转换",① 并提出要把发展直接融资放在重要位置,形成多层次资本市场体系;要改善间接融资结构,促进保险业发挥长期稳健风险管理和保障的功能;要建设普惠金融体系,推进金融精准扶贫,鼓励发展绿色金融,促进金融机构降低经营成本。这些重要论述,有力纠正了金融脱实向虚的错误倾向,指明了金融业改革稳定发展的正确道路。

(三)确立了不发生区域性系统性金融风险的坚守底线

习近平总书记始终高度重视金融风险防控问题,明确指出"维护金融安全,是关系我国经济社会发展全局的一件带有战略性、根本性的大事";② "防范化解金融风险,特别是防止发生系统性金融风险,是金融工作的根本性任务,也是金融工作的永恒主题"。③ 在2017年召开的中央经济工作会议上,习近平总书记进一步强调,"打好防范化解重大风险攻坚战,重点是防控金融风险"。④ 在中共中央政治局第四十次集体学习时,习近平总书记明确指出当前存在

---

① 习近平:《习近平谈治国理政》第2卷,外文出版社2017年版,第279页。
② 《习近平:切实把维护金融安全作为治国理政的一件大事》,人民网,2017年4月26日,http://politics.people.com.cn/n1/2017/0426/c1024-29238550.html。
③ 《全国金融工作会议在京召开》,中国政府网,2017年7月15日,http://www.gov.cn/xinwen/2017-07/15/content_5210774.htm。
④ 《中央经济工作会议举行 习近平李克强作重要讲话》,新华网,2017年12月20日,http://www.xinhuanet.com//politics/leaders/2017-12/20/c_1122142392.htm。

十个方面金融安全隐患；在全国金融工作会议上，概括了八个方面金融风险。

对中国金融风险的深层原因，习近平总书记进行了深入分析，认为中国经济金融经过上一轮扩张期后，进入下行"清算期"；实体经济供需失衡，金融业内部失衡，金融和实体经济循环不畅；一些市场主体行为出现异化，道德风险明显上升，而金融监管很不适应。习近平总书记一语中的地指出，"总的看，是在国际金融危机影响扩散的背景下，我国经济周期性、结构性、体制性矛盾增加的结果"。

在此基础上，习近平总书记明确提出，防控金融风险的重点方向，在于金融"要服务于供给侧结构性改革这条主线，促进形成金融和实体经济、金融和房地产、金融体系内部的良性循环，做好重点领域风险防范和处置，坚决打击违法违规金融活动，加强薄弱环节监管制度建设"。[①] 这些重要论述，针对防范和化解金融风险的关键问题，坚持维护金融稳定的底线思维，强调金融稳定在金融工作中的重要地位，对于我们运用底线思维方法、进一步做好金融工作具有十分重要的指导意义。

（四）确立了建设中国特色现代金融体系的发展方向

对于如何建设现代金融体系，习近平总书记明确指出，"要优化金融机构体系，完善现代金融企业制度，完善国有金融资本管理，完善外汇市场体制机制，深化多层次资本市场改革，健全保险市场功能，引导期货市场健康发展"，[②] "深化金融体制改革，增强

[①] 《中央经济工作会议举行 习近平李克强作重要讲话》，新华网，2017年12月20日，http://www.xinhuanet.com//politics/leaders/2017-12/20/c_1122142392.htm。

[②] 习近平：《习近平谈治国理政》第2卷，外文出版社2017年版，第280页。

金融服务实体经济能力，提高直接融资比重，促进多层次资本市场健康发展"。① 其中，深化金融监管体制改革是建设现代金融体系的重要内容，习近平总书记提出要"坚持市场化改革方向，加快建立符合现代金融特点、统筹协调监管、有力有效的现代金融监管框架"，②"健全货币政策和宏观审慎政策双支柱调控框架"。③ 这一系列重要论断，是我们推进金融体制改革攻坚的根本方向。

（五）确立了党对金融工作领导的原则要求

习近平总书记多次强调坚持党对金融工作领导的重要性，指出"做好新形势下金融工作，必须加强党对金融工作的领导"。④ 并明确要求，要坚持党中央对金融工作的集中统一领导，金融部门要增强"四个意识"，自觉维护党中央集中统一领导，自觉在思想上政治上行动上同党中央保持高度一致。

（六）确立了为全球金融治理贡献中国力量的责任担当

2008年爆发的国际金融危机，暴露了全球金融治理的种种弊端和问题。习近平总书记及时提出了完善全球金融治理的倡议和主张，明确提出"要稳步推进国际经济金融体系改革，完善全球治理

---

① 《习近平：决胜全面建成小康社会 夺取新时代中国特色社会主义伟大胜利——在中国共产党第十九次全国代表大会上的报告》，新华网，2017年10月27日，http://www.xinhuanet.com/politics/2017-10/27/c_1121867529.htm。

② 《中共中央关于制定国民经济和社会发展第十三个五年规划的建议》，中国共产党新闻网，2015年11月3日，https://news.12371.cn/2015/11/03/VIDE1446556802098658.shtml。

③ 《习近平：决胜全面建成小康社会 夺取新时代中国特色社会主义伟大胜利——在中国共产党第十九次全国代表大会上的报告》，新华网，2017年10月27日，http://www.xinhuanet.com/politics/2017-10/27/c_1121867529.htm。

④ 习近平：《习近平谈治国理政》第2卷，外文出版社2017年版，第278页。

机制",①"全球经济治理重点要共同构建公正高效的全球金融治理格局,维护世界经济稳定大局",②并强调中国要"以推进经贸大市场、金融大流通、基础设施大联通、人文大交流为抓手,走向国际开放合作最前沿,在国际舞台上积极发挥引领作用"。③在以习近平同志为核心的党中央统筹谋划下,中国发起成立金砖国家开发银行、亚投行,积极推进"一带一路"金融合作,积极为全球金融治理贡献中国智慧和方案,充分体现了作为世界大国的责任担当,受到国际社会高度肯定和赞许。

二 准确把握广东金融工作面临的形势和挑战

近年来,广东金融系统深入贯彻习近平总书记关于金融工作的重要论述,大力推进金融改革创新,全省金融呈现"创新有效、发展有序、服务有力、风险可控"的良好态势,金融强省建设初见成效。一是主要金融指标保持领先,如社会融资规模、金融机构总资产、存贷款余额、上市公司家数、运用保险投资金额等继续位居全国前列。二是金融改革创新创下了多个第一,如全国第一条民间金融街、第一个省级金融风险监控平台、第一家民营银行暨互联网银行、第一个资金互助社管理办法、第一个民间金融价格指数、第一个跨境金融指数、省部共建青创板等。三是积极推进金融发展和稳定各项工作,稳步推动农信社改革、建设场外交易市场、发展普惠金融、清理整顿互联网金融乱象、打击非法集资,金融服务实体经

---

① 习近平:《习近平谈治国理政》,外文出版社2014年版,第330页。
② 《习近平:中国发展新起点 全球增长新蓝图——在二十国集团工商峰会开幕式上的主旨演讲》,新华网,2016年9月3日,http://www.xinhuanet.com/world/2016-09/03/c_1119506256.htm。
③ 习近平:《坚定信心,共谋发展》,《人民日报》2016年10月17日。

济成效显著，支持创新驱动发展扎实有力，金融开放不断突破，金融市场稳定有序，为广东经济发展提供了高效服务和有力支撑，为进一步开创新时代广东金融发展新局面，奠定了坚实基础，创造了良好条件。

站在新时代的新起点上，广东金融工作也面临着新的要求和挑战。

（一）从世界形势看，随着全球经济从国际金融危机中复苏，各国都面临着扩张性货币政策调整退出所带来的挑战

目前，全球各大经济体已逐渐走出国际金融危机的阴影，大规模货币刺激政策开始淡出，主要央行逐步上调基准利率，全球利率中枢可能会有所上行，国际金融市场流动性泛滥的局面行将结束。特别是随着美国减税法案的实施，世界各国还可能进行"优惠税率竞争"，资金回流发达国家的趋势进一步加强。同时，中国经济从高速增长阶段转向高质量发展阶段，在货币政策和宏观审慎政策双支柱调控机制下，货币政策继续保持稳健中性的取向，货币供给从"大水漫灌"转向"精准滴灌"。金融去杠杆将持续深入，资管业务和同业理财等有所收紧。金融业必须转变发展的思维惯性，从规模扩张转向提高服务质量和水平，以更好助推经济高质量发展。

（二）广东金融发展还存在不平衡不充分问题

主要表现在以下三个方面：一是金融服务实体经济尚不到位。金融资源配置结构仍不合理，新增贷款主要投向个人贷款和房地产市场，而制造业、民营企业和中小微企业融资难、融资贵问题依然比较突出。2017年全省住户贷款增量占到当年贷款增量的62%；房地产开发贷款增量占13%。而制造业贷款增量仅占2.2%。二是金融业仍然大而不强。广东金融体量庞大，主要金融指标领先全国，但境内上市的金融机构仅8家，少于北京、上海和江苏；省属金融机构和金融资产少，地方金融工作缺乏抓手；农合机构更是"散、小、弱"，未改制农合机构64家，占2/3。三是珠三角与粤东西北区域金融发展不平衡问题依然突出。珠三角金融业增加值占全省九成，其中深圳占45%，而粤东西北区域占比不到一成。珠三角存款余额占全省88%，贷款余额占全省90%。全省81家证券业法人机构、5家信托公司、32家保险法人机构注册地全部在珠三角地区。珠三角地区的境内上市公司占比88.6%，粤东西北地区只占11.4%。

（三）广东防控金融风险形势仍不容乐观

广东金融形势总体上是好的，风险总体可控，但多年累积的金融风险隐患逐渐暴露，违法违规案件有所增加。如农合系统不良贷款率反弹、粤东粤西风险较为集中，一些交易场所存在兑付风险、维稳压力加大，个别互联网金融平台因经营不规范等问题已被纳入整改范围、风险尚未完全释放，非法集资新旧案件叠加、防控形势比较严峻，各种理财产品过于泛滥，私募基金质量堪忧，部分上市公司存在强制退市风险，还有一些担保公司不务正业、出现风险问题，这些都是潜在的金融风险。而地方金融监管联防联动联控机制有待加强。广东省的地方金融管理体制改革落后于一些兄弟省份，地方金融管理部门"小马拉大车"，金融监管部门之间信息共享、监管联动等方面还存在薄弱环节，金融风险防控工作合力不足。

三 努力开创新时代广东金融工作新局面

新时代，广东金融要有新作为。我们要逢山开路、遇水架桥，发扬"钉钉子精神""石打石、硬碰硬"的精神，奋发有为建设金融强省,当好全国的排头兵,助力广东贯彻落实习近平总书记对广东的系列指示批示精神,把广东建设成为向世界展示践行习近平总书记关于金融工作的重要论述的重要"窗口"和"示范区"。

(一)做好广东金融业发展远景目标谋划

我们要紧紧围绕贯彻落实习近平总书记对广东工作"四个走在全国前列"的总体要求,科学谋划,研究制定未来五年广东金融发展的远景目标。重点抓好"一十百千万"以下五大任务:

"一",是存贷比争取每年提高一个百分点。全省金融机构各项存款、贷款余额保持持续增长势头,到2022年存贷比达到70%左右。

"十",是贯彻落实"金融十条"[①]出成效。围绕服务实体经济、防控金融风险、深化金融改革三项任务,扎实推进落实"金融十条"和61项具体措施。

"百",是打造广东百优金融机构品牌。每年组织评选一百家优秀金融机构,发挥带头引领作用,形成良好品牌效应。

"千",是全省上市公司总数达到一千家。境外上市公司和"新三板"挂牌企业数量翻一番,直接融资比例有明显提高,实现粤东西北地级市境内上市公司全覆盖。

"万",是金融业增加值突破一万亿元。占GDP比重达到10%左右,进一步强化作为广东经济重要支柱产业的地位。

此外,要统筹安排省级控股商业银行、创新型期货交易所等重大金融平台,银行、证券、保险等法人金融机构,场外交易市场、小额贷款公司、融资性担保公司等地方金融平台和服务组织的发展

---

① "金融十条"是指广东省委、省政府联合发布的《关于服务实体经济防控金融风险深化金融改革的若干意见》(粤发2018〔4〕号)。

规划。要统筹各地市的区域金融发展布局。各地市要在保障金融稳定安全的前提下，根据实际情况发展特色金融产业，如广州、深圳等市和自贸区要大力发展国际金融，佛山、东莞等市要重点发展产业金融，潮州、汕头等市要着力发展民间金融；肇庆、梅州、云浮等市可加快发展绿色金融；湛江、阳江等市可探索发展海洋金融。

（二）进一步加强金融系统党的领导

习近平总书记反复强调，要"坚持和加强党的全面领导"。党的领导在哪个方面、哪个领域、哪个环节缺失了、弱化了，都会削弱党的力量，损害党和人民的事业。我们必须牢牢抓住"加强党的领导"这个根本，切实加强金融系统党的领导。一是要自觉维护党中央的权威和集中统一领导。全省金融系统要切实增强"四个意识"，把维护中央权威和集中统一领导作为明确的政治准则和根本的政治要求，在政治立场、政治方向、政治原则和政治道路上与以习近平同志为核心的党中央保持高度一致，自觉维护中央权威。二是加强金融系统的党建。从金融系统曝出的案件看，归根结底，就是涉案人员的人生观和价值观出了问题，也就是习近平总书记所说的"总开关"出了问题。各金融机构主要负责人要切实履行管党治党主体责任，当好第一责任人，把党的建设抓紧抓好，改变过去重业务、轻党建的做法，走好群众路线，深入了解员工情况，把风险防范工作做到一线，做深、做细、做实。三是加强队伍建设。有效防控金融风险，一支过硬的干部队伍是关键，要切实抓好班子，带好队伍，党员和非党员干部协同抓，一级抓一级，不留死角，对有不良习气、有可能引发重大风险的员工要及时清除出金融队伍。没有坏人就不会有坏账；没有不良分子，就不会有不良资产。要定期组织开展习近平金融思想学习研讨活动，切实提高政治站位，统一思想认识，增强专业能力。

(三) 切实增强金融服务实体经济的能力

习近平总书记强调，金融要把为实体经济服务作为出发点和落脚点。衡量金融服务实体经济的质量主要有以下三个指标：一是融资成本。贷款利率、中介费用等融资成本持续高企就会压缩实体经济的盈利空间。配合和支持供给侧结构性改革，金融创新和改革目的之一就是要降低融资成本，如果创新和改革推高了融资成本，就会削弱金融服务实体经济的能力。当前，实体经济融资成本比较高，对于企业长期经营、发展是不利的。就广东而言，金融业要着力在降低融资成本上出实招、见实效，认真抓好"金融十条"的贯彻落实工作，大力发展直接融资，推动各地市建立企业改制上市并联式审批制度，积极推动企业运用多层次资本市场融资，建立拟上市企业后备资源库，支持区域性股权市场创新发展，把区域性股权市场打造成为广东中小企业进入资本市场的主渠道。二是融资效率。主要表现为融资的难易程度。要充分运用互联网、大数据等现代技术手段，大力解决融资供需结构错配问题、征信问题，及时、快捷、有效地满足实体经济的融资需求。结合广东的实际，就是要加快互联网、大数据等在金融领域的应用；要积极引导金融资金入粤，推动银行信贷资金、保险资金支持广东经济社会发展；要大力发展普惠金融，推动金融精准扶贫，积极推广普惠金融"村村通"、广州社区金融服务站、增城农村资金互助合作社、乡村服务站和南粤基金等创新经验，在符合条件的地区建设综合征信系统、信用村、金融服务站和便民取款点等平台和载体，普及基础金融服务，创新"三农"信贷产品，发展政策性农业保险，努力打通金融服务"最后一千米"，助推乡村振兴。三是不良资产比率。一个地区不良资产比率过高，表明地区经济形势整体恶化，金融系统风险控制出了问题，为此，要密切监测这个指标的变化，做好风险防控预案。

（四）加快金融改革创新，打造现代金融体系

要用新发展理念指导新时代广东金融改革发展，全力打造现代金融体系。一是要确保抓好重点改革任务的落实。当前，广东金融改革重中之重的工作，是要推动组建省级控股商业银行，以及在年底前全面完成农信社改制组建农商行。二是要加快落实金融监管体制机制改革部署。严格按照中央要求推进金融监管机构改革，建立省级金融工作议事协调机制，完成省、市、县三级监管体制改革和机构设置，做好融资租赁、典当行、商业保理、资产管理公司等机构监管职能调整和工作衔接，充实监管队伍，实现机构到位、编制到位、人员到位、监管到位。三是要深入推动区域金融改革创新。继续推进珠三角金融改革创新试验区、南沙"十五条"等重点改革任务。进一步支持广东金融高新技术服务区建设国际化金融后台服务基地，推进现代产业金融建设。充分利用风险投资论坛等平台，发展广州、深圳两个风险投资和创业投资中心，打造广深科技创新走廊。推动广州以花都为试点开展绿色金融改革创新试点，形成可复制推广经验。四是探索研究建立区域监管机构评价制度和风险提示机制，形成监管合力。对中央驻粤监管部门、央属和全国性大型金融机构在粤分支机构支持地方经济金融工作的情况，以及各地金融局（办）落实省委、省政府有关金融工作决策部署的情况，进行跟踪评价，并按年度向中央监管部门、金融总部机构以及各地市政府发出主要负责人履职评价函；要及时向各类金融机构、各地金融局（办）发出风险提示函，及时提示风险，有效预防各类金融风险事件发生。五是要大力支持地方金融机构改革发展。推动恒健、粤

财、粤科等省属金融集团做稳做大做强。积极争取新的法人金融机构落户。支持现有地方金融机构通过增资扩股等方式进一步增强资本实力。积极稳健发展科技金融、数字金融等新金融，规范互联网金融。六是探索构建适应高质量发展的金融指标体系，强化绩效管理。要按照党的十九大关于"加快建设实体经济、科技创新、现代金融、人力资源协同发展的产业体系"的总体要求，突出普惠金融、科技金融、绿色金融，做好金融数据的架构、收集、整理和利用，用数据全面反映高质量发展时代的融资成本、资金效率、风险防控水平和金融对产业、对社会的贡献度。

（五）打好防范金融风险攻坚战、维护地方金融稳定

要按照中央和省委省政府的决策部署，下大力气整治金融乱象，处置风险隐患，规范金融秩序。一是有效处置重点领域风险。全面落实去杠杆工作部署，妥善处置农信社单体机构风险，针对重点领域风险隐患，突出打击乱办金融、非法集资等非法金融活动，加强互联网金融专项整治和日常监管，防控房地产领域引发金融风险。二是加强金融风险监测预警。加快推进省地方金融风险监测防控平台建设，年内将平台覆盖范围推广到全省，实现对地方金融全业态的监控，研究建立金融风险日常监测和提示预警制度，实现对金融风险的实时监测、及早预警和提前处置。三是要进一步完善地方金融法规制度。开展地方金融立法研究，推动《广东省地方金融监管条例》立法的立项工作。完善小额贷款、融资担保、互联网金融、非法集资等相关法规和监管制度。

（六）努力争当金融对外开放合作排头兵

要紧紧抓住"一带一路"合作和粤港澳大湾区、广东自贸区建设的叠加优势，大胆创新，主动作为，打造中国金融对外开放合作的广东模式。一是重点推动粤港澳大湾区金融创新,加强与港澳金融合作,争取将香港、澳门金融服务优势和资源延伸到整个珠三角地区。在粤港澳大湾区推进一批重大金融创新事项和重大合作项目,加快筹建广州创新型期货交易所,推动设立粤港澳大湾区保险投资基金,积极争取设立粤港澳大湾区国际商业银行以及国际金融资产交易所等跨境金融交易创新平台,努力把粤港澳大湾区打造成为具有全球影响力的国际金融枢纽和国际金融创新高地。二是以人民币国际化和资本项目可兑换为重点,积极参与"一带一路"金融合作与创新,大力发展跨境金融、商贸金融、航运金融等特色金融,支持企业"走出去"和"引进来",深化与国际主要金融中心的交流与合作,加强与"一带一路"沿线国家和地区金融交流与合作,不断扩大国际金融"朋友圈"。

第三节　在习近平关于金融工作的重要论述指引下推动广东银行业稳健发展[①]

金融是实体经济的血脉,为实体经济服务是金融的天职和宗旨。银行业作为重要的金融主体,要深入学习、领会、贯彻习近平总书记考察广东重要讲话精神,有效落实服务实体经济、防控金融风险、深化改革开放三大任务,在实现"走在全国前列"中争当排头兵,全力支持广东经济社会发展。

2018年,在改革开放40周年、粤港澳大湾区建设全面推进的关键时刻,习近平总书记亲临广东视察指导并发表重要讲话,要求我们高举新时代改革开放旗帜,以更坚定的信心、更有力的措施把

---

① 本文原载《岭南学刊》2019年第2期,本书收录时有修改。

改革开放不断推向深入,对我们提出了深化改革开放、推动高质量发展、提高发展平衡性和协调性、加强党的领导和党的建设等方面的工作要求,充分体现了习近平总书记对广东工作的高度重视和大力支持,为广东新时代改革开放再出发进一步指明了前进方向。

金融是现代经济的核心,是实体经济的血脉,广东作为经济金融大省,银行业资产规模居全国首位,地位重要、责任重大,必须以习近平新时代中国特色社会主义思想为根本遵循,深入贯彻落实习近平总书记考察广东重要讲话精神,奋力开创广东银行业稳定发展新局面。

一 贯彻落实习近平考察广东重要讲话精神,引金融活水润泽实体经济

习近平总书记反复强调,金融是实体经济的血脉,为实体经济服务是金融的天职和宗旨。金融业的发展历史,就是不断改进和提升服务实体经济能力的过程。当前,广东经济转向高质量发展,对金融服务提出了更高要求,银行业应该积极作为,发挥金融的资源引导和推动作用。要主动对标重大经济战略,紧跟创新驱动战略、绿色发展战略实施,构建专门的服务体系,加大金融支持力度,助力经济结构调整和产业转型升级;同时,在经济转型阵痛期,更要强化社会责任担当,主动减费让利,降低融资成本,助力实体经济爬坡过坎。

(一)银行业在服务经济高质量发展上大有可为

深化供给侧结构性改革是推动高质量发展的重中之重。银行业是引导资源优化配置、提高供给体系质量的"主力军",在打造经济高质量发展体制机制方面发挥着至关重要的作用。

一是促进形成资源高效配置的市场机制。金融活水对市场资源配置具有强大的引导作用,可以通过优化资金供给结构,推动市场资源存量重组、增量优化和动能转换,促进形成高质量发展的新格局。在供给侧结构性改革过程中,银行业大力压降过剩产能行业贷款、主动减费让利、加大小微企业等领域服务力度,助力实体经济去杠杆、降成本、补短板。

二是促进形成创新发展的驱动机制。构建实体经济、科技创新、现代金融、人力资源协同发展的产业体系,是实现高质量发展的必由之路。其中,科技创新与现代金融双轮驱动,是推动经济发展质量变革、效率变革、动力变革,提高全要素生产率的关键。银行业围绕科创企业金融服务需求,设立专营机构和支行、创新知识产权等新型权利质押贷款产品、探索开展投贷联动业务,能够帮助科创企业突破初期发展瓶颈、持续稳健发展。

三是促进形成绿色发展的约束机制。绿色金融是绿色发展的重要引擎,建设绿色金融改革创新试验区、加快绿色金融体制机制创新、探索绿色金融发展模式,对经济调结构、转方式具有重要意义。因此,银行业一方面要严格执行涉环保违法违规企业授信约束要求,积极压缩涉环保违法违规企业贷款规模;另一方面,加大绿色信贷投放力度,发行绿色金融债券,对绿色经济发展具有显著的推动作用。

四是促进形成银行业自身科学考核评估的导向机制。高质量发展离不开与之匹配的考核评估体系。银行业逐步建立小微金融、绿色金融、科技金融、降低融资成本等监测评估机制,将服务实体经济的数据指标、政策执行情况等与银行业金融机构市场准入、监管评级等工作挂钩,考核评估体系将成为引领银行业金融资源推动高质量发展的"指挥棒"。

（二）银行业在服务现代化经济体系建设上大有可为

银行业是建设现代化经济体系最重要的资金来源。持续增强银行业向实体经济"输血造血"能力，将为广东构建现代产业体系提供强有力的支持。

一是推动产业结构转型升级。银行业金融资源丰富，集中信贷资源瞄准高端高新产业发力，将有效推动新一代信息技术、高端装备制造、绿色低碳、人工智能、生物医药、数字经济、新材料等战略性新兴产业发展壮大。目前广东战略性新兴产业贷款余额已突破 2000 亿元，为广东抢占产业发展制高点、塑造新的产业优势作出了积极贡献。

二是推动高起点建设世界级先进制造业集群。广东历来坚持"制造业立省"，制造业也是广东银行业服务的重心。广东先进制造业贷款规模持续增长，为广东发展国际一流制造业提供了金融支持，在当前制造业转型升级的关键时期，更要注重发挥金融作用，提高金融服务力度。

三是推动振兴乡村现代产业。银行业基层分支机构和网点众多，是乡村金融服务的主要力量，更是乡村产业振兴的主要资金来源。广大银行基层服务网点通过推广"政银保"复合增信、创新"云浮勿坦"等农户贷款模式，有力破除"三权"抵押贷款难题，加大对乡村产业发展的支持力度。

四是推动建设现代银行体系。现代金融是现代产业体系的重要组成部分，建立有中国特色的现代银行制度是广东提升产业综合竞争力的内在要求。目前，广东银行业金融机构门类齐全，资产规模、机构网点数量等均居全国首位，还需进一步深化体制机制改革,加强法人机构公司治理、深化农合机构改革,增强银行体系服务现代化经济体系建设的能力。

(三)银行业在服务改革开放上大有可为

广东是改革开放的先行地,更是金融业对外开放的沃土。广东银行业依托粤港澳大湾区和广东自贸区建设,发挥政策优势和湾区经济优势,加强金融创新,努力走在全国银行业开放前沿。

一是加强大湾区金融联动合作。建设粤港澳大湾区是党中央作出的重大决策,是新时代广东改革开放肩负的重大政治任务,也是广东改革开放的"二次创业",银行业应该抓住这一重大历史机遇,对标最高最好最优要求,认真谋划、积极探索,以更主动和开放的姿态加以推进落实,把粤港澳大湾区建设成为国际一流湾区和世界级城市群。

二是加强对"一带一路"重点领域的金融支持。深化"一带一路"建设是形成陆海内外联动、东西双向互济开放格局的必然要求,离不开银行业资金的保障。广东银行业已为港珠澳大桥、南沙港、中欧铁路、卡塔尔多哈新港码头等近200个重点项目建设提供了资金支持,还要进一步拓宽服务渠道和范围,更加有力地支持广东企业面向"一带一路"国家和地区开展业务,有效应对中美贸易摩擦加剧等外部冲击。

三是加强自贸区金融开放与创新。自贸区是开放型经济新体制的先行区,也是银行业开放和创新发展的试验田。银行业积极在南沙、横琴自贸片区设立分支机构,发挥政策优势,搭建全球化服务平台,打造跨境金融服务优势,形成一批可复制可推广的金融创新成果。

四是加强银行业对外开放。开放的银行业是全面开放新格局的重要组成部分。广东省实施"准入前国民待遇加负面清单"准入模式，支持各类外资银行业金融机构来粤发展，已有近20个国家和地区在粤设立外资银行业金融机构。在肯定成绩的同时，还要进一步见贤思齐，向金融开放前沿国家和地区学习，用足用活政策。

（四）银行业在服务民营经济发展上大有可为

近几年，有些银行机构经营出现偏差，资金投放"脱实向虚"，在金融体系内"打转"，甚至违背宏观调控政策，将信贷资源违规投向房地产领域、产能过剩行业；一些非银机构只顾做通道、赚快钱，违背设立初衷、偏离主业；还有一些小银行赶时髦、搞高大上，大做同业、理财业务，引发风险。银行业应该吸取前期教训，始终坚守服务实体经济的初心和职责，持续完善自身战略和业务结构；特别是金融租赁、消费金融公司等非银机构及农村中小金融机构，应立足自身职责，精耕细作，做强主业。

银行业服务民营经济要有真功夫、硬本领，要顺应市场需求，不断创新求变，及时服务到位。从广东实际情况看，民营经济活跃，小微企业数量多、分布广，金融服务需求旺盛，银行业应该聚焦小微金融服务痛点难点，真正沉下心、俯下身，了解客户需求，在风险可控的前提下，加快体制机制创新，推动营销方式由"坐贾"向"行商"转变、授信评级由"单一"向"立体"转变、授信审批由"粗放"向"精细"转变、风险控制由"事后"向"事前"转变、产品创新由"标准"向"个性"转变，征信由临时、零乱向常态、系统转变，信用由对物信用向对人信用转变，构建起适应普惠金融发展要求的体制机制、系统流程和人才队伍，打造广东银行业发展的战略蓝海。

当前，面对民营企业融资难题，要主动参与企业融资方案制定，为企业融资、理财出谋划策，以降低融资成本为目标推动金融创新和产品服务；鼓励银行机构在企业资金出现暂时性困难时不抽贷、不拒贷，支持企业长远发展；鼓励银行机构下属基金公司加强与私募基金、政府主导的基金合作，积极投资上市公司股权，支持上市公司回购股份和重组，提振投资者信心。

（五）银行业在服务普惠民生事业上大有可为

银行业是与人民群众联系最为紧密的金融机构，守护着千家万户的"钱袋子"，是发展普惠金融和助力营造共建共治共享社会治理格局的关键力量。

一是助力化解社会矛盾纠纷。随着金融业的发展和人民投资理财意识的增强，处置化解金融纠纷已成为维护广东社会稳定的重要工作。银行业需不断完善金融消费者权益保护体系，积极总结在全国率先实现理财和代销产品销售录音录像"全覆盖"、首创消费者权益考核结果通报制度等宝贵经验，进一步提升化解金融矛盾纠纷的效率。

二是助力打击非法金融活动。银行业是资金归集和流转的枢纽，在打击非法金融活动中责无旁贷。银行业要充分利用已经上线的资金快速查控平台、"反诈骗中心"等，积极劝阻疑似被骗事主，帮助群众避免经济损失，成为打击非法金融活动、保障群众财产安全的得力助手。

三是助力深化金融宣传教育。银行业金融机构人力资源丰富，业务贴近群众，在开展金融宣传教育方面拥有天然优势。各银行基层服务网点通过开展形式多样的宣传教育活动，主动送金融知识进校园、进社区、进企业、进农村，提升金融知识普及度，增强广大人民群众的信用意识和风险防范意识。

四是助力打赢脱贫攻坚战。当前，广东省处于打赢脱贫攻坚战的总攻阶段。银行业资金资源丰富，是拿下脱贫攻坚最后山头的关键力量，要围绕政策、资金、人才、知识等方面，深入实施金融精准扶贫、精准脱贫，把资源用在脱贫攻坚的刀刃上，切实提升贫困地区的经济发展和民生保障水平。

二 贯彻落实习近平考察广东重要讲话精神，坚决打赢金融风险防控攻坚战

决胜全面建成小康社会，要着力打好防范化解重大风险攻坚战，其中金融风险首当其冲。当前，广东金融体系的风险总体可控，但仍然处于风险易发多发期，面临的形势依然复杂严峻，银行业不良资产反弹压力较大，高风险机构处置难度大，非法金融案件时有发生，由此构成的"灰犀牛"和"黑天鹅"隐患威胁着广东金融稳定。一旦发生大的金融动荡，将严重影响经济社会发展，阻碍全面建成小康社会目标的达成。

防控金融风险要求省委省政府和金融监管部门之间通力协作，更要求银行业金融机构落实风险防控主体责任，强化底线思维，合力打好防范化解重大风险攻坚战这场首要战役。

一要对标任务、压实责任，进一步加快农合机构改制步伐。农合机构风险隐患是当前广东金融领域最为突出的风险之一。加快全面推进农合机构改制，是省委省政府着眼防范地方金融风险，主动处置历史遗留问题，打响的第一场攻坚战。目前，全省农合机构改制工作时间紧迫、任务艰巨，需要各部门加强协作、全力推进。省政府将进一步加大统筹力度，压实各地市政府风险处置责任，有力推进改制工作。省、各地市政府要牵头落实存量风险处置和追责问

责工作，加大压降清收不良贷款力度，仔细研究解决改制遇到的问题，推动改制后的农商行建立现代治理和风险防控体系。监管部门应用足用活监管政策，优化审批流程，加强全方位指导。

二要突出重点、稳中求进，有序化解重点领域风险。风险是在多重因素作用下，长期潜伏、演变和积累的结果，冰冻三尺非一日之寒，防控风险不可能一蹴而就。今后几年，可能是各方面风险集中显现的时期，要求银行业和监管部门提前部署，把握好力度和节奏，稳妥处置重点领域风险。一方面，加快存量风险化解，用足用好核销、批量资产转让政策，加大清收力度，盘活信贷资源，把资产质量维持在较好水平。另一方面，严控增量风险，围绕房地产、地方政府融资等重点领域，加强研究谋划，既要落实宏观调控政策，防控系统性风险，也不能"一刀切"，影响到正常的经济发展；要充分考虑实体经济的承受能力，在稳的前提下求进，逐步拆除"弹药"，消除隐患。

三要补齐短板、苦练内功，更加主动地防控金融风险。当前金融风险多发易发，有经济不确定性的影响，但更多要归结于银行业内控薄弱、风险防控能力不足等问题。各银行业金融机构必须在打赢重大风险攻坚战的大背景下，认真审视自身在经营战略、内控建设、风险防控等方面存在的不足，举一反三，查漏补缺，筑牢筑密第一道风险防线。监管部门也应主动提高风险识别能力，练就千里眼、顺风耳、火眼金睛，抓早抓小，把风险化解在未发、初发状态。

四要积极配合、强化协作，合力打击违法违规金融活动。近年来金融业高速发展，极大提升了经济活力，但也滋生了不少违法违规金融活动。部分机构打着金融服务的幌子，违法违规吸收公众资金,严重损害了老百姓的切身利益,危及经济社会稳定。银行业作为资金流通枢纽,要积极作为,通过加强账户资金监测和排查,及时向公安机关提供线索,查控涉案资金,支持政府部门打击犯罪、维护人民群众财产安全。监管部门也要充分发挥专业优势,加强与省金融办、公安部门协作,共同整治风险,维护金融稳定。

三 贯彻落实习近平考察广东重要讲话精神,坚持和加强党对金融工作的领导

办好中国的事关键在党,做好金融工作必须加强党对金融工作的领导,进一步加强金融系统党的建设,强化金融业的"四个意识",涵养金融生态,厚植金融文化。

首先,银行业必须旗帜鲜明讲政治,坚决贯彻落实党和国家的大政方针政策。习近平总书记反复强调要不忘初心,"走得再远、走到再光辉的未来,也不能忘记走过的过去,不能忘记为什么出发"。[①] 金融因实体经济需要而产生,因民生需要而产生,回归初心就是要专注主业、回归本源,在服务实体经济和满足人民群众需求的过程中创造价值、行稳致远。金融事关经济社会发展大局,金融机构掌握着国民经济血脉、管着老百姓的"钱袋子",除了市场属性,还有很强的国家属性和人民属性。党中央高度重视金融工作,习近平总书记先后多次对金融工作进行部署和指导,金融业讲政治,就是要始终与以习近平同志为核心的党中央保持高度一致,把习近平总书记讲话精神、党和国家的大政方针政策不折不扣地贯彻落实到位。要将自身发展置于经济社会发展的大局之中,强化责任感、使命感和紧迫感,坚决落实服务实体经济、防控金融风险、深

---

① 习近平:《在党史学习教育动员大会上的讲话》,《求是》2021年第7期。

化改革开放的任务要求，不断完善金融功能作用，为党和国家各项事业发展提供有力的金融支撑。

其次，银行业必须强约束守规矩，及时清除系统内不良分子。习近平总书记指出，治理一个国家、一个社会，关键是要立规矩、讲规矩、守规矩。纪律和规矩是立党、兴党、强党的根本保障。银行业是个高度讲究规矩的行业，素有铁账本、铁算盘、铁规章"三铁"之说。照章办事、规范经营是银行业金融机构发展的"生命线"，也是底线。近年来，金融行业乱象丛生、出现不少大案、要案，说到底是行业规矩意识薄弱，唯利是图，丧失了行为底线，败坏了社会风气。监管部门深入开展市场乱象整治工作，就是要重塑行业风气，强化规矩意识。银行业必须以乱象整治工作为契机，以法律法规和监管要求为准绳，落实主体责任，切实规范经营行为。充分意识到"没有坏人就不会有坏账，没有不良分子就没有不良资产"，人的作用是第一位的，加强员工行为管理，严厉惩处违法违规人员，把害群之马清理出从业队伍；同时，尊崇诚实守信，积极参与社会信用体系建设，让违法失信者寸步难行，共同营造海晏河清的良好金融生态。

再次，银行业必须健全法人机构公司治理结构。这些年银行业通过改革开放，基本实现了多元化的股本结构，当前主要问题是规范的公司治理和股东管理没有跟上，既有股东缺位、不作为，导致的"内部人"控制问题；也有股东越位、乱作为，随意干预银行正常经营的问题；有的股东甚至把银行当作"提款机"，肆意进行不正当关联交易和利益输送，引发了单体机构风险。深化银行业改革的重点是完善公司治理结构，银行机构自身要高度重视公司治理，抓实"三会一层"建设，加强董事会建设，严格董事选任标准、完善决策机制,建立董事履职问责制度,明确监事会监督职责,加强对企业财务及高管人员履职行为合法性监督。监管部门也要强化源头管控,对股东准入、股东行为进行有效监管,严防"人的风险",推动银行业健康发展。

最后,银行机构高管必须担当尽责,发挥好领导干部的关键少数作用。火车跑得快,全靠车头带。银行机构要实现好的发展,领头人非常重要。很多问题出在下面、根子在上面,个别高管拿高薪不管事,不作为、甚至乱作为,成为违法乱纪的反面典型。高管绝不意味着高高在上,脱离国情与群众;高管绝不意味着高枕无忧,做太平官,拿着高薪打高尔夫球。高管要有高处不胜寒的忧患意识,要有高要求、高水平、高素质、高标准的压力和自律意识。要时刻牢记自己的第一身份是党员、第一职责是为党工作,严格按照党中央的要求,履职尽责、担当有为,为推动银行业发展、推动党和国家事业发展作出不懈努力。

第四节 在习近平关于金融工作的重要论述指引下推动广东资本市场发展走前列[①]

资本市场是金融市场的重要组成部分和资金资源配置的重要平台,在服务广东"四个走在全国前列"[②] 方面大有可为。广东经济

---

① 本文原载《南方金融》2018 年第 12 期,本书收录时有修改。
② "四个走在全国前列"的来源:习近平总书记 2018 年 3 月在参加十三届全国人大一次会议广东代表团审议时要求广东"进一步解放思想、改革创新,真抓实干,奋发进取,在构建推动经济高质量发展体制机制、建设现代化经济体系、形成全面开放新格局、营造共建共治共享社会治理格局上走在全国前列"。

发展已经由高速增长阶段转入高质量发展阶段，加快转型升级、实施创新驱动是根本出路，发挥资本市场机能作用的重要性更加突出。进一步发挥资本市场的机能作用，有利于提高资金、资源配置质量和效率，增强实体经济发展动能；有利于促进创新要素聚合和裂变，助推新兴产业加快发展；有利于提升区域经济核心竞争力，优化城市营商环境。有效发挥资本市场支持实体经济发展方面的机能作用，关键在于强化上市公司的示范、引领作用，提高上市公司发展质量。为此，一是要引导上市公司充分认识其市场重要性，增强责任感和使命感，成为所有公司和市场主体的标杆，心无旁骛创新创造，踏踏实实办好企业；二是要推动上市公司增强规范运作意识，遵守规则、合规经营，提高发展质量；三是要用好资本市场各项功能，支持上市公司适度扩大再融资、开展产业并购和海外收购；四是要加强和改进资本市场监管，牢牢守住不发生系统性区域性金融风险的底线。

当前，广东全省上下正深入学习贯彻落实习近平总书记视察广东重要讲话精神，高举新时代改革开放旗帜，不忘初心、牢记使命、凝心聚力、接续奋斗，以新担当新作为把改革开放不断推向深入，奋力实现"四个走在全国前列"。资本市场作为金融市场的重要组成部分和资金、资源配置的重要平台，在服务"四个走在全国前列"方面大有可为。广东发展、利用资本市场走在全国前列，上市公司数量位居全国首位。上市公司既是资本市场的基石，也是广东经济的中坚力量和最具活力的市场群体。深入学习贯彻习近平总书记重要讲话精神、奋力实现"四个走在全国前列"目标，需要切实提高上市公司质量，充分发挥上市公司的示范、引领作用，带动全省企业实现高质量发展。

一 深入学习贯彻落实习近平重要讲话精神，增强"四个走在全国前列"的紧迫感

在改革开放 40 周年、粤港澳大湾区建设全面推进的关键时刻，习近平总书记亲临广东视察指导并发表重要讲话，要求广东认真贯彻新时代中国特色社会主义思想和党的十九大精神，贯彻落实好党中央决策部署，高举新时代改革开放旗帜，以更坚定的信心、更有力的措施把改革开放不断推向深入，对广东提出了深化改革开放、推动高质量发展、提高发展平衡性和协调性、加强党的领导和党的建设等方面的工作要求。[①] 习近平总书记的重要讲话，从战略和全局高度为广东发展把脉定位，为新形势下广东改革发展指明了方向，是广东实现高质量发展的根本遵循。

习近平总书记提出的重要指示要求，都是基于对广东省情的深刻洞察、基于对广东发展优势和短板的科学分析判断而作出的。广东经济得改革开放之先机，思想观念活跃，体制机制相对灵活，发展速度比较快，但发展质量和效益不够高的问题也是比较突出的，同国际先进水平相比差距更为明显。比如，发展方式仍然比较粗放，产业转型升级效果还没有充分显现出来；绿色生产生活方式尚未形成，节能降耗、污染防治压力还比较大；发展不平衡不充分问题依然存在，粤东、粤西、粤北地区经济基础薄弱，内生发展动力不强，等等。习近平总书记在参加十三届全国人大一次会议广东代表团审议时强调，建设现代化经济体系，事关我们能否引领世界科

[①]《广东省传达学习贯彻习近平总书记视察广东重要讲话精神干部大会召开 李希主持会议并讲话》，中国共产党新闻网，2018 年 10 月 29 日，http://cpc.people.com.cn/n1/2018/1029/c64094 - 30368545.html？ivk_sa = 1024320u。

技革命和产业变革潮流、赢得国际竞争的主动性,事关我们能否顺利实现"两个一百年"奋斗目标。① 广东经济体系发展的突出短板是产业体系问题。虽然从产业结构来看,广东的许多指标是全国领先的,但产业整体水平仍然不高,低端产业仍占较大比重,新产业还不能完全挑起大梁,特别是科技创新的驱动力亟待加强,一些核心技术、关键零部件、重大装备受制于人。

目前,广东经济发展已经进入新常态,正处于由高速增长向高质量发展转变的关键阶段。随着要素供给条件趋紧和投资回报率下降,高投入、高消耗、低效率的粗放型发展模式已经不可持续,要实现高质量发展,唯一的选择就是进行结构调整、转型升级、提质增效。而成功实现转型升级,根本办法在创新,加快形成以创新为主要引领和支撑的经济体系和发展模式。创新发展不是战术问题,而是战略问题,不创新就无法破解进一步发展面临的瓶颈。

加快转型升级、实施创新驱动,也是比较"中等收入陷阱"和"东亚奇迹"给我们带来的一条重要启示。20世纪60年代曾有100多个进入中等收入国家(地区)行列的经济体,到2008年仅有13个保持持续增长并最终进入高收入国家(地区)之列,绝大部分经济体未能成功跨越"中等收入陷阱"。② 分析部分拉美国家落入"中等收入陷阱"的原因,最重要的就是缺乏创新驱动。随着要素成本不断上升,要素的边际报酬不断下降,由于没有及时转换发展模式,不能保持技术与制度的持续创新,社会劳动生产率没有得到

---

① 《习近平参加广东代表团审议时强调——发展是第一要务 人才是第一资源 创新是第一动力》,新华网,2018年3月7日,http://www.xinhuanet.com/politics/2018-03/07/c_1122502719.htm。

② 郑之杰:《跨越"中等收入陷阱"的国际经验教训》,《红旗文稿》2014年第4期。

相应提高,经济增长失去驱动力而陷入停滞。反观日本和亚洲"四小龙",在20世纪70、80年代不同程度地依赖以出口为导向的低成本优势,但在进入中等收入水平后果断放弃了这一策略,转而依靠科技创新,推动产业结构转型和升级,提高社会福利水平,重视资源节约和环境保护,保持了经济的持续增长,由此创造了"东亚奇迹"。[①]

2018年6月,广东省委十二届四次全会审议通过了《中共广东省委关于深入学习贯彻落实习近平总书记重要讲话精神奋力实现"四个走在全国前列"的决定》,提出了加快建设科技创新强省、加快构建推动经济高质量发展的体制机制、加快建设现代化经济体系等九项任务,吹响了广东奋力实现"四个走在全国前列"的号角。落实这九项任务,需要进行艰苦的探索、勇敢的尝试,绝不是轻轻松松、敲锣打鼓就能完成的。我们必须以"逆水行舟、不进则退"的危机感和紧迫感,保持战略定力,鼓足精气神,闻鸡起舞、日夜兼程,在新时代奋力书写走在前列的新篇章。

二 作为现代市场经济的重要组成部分,资本市场服务"四个走在全国前列"大有可为

(一)资本市场有助于提高资金、资源配置质量和效率,有效增强实体经济发展动能

一是资本市场可拓宽企业融资渠道,缓解企业特别是中小企业融资难问题。到2018年6月底,广东共有境内上市公司583家,新三板挂牌企业1776家,均占全国的16%左右。[②] 近五年来,在广东

[①] 徐宪平:《中国经济的转型升级——从"十二五"看"十三五"》,北京大学出版社2015年版。

[②] 如无特别说明,本节数据均来自Wind数据库。

有2431家次企业通过资本市场实现直接融资近1.97万亿元，占全国的比重达15.5%，是2013年以前广东资本市场历年融资额的2.6倍。其中，有221家企业通过IPO发行上市，首发融资额达1424亿元，分别占全国的20.7%和18%。

二是并购重组助推产业转型，提高制造业核心竞争力。资本市场作为现代经济资源配置的主要场所之一，其并购重组功能具有定价市场化、支付手段多样化、信息披露公开化、股权交易便利化等独特优势。2017年，广东企业共发生并购重组914单，金额约4121亿元，位居全国第一。其中，上市公司发生并购重组442家次，金额3289亿元，约占全国的18%，有180家制造业上市公司通过并购重组实现行业资源整合。

三是股权融资可有效降低企业杠杆率，促进企业长期稳定经营。股权资本属于企业的永久性资本，没有定期偿付的财务压力，财务风险比较小。[①] 2013年至2017年8月底，广东上市公司通过首发融资、定向增发等方式实现股权融资7121亿元，其中首发融资募集的资金有70.2%流入制造业。2013年以来广东上市公司实现股权再融资6128亿元，其中44.4%流入制造业。2017年上半年广东制造业上市公司的负债率为36.1%，远远低于同期全省规模以上工业企业负债率（55.6%）的总体水平。

（二）资本市场有助于促进创新要素聚合和裂变，有效助推新兴产业加快发展

从国际经验看，20世纪70年代，在经历了战后二三十年的恢复性增长后，美国、欧洲各国和日本同时陷入经济滞胀的泥潭，世

[①] ［美］斯蒂芬·A. 罗斯、伦道夫·W. 威斯特菲尔德、杰弗利·F. 杰富：《公司理财》，吴世农等译，机械工业出版社2012年版。

界经济面临重大转型。在这一过程中,美国依靠以纳斯达克和硅谷为代表的创业投资机制与科技创新相结合,成功培育和发展了计算机、通讯、网络、生物医药等一大批高新技术产业,实现了经济的重大转型。美国等发达国家的经验证明,科技创新与资本市场的有效对接,是推进经济发展方式转变和实施自主创新战略的根本途径。[①] 资本市场提供的风险共担、利益共享机制,能够推动资金和其他各类资源向高新技术产业领域集聚,加速实现科技成果向现实生产力的转化。

从广东近年来的情况看,资本市场促进创新驱动发展的作用主要体现在以下三个方面:一是高新技术企业上市家数多,资金流入战略性新兴产业比重高。近五年来,广东新增的221家上市公司中,有近70%是战略性新兴行业企业,首发募集的1424亿元资金中有近60%流入战略性新兴行业。2017年,广东上市公司通过股权再融资募集的1504亿元资金中,有74%流入信息技术、电气机械、专用设备等行业。二是私募股权投资快速发展,成为广东创新创业的重要引擎。创新始于技术,成于资本。要有效对冲技术创新的高风险,需要打造创业、创新、创投联动的"铁三角"。[②] 据统计,2016—2017年全国私募股权投资基金投资广东企业项目4200多个,投资金额约2800多亿元,90%以上的投资项目为互联网、信息技术等战略性新兴产业中的早期企业。截至2017年底,广东有备案私募股权投资机构5759家,管理的基金规模2.1万亿元,分别

---

① 郭树清:《六方面深化推动资本市场创新》,腾讯网,2011年12月1日,https://finance.qq.com/a/20111201/002572_2.htm。

② 辜胜阻:《把粤港澳大湾区建成创新高地》,搜狐网,2018年6月11日,http://www.sohu.com/a/235030805_115124。

占全国的26%和19%；2017年备案私募股权投资基金规模同比增加6366亿元，相当于全省社会融资总额的28.8%。三是股权激励增强专业人才归属感，为高新技术企业发展提供有力支持。人才是第一资源。依托资本市场的机制优势，促进企业实施多样化的股权激励安排，有助于吸引人才，留住人才。据统计，自2013年以来，广东省制造业上市公司累计实施股权激励193家次，授予激励对象的股票、期权合计达24亿份。此外，还有92家制造业上市公司实施了118家次员工持股计划，参与持股计划的员工人数达3.4万人。

（三）资本市场有助于提升区域经济核心竞争力，优化城市营商环境

一是龙头上市公司不断成长壮大，带动了地方经济内生动力的增强。一个地区要实现可持续发展，关键是要有龙头企业带动，形成优势产业集群。资本市场为公司融资、并购、重组提供了公平、透明且富有效率的平台和多样化的选择，不仅可以助力处于产业链关键位置的龙头企业进一步做大做强，而且还会吸引一批配套企业落地，形成优势产业集聚格局，从而提升一个地区的整体经济发展质量。例如，在一批龙头企业的带动下，珠江东岸五市①共有电子信息制造业上市公司138家，2017年实现营业收入9803亿元，奠定了广东电子信息产业在全国的领先地位。

二是资本市场中介机构集聚发展，推动现代服务业体系逐步完善。目前，广东有证券公司28家，基金管理公司30家，期货公司22家，数量均位居全国第一。证券期货行业的蓬勃发展，为企业提供了优质的发行融资、并购重组、投资顾问等服务。同时，证券期货业带动了会计、律师、资产评估、投资顾问、信息技术等相关产

---

① 珠江东岸五市，包括深圳、东莞、惠州、河源、汕尾。

业的发展,有力地促进了广东现代服务业体系的完善。

三是各地发展资本市场的意识不断增强,政策举措和市场环境逐步优化。"企业上市是最好形式的招商引资"的观念深入人心,不少地市及区县设立了绿色通道,协调解决企业上市过程中面临的历史遗留问题,并对企业上市挂牌和并购重组进行奖励、补贴,降低企业融资成本。例如,汕头地区仅2017年就新增上市公司6家,目前有境内上市公司32家,在省内地市排名第四;上市公司总市值2314.65亿元,证券化率达98.46%,仅次于深圳。

在看到成绩的同时,也要清醒地认识到,广东资本市场发展中还存在一些问题和薄弱环节。一是资本市场发展不充分、不平衡。除深圳外,广东各市的证券化率与江浙相比存在明显差距。目前尚有2个地级市上市公司数量为零,证券市场年度募集资金额、并购重组的深度和广度与现阶段广东经济发展水平相比仍有较大提升空间。二是一部分上市公司主业亏损比较严重。2017年,广东共有30家上市公司亏损,亏损率约为5%。如剔除处置资产收益、获得政府补助等非经常性损益的影响,主营业务实际亏损的上市公司数量有63家,亏损率达到11%,其中,有28家公司连续两年亏损,有21家公司连续三年亏损。三是部分上市公司财务风险控制不到位。在572家非金融行业上市公司中,资产负债率超过60%的有95家。有一成左右的上市公司的控股股东股权质押比例超过90%。2018年起未来三年公司债券每年到期规模约占2017年底存量规模的三成左右,流动性风险防控压力较大。四是部分上市公司规范运营意识不够强。2018年有5家上市公司或其控股股东、实际控制人因信息披露、内幕交易、财务造假等违法违规行为被立案稽查,有4家上市公司及其高管人员受到行政处罚,这表明有的上市公司法治观念淡薄，诚信意识不足，规范运作水平有待提高。五是外部风险传染不容忽视。当前，源自资管业务规范清理、互联网金融、区域性股权市场、各类交易场所等方面的风险可能碰头交织、共振叠加，影响或传染到上市公司。上述这些问题制约了资本市场服务经济转型功能的有效发挥，同时也说明广东资本市场的发展潜力很大，进一步深化改革发展任重道远。

三 推动上市公司高质量发展，切实将"四个走在全国前列"落到实处

发挥资本市场有效服务"四个走在全国前列"、支持实体经济发展和供给侧结构性改革的功能，关键在于发挥上市公司的示范、引领作用，提高上市公司发展质量。具体来说，要从以下四个方面着手：

（一）提高对上市公司重要性的认识，推动上市公司发挥示范引领作用

第一，上市公司是资本市场的基石。如果把资本市场比作一座大楼，那么上市公司就是这座大楼的基石。交易所、证券公司以及律师事务所、会计师事务所等中介机构都是为上市公司提供服务的，资本市场的各项活动都是围绕上市公司展开的，上市公司的任何风吹草动都会传导到资本市场的各个环节。只有上市公司经营规范透明、业绩稳步提升，资本市场才有平稳运行和持续发展的基础。如果上市公司运作不规范，经营业绩不稳定，信息披露不真实，甚至刻意造假、欺诈，则要么形成泡沫，要么导致股市持续低迷乃至动荡。因此，上市公司要充分认识到自身在资本市场上的重要性，切实增强责任感、使命感。

第二,上市公司应当成为所有公司和市场主体的标杆。目前全国共有各类企业约3100万家,其中能够成为上市公司和拟上市公司的是极少数。截至2018年6月底,全国共有境内上市公司3547家,即使加上在证监会审核的IPO企业295家,在各省(市、自治区)证监会派出机构辅导备案的1000家,总数也不超过5000家,不到全国企业总数的万分之二。也就是说,上市公司都是精挑细选出来的。既然是精选出来的,就理应当好所有公司的模范和标杆,把实干和诚信作为上市公司的基本品质。靠投机倒把、坑蒙拐骗肯定是行不通的,必须"心无旁骛创新创造,踏踏实实办好企业"。[①]

第三,上市公司是广东经济的中坚力量。正是因为上市公司是从千万家企业中脱颖而出的,是万里挑一的,所以大多数上市公司都是各行各业的龙头企业,是广东经济发展的中坚力量和最具活力的群体,是广东企业的排头兵。广东要实现"四个走在全国前列",其中关键的一条是广东的上市公司要走在前列。全省上市公司必须牢记历史使命,强化责任担当,以走在前列为目标,对标世界先进企业,不断提升自身综合实力和国际竞争力;同时,积极发挥自身的产业和技术引领作用,带动全省企业向更高发展水平迈进。

(二)推动上市公司增强规范运作意识,提高公司发展质量

第一,上市公司是公众公司,公众股东才是上市公司真正的"老板"。任何上市公众公司的真正主人是全体股东,而绝非仅持有部分股权的大股东。目前,85%以上的广东上市公司大股东持股比

[①] 《习近平回信勉励广大民营企业家:心无旁骛创新创造 踏踏实实办好企业》,《人民日报》2018年10月22日。

例低于50%，公众才是最大的股东。即便是绝对控股的股东，也不能损害公司整体利益和中小股东合法权益。按照现代企业治理架构，管理层必须听命于股东，为全体股东打工。上市公司的董事长或总经理要明晰自己的角色定位，始终保持谦虚、谨慎、务实，勤勉尽责，带领好企业谋求更大的发展，这样才对得起所有股东，对得起公众，对得起自己的良知和职业操守。

第二，遵守规则是上市公司的生命线，违规一定会付出巨大代价。上市公司是公众公司，由于公众公司涉及众多投资者利益，法律规制也就较为严格，需要承担的义务也比较多。上市公司一旦违反规则而被立案稽查，资本运作事项将会搁置，诚信记录亦有"污点"，社会形象也会受损，严重的可能引发退市、破产。因此，上市公司必须强化规则意识，对不完善的规则可以向相关部门提出修改建议，但在规则修改之前一定要切实严格遵守。

第三，业绩和现金分红是上市公司最好的广告。上市公司做得好不好，关键看业绩，要靠事实、数据说话。连续稳定的现金分红是上市公司财务和经营状况稳定的信号。对非专业投资者来说，很难通过财务分析来鉴别公司的质量，但可以把现金分红情况作为鉴别企业优劣的重要标准。如果一家公司连续几年都保持高现金分红，那么这家公司的质量不会太差。所以说，良好的经营业绩和现金分红是上市公司最好的广告。

第四，股票价格与公司价值应该基本一致。这种基本一致反映到二级市场上，就是股票价格围绕公司价值小幅波动。当公司股价被过于低估时，公司可以回购股票，而当公司股价过于高估时则蕴藏着风险。上市公司的控股股东和实际控制人不能因股价高就沾沾自喜，也不要因股价低而失魂落魄，关键要看上市公司的价值到底是多少，前景、预期如何。而公司价值主要取决于公司的市场占有率、资本回报率、销售利润率等因素。上市公司不要过度关注公司股价、市值涨跌，而是要踏踏实实把企业经营好。

（三）用好资本市场各项功能，促进上市公司做优做强

第一，支持上市公司适度扩大再融资。随着经济环境、融资环境的变化，近期不少企业感到贷款难、融资难。但越是在这种困难较多的时候，资本市场的优势就越能体现出来。资本市场提供了一整套风险共担、利益共享、同舟共济的激励和约束机制，同时也为公司发展提供了宝贵的资金支持。那些上市以后发展较好的企业，无一不是充分依托资本市场这个平台进行持续再融资、从而实现跨越式发展的。所以，要支持上市公司充分运用好资本市场工具，通过增发新股、配股、发行优先股、可转债、公司债、绿色债、双创债等方式进行再融资，募集资金用于产品研发、技术改造、节能减排等亟须资金的重点领域。各地政府及有关部门要加大对募投项目落地的服务力度，协调解决募投项目落地过程中的用地、环评等问题。要深化与各证券交易所和大型金融机构的合作，积极引入大型金融机构为广东企业发行公司债、企业债等债务融资工具提供承销服务。

第二，支持上市公司利用资本市场并购重组机能开展产业并购和海外收购。支持上市公司开展着眼于国内传统制造业和服务业优质资源的并购重组，提升上市公司服务地方经济转型升级的能力。鼓励各类并购基金、私募基金参与企业并购，鼓励银行机构积极开展并购贷款、银团贷款，为上市公司开展并购提供融资支持。政府部门要搭建并购重组平台，建立绿色通道，联动办理业务，加大对并购重组过程中合规证明、股权确认、资金奖励、税收减免等事项的支持力度。证券监管部门对运作规范、符合国家产业政策导向的上市公司并购重组要给予优先支持。鼓励、支持有实力和具有海外运作经验的上市公司通过资本市场"走出去",开展以高端技术、高端人才和高端品牌为重点的跨境并购,鼓励引入顶尖技术、管理团队、商业模式、营销渠道等资源,形成一批技术含量高、发展质量好、产业带动力强的全球行业龙头企业。对境外重大并购行为,在依法合规的前提下,有关部门要按照放松管制、加强监管、优化服务的原则,为上市公司"走出去"提供政策支持和便利服务。

(四) 加强和改进资本市场监管,牢牢守住不发生系统性区域性金融风险的底线

当前,资本市场的风险隐患主要表现在三个方面:一是上市公司的经营风险。部分上市公司经营业绩大幅下滑,甚至出现亏损,如果连年亏损就会导致退市和破产,演变为经济金融风险,有的还可能引发社会稳定问题;二是二级市场的交易风险。部分上市公司虚假陈述、内幕交易、操纵市场问题仍然比较突出,不少上市公司风险的爆发都源于此;三是服务市场的"包装"风险。部分为上市公司提供服务的会计师事务所、律师事务所、证券公司等中介机构不仅不勤勉尽责,反而"助纣为虐",对上市公司进行虚假"包装",欺骗投资者。

防范、化解上述风险,既需要各司其职、各负其责,也需要群策群力、群防群治。第一,要强化日常监管。证券监管部门要严格落实国家和证监会出台的各项金融监管法规和政策,强化监管执法,督促上市公司完善治理结构和内控机制,依法规范运作和诚信经营,增强抵御风险能力。要加强对上市公司高管人员的监管,建立上市公司董事长、总经理资料数据库，及时了解和掌握董事长、总经理的动态和履职情况，督促其勤勉尽责。要组织人员定期分析上市公司财务报表，从报表分析中挖掘蛛丝马迹，从财务杠杆等财务指标变化中发现潜在问题，从公司供应商、客户以及工商、税务等渠道了解上市公司真实的经营状况，并有针对性地采取监管措施。要强化舆论监督、社会监督和公众监督，引导新闻媒体、自律机构、中小投资者和社会公众参与对上市公司违法违规行为的监督，形成监督合力。第二，要强化风险监测、预警和处置。证券监管部门要加强对资本市场风险的预研预判、摸排风险，制定风险处置预案，及时对突发风险进行有效处置，防范风险蔓延。第三，要强化信息共享和协同处置。金融风险往往具有很强的外溢性，各地政府及相关部门要加强与证券监管部门的沟通、协调，强化数据共享和信息通报，大力支持、积极配合证券监管部门的风险处置工作，该承担风险处置和维稳主体责任的要切实担当起来、落实下去，牢牢守住不发生系统性区域性金融风险的底线。

第五节　在习近平关于金融工作的重要论述指引下推动广东保险业发展开新局[①]

保险业是金融业的三支柱之一，也是经济社会发展的重要组成部分，作为现代市场经济的基础性制度、产业转型升级的重要引擎、扩大对外开放的有力抓手、创新社会管理的有效工具，在贯彻落实习近平总书记关于广东工作重要批示指示精神，服务广东"四个走在全国前列"上大有可为、应有作为。广东保险业要不忘初

[①] 本文原载《金融经济学研究》2019年第5期，本书收录时有修改。

心、行稳致远，紧密围绕金融服务实体经济、防控金融风险、深化金融改革三大任务，切实加强党的领导，深化金融供给侧结构性改革，贯彻落实好广东"1+1+9"工作部署①，为广东"四个走在全国前列"作出应有贡献。

党的十八大以来，习近平总书记对金融工作发表了系列重要讲话，科学回答了事关金融工作全局的一系列重大理论和实践问题，是我们做好金融保险工作的根本遵循和行动指南。当前，广东正在深入贯彻落实习近平总书记重要讲话精神，奋力实现"四个走在全国前列"、当好"两个重要窗口"②。广东作为中国现代保险的发源地，是全国最大的区域保险市场，保费收入、资产规模等指标均居全国首位，在经济社会发展中具有重要地位。广东保险业必须深入学习贯彻习近平总书记对金融保险工作和广东工作的重要指示批示精神，全面推进高质量发展，为广东实现"四个走在前列"作出更大贡献。

一 贯彻落实习近平关于金融工作重要讲话精神，广东保险业大有可为

习近平总书记在第五次全国金融工作会议上系统阐明了金融工作要坚持回归本源、优化结构、强化监管、市场导向的四项重要原

---

① 广东"1+1+9"工作部署：第一个"1"是指坚定不移加强党的领导和党的建设；第二个"1"是指以新担当新作为不断把改革开放推向深入；"9"是指9个方面重点工作——举全省之力推进粤港澳大湾区建设、加快建设科技创新强省、扎实推进高质量发展、加快建设现代化经济体系、坚决打好三大攻坚战、实施乡村振兴战略、构建"一核一带一区"区域发展格局、加快建设文化强省、营造共建共治共享社会治理格局。

② "两个重要窗口"：广东既是向世界展示中国改革开放成就的重要窗口，也是国际社会观察中国改革开放的重要窗口。

则，明确提出服务实体经济、防控金融风险、深化金融改革三项任务，并在中央经济工作会议、中央政治局会议等重要会议就完善金融服务、防范金融风险等问题发表系列重要讲话。保险业是金融业的三大支柱之一，也是经济社会发展的重要组成部分，在贯彻落实习近平总书记重要讲话精神上大有可为。

(一) 服务实体经济大有可为

为实体经济服务是金融的天职，也是防范金融风险的根本举措。近年来，广东保险业认真贯彻落实省委省政府决策部署，坚持围绕中心、服务大局，在稳定消费预期、深化投融资体制改革、拉动出口、维护社会稳定等方面起到了积极作用，促进了广东经济社会平稳健康发展。当前，广东经济已进入高质量发展阶段，加上人口老龄化日益加剧、中等收入群体持续扩大、脱贫攻坚进入关键阶段，对保险供给提出了新的需求。广东正在认真贯彻落实"1+1+9"工作部署，特别是中央部署实施粤港澳大湾区建设，为保险业服务实体经济提供了广阔空间。广东保险业要大力发展民生保险、科技保险、绿色保险等，提供更高质量、更有效率的金融服务。

(二) 防控金融风险大有可为

习近平总书记强调，维护金融安全，是关系中国经济社会发展全局的一件带有战略性、根本性的大事。防范化解金融风险特别是防止发生系统性金融风险，是金融工作的根本性任务。保险业资产端与货币市场、资本市场等金融市场密切相关，负债端与人民群众生产生活紧密相连，关系金融安全和社会稳定，防范化解金融风险责无旁贷。近年来，在环境错综复杂、任务繁重艰巨的情况下，广东保险业满期给付和退保秩序平稳，重点公司风险得到有效管控，市场乱象得到有力整治，守住了不发生系统性区域性风险的底线。但我们也要清醒地认识到，当前广东保险业所面临的外部环境依然十分严峻复杂，经济下行压力加大、中美贸易摩擦等诸多因素的影响不容忽视，必须时刻绷紧防范风险这根弦。同时，保险作为经营风险的行业，具有长期稳健风险管理和保障的独特优势，应该而且能够在防范化解金融风险中发挥更大作用。

（三）深化金融改革大有可为

习近平总书记强调，要深化金融供给侧结构性改革，增强金融服务实体经济能力。广东保险市场规模连续15年居全国第一，是广东国民经济中发展最快的行业之一，近年来推出了"湛江模式"、轻微交通事故快撤理赔、电梯安全责任保险、家庭医生服务、巨灾指数保险等一批在全国叫得响的创新试点。但与高质量发展的要求相比，与发达国家和国内部分省市相比，广东保险业还存在差距，主要表现在保险资源聚集能力不强，保险法人机构偏少；城乡区域发展不平衡，粤东西北地区保险业发展滞后；农业保险、健康保险、养老保险、责任保险等关系国计民生的业务还有很大发展空间。解决问题归根结底要靠深化金融改革，推动保险业供给侧结构性改善。

二 助力广东实现"四个走在全国前列"，广东保险业应有作为

习近平总书记强调，经济是肌体，金融是血脉，两者共生共荣。保险业是经济社会的"减震器"和"助推器"，具有独特的风险保障、资金融通和社会管理的优势，在广东实现"四个走在全国前列"过程中应该发挥更大的作用。

(一) 保险作为现代市场经济的基础性制度，应助力构建推动经济高质量发展的体制机制

保险是市场经济条件下风险管理的基本手段，是配置资金等市场要素的重要枢纽。一是促进资源高效配置。随着市场经济的快速发展、市场交易活动的日益频繁，市场主体面临的风险日趋复杂化、多样化。保险可以帮助市场主体有效应对风险、减少"后顾之忧"，激发市场活力，促进资源优化配置。保险资金是实体经济的重要资金来源和资本市场重要的机构投资者。二是促进创新发展。研发责任保险、专利保险、高端人才意外健康保险等有助于分散转移科技创新活动中的风险，促进科技创新及成果转化。贷款保证保险、专利质押融资保证保险可以为企业融资增信，缓解融资难题。探索"保险＋信贷＋投资"的一揽子金融服务解决方案，能够为科技企业提供综合金融支持。三是促进绿色安全发展。环境污染责任保险可以帮助企业应对环境污染赔偿支出，提高环境风险管理水平。安全生产责任保险、火灾公众责任保险等，有助于形成以政府监督、保险保障、企业管控为一体的安全监管机制。

(二) 保险作为产业转型升级的重要引擎，应助力建设现代化经济体系

建立现代产业体系是广东建设现代化经济体系所面临的突出短板，传统产业转型升级与新兴产业发展壮大需要保险业的深度参与。一是支持农业现代化。农业保险作为分散农业生产经营风险的重要手段，对推进现代农业发展、保障农民收益具有重要作用。美国有100多家保险公司经办农作物保险，为200多种农作物提供生产、价格等方面的风险保障，有效促进了农业现代化。二是推动先进制造业和战略性新兴产业发展。当前，广东着力打造电子信息、

汽车、智能家电、机器人、绿色石化等先进制造业产业集群，加快布局新一代信息技术、高端装备制造、绿色低碳、生物医药、数字经济、新材料、海洋经济等战略性新兴产业。保险机构可以提供全方位的保险服务，及时补偿风险损失，通过股债结合、资产支持计划、PPP、私募基金等多种形式加大资金支持力度。三是促进现代金融体系建设。在发达国家，保险业资产占金融业总资产的比例在20%—30%。在《财富》杂志公布的2018年世界500强中，共有金融企业118家，其中保险公司最多，达到58家，占49%。[①] 加快发展现代保险服务业，对建立结构合理、运行稳健的现代金融体系具有重要意义。

（三）保险作为扩大对外开放的有力抓手，应助力形成全面开放新格局

习近平总书记强调，要积极稳妥推动金融业对外开放，合理安排开放顺序，加快保险行业开放进程。一是服务粤港澳大湾区建设。保险资金可以为大湾区交通、港口等重要领域和重点项目提供长期稳定的资金支持，促进基础设施互联互通。充分运用CEPA系列协议，从机构设立、互联互通、创新试点等方面大力支持粤港澳保险合作。二是促进外贸转型升级。中美经贸摩擦不断加剧，作为我国第一出口贸易大省，广东首当其冲。2018年，中国对美国的货物出口额为31603亿元，其中广东对美国的货物出口额为7404.05亿元，占全国的23.4%。[②] 在严峻的外贸形势下，进一步扩大出口信用保险覆盖面，实施更加积极的承保政策，支持出口企业大胆接

---

① 数据来源：财富中文网，http://www.fortunechina.com/。
② 数据来源：《中华人民共和国2018年国民经济和社会发展统计公报》《2018年广东国民经济和社会发展统计公报》。

单,显得尤为必要。三是支持"一带一路"建设。2018年,出口信用保险支持广东企业对"一带一路"沿线贸易和投资137亿美元,涉及交通和能源基础设施建设、国际产能合作等领域,为广东参与"一带一路"建设发挥了积极作用。四是深化自贸区改革创新。广东自贸区要打造国际航运枢纽、国际贸易中心、金融业对外开放试验示范窗口,离不开保险业的深度参与。比如,发挥航运保险的辐射带动作用,完善航运服务体系,推动航运产业转型升级。充分发挥毗邻港澳的优势,吸引更多港澳保险机构、保险中介机构进驻。

(四)保险作为创新社会管理的有效工具,应助力营造共建共治共享社会治理格局

随着中国全面深化改革的推进,各种社会矛盾日益凸显。将保险机制运用于社会管理和公共服务,有利于促进政府职能转变,提升社会治理能力和水平。一是完善多层次社会保障体系。国际金融危机以后,国际社会保障制度改革的大趋势是建设多支柱的社会保障体系,商业保险的作用日益凸显。广东大病保险保障人数达到6600多万人,保险机构近三年通过企业年金、养老健康保险产品为居民提供风险保障42万亿元。保险资金积极投资养老产业,如"粤园"养老社区形成了"保险产品+养老服务"的新模式。二是健全社会矛盾纠纷处理机制。2018年,中国人均GDP 64644元,[①]接近1万美元,属于中等偏上收入水平。从国际经验看,一个国家进入中等收入时期后,各种社会矛盾易发多发。保险机制有助于将经济社会中复杂的利益关系转化为相对单纯的经济关系,不仅能提高矛盾纠纷处理效率,而且能培养全社会的契约精神和法治意识。

---

① 数据来源:《中华人民共和国2018年国民经济和社会发展统计公报》。

比如，面对日益增多的医患纠纷，由保险机构介入调解赔付，有效缓和医患关系。三是辅助大型城市治理。截至2018年底，中国机动车保有量已达3.27亿辆，有61个城市超过百万辆，给城市交通带来巨大压力。[①] 近年来，广东积极推动轻微交通事故快撤理赔，有效缓解城市道路交通拥堵压力。另外，大型城市人口众多，人口构成复杂多样，基层治理面临较大压力，通过发展流动人口保险、出租屋综合保险等，有助于维护基层稳定。

三 贯彻习近平重要讲话精神，推动保险业高质量发展

广东保险业必须深入学习贯彻习近平总书记对金融保险工作和广东工作的重要指示批示、重要讲话精神，落实金融服务实体经济、防控金融风险和深化金融改革的三大任务，不忘初心，行稳致远，更好地助力广东"四个走在全国前列"。

（一）服务发展大局，推动保险业与经济社会协调发展

服务实体经济和社会发展是保险业的天然使命。财产险方面，大力发展与公众利益关系密切的环境污染、食品安全、医疗责任、校园安全等领域的责任保险，创新公共服务。建立健全以科技保险、保证保险、专利保险等为重点的科技支持体系，支持转型升级。深化商业车险改革，推进农业保险提质扩面，发展巨灾保险和住房财产保险。人身险方面，推动保险业在大病、健康、养老等领域深耕细作。完善大病保险制度，丰富大病保险服务内容，鼓励保险公司开发灵活多样的健康保险产品，开展重大疾病保险，探索开展长期护理保险、失能收入损失保险等。发挥保险业作为社会养老第三支柱的重要作用，积极参与个人税收递延型商业养老保险试

---

① 数据来源：公安部交通管理局。

点，为个人和家庭提供个性化、差异化养老保障。保险资金方面，围绕供给侧结构性改革和"三去一降一补"五大重点任务，进一步完善保险资金服务实体经济的配套政策。引导保险资金通过股权、债权、基金和PPP等多种方式，为广东重要基础设施、重大平台项目和重点企业发展提供长期稳定的资金支持。

（二）防范化解风险，守住不发生区域性系统性风险底线

广东保险市场体量大、机构多、市场化程度高、地处对外开放前沿，必须坚持底线思维，切实维护金融稳定。一是紧盯重点风险。要精准聚焦满期给付与非正常退保、流动性、群体性事件、声誉等风险重点领域，切实抓好保险业涉P2P网贷风险、非法集资风险防控，防止风险跨领域跨行业交叉传染。要处置消化存量风险，坚决控制增量风险。二是整治市场乱象。围绕财险公司费用、中介机构财务管理、银邮代理渠道分险种费用管理问题，加大打击力度，强化监管约束。三是加强责任落实。健全风险防控机制，落实监管部门的监管责任和保险机构的主体责任，形成纵向到底、横向到边的责任体系。完善风险监测预警与化解处置机制，落实广东省防控金融风险联席会议制度，强化沟通协调、数据共享、信息通报和执法联动。

（三）深化改革创新，服务粤港澳大湾区国际金融枢纽建设

粤港澳大湾区是习近平总书记亲自谋划、亲自部署、亲自推动的重大国家战略。广东省委省政府明确以粤港澳大湾区建设作为全省各项工作的"纲"。保险业要主动对接、靠前服务。一是扩大金融开放。争取中央政策支持，在CEPA框架下降低港澳保险机构的准入门槛，放宽资质要求、持股比例、行业准入等限制，推动金融对外开放政策对港澳先行先试。二是引导要素集聚。支持各类优质社会资本在大湾区筹设保险法人机构。联合地方政府推动保险功能平台建设，探索航运保险、保险资产登记、再保险交易、跨境保险等业务。研究设立粤港澳大湾区保险投资基金。三是加强跨境合作。深化粤港澳保险产品、服务、监管等合作。在依法合规前提下，有序推动大湾区内保险等金融产品跨境交易，丰富投资产品类型和投资渠道。支持粤港澳合作开发创新跨境机动车保险和跨境医疗保险产品，为跨境保险客户提供便利化的承保、查勘、理赔等服务。

四　全面加强党对保险业的集中统一领导

做好新形势下的保险工作，必须全面加强党对保险业的集中统一领导，不断增强"四个意识"，坚定"四个自信"，做到"两个维护"，将保险业改革发展融入到广东"四个走在全国前列"的战略大局当中，蹄疾步稳、有力推进。

（一）提高站位服务大局

要旗帜鲜明讲政治，把政治建设摆在首位，自觉在思想上、政治上、行动上和以习近平同志为核心的党中央保持高度一致，坚持"监管姓监"，把主要力量和资源配置在监管工作上，将强化监管贯穿始终，厘清严监管与促发展的关系、防风险与保稳定的关系，做到守土有责、守土尽责，始终把保护消费者合法权益放在重要位置。坚持"保险姓保"，聚焦保险主业，回归保障本源，增强在风险保障、风险管理、长期储蓄投资上的核心竞争力，疏通保险资金进入实体经济的渠道，服务大湾区建设、"一带一路"、金融对外开放等战略大局，确保党的路线方针政策在广东保险业落到实处。

（二）全面落实从严治党

坚持全面从严治党是我们党始终保持先进性和纯洁性的必然要

求，是加强改进保险监管和提升保险服务能力的首要条件。要认真落实全面从严治党责任，坚决把党的纪律和规矩挺在前面，保持对市场违法违规行为的高压态势，严肃市场秩序和纪律。保险机构要自觉把全面从严治党责任融入公司治理、业务经营与合规风控的各个环节当中，树立以人民为中心的保险发展理念，有效发挥党组织把方向、管大局、保落实的作用，坚决防止大股东控制和内部人控制，严格落实各项监管制度，不断增强风险合规意识。

（三）加强干部队伍建设

抓好落实、关键在人，以深入开展"不忘初心、牢记使命"主题教育为契机，持续抓好理想信念教育和党性教育。要深化监管机构改革工作，促进思想融合、组织融合和感情融合，实现化学变化。坚持党管干部原则，发挥好保险机构高管作为领导干部的关键少数作用，推动履职尽责、担当作为和为民服务，树立合规意识、廉洁意识和自律意识。大力培养、选拔、使用政治过硬、作风优良、业务精通的金融保险专业人才，特别是培养金融保险高端人才，努力建设一支宏大的德才兼备的高素质金融保险人才队伍。

第六节 在习近平关于文化建设的重要论述指引下促进广东金融文化建设[①]

党的十八大以来，习近平总书记围绕文化建设，发表了一系列重要讲话，提出了一系列科学论断，既是引领中国特色社会主义文化建设的重要指导思想，也是加强金融文化建设的基本遵循。对

[①] 本文原载《中国金融》2019年第5期，本书收录时有修改。

此，我们要学思践悟，结合金融工作，推进新时代中国特色社会主义优秀金融文化建设，增强广东金融发展的"软实力"，让广东金融业蹄疾步稳、行稳致远。

一 深入学习、全面领会习近平总书记关于文化建设的重要论述

（一）系统总结了中国特色社会主义文化的内涵和外延

习近平总书记指出："中国特色社会主义文化，源自于中华民族五千多年文明历史所孕育的中华优秀传统文化，熔铸于党领导人民在革命、建设、改革中创造的革命文化和社会主义先进文化，植根于中国特色社会主义伟大实践。"① 这包含三个方面内容：第一，中国特色社会主义文化由中华优秀传统文化、革命文化和社会主义先进文化三个部分组成；第二，在中国特色社会主义文化生成和发展的进程中，中华优秀传统文化是源头，党领导人民进行的革命、建设、改革是熔炉，中国特色社会主义伟大实践是土壤；第三，中国特色社会主义文化是中国特色社会主义的中国文化，是中华民族的文化，是当代中国、当代中华民族的新文化。

（二）充分论述了文化的重要地位和作用

习近平总书记指出："文化是一个国家、一个民族的灵魂。文化兴国运兴，文化强民族强。"② 这一论断讲清了文化在一个国家、一个民族生存发展中的地位和作用。习近平总书记还指出："没有高度的文化自信，没有文化的繁荣兴盛，就没有中华民族伟大复

---

① 习近平：《习近平谈治国理政》第3卷，外文出版社2020年版，第32页。
② 习近平：《习近平谈治国理政》第3卷，外文出版社2020年版，第32页。

兴。要坚持中国特色社会主义文化发展道路，激发全民族文化创新创造活力，建设社会主义文化强国。"① 实现中华民族伟大复兴，是中国共产党人和全国各族人民近百年来的共同心愿。要实现这个伟大目标，需要党率领人民久久为功、攻坚克难，需要坚定文化自信，不断增强文化软实力。

（三）明确指出了发展中国特色社会主义文化的方针路径

习近平总书记在党的十九大提出了发展中国特色社会主义文化的总体要求："就是以马克思主义为指导，坚守中华文化立场，立足当代中国现实，结合当今时代条件，发展面向现代化、面向世界、面向未来的，民族的科学的大众的社会主义文化，推动社会主义精神文明和物质文明协调发展。"② 同时，他进一步提出了发展中国特色社会主义文化要做到三个"坚持"，即"坚持为人民服务、为社会主义服务，坚持百花齐放、百家争鸣，坚持创造性转化、创新性发展，不断铸就中华文化新辉煌。"这三个"坚持"构成了发展中国特色社会主义文化的大政方针和方法途径。

（四）突出强调了加强党对文化建设的主导权

习近平总书记指出："意识形态决定文化前进方向和发展道路。"③ 强调必须加强党对文化工作的领导，推进马克思主义中国化、时代化、大众化，建设具有强大凝聚力和引领力的社会主义意识形态，使全体人民在理想信念、价值理念、道德观念上紧紧团结

---

① 习近平：《习近平谈治国理政》第3卷，外文出版社2020年版，第32页。
② 习近平：《习近平谈治国理政》第3卷，外文出版社2020年版，第32页。
③ 习近平：《习近平谈治国理政》第3卷，外文出版社2020年版，第32页。

在一起。他提出,要加强理论武装,推动新时代中国特色社会主义思想深入人心。要落实意识形态工作责任制,加强阵地建设和管理,注意区分政治原则问题、思想认识问题、学术观点问题,旗帜鲜明地反对和抵制各种错误观点。

二 深刻理解新时代金融文化的丰富内涵

新时代中国特色社会主义金融文化包括三个方面,即中国传统优秀金融文化、党领导人民创造的金融革命文化和社会主义先进金融文化。具体包括六个方面的内涵。

(一)绝对诚信

习近平总书记曾经指出:"在全社会牢固树立个人无信不立、企业无信不旺、政府无信不威、国家无信不强的观念,使现代诚信意识深入人心,成为全社会自觉的行为规范。"[①] 金融是信用行业,信用是金融业的本质和生命线。中国人自古推崇一诺千金、一言九鼎,强调有借有还,再借不难。银行按照约定利率支付存款利息,保险公司按照保险合同进行理赔,上市公司按照招股说明书约定使用募集资金,这些都是天经地义、理所应当的。从某种程度上说,金融的信用高于政府信用。朝代可以更迭,但金融信用不会随之改变,即使政府更替,放在银行里的钱还是要还的,保险合同还是要履行的。所以,诚信是排在首位的金融文化,是"魂"中之"魂"。

(二)对"人"的信用

马克思在《资本论》第三卷第五篇中详细阐述了"信用"的内涵。他认为信用是一种"以个人信用为基础、以偿还为条件"的借贷行为,从经济学意义上,反映的是人与人之间的关系,而人与人

[①] 习近平:《与时俱进的浙江精神》,《浙江日报》2006年2月5日。

的关系的基础就是经济利益关系,"人们奋斗所争取的一切,都同他们的利益有关"。可见,现代信用本质上是对人的信用。古代强调对物信用,是信用不发达的表现。对人还是对物信用,是现代金融与古代金融、先进金融与落后金融的最大区别。

(三)契约精神

习近平总书记强调:"治理一个国家、一个社会,关键是要立规矩、讲规矩、守规矩。"① 反映到金融活动上,就是要遵守契约精神。金融交易不同于一般交易。一般交易是"一手交钱、一手交货",金融活动不能凭口头承诺,必须签订书面协议,签订格式化合同,权利、义务、责任约定得一清二楚。金融合约具有严肃性,一旦签订了,就必须依法履行,如果出现违约,就必须按照合同约定承担相应的违约责任。遵守契约、执行契约、按照契约办事,这是金融活动的重要特征之一,也是金融安全的重要保障。

(四)严格监管

金融是个高风险行业,需要受到严格监管。习近平总书记指出:"维护金融安全,要坚持底线思维,坚持问题导向,着力深化金融改革,加强金融监管,科学防范风险,坚决守住不发生系统性金融风险底线。"② 过去在自然经济条件下,人们自耕自足,信用活动较少,对交易行为的监管要求不多不高,随着商品经济发展,借贷、投资等金融活动越来越频繁,规模越来越大。作为中介机构,金融机构既要对自己的贷款行为、投资行为高度关注,又要对存款

---

① 习近平:《在中共十八届四中全会第二次全体会议上的讲话》,《习近平关于党风廉政建设和反腐败斗争论述摘编》,中央文献出版社、中国方正出版社2015年版,第132页。

② 习近平:《在十八届中央政治局第四十次集体学习时的讲话》,《人民日报》2017年4月27日。

人、委托人、投保人的经济利益负责。因此，金融机构必须接受严格的监管。

（五）服务实体

金融部门不是社会财富的生产部门，它运营的是生息资本，收益源于实体经济的利润。习近平总书记曾经指出过，为实体经济服务，满足经济社会发展需要，是金融的本分。这包含两层意思，一是金融要不忘初心，回归初心，始终把为实体经济服务作为出发点和落脚点。总书记反复强调要"不忘初心""走得再远，……不能忘记为什么出发"。[①] 金融因实体经济需要而产生，因民生需要而产生，必须在服务实体经济和满足人民群众需求的过程中才能创造价值、行稳致远。二是金融业不能优先、独立地发展。生息资本脱离产业资本、压榨产业资本，利息在利润中占比越多，产业资本所得占比就越少，实体经济就会越艰难。历史反复证明，金融优先独立发展，是不可持续的，绝不能脱离服务实体经济来谈金融发展。

（六）老实本分

习近平总书记强调，"谋事要实、创业要实、做人要实"，[②] 就是要求我们做老实人、说老实话、干老实事。金融作为信用行业、服务行业，其特征和性质都要求从业人员老实本分。比如，理财产品、保险产品一定要充分披露，对一些关键条款要作出明确风险提示；上市公司一定要真实披露，不能遮遮掩掩，更不能欺骗投资者，要把金融风险原原本本、老老实实告诉对方。金融机构内部要

[①] 习近平：《习近平谈治国理政》第2卷，外文出版社2017年版，第32—33页。

[②] 习近平：《习近平谈治国理政》，外文出版社2014年版，第381页。

做到账表相符、账账相符、账实相符，来不得半点虚假。

三 广东在金融发展史上有着骄人业绩，但金融文化建设还不能适应建设金融强省的要求

广东是中国最早开放的地区，东汉桓帝延熹九年（166年），大秦（罗马帝国）第一次由海路前来岭南进行贸易，标志着横贯亚、非、欧三大洲的"海上丝绸之路"初步形成。乾隆二十二年（1757年），粤海关成为全国唯一的通商口岸，广州变成了最早面对国际市场的地区。在这种开放格局之下，广东毗邻港澳，具有直通东南亚和欧美的便利，自然成为中国近现代金融文化的先驱。近现代中国的金融制度、金融机构、金融工具等，许多都是由广东发轫的，如在中国最早成立的银行机构——英国丽如银行，就是在广州设立分理处；广州铸造的光绪通宝是中国最早铸造的机器铜钱；全国第一家红色政权银行也是在广东成立。

金融文化，润物无声，正是这种历史的文化传承，使广东在中国金融史上有着十分重要的地位。改革开放伊始，广东即成为当代中国金融发展的前沿阵地，金融规模迅速跃居全国前列，奠定了金融大省地位。广东引进建立了中国第一家外资银行（1981年7月成立的南洋商业银行深圳分行），公开发售了全国首家商业银行人民币普通股票（1987年5月深圳发展银行发售），成立了全国首家专业性证券公司（1987年9月成立的深圳经济特区证券公司），试办了全国最早的离岸金融业务（1989年5月深圳招商银行经国家外汇管理局批准试办离岸金融业务），成立了全国第一家城市商业银行（1995年6月成立深圳市商业银行），发行了国内首张港币信用卡（1997年广发银行发行的港币VISA信用卡）。

近年来，广东金融改革创新持续推进，继续创下了多个"全国第一"，比如，创建国内第一条民间金融街并发布全国首个民间金融指数，设立全国第一家民营银行暨互联网银行，省部共建全国第一个青年大学生创业创新服务平台，首创医保"湛江"模式，全国首创巨灾指数保险，建设全国首个省级地方金融风险监控预警平台，创立全国首家小额再贷款公司，出台国内首个农村资金互助社管理办法等。在金融文化建设上，广东打造出了一批具有岭南特色的金融文化名片。比如出版了《岭南金融史》等数十本专业水平较高的书，建设岭南金融博物馆，设立广州国际金融研究院和国家金融发展研究院，引进国际金融论坛（IFF）、亚洲金融协会智库等重大项目，举办了中国（广州）国际金融交易博览会、中国风险投资论坛、21世纪海上丝绸之路国际金融合作论坛、岭南金融文化节等一系列金融盛会，"金羊奖""金榕奖""金融年度十大新闻评选"等活动，既丰富了金融文化载体，又为新时代金融发展提供了力量源泉。

但是，我们也要清醒地认识到，广东金融文化建设仍处于初步探索和逐步建设的阶段，还达不到建设金融强省的客观要求。金融生态建设任重道远，有的地方不良资产居高不下，呆坏账比较严重；金融案件时有发生，内控不严，监管不力，自律意识不强，制度漏洞多；金融服务实体经济的主动性、积极性有待提高，队伍职业操守需要提升；务实管用的金融理论创新成果不多。根据问卷调查，广东金融系统有专题研究金融文化建设的仅占2/3，仅有1/5的机构有金融文化建设发展规划。当前，国际上民粹主义、单边主义、保护主义抬头，贸易摩擦日趋增多，中国金融市场遭遇前所少见的挑战。金融业如何应对，如何争取主动，如何赢得这场没有硝烟的战争，都需要科学的理论支撑。积极推进理论创新，加强金融文化建设，是新时代赋予我们提升金融竞争力的新使命、新要求。

四 扎实推进新形势下广东金融文化建设，培育良好金融生态

当下，广东要以习近平新时代中国特色社会主义思想为指导，牢固树立"四个自信"，提高对金融文化重要性的认识，扎实推进新形势下金融文化建设，着力锻造以社会主义核心价值观为核心、以服务实体经济为宗旨、以诚实守信与诚信经营为根本、以勇闯敢干敢为人先为精神、以坚守底线稳健发展为方向、具有岭南地域特色和金融内核的广东金融文化，为广东实现"四个走在全国前列"、当好"两个重要窗口"作出贡献。

（一）积极推进广东社会信用体系建设

要紧紧抓住"诚信"这个根本，依托行业协会等自律组织，建立完善守信联合激励和失信联合惩戒制度，形成褒扬诚信、惩戒失信的制度机制和社会风尚。要运用金融科技为社会信用体系建设赋能提效，进一步推进信用信息基础数据库、平台和网站建设，完善信用信息资源共享机制，更好地推动金融服务实体经济。

（二）将契约精神刻入广东金融文化骨髓

契约精神是金融的"本心"。要倡导广东金融行业共同遵守契约精神，倡议金融行业协会联合金融机构，面向社会作出承诺，倡导金融行业遵守契约精神。要按照契约办事，订立标准化合约，提供标准化产品和服务，建立真实披露信息的制度，确保做到账表相符、账账相符、账实相符，将契约精神深深刻入广东金融文化的骨髓之中。

（三）致力打造一批广东金融文化优秀品牌

要下大力气培育金融文化建设的各类平台和载体，打造一批优秀的广东金融文化品牌。要加大力度推进金融博物馆、金融智库、金融论坛、金融文化节等发展。要组织编撰《广东当代金融史》，为庆祝中华人民共和国成立70周年及中国共产党成立100周年献礼。要尽快把金融行业法制文化、行为文化等工作摆上日程，扎实推进。要注重成果转化，把优秀成果转化好，用到广东金融工作的具体实践中，让每个金融从业人员都成为金融专家。

（四）全力做好广东金融文化的宣传工作

要高举社会主义金融文化建设的旗帜，在加强广东金融宣传、树立广东金融良好形象上下功夫、见成效。要及时总结各地各单位金融文化建设的好经验、好做法，做好典型宣传，以点带面，大力弘扬时代新风。要引导广大金融文化工作者深入生活、扎根人民，加强传播手段和话语方式创新，让金融文化理念"飞入寻常百姓家"。

（五）扎实推进金融文化理论研究

以高等院校为基础，探索成立广东金融教育文化研究会，筹建金羊研究院，多方培养和引进高层次金融人才，建设广东金融专家人才队伍。要充分利用金融类高校、金融业协会、金融智库的力量，加强金融理论研究，形成一批有质量、有价值的金融研究成果，不断推出广东金融研究的精品力作。

（六）进一步完善金融文化的制度机制

要把制度与文化相结合，既有软约束，又有硬规定，以文化建设推进制度建设，进一步增强金融监管效能。要从体制机制入手，立足当前，着眼长远，结合行业特点、任务，科学制定金融文化建设工作规划。要进一步完善金融行业规章制度，严格执纪，规范履职，严格监管，营造纪律严明、勤政廉洁、务实高效的良好作风。

（七）抓好金融行业高管人员政治建设

抓金融文化建设，要特别抓好高管人员的政治建设，让每一个金融高管人员都做到老实本分，以身作则，树立高处不胜寒的忧患意识，高要求、高水平、高素质、高标准的压力和自律意识，成为金融行业的楷模和标兵。

（八）切实加强党对金融文化建设的领导

金融文化是党的文化建设重要组成部分，是"一把手"工程。各级党组织尤其是主要负责同志要把金融文化建设放在重要位置，摆上重要议事日程，从人、财、物等各方面给予保障。要持续推进学习贯彻习近平总书记关于金融工作的重要论述，深悟其科学内涵、核心要义，把金融文化工作的路线方针、目标任务、方法途径研究透、贯彻好，常议常抓，常建常新。

第七节　在习近平关于金融工作的重要论述指引下推进金融业高质量发展[1]

习近平总书记在中共中央政治局第十三次集体学习时发表的重要讲话，[2] 深刻阐明了金融与经济的关系，就深化金融供给侧结构

---

[1] 本文部分内容以《着力推动金融业高质量发展》为题发表于《人民日报》2019年6月18日第9版，本书以原稿为基础收录，有修改。

[2] 中共中央政治局2019年2月22日下午就完善金融服务、防范金融风险举行第十三次集体学习，习近平总书记在主持学习时发表了重要讲话，强调要正确把握金融本质，深化金融改革开放，增强金融服务实体经济能力，坚决打好防范化解包括金融风险在内的重大风险攻坚战，推动我国金融业健康发展。

性改革、增强金融服务实体经济能力、防范化解金融风险、推进金融改革开放等提出了明确要求，为推动我国金融业高质量发展提供了根本遵循。深入学习践行习近平总书记的重要讲话精神，着力推动金融业高质量发展。

一　金融业高质量发展的标志

推动金融业高质量发展，首先要弄清楚金融业高质量发展的含义。

（一）金融供需基本平衡

"金融是国家重要的核心竞争力"，[①] 金融资源配置在很大程度上影响经济运行质量和效率。金融业高质量发展的一个重要标志，就是金融供给能否满足实体经济和人民生活的需要，强化金融服务功能，找准金融服务重点，提升金融资源配置效率，降低融资成本，实现金融供需总量及结构基本平衡。

（二）金融风险可防可控

"防范化解金融风险特别是防止发生系统性金融风险，是金融工作的根本性任务。"[②] 金融业是信用行业，也是经营风险的行业。零风险是不可能的，但金融业高质量发展要求风险可防可控。具体来说，它主要体现为宏观杠杆率稳中有降，金融机构资本充足率足以防止系统性风险，坏账率、核销率、拨备覆盖率等指标满足监管要求，能够有效控制非法集资等金融乱象，防范和打击金融犯罪，

[①] 习近平：《在十九届中央政治局第十三次集体学习时的讲话》，《人民日报》2019年2月24日。

[②] 习近平：《在十九届中央政治局第十三次集体学习时的讲话》，《人民日报》2019年2月24日。

确保金融风险低位运行。

(三) 金融创新活而不乱

金融创新是金融发展的不竭动力,但金融创新必须立足于实体经济和人民群众需求,防止过度创新和伪创新。符合金融业高质量发展要求的创新,必须满足四个条件:一是资金成本呈下降趋势,二是融资可得性和效率不断提高,三是服务更加便捷,四是客户获得感和安全感增强。

(四) 金融竞争公平公正

"理国要道,在于公平正直"。党的十九大报告也明确提出,"清理废除妨碍统一市场和公平竞争的各种规定和做法"。[①] 落实到金融领域,就是要消除各种隐性壁垒和歧视性措施,营造公平公正的竞争环境。唯其如此,才能通过优胜劣汰机制,倒逼金融机构高质量生存和发展。

二 当前金融发展面临的主要问题

按照经济高质量发展的要求和金融业高质量发展的标准,当前我国金融业发展还存在以下问题。

(一) 金融有效供给不足

改革开放40年来,特别是党的十八大以来,中国金融业取得了长足发展,但金融供给还不能完全适应经济高质量发展的要求。一是从调控方式看,利率等价格指标应随着经济形势波动调整,汇率也应根据外贸形势变化而波动,但目前我国的利率、汇率形成机制都还不够完善。二是从融资结构看,中国金融业过度依赖银行贷

[①] 习近平:《习近平谈治国理政》第3卷,外文出版社2020年版,第26页。

款，直接融资发展不足，资本市场自我限制太多太严。2018年新增贷款占同期社会融资规模的79.2%，企业融资的主体地位没有真正确立。三是从金融机构体系看，金融机构以大中型机构为主，小型金融机构发展不足，不利于民营、小微企业和"三农"等群体融资。四是从产品体系看，金融产品供给仍滞后于经济高质量发展的需求。比如，抵押产品有余，信用产品不足；部分银行对知识产权质押等创新信贷服务发展不够，习惯用房屋、土地等不动产抵押，不利于推动科技创新企业发展。

（二）金融风险防控能力不足

中国金融业总体保持良性健康发展势头，系统性金融风险可控，但金融风险防范机制还有待完善。一是金融和实体经济循环不畅，金融资源一度脱实向虚，企业融资渠道不畅。部分不法分子利用金融供给不足，充当资金掮客或进行非法金融活动。二是部分企业盲目上项目、铺摊子、高负债经营，积聚较大风险隐患。在结构性去杠杆、金融严监管等措施叠加后，出现局部流动性风险，甚至引发连锁反应，造成风险交叉传导。三是个别金融机构内部管理不到位，个别员工见利忘义，操纵市场、内幕交易、"飞单"业务、账外账，风险案件时有发生。金融风险隐蔽性、突发性、传染性强，处理不当还会引发社会风险。

（三）金融创新真假莫辨

纵观中国金融业的发展历程，是一个不断改革创新的过程，但在创新中也出现了一些问题。一是唯利是图。部分金融机构为了规避监管，推出交易结构复杂的新业务、新模式，产品层层嵌套，风险相互交织，导致资金脱实向虚，交易成本明显上升，偏离了金融服务实体经济的宗旨。二是表里不一。部分组织披着"金融创新"

的外衣，暗度陈仓，违规放贷、非法集资，甚至以金融科技的名义大肆开展"庞氏骗局"、金融诈骗等活动，严重扰乱金融市场秩序。三是故弄玄虚。一些机构或组织有意将金融产品设计得复杂，超出老百姓的理解范畴，既损害金融消费者的合法利益，也降低了金融市场的资源配置效率。

（四）竞争环境有待优化

随着金融体制改革的深入推进，市场在金融资源配置中的作用日益凸显，金融竞争环境也更加公平，但也还存在一些不足。一是在境内金融竞争环境方面，当前我国金融业在市场准入、机构设立、金融债券发行等方面还有一些不合时宜的限制性条件，行政配置资源现象依然突出，市场在资源配置中的决定性作用有待进一步发挥。二是在参与全球金融竞争方面，中国在金融制度、法治和税务环境等方面，还没有与国际金融运行规则实现有效衔接，金融机构国际化水平不高，服务"一带一路"倡议、参与国际竞争和金融治理的能力有待增强。同时，金融人才不足，特别是中高端人才匮乏，在金融研究领域还没有形成具备一定影响力的交流平台，在全球金融体系改革中发出的"声音"还不够强。

三 奋力推进金融业高质量发展

顺应新时代经济高质量发展的新趋势，必须深入学习贯彻习近平总书记关于金融工作的系列重要论述，深化金融供给侧结构性改革，增强服务实体经济能力，实现金融业高质量发展。

（一）切实加强党对金融工作的领导

一是自觉维护党中央的集中统一领导。始终在思想上、政治上、行动上同以习近平同志为核心的党中央保持高度一致，自觉把金融工作放在党和国家全局、大局中来思考、谋划和定位。二是进一步完善党领导金融工作的方式方法。加强党在思想建设、组织建设和改革方向等重大战略问题上的领导，强化对关键岗位、重要人员特别是一把手的监督，确保金融系统更加有效地落实国家金融政策和重大决策部署。三是加强金融人才队伍建设。培养、选拔、使用政治过硬、作风优良、业务精通的金融人才，着重培养金融高端人才，努力建设一支宏大的德才兼备的高素质金融人才队伍。

（二）持续深化金融供给侧结构性改革

一是完善金融宏观调控机制。加强货币政策与财政政策、产业政策的协调配合，继续深入推进利率市场化改革，进一步完善人民币汇率形成机制，为实体经济发展创造良好货币金融环境。二是完善金融业市场结构。把发展直接融资放在更加重要的位置，坚决推进股票发行注册制，积极发展债券市场，完善资本市场基础制度，建设一个规范、透明、开放、有活力、有韧性的资本市场。构建多层次、广覆盖、有差异的银行体系和信贷市场体系，优化大中小型机构布局，支持定位于专注微型金融服务的中小金融机构发展。三是提升金融服务效率。适应发展更多依靠创新、创造、创意的大趋势，充分运用互联网、大数据等技术，创新业务模式、服务方式和金融产品，降低交易成本，提升服务效率。加强征信、支付结算服务等金融基础设施建设，促进投融资对接，提高资金交易的安全性和效率。积极构建政策性融资担保和风险分担缓释体系，大力推广政策性保险和政银保合作模式。落实好减税降费各项举措，缩减融资环节、减少融资费用，多措并举降低实体经济融资成本。

（三）有效提升金融风险防控能力

一是"开正门，堵邪门"。在丰富金融机构体系、市场体系、产品体系，优化金融服务的基础上，统筹金融管理资源，加强金融监管协调，有效监管跨行业、跨市场、跨部门的金融创新活动，严格规范金融市场交易行为，严厉打击金融犯罪，促进金融和实体经济良性循环。二是加强金融风险监测预警。密切关注上市公司股权质押、房地产等领域风险，提高风险防控工作的针对性和主动性，防范实体经济风险向金融领域传导。三是围绕"管住人、看住钱、扎牢制度防火墙"的要求，完善金融制度体系，管住金融机构、金融监管部门主要负责人和高中级管理人员，适时动态监管线上线下、国际国内的资金流向流量，做到治之于未乱、防患于未然。

（四）有序推进金融改革创新

一是落实新发展理念，深化金融科技创新，统筹推进城乡区域金融协调发展，推动绿色金融创新，扩大金融业双向开放，推动普惠金融发展，构建符合经济高质量发展需求的现代金融体系。二是发展产业金融，加大重点领域金融支持，强化金融服务实体经济的机能，推动产业向价值链高端发展。三是发展民生金融，建设广覆盖、可持续、互助共享、线上线下同步发展的普惠金融体系，及时有效地为社会各阶层和群体提供所需要的金融服务。四是发展国际金融，通过金融机构"引进来""走出去"等方式，服务好"一带一路"、自贸区、粤港澳大湾区建设，以金融国际化助力经济国际化，推动形成全面开放新格局。五是发展民间金融，建立健全与民营经济发展相配套的民间融资体系，促进民间金融规范、有序发展，构建竞争有序、风险可控的民间金融发展环境。

（五）全面优化金融竞争环境

一是营造更好的市场竞争环境。按照竞争中性原则，从市场准入、监管政策、税收与补贴等多方面入手，对竞争政策进行全面清理、修订与完善，促进资源公平配置。二是坚持市场导向深化金融改革。通过价格、供求、竞争等机制引导金融资源流向，更好地发挥市场在金融资源配置中的决定性作用，提高金融资源配置效率。三是提高参与国际金融治理能力。主动参与和推动经济金融全球化进程，坚定不移深化金融改革开放，更加有效地引入国际经验和市场竞争，在高水平双向开放中提高金融管理能力和风险防控能力。

第一章　新中国成立初期至改革开放前的广东金融发展

中华人民共和国成立之初,广东金融百废待兴。新生的人民政权在建立人民币统一货币制度、建立以中国人民银行为中心的金融框架、恢复和重建金融市场基本业务的基础上,创造性地开展地区性的金融整顿与改造,为广东建立社会主义金融体系奠定了坚实基础。在第一个五年计划时期、第二个五年计划时期和国民经济调整时期,广东金融都对国民经济和社会发展作出了巨大贡献。"文化大革命"虽然对金融事业造成了巨大冲击,但广东金融在十分困难的情况下仍然能够坚持履行服务国计民生的基本使命,并在拨乱反正之中呈现出发展生机。

第一节　国民经济恢复时期的广东金融

1949年中华人民共和国成立。国民党政府统治遗留下诸多问题,广东同全国一样,面临着严重的通货膨胀,金融市场极度混乱。广东省人民政府在国民经济恢复时期(1949—1952年),按照中央要求很快整顿了金融秩序,建立了统一的货币制度和以中国人民银行(以下简称"人民银行")为中心的金融机构体系,重新开展金融业务,稳定金融和物价,有效支援了国家的建设工作,国民经济得到恢复。

一　中华人民共和国成立前后广东金融业状况

广东历史上金融业比较发达,在中华人民共和国成立前,广东就在全国金融业中占有重要地位。1949年初,国民党政府南迁广州时,广州实际上是当时尚未解放地区的金融中心,具有浓厚的半殖民地色彩,帝国主义银行操纵着外汇收支,炒卖金银、外币和外汇风行,社会通货膨胀严重,物价飞涨。① 在广东革命根据地和解放区,人民群众在中国共产党的领导下,在进行军事斗争的同时,也积极进行经济建设和金融事业的伟大实践,创办了自己的银行,还发行了货币。1948年12月,潮汕解放区裕民银行成立,后发行裕民券。② 1949年6月,陆丰县河田镇设立新陆银行并发行新陆券。③ 7月8日,南方人民银行在揭阳县河婆镇(现属揭西县)成立,发行南方券。④ 此外,在广东的其他革命根据地和解放区,还先后发行了河源县信用流通券、新丰县信用欠票、连和县信用流通券、粤赣边区银圆券及粤赣湘边人民流通券、海丰民主县政府临时流通券等货币。⑤ 这都为中华人民共和国成立后广东迅速开展金融工作、建设社会主义的金融体系积累了经验。

---

①　匡吉:《当代中国的广东》,当代中国出版社1991年版。
②　广东省地方史志编纂委员会:《广东省志·金融志》,广东人民出版社1999年版,第305页。
③　广东省地方史志编纂委员会:《广东省志·金融志》,广东人民出版社1999年版,第307页。
④　广东省地方史志编纂委员会:《广东省志·金融志》,广东人民出版社1999年版,第308页。
⑤　广东省政协文史资料研究委员会、中国人民银行广东省分行金融研究所:《银海纵横——近代广东金融》,广东人民出版社1992年版,第320页。

第一章 新中国成立初期至改革开放前的广东金融发展

中华人民共和国成立后,由于国民党政府的反动统治和长期的通货膨胀,广东面临极其复杂的金融局面。国民党政府统治期间采取错误的货币政策,一度滥发货币,导致货币崩溃,广东的货币市场秩序极度混乱。不仅本币的信誉大大降低,国民党政府发行的金圆券、银圆券成为废纸,而且银圆、双毫、铜圆、港币、美钞、葡币和越币等多种货币都在广东市场上流通,在交通闭塞地区,甚至还出现以物易物或以纱单、米谷单等代替货币使用的情况,人民的生活受到严重影响。[①]

在侵入广东省货币市场的各种外币中,以港币数量为巨,流通范围最广,不但在省内各大城市流通,还深入广大农村和侨眷所在地区。而且由于国民党政府发行的纸币膨胀程度惊人,人民更信任港币,将港币作为计价、流通和交易的主要方式,港币主宰了广东的经济金融命脉。据统计,广州解放前夕,广东省内流通的港币高达5亿左右,仅广州市就流通3.5亿至4亿之间。广州解放后,部分港币随国民党溃退,潮汕、兴梅和东江各地禁止港币流通,广东解放初期省内港币数量不足3亿元,广州市在1.5亿左右。[②]

中华人民共和国成立初期,广东省内各地区还存在大量地下钱庄、外币找换店(广州称"剃刀门楣")、金饰店和地下侨批局等场所,买卖金银、外币和外汇。其中,金饰店在粤中四邑一带尤为突出,外币找换店则遍布各地。据不完全统计,全省有私营钱庄500

[①] 广东省地方史志编纂委员会:《广东省志·金融志》,广东人民出版社1999年版,第349页。

[②] 广东省地方史志编纂委员会:《广东省志·金融志》,广东人民出版社1999年版,第350页。

多家，金饰店585家，地下侨批局500多家。① 这些金融交易行为严重影响了广东的货币秩序，成为中华人民共和国成立初期货币斗争的主要对象。

这一时期，通货恶性膨胀，金融物价混乱，外币充斥市场，银行储蓄业务名存实亡。同时，省内遗留的民间高利贷对农民造成了伤害，且金融行业基本私营，包括私营侨汇业、私营保险业、私营金饰业、私营银行及私营钱庄等。因此，中华人民共和国成立后，广东省在货币制度的建立、金融组织体系的建设和金融业务的重新开展等方面采取了一系列措施，使广东的经济金融得以焕然一新。

二 建立统一的货币制度

中华人民共和国成立初期，虽然发行了第一套人民币，但广东货币形势仍然十分严峻，港币控制了广东的金融货币市场。为了建立统一的人民币市场，广东省根据本地区实际情况，采取了一系列有效的货币斗争措施，建立了货币管理制度，货币市场恢复稳定，人民正常生活得到保障。

（一）第一套人民币的发行

1948年12月1日，人民银行在河北省石家庄市成立，发行第一套人民币，共12种面额62种版别，包括1元券2种、5元券4种、10元券4种、20元券7种、50元券7种、100元券10种、200元券5种、500元券6种、1000元券6种、5000元券5种、10000元券4种、50000元券2种（见下表1.1及图1.1）。其中，1949年发行的正面万寿山图景100元券和正面列车图景50元券各有2种版

---

① 广东省政协文史资料研究委员会、中国人民银行广东省分行金融研究所：《银海纵横——近代广东金融》，广东人民出版社1992年版，第318页。

别。① 而在广东地区实际流通的是1949年10月1日中华人民共和国成立后使用的人民币，1951年发行的6种含有维吾尔文和蒙古文的纸币则是在特定地区发行，不在广东使用。

表1.1 第一套人民币一览

券别	图案 正面	图案 背面	主色	发行时间
1元	工人和农民	花符	蓝、粉	1949.1.10
1元	工厂	花球	浅蓝、红蓝	1949.8
5元	牧羊	花符	绿	1949.2.23
5元	帆船	花符	蓝	1949.1.10
5元	牛	花球	蓝	1949.7
5元	经纱	花符	黄、棕	1949.8
10元	木工	花符	黄、粉	1949.2.23
10元	灌田	花符	浅绿、深绿	1948.12.1
10元	火车站	花符	茶	1949.5.25
10元	工人和农民	宝塔	浅绿、深绿	1949.8
20元	施肥	大花球	深绿、咖啡	1948.12.1
20元	推车	花符	绿、蓝、咖啡	1949.2.23
20元	万寿山（甲）	花符	浅蓝、蓝	1949.7
20元	工厂	花球	蓝绿、黑黄	1949.8
20元	火车、帆船	花符	紫	1949.8
20元	打场	花符	深蓝、浅蓝	1949.9
20元	万寿山（乙）	花符	紫红	1949.10

---

① 欧阳卫民主编：《岭南金融史》，中国金融出版社2015年版，第114页。

续表

券别	图案		主色	发行时间
	正面	背面		
50元	水车	花符	浅蓝、红黑	1948.12.1
50元	火车、大桥（甲）	汽车	紫红	1949.2.10
50元	列车（甲）	花符	黄、蓝、黑	1949.3.20
50元	列车（乙）	花符	黄、蓝、黑	1949.4
50元	火车、大桥（乙）	汽车	深蓝	1949.6
50元	工人和农民	花球	浅咖啡	1949.8
50元	压道机	车马	浅蓝、绿灰	1949.10.3
100元	耙地	花符	蓝、黄、红、黑	1949.1.10
100元	火车站	花符	蓝、绿、茄紫	1949.2.5
100元	万寿山（甲）	火车	绿	1949.2.5
100元	万寿山（乙）	火车	绿	1949.3.20
100元	工厂	花符	藕荷红	1949.3.20
100元	北海桥（甲）	花符	蓝、紫、黑	1949.3.25
100元	北海桥（乙）	花符	黄、黑、紫、灰、蓝	1949.7
100元	轮船	大花座	藕荷红	1949.8
100元	运输	花符	深黄、栗茶、黑	1949.11.15
100元	帆船	花符	赭石	1950.1.20
200元	颐和园	花符	黄、蓝	1949.3.20
200元	排云殿	花符	黄、紫、绿	1949.5.8
200元	长城	花符	绿、茄紫	1949.8
200元	钢铁厂	花球	黄、蓝、咖啡	1949.9
200元	割稻	花符	黑蓝	1949.10.20
500元	农村	花符	深茶	1949.9.11
500元	正阳门	花符	灰绿、淡紫、黑	1949.9.11

续表

券别	图案 正面	图案 背面	主色	发行时间
500元	起重机	花符	浅咖啡	1949.10.3
500元	收割机	花符	豆绿	1949.10.20
500元	种地	花符	绿、紫、黑、酱红	1951.4.1
500元	瞻德城	花符（有维文）	浅蓝、酱紫红	1951.10.1
1000元	耕地	天坛	浅紫、深灰	1949.9.11
1000元	秋收	花符	浅蓝、浅黄	1949.10.3
1000元	三台拖拉机	割麦	蓝黑	1949.11.15
1000元	推车	轮船	浅蓝、紫	1949.12.23
1000元	钱塘江桥	花球	墨绿、蓝黑	1950.1.20
1000元	牧马	花符（有维文）	浅蓝、深绿	1951.10.1
5000元	耕地机	花符	浅蓝、葱绿、黑蓝	1950.1.20
5000元	工厂	花球	深茶	1950.1.20
5000元	骆驼	花符（有蒙文）	浅绿、深绿	1951.5.17
5000元	牧羊	花符（有维文）	浅绿、深茶	1951.10.1
5000元	渭河桥	花符	紫茶	1953.9.25
10000元	轮船	花符	杏黄、浅蓝、墨绿	1950.1.20
10000元	双马耕地	牧牛羊	黄、深棕	1950.1.20
10000元	牧马	花符（有蒙文）	浅紫、红茶	1951.5.17
10000元	骆驼	花符（有维文）	茶红	1951.10.1
50000元	新华门	履带拖拉机	蓝黑、红绿	1953.12
50000元	收割机	生产图	红、紫、绿	1953.12

资料来源：参见欧阳卫民主编：《岭南金融史》，中国金融出版社2015年版，第114—116页。

图 1.1 第一套人民币部分票样

资料来源：参见欧阳卫民主编：《岭南金融史》，中国金融出版社 2015 年版，第 116 页。

（二）货币整顿措施

1949 年 9 月，中共中央华南分局财经接管委员会先后作出了《华南港币处理意见》《对侨汇问题的意见》等决定，为有效开展金融工作和货币斗争指明了方向。广东省在进行货币斗争时，主要采取以下四项措施。①

1. 肃清金圆券、银圆券。国民党政府在法币崩溃之后，又滥发金圆券和银圆券，企图继续掠夺人民，导致市场极度混乱。1948年8月19日，国民党政府发行金圆券，但不满一年，金圆券就崩溃了。1949年7月2日，国民党政府开始在广州发行银圆券。② 党和人民政府指出，在将来的新解放区，银圆券一律作废，人民政府不予收兑，号召国民党统治区的人民拒用银圆券。③ 广州解放后，广州市军事管制委员会（简称"广州市军管会"）宣布禁止银圆券流通，并不予收兑，银圆券很快在广东省消亡。④

2. 严禁港币及其他境外货币在市场上流通。广东省对外币的斗争情况大致可分为以下三个阶段。

第一阶段是否定港币的合法地位，确立人民币的合法地位，采取以排挤为主、压低牌价的方式迫使港币流出广东货币市场，时间从1949年11月18日至1950年1月底。⑤ 1949年11月15日至16日，中共中央华南分局举行财经问题讨论会，会议通过了广州市军管会关于金银外币处理办法的布告，确立了人民币的合法地位，并

---

① 广东省地方史志编纂委员会：《广东省志·金融志》，广东人民出版社1999年版，第351页。

② 方皋：《接管广东金融工作的回顾》，《广州金融专科学校学报》1988年第1期。

③ 吴志辉、肖茂盛：《广东货币三百年》，广东人民出版社1990年版，第509页。

④ 广东省地方史志编纂委员会：《广东省志·金融志》，广东人民出版社1999年版，第351页。

⑤ 欧阳卫民主编：《岭南金融史》，中国金融出版社2015年版，第108页。

严禁一切外币计值、流通或私相买卖。① 但由于各金融及贸易机构尚未建立，物资供应奇缺，导致人民币币值不稳定，港币黑市价格不断高涨，牌价与市价差距很大。为了扭转这种局面，中共中央华南分局和有关部门采取三项紧急措施，包括：一是查封和取缔地下钱庄和"剃刀门楣"；二是向商人进行支前借款以紧缩银根；三是动员工人和学生进行拥护人民币、拒用港币的宣传活动。12月5日，在中共中央华南分局、广州市委员会、广州市人民政府的领导下，组织了公安干警、部队、工人学生等2000余人，对广州市内的地下钱庄和"剃刀门楣"开展了一次大扫荡，严厉打击了黑市的非法金融交易，港币黑市价从12月4日的港币1元等于人民币3333元压低到12月10日的1540元，和牌价基本持平。②

第二阶段以广州为中心，提高外汇牌价，加强市场管理，全面打击港币，措施由排挤为主转为存兑为主，时间从1950年2月3日至3月中旬。1950年2月1日，中共中央华南分局召集广东财经系统负责人讨论关于"禁用港币，调整牌价"问题，会议决定全面禁用港币等外币，提高港币牌价。③ 2月3日起，由中共中央华南分局财经接管委员会组织有关部门在广东省举行了大规模的禁用港币宣传活动，并在省内各城市大量设置收兑站，劝导市民兑换港币。据统计，广州市在2月初每天收兑港币1万多元，2月中下旬每天收

---

① 广东省地方史志编纂委员会：《广东省志·金融志》，广东人民出版社1999年版，第351页。
② 广东省政协文史资料研究委员会、中国人民银行广东省分行金融研究所：《银海纵横——近代广东金融》，广东人民出版社1992年版，第326—327页。
③ 广东省政协文史资料研究委员会、中国人民银行广东省分行金融研究所：《银海纵横——近代广东金融》，广东人民出版社1992年版，第329页。

兑额经常高达100余万元。①

第三阶段是大量收兑港币并基本肃清港币，组织人民币进入农村地区使用，时间从1950年3月中旬至1950年底。1950年4月起，广东市场物价和人民币币值逐步趋于稳定，银行机构覆盖全省，港币黑市价格开始随着牌价变动，广东省金融情况大为好转。4月至5月，广东省有兴梅区、粤中区、珠江区、西江区、潮汕区、南路区、东江区和北江区等几十个市县重申禁用港币，并大量设立收兑站，至6月底全省共设有收兑处322处。② 5月至6月，除少数交易秘密用港币计价外，广州市货币市场基本采用人民币交易。据统计，1950年广东省共收兑港币及其他外币折合美元3034万元，除了个别人持有港币或在银行存有港币外，大量港币已经收兑完毕，同时对美钞和越币等外币也进行了打击，为建立全省统一的人民币市场奠定了基础。③

3. 禁止金银计价、使用和私相买卖。由于严重的通货膨胀，人民不再信任纸币，在广东省的不少地区（尤其是山区农村）黄金、银圆和双毫等开始在市场上流通使用，甚至在有些地区的市场流通中占主要地位，部分地区还普遍存在金银买卖和金银投机现象。为了加强对金银和双毫的管制，中华人民共和国成立初期禁止金银计价、使用和私相买卖，但准许私人持有，并适当进行收兑，使金银

---

① 广东省地方史志编纂委员会：《广东省志·金融志》，广东人民出版社1999年版，第352—353页。

② 广东省政协文史资料研究委员会、中国人民银行广东省分行金融研究所：《银海纵横——近代广东金融》，广东人民出版社1992年版，第330—331页。

③ 广东省地方史志编纂委员会：《广东省志·金融志》，广东人民出版社1999年版，第353页。

退出流通领域。1949年11月18日，广州市军管会颁布了《关于严禁使用金银外币》的布告。12月7日，广州市军管会正式颁布《华南区金银管理暂行办法》，明确了对金银、银圆的态度，主要采取低价冻结的政策，禁止流通和私相买卖，把金银的牌价定得较低，使金银持有者倾向于保存金银而不是以金银兑换人民币。① 1950年，由于货币市场秩序已经稳定，人民银行及时调整了收兑金银牌价，积极开展金银收兑工作。② 人民银行在掌握大量金银后，充实了国家的外汇后备力量，人民币迅速下乡，占领了农村广大市场。到1950年，广东省共收兑银圆43.7883万枚，收兑白银10.0454万两。③

4. 收回华南解放区和革命根据地的多种货币。中华人民共和国成立前，广东省内的裕民银行、新陆银行和南方人民银行陆续发行过裕民券、新陆券和南方券。广州解放后，人民银行华南区行和广东省分行成立，开始发行人民币，并用人民币陆续收兑南方券，兑换比率为南方券1元兑人民币250元。到1950年11月10日，共收回南方券10529.1680万元，占发行总额的96.5%。④ 1950年底，广东省基本肃清了国民党政府货币以及外币尤其是港币在省内市场的流通，禁止了金银计价、流通和私相买卖，结束了国民党政府遗留的通货膨胀问题，广东货币金融市场恢复稳定。截至1950年底，

---

① 广东省地方史志编纂委员会：《广东省志·金融志》，广东人民出版社1999年版，第353—354页。

② 欧阳卫民主编：《岭南金融史》，中国金融出版社2015年版，第110—111页。

③ 广东省地方史志编纂委员会：《广东省志·金融志》，广东人民出版社1999年版，第354页。

④ 广东省地方史志编纂委员会：《广东省志·金融志》，广东人民出版社1999年版，第354页。

广东省使用人民币的人数占全省人数的比例超过72%，人民币已基本控制了广东的货币市场。①

(三) 货币管理制度

国民经济恢复时期，为了规范货币市场秩序，广东省按照国家颁布的相关法令，在货币发行、出纳管理与现金管理方面建立了一系列规章制度，有效的管理了货币流通。

1. 货币发行制度。1949年10月，中央财政经济委员会颁发《关于建立发行库的决定》，指出发行库为人民银行机构组成部分之一，在人民银行设总库，各区行及主要分行设分库。按照货币发行制度规定，每年全国发行的货币量要经国务院批准，在国务院批准的货币发行计划指标内，由发行总库、发行分库逐级签发出库命令，在上级发行库规定的出库最高限额内办理出库手续，由发行库转到银行业务库，通过业务库支付现金，再将货币投放到市场。而每天从市场上回笼的货币，当超过银行业务库规定的货币限额时，须当日将超过部分的货币缴入发行库。② 广东省遵照中央指示，至1950年12月，共设立发行库1个、分库9个、支库9个。③

2. 出纳管理制度。1950年11月10日，人民银行颁发《出纳制度》的通令，广东省各级银行内部的出纳制度开始建立，并在广东省各家银行的各级行处都得到严格执行。其内容是：(1) 按照国家金融法令和制度，办理现金收付、整点、保管、调运以及损伤票币

---

① 广东省地方史志编纂委员会：《广东省志·金融志》，广东人民出版社1999年版，第355页。

② 广东省地方史志编纂委员会：《广东省志·金融志》，广东人民出版社1999年版，第359页。

③ 广东省地方史志编纂委员会：《广东省志·金融志》，广东人民出版社1999年版，第359页。

的兑换和销毁；（2）根据商品流通和人民经济生活的需要，调剂市场各种票币的流通比例，做好现金供应工作；（3）办理金银收购、配售、调拨以及金银管理工作；（4）保管外币、有价单证和贵重物品，做好库房安全保卫工作；（5）积极宣传爱护人民币，积极反假票和对破坏人民币的行为作斗争；（6）加强柜面监督，打击贪污盗窃、投机倒把活动。[1]

3. 现金管理制度。为了有计划地管理货币流通，稳定金融物价，1950年4月，中央人民政府政务院（以下简称"中央政务院"）颁布《关于国家机关现金管理的决定》，规定：一切公营企业、机关、部队及合作社等单位必须在人民银行开立存款账户；各单位所持的现金，除准予保留3天的库存限额外，必须全部存入银行，除发放工资、旅差费、向农村采购及城市零星开支外，不得使用现金，一律实行转账结算；对于现金收入较多的单位，要编制现金收支计划；指定人民银行为现金管理的执行机关，负责办理及检查有关现金管理事宜。[2] 同月，人民银行广东省分行（以下简称"人民银行省分行"）成立金融管理科，根据中央规定，督导广东现金管理工作。

（四）国家金库设立

1950年3月，中央政务院颁布《关于统一国家财政经济工作的决定》及《中央金库条例》，规定人民银行代理各级财政金库工作，财政部根据《中央金库条例》公布《中央金库条例实施细则（草

---

[1] 广东省地方史志编纂委员会：《广东省志·金融志》，广东人民出版社1999年版，第358页。

[2] 海南省地方志编纂委员会：《海南省志·金融志》，南海出版公司1993年版，第144页。

案)》。根据中央规定,广东省建立中央金库广东省分库。3月至4月,省内各地方相继成立中心支库和县支库,具体经理国库,组织国库工作。① 5月22日,人民银行广州分行设金库科,科内设中央金库股,办理中央金库和公债的代理工作,并设立了南堤、长堤、十三行、下九路、惠爱路、永汉路、东山和河南等9个支库和13个经收处以及7个收款组。② 1951年,中央政务院发布《关于1951年度财政收支系统划分的决定》,决定自1951年起国家财政收支系统实行财政三级制:中央财政、大行政区财政和省(市)财政,专署县列入省财政级,大区和省(市)均属地方财政。广东各级金库收支工作,根据中央的规定划分级别,组织管理国库收支工作。③

三 建立以中国人民银行为中心的金融体系

中华人民共和国成立初期,广东省在接收旧的国民党官僚资本银行的基础上,开始设立人民银行和其他银行的分支机构,成立保险公司,同时对私营金融业进行改造,以人民银行为中心的金融组织体系逐步建立,金融秩序逐渐恢复。

(一)官僚资本银行的接管

广州解放前,在广州的国民党政府表面故作镇定,内部则一片恐慌,悄悄进行各种外逃的准备工作。从1949年5月份起,广东省银行开始将库存的重要物资、档案和账册等运往海南,广州解放时

---

① 广东省地方史志编纂委员会:《广东省志·金融志》,广东人民出版社1999年版,第572页。
② 广州市地方志编纂委员会:《广州市志·金融志》(卷9下),第十六章第一节,广州出版社1999年版,第659页。
③ 广东省地方史志编纂委员会:《广东省志·金融志》,广东人民出版社1999年版,第572页。

仅留一些粗重家具、用具和一部分中下级职员，其他部分省份撤退到广州的银行也陆续结束业务。得益于进步人士的帮助，中央银行和交通银行保存了较多的财物，中国银行的机构也保存得比较完整。① 解放前夕，广州市由国民党政府辖属的大小银行总分支机构达130余间，是广东省接管官僚资本银行的重点。②

　　1949年9月11日、16日和20日，中共中央华南分局在江西省赣州市召开了三次委员会扩大会议，成立了广州财经接管临时委员会。广州一解放，人民解放军进城部队即派出武装力量进驻各金融机构，守护库房，维持秩序，等待军代表和财经接管干部的到来。10月20日，工委召开干部会议，报告广州各方面情况，决定立即开始接管工作。次日，再度召开会议，研究商讨接管的各项具体问题，成立接管各处并决定各处负责人，金融处由此成立，当日开始接管工作。③ 10月29日和11月8日，由易秀湘④率领的财经接管人员以及总行派来的方皋⑤等人分别抵达广州，大大增强了财经接管工作的力量。⑥

　　财经接管工作在中共中央华南分局和广州市军管会统一领导下，由广州市军事管制委员会财经接管委员会金融处（简称"广州市军管会金融处"）具体负责。广州市军管会金融处对应于接管的

---

①　广东省地方史志编纂委员会：《广东省志·金融志》，广东人民出版社1999年版，第315页。
②　欧阳卫民主编：《岭南金融史》，中国金融出版社2015年版，第456页。
③　中共广东省委党史资料征集委员会、中共广东省委党史研究委员会：《广东党史资料（第八辑）》，广东人民出版社1986年版，第44页。
④　易秀湘，1905—1954年，江西赣县人，1929年4月加入中国共产党。
⑤　方皋，1915—1982年，广东开平人，1938年5月加入中国共产党。
⑥　广东省地方史志编纂委员会：《广东省志·金融志》，广东人民出版社1999年版，第315页。

官僚资本金融机构，分别派驻军事代表，具体负责各单位的接管事宜，接管工作分省、市两路进行。接管步骤具体分为四步：第一步是准备阶段，主要是配备好接管干部，分别指定接管任务。其中，共有接管干部17人负责接收省行，分为5个小组。第二步是找到原机构负责人或临时负责人，由军代表带领接管人员，带着广州市军管会的接管命令和布告，宣布接收，并封存所有银行资财，包括现金、账册、档案、物资和仓库等。第三步是清点财物，逐项核实，还组织一批原有职工协助清点，对逃匿、短欠物资进行追查。第四步是清理工作，接收完毕后，对接管银行债权债务进行清理。1950年1月17日，广州市军管会颁布了《接管银行债权债务处理办法》。至1950年上半年，清理工作基本结束。①

1950年1月11日，中共中央华南分局召开总结大会，宣布接管工作胜利完成。根据广州市军管会财经接管委员会的综合总结报告，广州市军管会金融处接管的银行有中央银行、中国银行、交通银行、农民银行、中央信托局、邮政储金汇业局、中央合作金库和广东省银行等总分支机构30多个；接管的房产有110多座；接收的现金及金银外币也有相当数量，包括白银7270两、黄金6758市两等，接收职工人数共计1706人。此外还有各种交通工具以及武器、杂物等其他物资。② 在接管的过程中，省市人民银行及分支机构成立时就以接管的房产作为办公及营业的场所。

（二）中国人民银行体系的建立

1949年10月14日广州解放后，在进行金融接管工作的同时，

---

① 广东省地方史志编纂委员会：《广东省志·金融志》，广东人民出版社1999年版，第316页。

② 铮言：《开创新中国广东金融事业的新篇章——中国人民银行华南区行和广东省分行成立前后》，《广东金融》1998年第12期。

广东省内人民银行的建设工作也在开展。

1. 南方人民银行。1949年初，为迎接和配合解放大军南下作战、支持华南人民的解放战争和统一华南金融市场，中共中央华南分局适时提出建立华南解放区统一的银行并发行统一的货币。1949年7月8日，南方人民银行总管理处正式在揭阳河婆镇（现属揭西县）宣布成立，成立后迅速归并了裕民银行和新陆银行，在总行设总管理处，下设潮汕分行、东江分行和兴梅分行，统一了华南解放区的金融和货币。1949年9月至10月，人民解放军南下大军向广州进军，南方人民银行总管理处遵照中共中央华南分局的指示，安排干部队伍前往广州参与财经接管和人民银行建行工作。①

中华人民共和国成立后，人民银行广东省各级分支机构相继建立，由于中央要求财经银行工作集中统一，南方人民银行已没有存在的必要。其潮汕分行于1950年1月1日结束，东江分行于同年4月1日结束，兴梅分行于4月20日结束，②各分行及其所属行处同时改制为人民银行省分行的基层机构。至此，南方人民银行完成了它的历史使命，宣告全面结业。

2. 人民银行华南区行和华南分区行。1949年11月21日，人民银行华南区行在广州成立，行址设在广州长堤原广东省银行旧址。人民银行华南区行作为一个管理及行政机构，负责统辖华南地区的金融业务。1950年3月25日，第一届全国金融会议召开，会议作出了《关于调整机构的决定》，提出金融机构的建设要做到集中统

---

① 广东省地方史志编纂委员会：《广东省志·金融志》，广东人民出版社1999年版，第308—309页。

② 广东省地方史志编纂委员会：《广东省志·金融志》，广东人民出版社1999年版，第309页。

一、城乡兼顾、减少层次、提高效益、力求精简。会议决定广州继续设分区行领导华南区内各分行，除外汇工作由总行直接领导外，其余受人民银行中南区行直接领导。据此，人民银行华南区行于1950年4月1日改组为华南分区行（全国仅有的一个分区行），作为人民银行中南区行的派出机构，继续督导广东、广西、广州市和海南岛的金融业务。4月12日，人民银行向全国各大区行、直属分行宣布华南分区行的成立。

1952年4月，因为华南地区金融工作已经走上正轨，为了更好地适应人民银行各级机构的层次设置，人民银行华南分区行完成它的历史使命后，奉命撤销。①

3. 人民银行广东省分行。1949年11月21日，人民银行省分行（与人民银行华南区行一起成立，行址同样设在广州长堤原广东省银行旧址）② 刚成立时，因为编制系统未定，人民银行省分行各项业务均由人民银行华南区行兼办。1950年4月1日，人民银行华南区行改组为华南分区行时，人民银行省分行才成为一个完全独立的机构，履行自己的职能。③ 人民银行省分行的主要职能包括：（1）组织机关、团体、部队、企业、事业单位和个人闲置的资金，按照国家计划，对工、农、商业发放各种贷款，促进生产的发展；（2）对机关、团体、部队、企业、事业单位、供销社、手工业合作社、人民公社和社办企业、事业、街道工业及有关单位实行现金管理，有计划地调节货币流通；（3）办理各部门、各单位之间的转账

---

① 广东省地方史志编纂委员会：《广东省志·金融志》，广东人民出版社1999年版，第309页。

② 欧阳卫民主编：《岭南金融史》，中国金融出版社2015年版，第459页。

③ 广东省地方史志编纂委员会：《广东省志·金融志》，广东人民出版社1999年版，第320页。

结算；（4）办理人民币的发行；（5）统一管理和经营金银、外汇，办理国际结算和国际保险业务；（6）代理国家财政金库；（7）领导农村信用社的业务活动，辅导农村人民公社生产队的会计工作；（8）综合反映国民经济的活动情况，并对国民经济各部门实行信贷监督。

  从成立之日起，人民银行省分行内部机构设秘书、业务、会计、金管和人事5科，7月增设计划、农贷和金库3科，1950年至1951年底，增设总务、外汇、货币管理、检查、出纳、发行和放款等科。从1952年起，机构设置开始比较固定，设有办公室、监察室、秘书科、总务科、人事科、保卫科、计划科、私人业务科、农村金融科、会计科、出纳管理科、货币管理科、金库科、发行库和银行学校（干部学校）等。①

  4. 人民银行广州分行。1949年11月2日，人民银行广州分行成立，在旧中央银行广州分行原址（南堤大马路56号即今沿江中路193号）办公，初期属人民银行华南区行和后来的华南分区行领导。至1952年末，人民银行广州分行辖属分支机构按市行政区域设有东、南、西、北、中5个区办事处，除属于郊区的芳村、西村、沙河、大塘和黄埔5个办事处外，其余市区各办事处均降为分理处，共37个。②

  5. 广东省内人民银行其他下属机构设立情况。人民银行广东省分行建立后，即开始发展下伸机构。到1950年，除省分行本身外，

---

  ① 广东省地方史志编纂委员会：《广东省志·金融志》，广东人民出版社1999年版，第321页。

  ② 广州市地方志编纂委员会：《广州市志·金融志》（卷9下），广州出版社1999年版，第446—447页。

全省已建行97个,其中专区办事处8个、支行89个。8个专区办事处分别是:北江专区处、粤中专区处、西江专区处、珠江专区处、南路专区处、潮汕专区处、兴梅专区处和东江专区处。1950年底,专区办事处开始陆续改为中心支行。①

(三) 其他银行分支机构的建立

国民经济恢复时期,虽然人民银行的分支机构几乎负责办理广东全部的金融业务,但也设立了其他银行的分支机构,负责人民银行的部分业务。

1. 中国银行的分支机构。广州解放后,军管会财经接管委员会派人接管中国银行广州分行,经过改组,1949年11月4日,中国银行广州分行重新营业,行址在原中行旧址(长堤大三元酒家对面)。中国银行广州分行隶属人民银行华南区行管辖,后改由人民银行省分行领导。② 1950年6月9日,中国银行海口分行复业,主要办理侨汇业务和少量外贸信贷业务,归人民银行海南分行领导。③

2. 交通银行的分支机构。广州解放后,广州市军管会接管了交通银行广州分行,没收其官股,保留私股权益,并加以改组,成为人民银行领导下经营工矿交通事业的长期信用银行。刚被接管时,交通银行广州分行隶属于交通银行总管理处(初期设在上海,1950年1月迁往北京)。1951年9月,根据中央分区管理的决定,广东省交通银行业务改由交通银行中南分行领导,同时撤销交通银行广

---

① 广东省地方史志编纂委员会:《广东省志·金融志》,广东人民出版社1999年版,第325页。

② 广东省地方史志编纂委员会:《广东省志·金融志》,广东人民出版社1999年版,第332—333页。

③ 海南省地方志编纂委员会:《海南省志·金融志》,南海出版公司1993年版,第98页。

州分行，新组建交通银行广东支行和广州支行。两支行内部机构设秘书、计划、会计、业务和拨款5个股，在广州市长堤路121号合署办公。1952年5月，交通银行广东支行改组为交通银行广东省分行（以下简称"交通银行省分行"），行政领导关系由人民银行划归广东省财政厅，组织长期资金贷款的业务也交还给人民银行。①

3. 农村信用合作社。除了专业性银行外，为了组织农村闲散资金，解决农民生产生活困难，广东省农村信用合作事业随着土地改革和互助合作运动逐步发展起来。农村信用合作社成立后的任务主要是：调剂资金解决农民生产生活的困难，代理银行业务以及反对高利贷。

1951年8月，第一届全国农村金融工作会议提出"重点试办，创造经验，推动全面"的方针，决定在全国范围普遍试办信用社。同月，人民银行省分行召开会议，传达贯彻人民银行关于全面开展农村金融工作，部署试办农村信用社的工作，要求在有条件的地方，试行组建农村信用社。1951年12月31日，广东省在台山县石岗乡试办省内第一个信用社。1952年初，广东省办社工作在新会、开平、番禺、中山等县逐步铺开。② 1952年11月，广州市第一个农村信用合作社在新滘区瑞宝村成立。③ 同年，根据试点经验，人民银行省分行提出"积极组织，加强领导，稳步前进"的方针，布置各级银行配合土地改革运动，开展信用社的建社工作。④

---

① 广东省地方史志编纂委员会：《广东省志·金融志》，广东人民出版社1999年版，第336页。
② 欧阳卫民主编：《岭南金融史》，中国金融出版社2015年版，第474页。
③ 广州市地方志编纂委员会：《广州市志·金融志》（卷9下），广州出版社1999年版，第540页。
④ 欧阳卫民主编：《岭南金融史》，中国金融出版社2015年版，第474页。

(四) 保险机构的设立

中华人民共和国成立后,外国保险公司开始退出广东的保险市场,由中国人民保险公司(以下简称"人保公司")的华中区公司管辖广东省的保险业务(1950年4月10日人保公司华中区公司更名为人保公司中南区公司)①。广州解放后,人民银行华南区行和广州分行分别接管了中国产物保险公司广州分公司和太平洋产物保险公司广州分公司,在此基础上调配干部筹建了中国人民保险公司广东省分公司(以下简称"人保公司省分公司")。1950年2月23日,人保公司省分公司在广州一德西路510号开业,行政上归华南区行管辖。成立初期,公司内部设总务股、财务股、宣调股、财产保险股、人身保险股和农业保险股。1952年6月1日起,人保公司省分公司转由广东省财政厅领导,业务上隶属于人保公司中南区公司管辖。同年,机构设置由股改科,设秘书科、人事科、财务科、财产保险科、农业保险科、人身保险科和防灾理赔科。②

人保公司省分公司成立后,广东省内各地也逐步设立保险机构。1950年7月1日,人保公司海口市支公司成立。1951年7月1日,人保公司广州市分公司成立,隶属人保公司中南区公司和人民银行广州分行双重领导。1952年6月,人保公司广州市分公司改属人保公司中南区公司和广州市财政局双重领导。③ 12月14日,人保

---

① 中国保险学会、《中国保险史》编审委员会:《中国保险史》,中国金融出版社1998年版,第245页。

② 广东省地方史志编纂委员会:《广东省志·金融志》,广东人民出版社1999年版,第342页。

③ 广州市地方志编纂委员会:《广州市志·金融志》(卷9下),广州出版社1999年版,第530页。

公司海口市支公司升格为海南中心支公司。① 1951年至1952年，人保公司宝安县办事处、南海县支公司、英德县公司、翁源代理处、龙川县支公司和德庆县支公司等也陆续成立。②

（五）私营金融业的改造

中华人民共和国成立初期，在建立以人民银行为中心的金融体系的同时，广东省也逐步开展了对私营金融业的改造，并取得一定成果。

1949年12月7日，广州市军管会公布了《华南区侨批业管理暂行办法》，开始整顿和改造私营侨汇业。该《办法》规定：人民银行及中国银行为私营侨汇业的管理机构，凡办理国外侨汇业务的机构，必须向主管机构申请并经批准，侨汇收入应结售国家银行，并以所得人民币或侨汇存单分发侨眷，不得经营黑市汇兑、套汇或其他投机行为等。③ 1950年4月，广州市军管会颁布了《华南区私营保险业管理暂行办法》，开始整顿私营保险业，办法规定：私营保险业不准签发外币保单；其总公司、分公司、代理处均应向当地人民银行缴纳保证金，其总公司不在中国境内的分公司、代理处，还应缴纳责任准备金。受此影响，广州市的太平、泰安、永安、联安、宝丰等产物保险公司及康年人身保险公司和一些华资保险公司设在江门、汕头、海口和湛江等地的保险代理机构相继申请歇业。美亚产物保险公司（在广州解放后曾批准复业）也因未能按期缴纳

---

① 海南省地方志编纂委员会：《海南省志·金融志》，南海出版公司1993年版，第116页。
② 欧阳卫民主编：《岭南金融史》，中国金融出版社2015年版，第245—246页。
③ 广东省地方史志编纂委员会：《广东省志·金融志》，广东人民出版社1999年版，第522页。

保证金和责任准备金，于 1950 年 10 月停业。① 对于私营银行及私营钱庄的改造，则通过贯彻利用、限制、改造的政策，使得大多数私营银行及私营钱庄停业或转业。广州解放后，市内仍继续营业的私营银行有 7 家，分别是金城、新华、国华、和成、中国实业、上海商业和聚兴诚，1951 年底，这些银行被改造为公私合营银行，②成为人民银行办理私企业务的一个组成部分。而私营金饰业则是将其所存金饰销售完毕后，于 1951 年全部停业或转业。1952 年 2 月至 10 月，在私营工商业者中开展了"反行贿、反偷税漏税、反盗骗国家财产、反偷工减料、反盗窃国家经济情报"的"五反"运动，为第一个五年计划时期对资本主义工商业的社会主义改造打下坚实的基础。

四　金融业务的重建与开展

中华人民共和国成立后，广东省的金融机构以人民银行为中心，在国民经济恢复时期积极地重建与开展金融业务，使广东省金融业重新焕发活力。

（一）银行金融业务的开展

国民经济恢复时期，广东银行机构主要开展了储蓄业务、工商信贷业务以及外汇管理等金融业务，促进了广东金融的恢复与发展。

1. 储蓄业务。中华人民共和国成立初期，广东市场物价尚未稳定，银行开展货币储蓄存款业务刚刚起步。1950 年初，广东省先后在广州、中山、佛山、台山、曲江、湛江、高要、江门和惠阳 9 个

---

① 匡吉：《当代中国的广东》，当代中国出版社 1991 年版，第 734—735 页。
② 欧阳卫民主编：《岭南金融史》，中国金融出版社 2015 年版，第 476 页。

重点行处举办折实储蓄存款业务，将人民币折成以实物为单位进行存取，存入时按拆实单位牌价存入，支取时则按取款时折实单位牌价支付，避免受到通货膨胀的影响，以保障储户的经济利益。1950年3月，国家统一财经工作，人民币迅速占领市场，物价开始稳定且趋于下降，折实储蓄的作用逐渐消失。5月，由于人民群众对物价能否长期稳定怀有疑虑，于是开展了保本保值定期储蓄存款，除机关、公营企业、合作社外不限对象，这种方式可以消除群众对物价和货币的双重顾虑，因而发展很快。1950年第3季度开始，由于币值稳定，银行货币储蓄存款业务全面开展。1952年7月，按人民银行的通知要求，将保本保值定期储蓄存款改为货币储蓄。从此，人民储蓄纳入以货币为单位的正常轨道。截至1952年底，广东省城乡储蓄存款余额达0.69亿元，比1950年的存款余额增长10.5倍。[1]

2. 工商信贷业务。中华人民共和国成立初期，由于国民经济处于恢复阶段，社会主义经济比重不大，但私营工商业在经济中占有相当比重。其中，私营手工业特别是技巧手工业比较普遍，部分私营商业具有一定规模，个体小商贩众多。据统计，1951年末，对私营企业贷款占全省贷款总额的24%，主要是支持私营工业恢复和增加生产，并支持私营商业参加各地土特产展览交流会，促进城乡物资交流。[2] 1952年上半年，开展"五反"运动后，银行便收缩了对私营企业的贷款，以限制私营工商业中不法资本家的资金活动。这

---

[1] 广东省地方史志编纂委员会：《广东省志·金融志》，广东人民出版社1999年版，第379—380页。

[2] 广东省地方史志编纂委员会：《广东省志·金融志》，广东人民出版社1999年版，第394页。

一时期，广东省内银行在开展对私业务的同时，也在大力支持国营工商企业的发展。其中，对国营商业的贷款主要是支持国营商业部门采取对工厂订货、加工、收购及包销等方法掌握货源，逐步控制主要物资。国营商业企业的资金实行由上级部门下拨基层企业的金库制，广东省银行只发放少量的临时贷款。截至1952年底，广东省商业贷款余额为1400万元，全省国营工业贷款230万元，占工业贷款总额的54.6%,[①] 全省工商业贷款总额为0.34亿元（包括合、私营企业贷款0.16亿元）。[②]

3. 外汇管理。国民经济恢复时期，在贸易外汇管理方面，由于广东省内的国营外贸企业处于组建阶段，对外贸易主要由私营企业经营。因此，贸易外汇管理工作主要是对私营企业的进出口贸易外汇收支的管理。1950年，国家在对外贸易上实行"奖出限入，积累外汇资金"的政策，广东省重点扶持私营企业出口本省的土特产，并在贸易外汇管理上主要采取以下措施：一是中国银行广州分行于1950年1月成立外汇交易所，商人可议价出售其出口所得的外汇，以刺激出口，当时参加交易所的进出口商多达140多家；二是在制定外汇牌价时适当高估外汇价值，以照顾出口商利益；三是为配合禁止外币流通的斗争，规定出口商所得外汇应向中国银行或指定的其他银行结汇或办理外币存款，外汇收支通过银行办理。1950年6月，美国发动侵朝战争，并对中国实行经济封锁禁运，当时对外贸易政策从以出口为主改为进出口并重，方式上以易货贸易为主。广

[①] 广东省地方史志编纂委员会：《广东省志·金融志》，广东人民出版社1999年版，第390页。

[②] 广东省地方史志编纂委员会：《广东省志·金融志》，广东人民出版社1999年版，第385页。

东作为国内易货贸易的主要口岸，为配合反封锁、反禁运的贸易斗争，中国银行广州分行于1951年3月先后设立国际贸易服务部和易货交易所，办理易货清算和外汇转让。①

在侨汇管理方面，由于新中国在成立初期与主要资本主义国家尚未建立外交关系，东南亚华侨聚居的国家普遍限制侨汇汇出，美国发动侵朝战争后宣布冻结中国存款，严禁华侨汇款回国，使中国侨汇遇到极大困难。为了扭转侨汇的被动局面，1949年12月7日，广州市军管会颁布《华南区侨批业管理暂行办法》，争取侨批业从地下转向公开，进行登记，并由中国银行及其所属机构进行管理。同时与菲律宾、印度尼西亚和新加坡等地的侨批局加强联系，保证东南亚一带侨汇的畅通。在沟通美洲侨汇方面，办理外币票据买入及托收业务，通过采取购买"厌纸"（美元汇票，又称"通天单"）寄给侨眷的方式来冲破美国对华侨汇款的封锁。中国银行广州、汕头、海口分行还分别以"广丰隆""汕丰隆""琼丰隆"等私人商号名义与香港方面联系，揽收侨汇。在外汇交易所对侨汇实行按交易所收盘优待牌价解付侨汇。② 1951年，在开展土地改革和合作化运动中，发生干预侨眷使用侨汇现象，中国银行广州分行积极配合有关部门揭露打击侵吞侨汇的不法分子，制定了《解付侨汇处理手续》，稳定了侨汇的正常汇入。通过一系列"便利侨汇、服务侨胞"的措施，国民经济恢复时期，广东省侨汇共收入24204万美元，占

---

① 广东省地方史志编纂委员会：《广东省志·金融志》，广东人民出版社1999年版，第519页。

② 广东省地方史志编纂委员会：《广东省志·金融志》，广东人民出版社1999年版，第431—432页。

全国侨汇总收入的53.42%。①

(二) 保险市场的重建

中华人民共和国成立后,人保公司省分公司及时开办各种财产和人身保险四十多种,为国民经济的恢复与发展发挥了应有的作用,开办的保险险种主要包括财产强制保险、货物运输保险、运输工具保险、农业保险和人身保险等。

1. 财产强制保险。国民经济恢复时期,国家财政尚有困难,无法弥补国有机关、企事业单位因灾害事故损失。1951年4月24日,中央政务院财政经济委员会公布了《财产强制保险条例》,广东省在此基础上开办财产强制保险,保险对象是广东省内的国家机关、国营企业和县以上供销合作社的财产。从1951年开办到1952年底,据不完全统计,承保商业企业555个、工矿企业191个、交通运输企业162个、邮电事业136个、县以上供销合作社121个、专(地)级机关382个和县级机关1166个,共2713个,占应保单位的84.52%。为承保公民财产,广东省于1951年还开办了职工团体火险,因客观需求不大,业务未有大的发展。1952年9月,开办简易火险,由于保费低廉,手续简便,很受群众欢迎,广东省内有湛江等37个市、县开办。在火灾保险方面,主要是承保私营工商业的财产。据1952年11月统计,广东省共承保私营工商企业2.3651万户,全年收入保费76.3万元。②

2. 货物运输保险。1950年3月,人保公司华中区公司要求广东

---

① 广东省地方史志编纂委员会:《广东省志·金融志》,广东人民出版社1999年版,第432页。
② 广东省地方史志编纂委员会:《广东省志·金融志》,广东人民出版社1999年版,第491—492页。

省开办货物运输保险，同时规定保险责任范围暂时以平安险为限，不保盗窃险。同年，湛江市①和海南分别开办了货物运输险。② 1950年下半年起，广东各地人保公司扩充保险机构人员，采取多种方式开展业务，如在车站、码头设点，派员主动与工商业联合会和行业公会联系，掌握货运信息并上门争取，更主要的是选择物资调拨频繁的商业、供销部门签订货物运输保险统保合约，使业务不断发展，并逐步取代保险经纪人。③

3. 运输工具保险。1951年，广东省开办轮船船舶险（含船舶全损险和船舶兵险）和木船船舶险，主要承保私营航运企业及船民、渔民所有的船舶。同年6月，广东省在汕尾试点渔船船舶险，于7月间在临高、儋县、乐会、琼山、琼东、陵水、崖县、潮阳、雷东、海康、电白、台山和阳江等县开办渔船船舶险。1952年，广东省承保轮船船舶险的轮船26艘，承保渔船船舶险的渔船2422艘，承保机动车辆险的汽车451辆。④ 同年，广东省韶关市实施铁路和公路机动车辆强制保险。⑤

4. 农业保险。1951年，人民银行召开第一次全国农村金融工作会议，会议对农业保险制订了"全面发展牲畜险，重点试办棉花收获险，小型试办小麦收获险"的方针。当年，人保公司中南区公司分配给广东承保耕牛20万头的任务。6月间，人保公司省分公司

---

① 湛江市地方志编纂委员会：《湛江市志》，中华书局2004年版。
② 海南省地方志编纂委员会：《海南省志·金融志》，南海出版公司1993年版，第439页。
③ 广东省地方史志编纂委员会：《广东省志·金融志》，广东人民出版社1999年版，第496—497页。
④ 欧阳卫民主编：《岭南金融史》，中国金融出版社2015年版，第256页。
⑤ 韶关市地方志编纂委员会：《韶关市志（中）》，中华书局2001年版，第1370页。

集中部分农险干部在广州郊区、兴宁和惠阳三地作试点,7月中旬在广东省内各地全面开展,组织耕牛保险工作队深入农村开办耕牛保险。1951年广东省共承保耕牛70.4448万头（广东省订计划40万头）。①

5. 人身保险。人身保险包括简易人身保险、意外伤害保险和团体人身保险。1951年4月,人保公司省分公司开办团体人身保险,在中山②、茂名③、惠州④、大埔县⑤和惠东县⑥等地皆办理该险种。6月,广东省在城镇开办简易人身保险,但业务进展缓慢。同年,广东省开办飞机、铁路、轮船旅客意外伤害强制保险3种。1952年1月,按照人保公司中南区公司的布置,广东省将团体人身险划为定额（第一套人民币200万元）保单在农村开展,截至年底承保15万人。同年,广东省还开办公路旅客意外伤害强制保险。据统计,截至1952年底,广东省简易人身保险有效保单4086份,团体人身保险共承保6544户。⑦

---

① 广东省地方史志编纂委员会:《广东省志·金融志》,广东人民出版社1999年版,第500—501页。

② 中山市地方志编纂委员会:《中山市志》,广东人民出版社1997年版,第1033页。

③ 茂名市地方志编纂委员会:《茂名市志（上）》,三联书店1997年版,第949页。

④ 惠州市地方志编纂委员会:《惠州市志（三）》,中华书局2008年版,第2496页。

⑤ 大埔县地方志编纂委员会:《大埔县志》,广东人民出版社1992年版,第340页。

⑥ 惠东县地方志编纂委员会:《惠东县志》,中华书局2003年版,第532页。

⑦ 广东省地方史志编纂委员会:《广东省志·金融志》,广东人民出版社1999年版,第503—504页。

(三) 证券市场的重新利用

中华人民共和国成立初期，经济形势极为严峻，全国统一的税收制度尚未建立，税源不足使得政府财政收入极为有限，并且战争尚在继续，军费开支较多，财政支出规模庞大。为了解决一部分财政赤字，国家开始了国债发行的尝试。

1949年12月2日，中央人民政府委员会第四次会议上通过了《关于发行人民胜利折实公债的决定》。1950年11月，开始发行为期5年、总额为2亿分的"人民胜利折实公债"。公债分两期发行，第一期在1950年1月至3月间定期发行，继续发行时间由中央政务院决定。① 公债的发行与偿还都不以实物为计算标准，折实公债以"分"为单位，每分以上海、天津、汉口、西安、广州、重庆六大城市的大米（天津为小米）3千克、面粉0.75千克、白细布1.33米和煤炭8千克的批发价加权平均计算得来。②

人民胜利折实公债分配给中南区的推销任务是3000万分，广东省在推销工作中坚持自愿原则，不搞硬性摊派，不搞挑战，不向农民推销，将推销重心放在工商业者与殷实富户上，基本完成了上级分配的推销任务。③ 其中，广州市人民政府成立了广州市人民公债推销委员会，积极动员各界人士认购，大力推销。1950年1月10日开始发行的人民胜利折实公债由人民银行广州分行业务科金库股统筹掌管，市内分行所属7个办事处、10个分理处及交通银行，加上分行金库股，连同人民银行省分行门市代销，共计20个单位。2

---

① 欧阳卫民主编：《岭南金融史》，中国金融出版社2015年版，第591页。
② 马庆泉、吴清：《中国证券史·第一卷（1978—1998年）》，中国金融出版社2009年版，第14页。
③ 广东省地方史志编纂委员会：《广东省志·金融志》，广东人民出版社1999年版，第573页。

月份起，还委托广州市 7 家商业银行及邮政局、煤油公会代销，委托市辖 29 个区政府代售，广州市经售单位有 58 个。① 后来，由于中央财政状况好转，不再发行第二期"人民胜利折实公债"。

五 传统金融业的改造和发展

中华人民共和国成立初期，广东省对传统金融业进行改造，民间自由借贷得到发展，典当行业也重新兴起，走上公私合营的道路。

（一）中华人民共和国成立初期广东的民间借贷

中华人民共和国成立后，根据中共中央颁布的文件指示，广东省开始积极处理旧社会中存在的民间高利贷问题，支持民间自由借贷的发展，鼓励私人借贷，减少了民间借贷中存在的剥削现象。

1. 对民间高利贷的处理与改造。1950 年 7 月，中共中央在《关于土改中退押与债务问题的处理给各地指示电》中提出："农民欠地主的旧债废除，从当地解放以后欠的新债不废。"② 政务院于 1950 年 8 月制定的《关于划分农村阶级成分的决定》和 1951 年 3 月下发的《关于划分农村阶级成分的补充规定》中则明确了债利生活者的划分依据与处理办法："凡农村中解放前放出大量债款，并依债利剥削为其生活之全部或主要来源已连续满三年者，其成分划为债利生活者。债利生活者自耕的小量土地予以保留不动，其出租

---

① 广州市地方志编纂委员会：《广州市志·金融志》，广州出版社 1999 年版，第 660 页。
② 《中国的土地改革》编辑部：《中国土地改革史料选编》，国防大学出版社 1988 年版，第 652 页。

的土地一般应予征收。"① 在上级政策的基础上，1950年11月2日，《广东省土地改革实施办法》颁布，明确了广东省土地改革中典押给地主土地的处理办法。② 1950年10月至1951年3月，广东省以梅县、龙川、揭阳3县作为土地改革试点，按"地主放的高利贷没收，地主的其他财产及经营的工商业不动"③ 原则处理地主的财产，体现了政府坚决打击高利贷但依然维护放贷者其他合法权利的态度。④

2. 民间自由借贷的发展。中华人民共和国成立后，中共中央与人民银行相继出台了许多政策鼓励民间自由借贷的发展。1950年7月，中共中央在《关于土改中退押与债务问题的处理给各地的指示电》中指出：土地改革后借债自由，利息亦不加限制。1951年1月，人民银行在《第二届全国金融会议关于若干问题的决定》中指出："应宣传并提倡私人借贷自由，利率不加限制，由双方根据自愿两利原则商定。农民自由借贷，实物计算，利息较高，但比没有借贷好，因此应予鼓励。"⑤ 这些政策与规定保护了广东省民间的合法债权债务关系，在一定程度上促进了农村经济的发展，改善了缺乏资金的农民的生活处境。但是在实际操作中，也存在一些问题，包括暗中进行交换的高利贷剥削、公开或暗中不要利息的借贷行

---

① 苏南区党委：《中央人民政府政务院关于划分农村阶级成分的补充规定》，江苏省档案馆藏，馆藏号3006，长期，案卷号27卷，第53页。
② 广东省人民政府：《广东省土地改革实施办法（1950年11月）》，广东省档案馆藏，馆藏号：204-1-154。
③ 李坚真：《李坚真回忆录》，中国党史出版社1991年版，第203页。
④ 欧阳卫民主编：《岭南金融史》，中国金融出版社2015年版，第164页。
⑤ 中国社会科学院、中央档案馆：《1949—1952年中华人民共和国经济档案资料选编：交通通讯卷》，中国物资出版社1996年版，第530页。

为、人民不敢或不愿借贷和强迫性的借贷行为等。①

这些不正常的民间借贷活动堵塞了借贷之门,造成了群众的恐慌和不满,加剧了土地改革运动后群众"怕剥削""怕暴富""怕斗争"和"怕提高阶级成分"的思想,也挫伤了个体农民的生产积极性,导致中农与贫雇农间的关系紧张,更加助长了贫雇农"依赖""揩油"和"以穷为荣"的平均主义思想。②

(二)中华人民共和国成立初期广东的典当业

中华人民共和国成立初期,由于曾受到官僚资本家的剥削,广东省有部分手工业工人、三轮车工人、店员、商贩等失业,这给典当业的重新兴起提供了条件。广州市内的故衣杂架店首先开始经营衣物或日用品典当。由于当期短、利率高、获利大,以前的典当店也纷纷重新开业,至1950年7月,广东省的典当店已经恢复到50家,都集中在广州市。③

典当店的重新开设虽然在特殊时期起到了调剂贫苦群众生活费用、融通临时周转小额资金的作用,但市民也饱受典当店的剥削。1950年7月3日,广州市人民政府委员会第四次会议通过了人民银行广州分行订立的《广州市私营典当业管理暂行办法》。该办法公布后,广州共有17家(其中2家是新开的)典押店先后筹足资本申请验收登记,取得营业执照,它们分别是:成德、益民、民安、公昌、龙昌、利通、大成、大安、利安、永先、联益、裕昌、益

---

① 欧阳卫民主编:《岭南金融史》,中国金融出版社2015年版,第164—165页。
② 莫宏伟:《新中国成立初期的广东土地改革研究》,中国社会科学出版社2010年版,第334页。
③ 广东省地方史志编纂委员会:《广东省志·金融志》,广东人民出版社1999年版,第277页。

昌、协兴、大德、利源和德安典押店，这些典当店的资本额总计为19.22万元，多集中在广州长寿路一带。其余35家因无力增资，经核准停业。1950年12月，在人民银行的领导和组织下，广州市成立了典当业同业公会，对典当业的管理工作自此走上轨道。1952年7月15日和8月1日，广州市典当业开始实行公私合营，由人民银行拨充公股加入，在利通和永光两家典押店的基础上分别成立了利众小额质押贷款处和利群小额质押贷款处。人民银行和私股代表签订了合同，共同制定了小额质押贷款处的组织规程、办事细则，降低了利息。公私合营后的典当利息由原来的私押9分降为4分5厘，极大地减少了典当剥削的程度。①

第二节 第一个五年计划时期的广东金融

随着国民经济的全面恢复和初步发展，国家开始制定和实施第一个五年计划，系统地建设社会主义。第一个五年计划时期（以下简称"一五"时期，1953—1957年），计划经济体制基本形成，广东省在金融领域也相应地建立了高度集中的金融组织体系和金融管理体制，开展的各项金融业务实行严格的计划管理，以支持工农业生产和社会主义改造，国民经济快速增长。

一　金融机构的设立与变革

"一五"时期，中国农业银行和中国建设银行的分支机构在广东省先后设立，其他金融机构在广东省的分支机构也经历了一些变

---

① 广东省地方史志编纂委员会：《广东省志·金融志》，广东人民出版社1999年版，第277页。

革。广东省银行业以各级人民银行为中心稳定地发展，总体呈现为人民银行的"大一统"模式。

（一）中国人民银行主要分支机构的变革

1. 人民银行广东省分行。1953年1月，人民银行广东省分行（以下简称"人民银行省分行"）根据广东省行政区域的调整，撤销原来8个专区中心支行，设立粤东、粤中、粤西和粤北4个行署区办事处。1954年，人民银行省分行内部增设储蓄科、现金计划科、预算执行科、粮食合作信贷科、农贷科、信用合作科、国营农场信贷科和银行医院。其中，农贷科、信用合作科和国营农场信贷科于1955年4月撤销，并入同月成立的中国农业银行广东省分行（以下简称"农业银行省分行"）。1956年2月，广东省撤销行署区，恢复专区建制，人民银行省分行将4个办事处撤销，恢复8个地区中心支行建制。1957年5月，农业银行省分行撤销，其机构和人员并入人民银行省分行。该年，人民银行省分行设有办公室、监察室、计划处、保卫科、人事科、秘书科、总务科、组织预算科、会计科、商业信贷科、工矿信贷科、出纳科、储蓄公债科、农贷科、信用合作科和国外业务部（国外业务部对外称中国银行广州分行）。[①]

2. 人民银行广州分行（人民银行广州市分行）。1953年，人民银行广州分行完成了对私营典当业的社会主义改造，于同年在北区（海珠路）成立了首家小额质押贷款处，随后在东（珠光路）、南（同福西路）、西（长寿西路）三区各设立一个小额质押贷款处，各小额质押贷款处均属人民银行广州分行私人业务科领导。1954年4月，人民银行广州分行转受人民银行中南区行领导。下半年，广州

[①] 广东省地方史志编纂委员会：《广东省志·金融志》，广东人民出版社1999年版，第320—321页。

改为省辖市后，人民银行广州分行改称人民银行广州市分行，① 属人民银行省分行领导。②

（二）中国人民建设银行主要分支机构的设立

1954年10月1日，中国人民建设银行广东省分行（以下简称"建设银行省分行"）在原交通银行省分行的基础上正式建立。中国人民建设银行作为办理基本建设投资拨款、贷款和结算的专业银行，接替交通银行的业务，分别承担财政职能与银行职能，受中国人民建设银行总行和广东省财政厅的双重领导。建设银行省分行下设分支行、办事处27个，全行干部职工576人，③办公地点设在广州市梅花村。同日，中国人民建设银行广州分行也在原交通银行广州分行的基础上成立，受建设银行省分行和广州市财政局双重领导。④

（三）中国农业银行主要分支机构的设立

1955年3月1日，国务院批示同意人民银行关于建立农业银行的报告。4月20日，农业银行省分行设立，行址设在广州市长堤137号，负责指导农村信用合作组织，广泛动员农村余资并合理运用国家农业贷款，以扶助农业生产的发展和促进小农经济的社会主义改造。农业银行省分行内部机构设有"九科一室"，包括农业信贷科、渔业信贷科、国营农场信贷科、信用合作科、计划科、会计

---

① 中国人民银行广州市分行于1985年1月更改名称为中国人民银行广州分行。

② 欧阳卫民主编：《岭南金融史》，中国金融出版社2015年版，第465页。

③ 广东省地方史志编纂委员会：《广东省志·金融志》，广东人民出版社1999年版，第336页。

④ 广州市地方志编纂委员会：《广州市志·金融志》（卷9下），第七章第五节，广州出版社1999年版，第525页。

科、人事科、监察科、总务秘书科和办公室，下设广州市、海南行政区2个分行、专区中心支行9个和县支行98个。由于人民银行和农业银行的基层机构重叠，业务划分不清，经费开支增加，根据国务院《关于撤销中国农业银行的通知》的要求，1957年5月7日，农业银行省分行被撤销并入人民银行，在人民银行省分行内设农村金融处，负责管理农村金融业务。[①]

（四）其他银行主要分支机构的变革

1. 中国银行广州分行。1953年8月，中国银行广州分行被划分为中国银行广东分行和中国银行广州分行，分别受人民银行省分行和人民银行广州市分行领导。中国银行广东分行负责辖内行处的外汇业务的督促、辅导、检查及外汇资金的清算工作，不办理门市业务。穗行办理广州市有关单位的信贷、贸易和非贸易的外汇结算以及门市收付等工作。10月，中央政务院公布《中国银行条例》，指定中国银行为国家的外汇专业银行。1956年2月8日，人民银行同意中国银行广东分行和广州分行合并，设中国银行广州分行，归人民银行省分行领导。1957年1月1日，中国银行广州分行合并到人民银行省分行，成为人民银行的国外业务部，对外仍挂"中国银行广州分行"牌子，经营和管理全省外汇业务。[②]

2. 交通银行广东省分行。建设银行省分行成立后，交通银行广东省分行（以下简称"交通银行省分行"）遂将其基本建设拨款业务移交建设银行办理。交通银行省分行作为执行国家对资本主义工

[①] 广东省地方史志编纂委员会：《广东省志·金融志》，广东人民出版社1999年版，第330—331页。

[②] 广东省地方史志编纂委员会：《广东省志·金融志》，广东人民出版社1999年版，第333页。

商业实行社会主义改造的财务监督机构，仍保留对公私合营企业的公股股权清理和财务管理监督职能。1955年3月，在建设银行省分行内设"交通银行办公室"，对外以交通银行的名义办理对公私合营企业的财务监督工作。1956年1月，交通银行重建分支机构，从建设银行分出单独办公。1957年5月，交通银行省分行并入广东省财政厅，在厅内相应设立合营企业财务处，交通银行机构被正式撤销。①

3. 广东省内的农村信用合作社。1954年3月，中共中央华南分局召开广东省信用合作工作会议，信用合作运动进入新的发展阶段。至1954年底，广东省已建立农村信用合作社8791个，另有信用合作组308个，供销社附设信用部3个，加入信用社的社员达259.7942万人，有互助组成员39244人。同年11月，广东省第一届信用合作代表会议召开，会议制定的《广东农村信用合作社章程准则》成为进一步办好信用社的指导性文件，确定了1955年全省信用合作工作的方针任务。至1955年底，广东省建社11362个，基本实现了乡乡有社的目标。由于建社速度加快，信用社出现财务会计工作混乱、新干部不熟悉业务等状况，因此，省行决定在1955年秋收前一律停止发展新社，全力转向巩固已建立的信用合作社，重点配备和培训一批合格的信用社干部。② 1956年起，根据撤区并乡农村行政区域变动及巩固已建社要求，改组撤并信用社。全省信用社从1955年的11362个，改组为1956年的9781个，1957年再改组为4832个。

---

① 广东省地方史志编纂委员会：《广东省志·金融志》，广东人民出版社1999年版，第336页。
② 欧阳卫民主编：《岭南金融史》，中国金融出版社2015年版，第474页。

4. 公私合营银行广州分行。1953年，改造后的金城、新华、国华、和成、中国实业、上海商业和聚兴诚等公私合营银行合并，组建为公私合营银行广州分行。1954年，该公私合营银行广州分行并入人民银行广州市分行储蓄部，成为专门代理人民银行储蓄业务的机构，对外仍挂合营银行的牌子。①

(五) 中国人民保险公司主要分支机构的变革

1953年6月，撤销区公司建制，人保公司省分公司改由人保总公司直接领导。与此同时，广东省的人保机构进行了一次整顿和精简。至1953年底，广东省保险机构调整为32家，其中，省分公司1家、中心支公司5家、市支公司1家、县支公司10家和县营业所15个，人员793人。由于保险业务的发展，广东省内在1953年由支公司改设营业所的县，至1955年全部恢复县支公司的建制。1954年6月，人保公司中南区公司撤销，人保公司广州市分公司改属人保公司总公司和广州市财政局双重领导。1956年又改属人保公司省分公司和广州市财政局双重领导。② 由于行政区划的调整，原属广西的人保公司北海市支公司、钦县和合浦县支公司以及防城、灵山、浦北等县营业所（1956年改为支公司）也划归人保公司省分公司管辖。③

二 货币的发行与流通

"一五"时期，为适应国家计划经济建设的需要，人民银行开始发行第二套人民币（包括金属分币），收回第一套人民币，加强

---

① 欧阳卫民主编：《岭南金融史》，中国金融出版社2015年版，第476页。
② 广州市地方志编纂委员会：《广州市志·金融志》，广州出版社1999年版，第530页。
③ 广东省地方史志编纂委员会：《广东省志·金融志》，广东人民出版社1999年版，第342页。

社会货币流通管理，健全和巩固新中国的货币制度。

（一）第二套人民币的发行

由于第一套人民币面额过大、版别复杂及印刷质量差等问题，在市场上流通不便，1955年2月21日，国务院发布了《关于发行新的人民币和收回现行的人民币的命令》，决定由人民银行从1955年3月1日起发行第二套人民币，收回第一套人民币。第二套人民币对第一套人民币的折合比率为第二套人民币1元等于第一套人民币1万元。

1955年3月1日，公布发行的第二套人民币共10种，分别为1分、2分、5分、1角、2角、5角、1元、2元、3元和5元。1957年12月1日，又发行黑色"工农像"10元券1种。为便于流通，从1957年12月1日起人民银行还发行1分、2分和5分三种金属分币，与纸分币等值，混合流通。1961年3月25日和1962年4月20日分别对1元纸币和5元纸币的图案、花纹进行了调整和更换颜色，发行了黑色1元券和棕色5元券［见表1.2、表1.3及图1.2（a）、图1.2（b）、图1.2（c）、图1.2（d）］。①

表1.2　　　　　　　　第二套人民币一览表

券别	图案		主色	发行时间
	正面	背面		
1分	汽车	国徽等	茶、米黄	1955.3.1
2分	飞机	国徽等	蓝、浅蓝	1955.3.1
5分	轮船	国徽等	墨绿、浅翠绿	1955.3.1
1角	拖拉机	国徽等	棕、黄、浅草绿	1955.3.1
2角	火车	国徽等	黑、绿、浅紫粉	1955.3.1
5角	水电站	国徽等	紫、浅紫、浅蓝	1955.3.1

---

① 欧阳卫民主编：《岭南金融史》，中国金融出版社2015年版，第117页。

续表

券别	图案 正面	图案 背面	主色	发行时间
1元	天安门	国徽等	红、黄、粉紫红	1955.3.1
1元	天安门	国徽等	蓝黑、橘红	1961.3.25
2元	宝塔山	国徽等	深蓝、土黄、灰蓝	1955.3.1
3元	井冈山	国徽等	深绿	1955.3.1
5元	各民族大团结	国徽等	酱紫、橙黄	1955.3.1
5元	各民族大团结	国徽等	深棕、米黄	1962.4.20
10元	工农像	国徽、多色牡丹等	黑	1957.12.1

资料来源：参见欧阳卫民主编：《岭南金融史》，中国金融出版社2015年版，第117、118页。

图1.2（a） 第二套人民币分票票样

图1.2（b） 第二套人民币角票票样

图1.2（c） 第二套人民币元票票样

图1.2（d） 第二套人民币更换的版券票样

资料来源：参见欧阳卫民主编：《岭南金融史》，中国金融出版社2015年版，第118—120页。

表1.3　　　　　　　　　　第二套人民金属币一览表

券别	图案 正面	图案 背面	材质	直径	发行时间
1分硬币	国徽、国名	麦穗、面额、年号	铝镁合金	18毫米	1957.12.1
2分硬币	国徽、国名	麦穗、面额、年号	铝镁合金	21毫米	1957.12.1
5分硬币	国徽、国名	麦穗、面额、年号	铝镁合金	24毫米	1957.12.1

资料来源：参见欧阳卫民主编：《岭南金融史》，广东人民出版社1999年版，第120页。

为了做好第二套人民币的发行工作，人民银行省分行及其下属各级行处于1955年2月28日前集中力量完成了从广东省分库至基层营业所的资金调运，同时在广东省及各市县分别成立了发行新币指挥部，组织了10个视察组，分别赶赴各地进行检查。此外，还大量设立兑换机构，广东省共设有7399个兑换机构，参加兑换的工作人员数量超过15000人。广州市共设有收兑点180个，流动收兑组45个，代兑点31个。[①] 在人民币兑换方式上，分为集中预约兑换、自由持券兑换和定时定点兑换等3种方式。据统计，截至1955年4月底，广东省共收回第一套人民币25665亿元，约占市场流通量的96%，第二套人民币基本上占领了广东省城乡市场。[②]

（二）货币的流通

"一五"时期，广东省顺利完成了对农业、手工业和资本主义工商业的社会主义改造，国民经济稳步发展。在这期间，广东省货币投放大于回笼，流出多于流入，并且货币的投放回笼存在一定的季节性（见表1.4）。1957年，广东省市场货币量与工农业总产值

[①] 广州市地方志编纂委员会：《广州市志·金融志》，广州出版社1999年版，第544页。

[②] 广东省地方史志编纂委员会：《广东省志·金融志》，广东人民出版社1999年版，第355页。

的比例为1∶21，与社会商品零售额的比例是1∶9.36，全省市场货币流通量比1953年增长35.5%（见表1.5）。①

表1.4　　　广东省第一个五年计划时期货币投放与回笼情况　　（单位：万元）

年份	现金收入	现金支出	投放（+）回笼（-）
1953	-	-	+9931
1954	281525	284140	+2615
1955	306263	301442	-4821
1956	345462	358773	+13311
1957	373700	372500	-1200

资料来源：参见中国人民银行广东省分行编《广东省金融统计资料》（1950—1979年）。

表1.5　　　广东省第一个五年计划时期市场货币流通量　　（单位：万元）

年份	全年平均数	全年最高数	全年最高数所在月份	全年最低数	全年最低数所在月份
1953	21117	27697	12月	-	-
1954	25902	30503	1月	22961	6月
1955	23317	27248	1月	20713	6月
1956	29803	38801	12月	24550	2月
1957	37060	42342	1月	34755	10月

资料来源：参见中国人民银行广东省分行编《广东省金融统计资料》（1950—1979年）。

三　银行机构开展的金融业务

1953年，第一个五年计划经济建设和对生产资料私有制进行社

---

① 广东省地方史志编纂委员会：《广东省志·金融志》，广东人民出版社1999年版，第361—362页。

会主义改造开始。这一时期广东省国营工商业不断发展、城镇就业人口增加以及货币工资制的实行都为银行机构开展各项金融业务及计划提供了有利条件。

（一）综合信贷计划及其管理体制

从1953年起，广东省各级银行开始陆续建立信贷计划管理部门，按年、季编制综合信贷计划，加强信贷资金的计划管理，并实施信贷计划管理办法，实行"统收统支"，存款的运用权统归人民银行，各项贷款由总行统一核定计划指标后下达广东省。由于信贷计划管理制度的全面建立，1953年至1955年，广东省信贷资金管理水平大大提高，银行存、贷款业务都有了较快的发展。据统计，广东省1955年末同1952年末比较，存款增长37%，贷款增长27倍。但第一个五年计划后期，由于出现许多新经济单位，对经济管理工作的要求越来越细，集中统一的管理体制出现新的矛盾，信贷计划与当地工业生产计划和商品流转计划脱节。1956年，在社会主义改造取得决定性胜利的情况下，广东省根据"中央统一领导，分级管理，适当扩大地方权限"的原则，在农业贷款和中央各主管部门所属企业贷款等方面的信贷计划管理作了一些改进。此外，人民银行还给广东省一部分后备贷款指标，用于解决国营工、商企业年度中间贷款指标不足时的需要。城镇储蓄存款超计划完成的部分，也可用于增加当年地方国营工业、合营工业、手工业、合营商业4项贷款或后备贷款。[1]

（二）储蓄业务的开展

1953年，为了配合国家对主要农产品实行统购统销，广东省举

---

[1] 广东省地方史志编纂委员会：《广东省志·金融志》，广东人民出版社1999年版，第367—368页。

办了存款利息优厚的售粮储蓄存款，并吸收这项存款近1000万元。1953年1月，政务院公布了《中央人民政府关于解放前银钱业未清偿存款给付办法》和《解放前银钱业未清偿存款登记办法》，规定凡经人民政府接管的官僚资本行、局、库以及官商合办的银行、私营金融业和外商银行的解放前存款，都可以按照国民政府货币贬值情况划分阶段，以存入时的物价指数为依据，以一定比率给予支付。广东省清偿中华人民共和国成立前旧银行存款的工作于1953年3月开始办理登记，到1954年11月基本结束，共计偿付3.3万户，合计人民币270多万元。① 1954年，广东省召开储蓄工作会议，明确全省各级银行按照人民银行制定的储蓄政策、原则，加强组织领导机构设置，扩充小型机构，实行"小型多设"的方针，为储户存取提供便利，储蓄存款有了较快增长。同时，人民银行省分行还开展了广泛的储蓄宣传工作，设计和绘制了五套宣传画，以储蓄宣传展览会的形式进行巡回展览。② 截至1957年底，广东省储蓄所增设到377个，代办所1469个，信用社机构达到4832个，储蓄存款余额达2.28亿元，比1952年增长2.3倍。③

（三）工商信贷业务的开展

"一五"时期，广东省内银行的工商信贷工作主要是配合社会主义建设的进程，支持国营工业发展生产，支持国营商业、供销社扩大购销，促进私营工商业和手工业的社会主义改造，同时开始对

---

① 广东省地方史志编纂委员会：《广东省志·金融志》，广东人民出版社1999年版，第380页。
② 钟慧中：《储蓄宣传展览会收到良好效果》，《中国金融》1957年第6期。
③ 广东省地方史志编纂委员会：《广东省志·金融志》，广东人民出版社1999年版，第380页。

国营企业的独立经济核算单位直接办理贷款,并发挥银行对贷款企业的监督作用。截至1957年底,广东省贷款达14.63亿元,比1952年增长42倍。[①]

1. 国营工商业贷款。1953年,国家对粮、棉、油等有关国计民生的主要农产品实行统购统销政策,国营商业和供销社大量增设基层机构,实行独立经济核算,开户银行直接与企业建立信贷关系,着重对国营商业和供销合作社向工厂和农村采购工农业产品的资金发放商品流转贷款。1954年,广东省银行对300多户国营工业企业直接发放贷款。1955年,在部分国营生产企业中选择省属15个厂矿和21个地方工业试行"国营工业短期放款办法",为支持国营工业企业全面完成国家计划、促进改善经营管理和提高经济核算发挥了一定作用。截至1957年,广东省国营工业贷款余额为7203万元,为1952年的30倍。[②]

2. 集体工商业贷款。1955年下半年至1956年,广东省掀起资本主义工商业实行公私合营以及手工业合作化的浪潮。银行对手工业合作组织放款办法规定:单位应有一定的自有资金参加周转,才能申请贷款,一般不予贷款。对合作商店、合作小组的贷款,以"定期放款"的方式处理,期限不得超过一年。当时为配合对私改造,银行发放了较多的贷款。截至1957年底,集体工业贷款余额为949万元,其中75%是贷给手工业合作组织,支持手工业走合作

[①] 广东省地方史志编纂委员会:《广东省志·金融志》,广东人民出版社1999年版,第385页。

[②] 广东省地方史志编纂委员会:《广东省志·金融志》,广东人民出版社1999年版,第388—391页。

化道路。①

3. 私营个体工商业贷款。"一五"时期，广东省银行遵循国家对私营工商业"利用、限制、改造"的政策，对私营工商业贷款实行了区别对待、有松有紧的贷款原则。1956年，私营工商企业实行了全行业的公私合营，个体手工业和小商贩也大部分实行合作化，银行对私营和个体经济的贷款收缩。②

（四）农村金融业务的开展

随着国民经济恢复时期广东省各级银行配合土地改革运动、发展信用合作事业，截至1953年底，广东省农村区（镇）普设了银行营业所。1955年，全省实现乡乡有信用社的目标，初步形成一个遍布全省的农村金融网络。截至1956年底，广东省农村各项存款4055万元，银行共发放农村社队贷款17851万元，信用社发放贷款7077万元。③

在农村存款方面，银行农村存款主要是把农村社队集体（即集体农业）存款、社队企业（即乡镇企业）存款和信用合作社转存银行款三项作为主要指标进行考核，统称农村三项存款。广东省自1953年和1955年先后实现区区设营业所和乡乡有信用社后，农村存款业务有了较大的发展。截至1956年末，信用社转存银行款4016万元，占银行农村三项存款余额的99%，成为银行组织农村三项存款的主要资金来源。④

---

① 广东省地方史志编纂委员会：《广东省志·金融志》，广东人民出版社1999年版，第393页。

② 广东省地方史志编纂委员会：《广东省志·金融志》，广东人民出版社1999年版，第394页。

③ 广东省地方史志编纂委员会：《广东省志·金融志》，广东人民出版社1999年版，第399页。

④ 广东省地方史志编纂委员会：《广东省志·金融志》，广东人民出版社1999年版，第402页。

在农村贷款方面，1953年广东省土地改革基本完成，建立了各种形式的农业生产互助组织，农村贷款的重点逐步转移到农业合作化。1955年，农业银行省分行开办"贫农合作基金贷款"，帮助贫农入社时缴纳当年生产平摊费用和业已折价归公的主要生产资料平摊价款，以提高贫农社员的经济和政治地位。"一五"时期，广东省累计发放农业贷款55730万元。截至1957年底，全省农贷余额16384万元，比1952年底增加15010万元。[①]

在农村信用合作社资金的组织和运用上，信用社的资金来源主要是股金、社员存款和社队集体存款。信用社创建阶段，贷款的对象主要是入股的社员，随后扩大到非社员、生产互助组和生产合作社。贷款主要用于社员治病、口粮、种苗及饲料和集体购买种子、肥料和小农具等的资金需要。但信用社初创时期，由于业务尚未全面开展，开支过大，经营普遍亏损。截至1956年底，据广东省内109个县、市的不完全统计，发生亏损的信用社有7042个，亏损总数达171万元。为扶持信用社的巩固和发展，1955年起，财政部连续三年免征信用社的工商税。截至1957年底，广东省信用社组织起来的股金和各项存款共计12974万元。[②]

（五）投资金融业务的开展

1954年9月9日，政务院发布了《关于设立中国人民建设银行的决定》，规定建设银行的任务之一是根据国家批准的信贷计划，对国营及地方国营包工企业办理短期放款。1954年10月1日，建

[①] 广东省地方史志编纂委员会：《广东省志·金融志》，广东人民出版社1999年版，第405页。

[②] 广东省地方史志编纂委员会：《广东省志·金融志》，广东人民出版社1999年版，第421页。

设银行省分行及其所属行处成立,基本建设投资全部业务由交通银行移交建设银行办理。建设银行省分行成立后按照中央指示,在广东全省发放对国营及地方国营包工企业的短期贷款11万元,贷款规模很小。1956年5月17日,建设银行开始办理企业职工建造住宅长期放款,规定每一职工申请放款一般以200元为限,最高不得超过240元,自备资金不得低于住宅造价的半数,贷期期限不得超过3年,这项放款规模也很小,1956年广东省实际发放2.6万元,后来停止办理。1957年,又开办小型技术组织措施投资放款,当年发放6万元,翌年放款4.5万元,1958年停止办理。[①]"一五"时期,广东省建设银行办理基本建设拨款支出总额达17.24亿元,形成新增固定资产14.02亿元,固定资产交付使用率89.35%（见表1.6）。[②]

表1.6　"一五"时期广东省建设银行系统经办固定资产投资完成情况

年份	拨款实际支出数（万元）	其中：国家投资	地方投资	各种自筹	全部新增固定资产（万元）	固定资产交付使用率（%）
1953	32152	26599	4268	1285	27107	89.89
1954	30465	17989	9509	2967	26011	102.09
1955	27647	15726	9066	2855	21737	86.86
1956	36639	22785	11621	2233	29653	84.37
1957	45476	26297	14704	4475	35644	86.76
合计	172379	109396	49168	13815	140152	89.35

资料来源：参见广东省地方史志编纂委员会：《广东省志·金融志》,广东人民出版社1999年版,第342页。

[①] 广东省地方史志编纂委员会：《广东省志·金融志》,广东人民出版社1999年版,第478—479页。

[②] 广东省地方史志编纂委员会：《广东省志·金融志》,广东人民出版社1999年版,第445页。

(六) 对外金融业务的开展

"一五"时期，国营外贸企业不断发展，贸易外汇管理的重点转向对国营外贸企业的计划管理，外贸信贷也转为支持国营外贸企业，同时开始改造私营侨汇业，并对个人持有外币进行管理。

从1953年开始，对外贸易逐渐由国营外贸企业按计划统一经营，对国营外贸企业的贸易外汇管理任务是配合有关部门支持外贸企业组织物资的生产和出口，做好安全收汇，协助和监督外贸企业完成国家的外贸和外汇收支计划。1954年，由于广东省国营外贸机构相继成立，中国银行广州分行外贸信贷转为支持国营外贸企业。该年，对外贸易存在货源供应紧张、私商经营消极和资本主义国家市场衰落等困难，中国银行广州分行积极配合国营外贸企业发掘货源，扶植出口，打开国外新市场，广东省外贸贷款余额达336万元。[1] 广东省在第一个五年计划期间国营外贸企业的进出口贸易外汇收支实行统收统支、收支两条线的办法，企业按计划出口的收汇全部结售给银行，按计划进口的用汇由银行按国家核定的计划供给。[2] 在侨汇和个人外汇管理方面，1955年，人民银行省分行拟定了《广东省渔船携带人民币和外币进出国境管理暂行办法》，具体规定渔民携带人民币和外币进出境的限额，并应向有关机构申报。1956年1月31日，陈叔通在中国人民政治协商会议第二届全国委员会第二次全体会议上作出了关于资本主义工商业的社会主义改造

---

[1] 广东省地方史志编纂委员会：《广东省志·金融志》，广东人民出版社1999年版，第440页。
[2] 广东省地方史志编纂委员会：《广东省志·金融志》，广东人民出版社1999年版，第519—520页。

的报告，进一步总结了当前的改造进程并对下一步发展作出重要指示。① 同年，广东省开展了对私营侨汇业的社会主义改造，把私营侨汇业组织起来，在国家银行的领导和指导下开展侨汇业务，但仍维持私营名义，其资金按私人股金处理。② "一五"时期，广东侨汇收入为32967万美元，占全国侨汇总收入的58.04%。③ 1957年1月，根据中央指示，中国银行广州分行并入人民银行省分行的国外业务部，在外贸贷款业务方面基本是执行人民银行制定的各种政策和办法。④

四　保险市场的发展

"一五"时期，为了服务社会主义建设，国内保险业务经历了一些整顿，广东省开办了涉外保险业务，为对外贸易提供保险保障，保险险种得到扩充。

（一）保险市场发展概况

1953年，按照人保公司的部署，对已经开办的国内保险开展两方面的工作：一是停办农村保险业务；二是整顿城市业务，以配合政府对私营工商业的社会主义改造并为社会主义建设服务。同时，开办海洋货物运输险等涉外保险，为广东省对外贸易提供保险保障。从1954年起，广东省集中力量开办国营企业及县以上合作社

---

① 中共杭州市委机关报：《关于资本主义工商业的社会主义改造的报告》，《杭州日报》1956年2月1日，第2版。

② 广东省地方史志编纂委员会：《广东省志·金融志》，广东人民出版社1999年版，第522—523页。

③ 广东省地方史志编纂委员会：《广东省志·金融志》，广东人民出版社1999年版，第432页。

④ 广东省地方史志编纂委员会：《广东省志·金融志》，广东人民出版社1999年版，第440页。

的财产强制保险以及货物运输保险、火灾保险等自愿保险业务。①1954年12月15日,财政部公布了《解放前保险业未清偿的人寿保险契约给付办法》。广东省设立广州、汕头和海口作为接受登记的重点城市,由各市的人保公司办理,而人保公司省分公司则领导所属公司的清偿工作。后因海口市只有少数银行代理产物保险业务,而江门是广东的侨乡,华侨寿险投保数量较多,故将海口的登记点改为江门。但在规定限期内,汕头和江门两地都没有保户或受益人前来登记。广州人保公司除将接受登记的中央信托局的未清偿寿险契约转寄上海人保公司集中办理清偿外,还对原在广州开设的2家私营寿险公司未清偿寿险契约进行监督清偿,将先施人寿保险公司从香港汇来的清偿资金5万港元,转汇给上海人保公司集中办理清偿;康年人寿保险公司从香港派员来广州办理清偿,应清偿金额为6.08万元,给付已经登记的投保人或受益人3.38万元,无人登记的2.7万余元,按规定上缴国库。②1956年2月,第五次全国保险会议召开,决定将保险工作重点转向农村,并提出在农村实行法定保险的设想。③1957年,人保公司对国内保险采取"稳定一年"的方针,当年广东省保险业务无较大发展。④

(二) 保险险种的开办与扩充

"一五"时期,广东省在保险业务上经历了一些变动,除继续

---

① 匡吉:《当代中国的广东》,当代中国出版社1991年版,第735页。
② 广东省地方史志编纂委员会:《广东省志·金融志》,广东人民出版社1999年版,第505—506页。
③ 广东省地方史志编纂委员会:《广东省志·金融志》,广东人民出版社1999年版,第500页。
④ 欧阳卫民主编:《岭南金融史》,中国金融出版社2015年版,第247—248页。

开办财产强制保险、货物运输保险、运输工具保险、农业保险和人身保险外，还开办了涉外保险，保险业务继续发展。

1. 财产强制保险。1953年，广东省停办国家机关和基本建设单位的财产强制保险，并决定对农民保户办理简易火险退保，该年共退保简易火险14.3万。1955年，广东省停办铁道、邮电、粮食、水利、交通和地质6个部及其所属单位的财产强制保险。1956年，人保公司省分公司发出通知，规定所有广东省内公私合营企业、手工业合作组织和合作商店的财产自愿参加保险，均可享受强制保险待遇。同年，广东省开办了物资流动保险，[①] 并重新恢复简易火险办理。根据财政部转发人保总公司制定的《农村财产自愿保险办法（草案）》和《公民财产自愿保险办法》，人保公司省分公司制定了《广东省农村财产自愿保险试行办法》和《广东省城市公民财产保险办法》，上报得到批准后，在广东省的农村和城镇试行。[②]

2. 货物运输保险。1953年下半年，广东省开始整顿已开办的各种运输险，以国营、公私合营、合作社和私营企业为对象，继续办理轮船、木船、火车、汽车和航空运输险，同时附加沿海运输匪盗险和水上运输的驳运险，并停办木排竹筏运输险、邮包险、金钞险、驿运险、木船水渍险、偷窃和提货不着险、破碎和渗漏险等附加险。1956年，人保公司省分公司决定在有条件（起运地人保公司有检验条件，目的地有保险机构）的地方恢复办理破碎及渗漏险，

[①] 广东省地方史志编纂委员会：《广东省志·金融志》，广东人民出版社1999年版，第492页。

[②] 广东省地方史志编纂委员会：《广东省志·金融志》，广东人民出版社1999年版，第495页。

并在个别地方恢复办理木排竹筏运输险。[1]

3. 运输工具保险。1953年,广东省停办船舶兵险、渔船船舶险、汽车兵盗险和公众责任险。同年,机动车辆保险经过整顿,确定在原有基础上继续巩固办理,但承保险种以车辆损失险和车辆火险为限。[2]

4. 农业保险。1953年,广东省保险工作会议决定停办耕牛保险。截至1953年底,共退保耕牛48.5万头,对于不愿退保的保至期满后,不再续保。[3] 1956年,人保公司省分公司对广东省农村开展调查后,拟定《广东省牲畜自愿保险试行办法》,并报经广东省人民委员会批准后颁布试行,人保公司选择在当地有保险公司且地方党委同意开办的49个县、125个区内办理耕牛保险,当年计划承保耕牛30万头。[4] 同年,财政部转发了人保总公司《关于拟订农村养猪自愿保险办法的几点意见》。6月,广东省新会县开办生猪保险。[5] 1957年8月,人保公司省分公司在番禺县开办生猪保险。[6]

5. 人身保险。1953年8月,人保总公司通知"团身险附加意外伤害和疾病医药津贴一律取消不办",广东省因此收缩团体人身

---

[1] 广东省地方史志编纂委员会:《广东省志·金融志》,广东人民出版社1999年版,第496—497页。

[2] 广东省地方史志编纂委员会:《广东省志·金融志》,广东人民出版社1999年版,第498—499页。

[3] 广东省地方史志编纂委员会:《广东省志·金融志》,广东人民出版社1999年版,第500页。

[4] 广东省地方史志编纂委员会:《广东省志·金融志》,广东人民出版社1999年版,第501页。

[5] 新会县地方志编纂委员会:《新会县志》,广东人民出版社1995年版,第609页。

[6] 广东省地方史志编纂委员会:《广东省志·金融志》,广东人民出版社1999年版,第377页。

险，至年底承保人只剩14541人。1956年下半年，人保公司省分公司在工作计划中提出："简易人身险如客观上有要求的，可在大、中城市办理，其他城镇如确有需要的也可办理，但不得推到农村。"1956年以后，在意外伤害保险方面，国营交运企业取代了代理轮船、公路旅客的船务公司和行车公司开展保险代理业务。1957年2月，广东省遵照财政部、全国总工会《关于在职工间所办的自愿保险的指示》精神，不再发展新的业务，对已承保的单位也应整顿，凡是已享受劳动保险待遇的单位企业不再为职工付费投保团体人身险。①

6. 涉外保险。1953年，人保公司省分公司开办涉外保险业务，以承办地方出口贸易货物运输保险开始。1955年6月，人保公司省分公司在广州黄埔港开办中央进口货物运输保险。② 1956年，人保公司省分公司规定，凡当地有海关、银行设置，能办理出口签证，可以经营出口货物运输险。③

五 证券市场的公债发行

1953年，第一个五年计划开始实行，大规模的经济建设形成了大量的资金需求，但此时财政资金供给严重不足。尽管1950年整顿了旧税制，统一和建立了新税制，但政府可以取得的财政收入仍然十分有限，迫切需要通过发行债券来筹集资金。同时，经过三年国民经济恢复，人民群众的实际工资有所增加，生活普遍得到改

---

① 广东省地方史志编纂委员会：《广东省志·金融志》，广东人民出版社1999年版，第502—504页。
② 匡吉：《当代中国的广东》，当代中国出版社1991年版，第736页。
③ 广东省地方史志编纂委员会：《广东省志·金融志》，广东人民出版社1999年版，第508页。

善，加之人民群众爱国热情高涨，使得政府通过发行债券的方式将群众的一部分收入和储蓄集中起来用作财政支出成为可能。①

在这种情况下，1953年12月，中央人民政府第29次会议通过了《1953年国家经济建设公债条例》，此后又相继颁发了《1955年国家经济建设公债条例》《1956年国家经济建设公债条例》《1957年国家经济建设公债条例》《1958年国家经济建设公债条例》。1954年11月，中央人民政府开始委托人民银行发行"国家经济建设公债"。截至1958年，连续发行5期"国家经济建设公债"，实际发行总额达30.3亿元。广东省各级人民银行根据中央指示，在职工、农村和城市居民中进行推销，基本完成了中央分配的任务，并根据还本付息期限，办理了还本付息。② 其中，广州市认购的实际缴款数大都超额完成，银行逐年办理到期公债还本付息事宜，为便利公债持有人兑取公债本息，有计划、有组织地推行预办国家公债还本付息办法，并委托各机关、部队、企业、厂矿、团体、学校、信用合作社等单位代办集体预办兑付以及办理个人预办，组织力量到各居民委员会办理流动兑付公债本息。③

六 传统金融业的发展

"一五"时期，广东省的民间借贷在社会主义改造中基本消失，典当行业则在实行公私合营后不断发展，减少了对贫苦市民的剥削

---

① 欧阳卫民主编：《岭南金融史》，中国金融出版社2015年版，第591—592页。

② 广东省地方史志编纂委员会：《广东省志·金融志》，广东人民出版社1999年版，第573页。

③ 广州市地方志编纂委员会：《广州市志·金融志》（卷9下），广州出版社1999年版，第622页。

程度。

（一）民间借贷活动的消失

1953年6月3日，中共中央华南分局农村工作部发出了《必须立即制止强迫或变相强迫借贷的现象》的指示，指出：在不少地区，由于干部不了解自由借贷的政策，却强迫或者变相强迫借贷，结果侵犯了私有财产，造成了农村生产关系若干混乱现象，这应引起各地严肃注意。① 因此，广东地方政府采取了一系列措施，在保障贫雇农生产生活的基础上，鼓励自由借贷，贯彻自由借贷的政策，此后广东省农村地区的一些不正常的借贷现象基本得到纠正。

1953年底，国内对于民间借贷的态度发生了根本性的转变。随着"过渡时期总路线"公布，中央要求"对农业的社会主义改造，必须经过合作化的道路"，即大力发展农村信用合作社。此后，人民银行在广东省建立了农村信用合作社体系，同时由原本鼓励自由借贷的态度转变为"批判借贷自由，取代私人借贷"，② 建设农村信用社体系与消灭私人借贷成为一项政治任务。随着农村信用社建设工作的推进，广东省公开的民间借贷活动也基本消失。③

（二）典当业的变化与发展

1953年1月1日，公私合营后的典当利率由4分5厘降为3分。1954年8月25日，利群、利众二店合并，成立利众小额质押贷款处，仍属合营性质。广州其余各区成立了珠光路、长寿西路和同福西路三个小额质押贷款处，均属国营性质，归各区银行办事处领

---

　　① 华南分局农村干部工作组：《必须立即制止强迫或变相强迫借贷的现象》，载《华南农村》1953年第1期。

　　② 赵学军：《中国金融业发展研究（1949—1957年）》，福建人民出版社2008年版，第116页。

　　③ 欧阳卫民主编：《岭南金融史》，中国金融出版社2015年版，第166页。

导。1955年8月1日,典当利率又降为2分4厘,并进一步延长了当期,放宽了贷款,简化了手续,这使得新的典当业极大的减少了剥削程度,更好地服务贫苦市民。与此同时,广州首先举办的公私合营小额质押贷款处在全国公私合营典当业中是一个创新之举,得到了人民银行的发文肯定,并且把这种模式在全国各大城市中推广开来。① 截至1956年,广州市内除成德、联益、利源三家私营典当业参加合营外,其余私营典当业已全部转业或结束业务。②

第三节　第二个五年计划时期的广东金融

第二个五年计划时期(以下简称"二五"时期,1958—1962年),"大跃进"和人民公社化运动全面发起,金融机构设立和金融业务方面不断受到调整,以高指标、浮夸风和"共产风"为主要标志的"左"倾错误严重泛滥,金融业的发展出现了许多脱离实际的做法,给国民经济带来了不利后果。

一　金融组织体系的发展变化

（一）金融机构调整

1. 人民银行及其分支机构。1958年,人民银行省分行在机构设置上发生了较大变化,将原来的二室、一处、十二科缩减整合为一室、五处、二科、一部:设办公室、计划处、农金处、政治处、工商信贷处、会计处、储蓄科、总务科、国外业务部。1960年撤销

---

① 欧阳卫民主编:《岭南金融史》,中国金融出版社2015年版,第183页。
② 广东省地方史志编纂委员会:《广东省志·金融志》,广东人民出版社1999年版,第277页。

政治处，改称人事处。① 同年11月，合浦专署与湛江专区合并，人民银行合浦中心支行撤销，并入湛江中心支行。原合浦专区的合浦、灵山、东兴、钦县等支行亦相应改由湛江中心支行领导。② 截至1961年11月，海南地区设立了海口、琼山、琼海、文昌、万宁、澄迈、临高、定安、屯昌、儋县、陵水、保亭、崖县、乐东、东方、琼中、白沙、昌江共18个支行。③

2. 建设银行广东省分行。1958年6月25日，广东省根据国务院工作指示，将建设银行省分行合并到了省财政厅，在财政厅内设基建处，对外仍保留建设银行省分行的牌子，办公地点由梅花村迁到北京路省财政厅内。各地市建设银行支行亦相应合并到当地财政部门办公。④

1962年3月，在"调整、巩固、充实、提高"的方针指导下，财政部召开全国会议，根据"中央关于迅速充实银行、财政和企业、事业部门的计划、统计、财务、会计、信贷、税务人员的紧急通知"的精神：决定将建设银行从上到下，与财政机构分设，实行垂直领导。据此，同年4月，建设银行从省财政厅分设，除行政上仍受省财政厅领导外，业务上由总行直接领导。⑤

---

① 广东省地方史志编纂委员会：《广东省志·金融志》，广东人民出版社1999年版，第321页。

② 广东省地方史志编纂委员会：《广东省志·金融志》，广东人民出版社1999年版，第326页。

③ 海南省地方志编纂委员会：《海南省志·金融志》，南海出版公司1993年版，第141页。

④ 广东省地方史志编纂委员会：《广东省志·金融志》，广东人民出版社1999年版，第336页。

⑤ 广东省地方史志编纂委员会：《广东省志·金融志》，广东人民出版社1999年版，第337页。

3. 农村信用合作社。1958年,在"大跃进"和人民公社化运动热潮的席卷下,一些农村信用社受浮夸风、"共产风"、高指标、瞎指挥的影响,搞实物存款,大放"卫星"。针对此现象,人民银行省分行于同年10月公开《关于人民公社金融机构的意见》,对信用社体制进行了改革:以公社为单位设立银行营业所,受上级行和公社的双重领导。原有的农村信用合作社原则上改为公社信用部,下设服务站。信用部与营业所合署办公,两块招牌,两套账目。但有的地区以两套机构、两套账目不便领导为由,要求信用部与营业所尽快合并。十多个县未经省行同意便先行并账。12月,中央正式决定改革农村财贸金融体制,实行"两放、三统、一包",将银行营业所和信用社合并,组成信用部,下放给人民公社管理。①

管理体制上的变化导致了"所社合一"和"政社合一"两种局势的出现,严重影响了农信社的发展。"所社合一"将集体所有制的农信社资产与全民所有制的国家银行资产混为一谈,造成了双方在财产资金和财务上的混乱;其次,"政社合一"使农信社走上了"官办"的道路,逐步失去了在业务经营上的自主权。② 于是,中共中央于1959年4月作出决定:信用部仍受上级人民银行和公社管理委员会的双重领导,但以上级行领导为主。并把原来的信用社从人民公社信用部中分离出来,下放给生产大队经营管理,变为信用分部。如此行动实质上是重新收回了之前下放到人民公社的银行营业所,把原属信用社的经营管理权下放到了生产大队。故从1959年6

---

① 广东省地方史志编纂委员会:《广东省志·金融志》,广东人民出版社1999年版,第419页。
② 中华合作时报社:《回望60载:中国农村信用社60年发展历程回顾》,载《中华合作时报》2011年11月18日。

月底开始,广东省银行营业所与信用分部又实行分账,信用分部单独在银行营业所开户,分部之间资金不能调剂。但由于信用分部与原先的信用社规模不一,人员变动频繁,在账务上造成了不少混乱。

1961年6月与9月,广东省第二次和第三次分行、中心支行行长会议上决定:重新恢复信用社的名义,并提出信用社要做到"独立核算、自负盈亏"。年底,全省设立信用机构21276个,其中按公社范围建立的有1366个,按几个大队范围建立的有5210个,按一个大队范围建立的有14700个,配备专职脱产干部8264人。1964年,"四清"运动与整顿信用社工作结合开展,截至1966年底,广东信用社机构减少至3635个。①

(二)体制计划变化

1. 综合信贷计划及其管理体制。"大跃进"时期,为适应国民经济管理体制下放,银行信贷计划管理体制也相应作了两次变动。第一次变动是1958年初,对城镇储蓄存款和农村存款实行分成办法:把上年7月到下年6月这段时期的城镇储蓄增加额的20%分给地方,作为地方工业的后备贷款;把上年6月底农村存款余额的20%分给地方,用于增加农业贷款。第二次变动是从1959年起,对信贷计划实行"存贷下放、计划包干、差额管理、统一调度"的管理办法,除中央财政存款和中央企业贷款外,其余存、贷款的管理权限逐级下放到基层,实行差额包干。存大于贷的差额上缴;贷大于存的差额下拨补助。在计划包干差额范围内,多存可以多贷。在农村则实行"差额包干,一年两算,半年差额,基本不变"的管理办法,即银行对人民公社信用社只管一个信贷差额,上、下半年

---

① 欧阳卫民主编:《岭南金融史》,广东人民出版社1999年版,第474页。

各算一次账,在核定的差额范围内,信用社可以自行安排信贷计划。

信贷管理权限下放,原是想调动地方积极性,更好运用信贷促进工农业生产发展,可是在当时"左"的思潮影响下,并没有达到预期目的,反而助长了浮夸风,甚至提出"什么时候需要,什么时候贷给;哪里需要,在哪里贷给;需要多少,贷给多少"的口号,后来愈演愈烈,发展到放"存款卫星"、放"收贷卫星",指山买矿、指水买鱼,虚存虚放,放松了信贷管理,敞口供应信贷资金。

为了纠正"大跃进"的错误,克服经济困难,党中央于1960年冬提出了"调整、巩固、充实、提高"的八字方针,并决定从1961年起对国民经济实行全面调整。1962年3月又进一步强调:严格信贷管理,加强信贷的计划性,严格划清信贷资金和财政资金的界限,不许用银行贷款作财政性支出,一切非偿还性开支,只能使用财政预算资金,按照财政制度办事,企业的定额流动资金由财政核实拨给,不许挪用挤占银行贷款。[①]

2. 会计结算制度。"大跃进"时期,银行会计规章制度的改革大搞群众运动。1958年4月14日,人民银行发出《关于发动群众改进会计制度的几个问题》,批判以往的制度脱离政治、教条主义严重,要求权力下放,具体是:除省辖联行制度由省行制定外,其余各项制度,可以发动群众通过试行予以修改或废除。因此,人民银行省分行将省内138项会计规章制度汇编成册,由各地选择推行。"大破大立"的改革虽然废除了一些不合理的规定,但也破坏了一些必要的或行之有效的规章制度,使银行会计工作难以发挥应

[①] 广东省地方史志编纂委员会:《广东省志·金融志》,广东人民出版社1999年版,第369页。

有的监督作用，银行业务指导工作混乱，贪污盗窃、挪用资金时有发生，许多责任事故无法追查，国家财产遭受损失，银行会计工作遭受到中华人民共和国成立以来的第一次破坏。①

1959年7月，人民银行省分行召开全省银行规章制度会议，纠正了1958年的错误做法，及时恢复和健全必要的会计制度。但受到"左"的思想干扰，会议精神未能贯彻实施。1962年4月，人民银行省分行召开出纳工作会议，转发总行文件，再次明确会计工作的基本任务，并对会计核算的总则、账务组织、账务处理、会计报表、记账的一般规则和错账冲正六个方面作了具体的规定。②

二 货币发行与流通

（一）人民币发行

为促进工农业生产发展和商品流通，方便群众使用，人民银行从1962年4月20日开始陆续发行第三套人民币。第三套人民币与第二套人民币票面额等值，但取消了3元纸币，新增1角、2角、5角和1元四种金属币。经过18年的逐步调整、更换，共陆续收回第二套人民币（除6种纸币、硬分币外）10种，发行第三套人民币13种，其中1角纸币三种，10元纸币、5元纸币、2元纸币、1元纸币、5角纸币、2角纸币、1元硬币、5角硬币、2角硬币、1角硬币各一种［见表1.7、表1.8及图1.3（a）、图1.3（b）］。③

---

① 广东省地方史志编纂委员会：《广东省志·金融志》，广东人民出版社1999年版，第553页。
② 广东省地方史志编纂委员会：《广东省志·金融志》，广东人民出版社1999年版，第553页。
③ 欧阳卫民主编：《岭南金融史》，中国金融出版社2015年版，第121页。

表 1.7　　　　　　　　　　　第三套人民币纸币一览

券别	图案 正面	图案 背面	主色	发行时间
1角	教育与生产劳动相结合	国徽和菊花	枣红、橘红、蓝绿	1962.4.20
1角	教育与生产劳动相结合	国徽和菊花	深棕、浅紫	1966.1.10
1角	教育与生产劳动相结合	国徽和菊花	深棕、浅紫	1967.12.15
2角	武汉长江大桥	国徽和牡丹花	墨绿	1964.4.15
5角	纺织厂	国徽、棉花和梅花	青莲、橘黄	1974.1.5
1元	女拖拉机手	国徽和放牧	深红	1969.10.20
2元	车床工人	国徽和石油矿井	深绿	1964.4.15
5元	炼钢工人	国徽和露天采矿	深棕、咖啡、黑	1969.10.20
10元	人民代表步出大会堂	国徽和天安门	黑	1966.1.10

资料来源：参见欧阳卫民主编：《岭南金融史》，中国金融出版社2015年版，第121页。

表 1.8　　　　　　　　　　　第三套人民币硬币一览

券别	图案 正面	图案 背面	材质	直径	发行时间
1元硬币	国徽、国名、年号	长城、面额	铜镍合金	30	1980.4.15
5角硬币	国徽、国名	齿轮、麦穗、面额、年号	铜锌合金	26	1980.4.15
2角硬币	国徽、国名	齿轮、麦穗、面额、年号	铜锌合金	23	1980.4.15
1角硬币	国徽、国名	齿轮、麦穗、面额、年号	铜锌合金	20	1980.4.15

资料来源：参见欧阳卫民主编：《岭南金融史》，中国金融出版社2015年版，第123页。

图 1.3（a）　第三套人民币角票票样

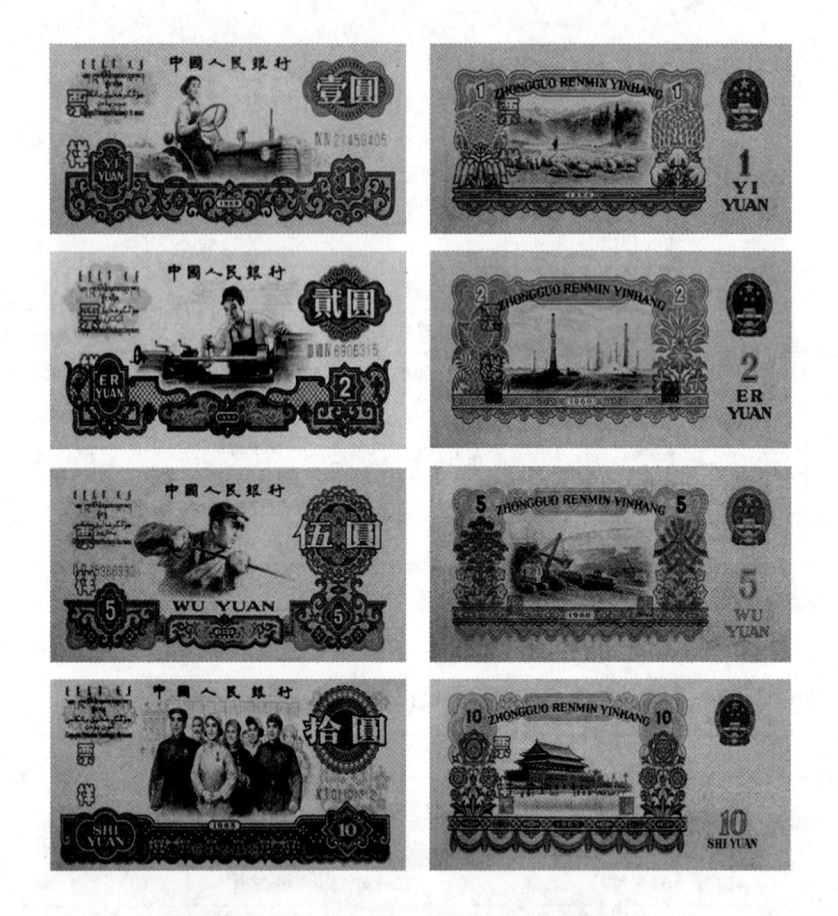

图1.3（b）　第三套人民币元票票样

资料来源：参见欧阳卫民主编：《岭南金融史》，中国金融出版社2015年版，第122页。

（二）货币流通

由于受"左"的思想影响，1958年至1961年广东省出现了连续4年的货币大投放，金额达4.87亿元，过多发行量导致了物价不稳定。据统计，1961年市场货币流通量和社会商品零售额的比例为1∶6.31，比1957年减少了4.05元（见表1.9、表1.10）。①

---

①　匡吉：《当代中国的广东》，当代中国出版社1991年版。

表1.9　　　　广东省1958—1961年货币投放与回笼情况　　　（单位：万元）

年份	现金收入	现金支出	投放（＋）回笼（－）
1958	439500	451000	＋11500
1959	490100	492400	＋2300
1960	502300	515100	＋12800
1961	469900	492000	＋22100

资料来源：中国人民银行广东省分行编《广东省金融统计资料》（1950—1979年）。

表1.10　　　　　　广东省1958—1961年市场货币流通量

年份	全年平均数（万元）	全年最高数（万元）	全年最高数所在月份	全年最低数（万元）	全年最低数所在月份
1958	42436	49009	12月	37842	3月
1959	49840	51626	9月	47052	3月
1960	58636	68185	10月	54289	2月
1961	73553	86294	12月	66784	5月

资料来源：中国人民银行广东省分行编《广东省金融统计资料》（1950—1979年）。

货币大投放的主要原因是："大跃进"时期广东大搞基本建设投资，加上银行对现金管理放松，许多国营企业、人民公社的现金不按规定存入银行，不少单位的采购人员携带现金到处抢购、套购。① 据统计，"大跃进"时期广东省基建投资总额高达44.72亿元，比"一五"时期5年的总额还多1.85倍。此外，基建投资的增长幅度大大超过工农业生产的增长幅度，超出了广东的实际承受力，导致国民经济比例严重失调。1957年至1961年，农业产值逐年下降，工业产值在前4年虽略有增加，但1961年又大幅度下降。截至1961年，市场货币流通量与工农业总产值的比例下降到1∶10.46，与社

---

① 海南省地方志编纂委员会：《海南省志·金融志》，南海出版公司1993年版，第145页。

会商品零售额的比例下降到1∶5.31。然而从1962年开始，广东省贯彻实行了中央调整国民经济的方针，工农业生产又逐步向前发展，货币流通状况也迅速好转，物价逐渐恢复稳定。①

三 银行机构开展的金融业务

（一）储蓄业务

在"大跃进"高潮中，广东省银行从1958年开始把动员群众资金、发展人民储蓄列为主要任务。但受"左"的思想影响，储蓄工作出现了失误：一是放"储蓄卫星"，出现了"高指标"、浮夸风；二是以"相信群众""填平与群众之间的鸿沟"为由，拆柜台、以凭证代账等。银行储蓄管理制度遭到破坏，加上连续3年的自然灾害，全省国民经济严重失调，侨汇减少，物价上涨，群众生活困难。1960年底，城镇储蓄存款余额和信用社社员存款余额不仅没有增加，反而下降。②

（二）工商贷款

改革开放前，银行只在流动资金范围内面向工业和商业办理贷款业务。从1959年开始，国营企业的资金来源不再由财政和银行按比例供给，而是改"双轨"供应为"单口"供应，先由财政预算安排流动资金拨给银行作为信贷基金，再完全由银行对其实行全额信贷，即企业所需资金全部由银行供给。③

---

① 广东省地方史志编纂委员会：《广东省志·金融志》，广东人民出版社1999年版，第361页。

② 广东省地方史志编纂委员会：《广东省志·金融志》，广东人民出版社1999年版，第380页。

③ 广东省地方史志编纂委员会：《广东省志·金融志》，广东人民出版社1999年版，第389页。

由于受"左"的思潮干扰,银行工商信贷强调千方百计满足"大跃进"的资金需要,只讲服务,不讲监督,提出"企业要多少,给多少"的口号,致使信贷指标管理失去了约束作用,贷款指标被随意突破。"大跃进"时期,广东省工商业占用大量银行贷款作为财政性开支,同时积压大量物资和滞销商品,发生的基建超支、物资盘亏、赊销预付、财务损失等不合理占用的信贷资金达6.47亿元,积压物资和有问题商品达4.55亿元,占银行贷款的27%。①②

此外,在各项具体的贷款业务上,广东省的国营工业企业贷款不合理资金占用由1960年的2.7亿元增至1962年的3.22亿元,分别占同期银行工业贷款余额的24.06%和57.4%。③ 在国营商业贷款方面,商业部门大放购销高指标"卫星",出现了大量赊销、预付和抽走流动资金搞基本建设等不合理占用情况,导致市场供应失调,商业信贷资金远远超过商品储备。到1961年末,银行商业贷款余额达33.04亿元,比1957年增长了1.5倍。其中广东省商业厅系统商品库存款为13.6亿元,同期银行对其贷款余额却达19.2亿元。④ 在集体工商业贷款方面,由于1958年片面强调"一大二公",出现了集体工商业转厂并社、由集体所有制转为全民所有制的倾向。1961年中央对所有制进行调整,把转为国营工业的改为手工业合作社或合作小组,把过去拆散的合作商店、合作小组恢复起来。

---

① 广东省地方史志编纂委员会:《广东省志·金融志》,广东人民出版社1999年版,第386页。
② 匡吉:《当代中国的广东》,当代中国出版社1991年版。
③ 广东省地方史志编纂委员会:《广东省志·金融志》,广东人民出版社1999年版,第389页。
④ 广东省地方史志编纂委员会:《广东省志·金融志》,广东人民出版社1999年版,第391页。

同时银行对集体工业贷款贯彻"自力更生为主，国家支援为辅"的方针，对个体手工业银行一律不放款。同年9月，人民银行规定：对合作商店应依靠自有资金经营管理，原则上不予发放贷款。①

1962年国民经济进行全面调整，广东省各级银行贯彻执行中央调整方针和"银行工作六条"，加强了信贷管理，收回关、停企业贷款和财政性垫款、到期贷款，迅速核定商品库存定额，推行计划管理和定额管理办法，纠正了"大跃进"时期出现的管理放松、监督不严的错误，促进了工商企业转向以农业为基础的轨道。②

（三）农村金融

1958年2月，根据"大跃进"和人民公社化的形势，人民银行提出：随着财政体制的改变，在农贷管理方面也必须适当扩大地方权限，使各省、自治区、直辖市可以在本地区农贷总数范围内统筹安排，包干使用。同年10月，农村财贸机构下放给人民公社，实行"两放、三统、一包"。③ 权力下放后，人民公社可以随意地安排和使用资金。广东省农村的存款、贷款都有显著增加，但由于受"浮夸风"的影响，"指山买柴""指水买鱼"等类似虚假购销业务频发，导致大量农贷资金沉淀，农村金融事业遭受重创。④⑤

1961年4月，人民银行发出《关于改变信贷管理体制的通知》，决定重新实行指标管理办法。于是，从1961年下半年起，广东又

---

① 广东省地方史志编纂委员会：《广东省志·金融志》，广东人民出版社1999年版，第393页。
② 匡吉：《当代中国的广东》，当代中国出版社1991年版。
③ 广东省地方史志编纂委员会：《广东省志·金融志》，广东人民出版社1999年版，第410页。
④ 广东省地方史志编纂委员会：《广东省志·金融志》，广东人民出版社1999年版，第399页。
⑤ 匡吉：《当代中国的广东》，当代中国出版社1991年版。

恢复了"上存下贷"的农贷指标管理体制。① 同时人民银行鉴于1959年和1960年各地遭受严重自然灾害、人民群众生活困难的情况，为减轻其债务负担，报经国务院批准后决定免收1955年开始发放的贫农合作基金贷款，广东省共减免2178万元。② 除此之外，广东省的银行为帮助生产队解决生产资金不足的困难，发放了长期无息贷款，大量专门用于购买化肥、农药和小农具等生产用品的短期周转贷款。③

1962年3月，中共中央、国务院给出《关于切实加强银行工作的集中统一，严格控制货币发行的决定》，据此，人民银行省分行在不增加农贷指标的前提下，控制投放、加强调剂、开源节流，贯彻"当年平衡，略有回笼"的方针，对旧农贷进行了系统清理，认真抓好债权债务的落实和收回旧农贷的工作。据统计，1962年累计收回农贷14704万元，压缩上年余额2781万元。此外，为解决农垦系统所属企业资金问题，1962年5月，中共中央、国务院批转《关于解决农垦系统所属企业资金问题的报告》，提出将"历年所欠的银行贷款一律转作财政拨款"。同年9月，广东省农垦厅、广东省财政厅、人民银行省分行联合布置在全省开展清理工作，至12月结束。据统计：广东省国营农业企业1961年底积欠银行旧贷0.37亿元，利息196.72万元，经上报核准，于1963年起分批转作财政

---

① 广东省地方史志编纂委员会：《广东省志·金融志》，广东人民出版社1999年版，第410页。

② 广东省地方史志编纂委员会：《广东省志·金融志》，广东人民出版社1999年版，第405页。

③ 匡吉：《当代中国的广东》，当代中国出版社1991年版。

拨款。①

（四）投资金融

在"大跃进"影响下，全国基本建设投资领域从 1958 年开始实行"投资大包干"体制。这种体制的内涵就是把国家核定的基本建设投资，在保证不降低生产能力、不推迟交工日期、不突破投资总额和在增加非生产建设比重的条件下，交由相关建设部门和单位统一掌握，自行安排，包干使用。②建设银行和建设单位的关系，由监督与被监督变为支援与协作关系。③1960 年 1 月，国家计划委员会、国家基本建设委员会和财政部联合在广州召开了全国基本建设投资包干经验交流会，介绍了各地的包干经验。④然而，由于"左"倾思想影响，加上全民大办钢铁，基本建设项目大增，大量计划外工程上马⑤，基建投资的管理出现严重失控，导致 1958 年至 1960 年连续三年的基本建设急剧膨胀，投资拨款支出逐年增长。数据显示：三年"大跃进"拨款支出共达 38.23 亿元，为"一五"时期的 2.22 倍，其中地方投资及自筹资金为"一五"时期的 4.87 倍，而固定资产交付使用率从"一五"时期的 89.35% 下降到 68.84%。

1962 年 4 月，广东省恢复各级建设银行机构以后，对基本建设进

---

① 广东省地方史志编纂委员会：《广东省志·金融志》，广东人民出版社 1999 年版，第 406 页。

② 广东省地方史志编纂委员会：《广东省志·金融志》，广东人民出版社 1999 年版，第 445 页。

③ 海南省地方志编纂委员会：《海南省志·金融志》，南海出版公司 1993 年版，第 404 页。

④ 广东省地方史志编纂委员会：《广东省志·金融志》，广东人民出版社 1999 年版，第 445 页。

⑤ 黄勋拔：《当代广东简史》，当代中国出版社 2005 年版。

行了清理，停建、缓建了一大批工程，仅保留对国计民生影响较大的重点工程。经过调整，1962年基本建设投资大幅度下降，当年拨款支出共3.26亿元，占1960年的1/5，其中地方投资及自筹资金亦同时大幅度下降，分别比1961年和1960年下降43.21%、82.49%。①

（五）对外金融

"二五"时期，广东省对外金融主要包含对外贸易和侨汇工作。1958年，在广东省外汇促进会上，银行被批判为"教条主义""大银行思想"，在"加强协作，银贸一家"的口号下，中行将经办国际结算的工作人员分别派去外贸公司合署办公，代替外贸部门办理出口制单、进口申请开证等。然而实行不久，发现对银贸双方都不利，便停止了合署办公的做法。1960年6月22日，人民银行和外贸部联合颁发对资本主义国家进出口贸易结汇办法的通知，对出口结汇按收妥结汇原则办理。同年，广州中行开始代理朝鲜贸易银行办理对资进出口结算业务，业务项目包含：出口来证的通知、转证、议付、出口跟单托收、进口开证、汇出汇款，业务对象集中在香港。②

在侨汇业务办理方面，"大跃进"和"人民公社化"使得归侨、侨眷对国内经济政策有所怀疑，华侨不敢多汇款，侨眷不敢多要汇，加上当时物资供应紧张，有些华侨便把侨汇留在香港，托亲友邮寄粮油和副食品，如此一来侨汇大幅度下降。为缓和这一矛盾，1958年国家在广东省率先实行凭侨汇证增加粮油、白糖、猪肉、棉

---

① 广东省地方史志编纂委员会：《广东省志·金融志》，广东人民出版社1999年版，第446页。
② 广东省地方史志编纂委员会：《广东省志·金融志》，广东人民出版社1999年版，第429页。

布等物资供应。但由于缺乏物资，供应额甚少，并未产生预期效果。1960年国务院采取放宽华侨、港澳同胞携带粮油副食品进口的政策，1961年还指定香港中旅社和国内各地华侨旅行社统一办理华侨、港澳同胞运寄给国内亲属粮油副食品的联运业务。同年4月，又通过归侨及港澳有关人士，发动港澳及国外华侨社团筹集资金，从国外进口化肥、粮食、饲料等售给国家，得款后参加投资或存款。然而，一些社队为了得到化肥，给侨眷优厚的奖励，导致侨汇大量转移。1961年广东省侨汇收入仅3855万美元。[①] 为扭转侨汇下降局面，1962年停止了侨汇进口化肥转存款的做法。同年7月，全国开始实行统一的侨汇物资供应办法，9月，再将供应物资数量提高，每100元人民币侨汇可供应粮80斤、油4斤、糖5斤、猪肉3斤、棉布20尺，及按市场零售价供应40元其他日用和副食品。通过上述做法，有效解决了侨眷生活的实际困难，侨汇开始回升。1962年底，为进一步做好侨汇解付服务工作，中国银行在全省信用合作社会议上提出：侨汇解付要做到"三保"（保送、保密、保证存取方便）、"四快"（侨汇解付快、正收条寄出快、问题侨汇处理快、答复查询快）、"五满意"（党委满意、收款人满意、汇款人满意、汇出行满意、上级行满意），把侨汇解付工作提高到一个新的水平。[②]

四　保险事业的暂停

对于保险业来说，1958年是历经波折的一年。1月，第六次全

[①] 广东省地方史志编纂委员会：《广东省志·金融志》，广东人民出版社1999年版，第432页。

[②] 广东省地方史志编纂委员会：《广东省志·金融志》，广东人民出版社1999年版，第432页。

国保险会议明确了保险工作必须加强生产观点、政治观点、群众观点以及保险工作"为生产服务,为群众服务"的方针,作出"农村保险要积极办理牲畜保险,扩大办理养猪保险,重点试办农作物保险;城市业务要积极发展人身保险和公民财产保险,继续办理国营企业财产强制保险(确实需要不大的可以不保)和运输险"的决定。① 同年6月,为适应"大跃进"新形势,进一步依靠地方党委领导办好保险事业,国务院通过决定:(1)国内保险业务,除了强旅险之外,全部交给各省、市自行经营;(2)地方国营企业的财产强制保险,是否停办以及何时停办,由地方决定;(3)为了应付各种保险的赔偿,各省市保险公司都应建立保险基金;(4)保险工作管理权限下放后,地方保险业务的种类规模、规章办法都由地方决定;(5)各级保险机构仍归财政局领导或划归同级银行领导,由地方决定。② 广东省人民委员会根据中央指示,决定将保险业务由省、地、县共同经营,共负盈亏。③

9月,《人民日报》公布了中共中央政治局关于在农村建立人民公社问题的决议,全国迅速形成了人民公社化运动的热潮。④ 同月,财政部在郑州保险会议上提出:人民公社化以后,保险已完成历史使命。随即,人保公司在狂热的政治情绪和对政治经济发展的错误

---

① 广东金融学会、中国人民保险公司广东省分公司:《金融论丛:保险业专辑(第2辑)》,广东金融学会、中国人民保险公司广东省分公司出版1981年版,第214页。

② 广东金融学会、中国人民保险公司广东省分公司:《金融论丛:保险业专辑(第2辑)》,广东金融学会、中国人民保险公司广东省分公司1981年版,第215页。

③ 匡吉:《当代中国的广东》,当代中国出版社1991年版,第735—736页。

④ 崔晓松:《当代中国保险业研究(1949—1959年)》,河北师范大学硕士学位论文,2015年。

估计基础上，认为人民公社包办了人民的一切，于是开始对人民公社成立后的保险工作进行讨论，于10月份对今后保险工作的安排意见向财政部作出简要汇报，认为：在国内业务方面，随着人民公社化和供给制的实现，人民公社的社会保险形式可以替代国家保险形式，农村保险没有必要继续办下去，城市业务总的趋势也是收缩停办。在国外业务方面，由于外贸部门已经掌握了大量外汇，损失可以自己解决，出口业务不必办理保险；进口业务是否办保险，应结合分保业务考虑，如进口业务不办分保，保险可以停办。①

10月，西安全国财贸会议提出"人民公社化以后，保险工作的作用已经消失，除国外保险业务必须继续办理以外，国内保险业务立即停办"。② 年底，人保公司省分公司将国外保险经办人员连同业务移交人民银行省分行，以保险组建制，归该行国外业务部管辖；将轮船、公路两种旅客意外伤害强制保险业务移交省航运厅和交通厅继续办理。③ 随即撤销了全省的人保机构。1959年3月，又将广州等11个口岸公司经营的国外保险业务移交各口岸人民银行继续经营，对外仍挂人民保险公司的牌子。④

1950—1958年，广东省国内保险业务共收保险费1.01亿多元，

---

① 朱文胜：《中国保险业制度变迁与绩效研究》，暨南大学硕士学位论文，2005年。

② 广东金融学会、中国人民保险公司广东省分公司：《金融论丛：保险业专辑（第2辑）》，广东金融学会、中国人民保险公司广东省分公司1981年版，第214页。

③ 广东省地方史志编纂委员会：《广东省志·金融志》，广东人民出版社1999年版，第502页。

④ 广东省地方史志编纂委员会：《广东省志·金融志》，广东人民出版社1999年版，第341页。

支付各险赔款及人身保险储金1726万多元。①

五 公债市场的利用与摒弃

社会主义改造时期国家信用遭受否定,既无内债又无外债被认为是社会主义制度的优越性。同时,经济杠杆的作用也被否定,金融和经济的宏观管理完全依靠指令性的计划来实现,证券市场也逐步被排斥在社会主义经济之外。国营经济和集体经济不允许利用股票、债券形式融通资金,资金的运行完全通过以计划为中心的单一渠道纵向流动。随着社会主义改造的完成,私营经济在1958年已基本消失,个体经济的活动也被限制在极小的、仅仅能够维持自身生计的范围之内,因此,证券制度和证券市场便失去了存在的基础。② 1958年,随着前期公债还本付息数额的增加,中央政府认为依靠公债筹集资金的意义不大,于同年4月颁布了《关于发行地方公债的决定》,停止了向外借款,1959年起不再发行全国性公债,但允许地方在必要时候发行地方债务,③ 并在1965年前还清了对苏联的全部借款。紧接着,全国进入了1959年至1978年长达20年的"既无内债,又无外债"的债券市场空白时期。④

1961年中共八届九中全会决定清理和退赔农民的"平调账"、处理"共产风",国家在退赔中以60%的现金,支付给受益者,其余40%由财政委托人民银行发行"期票"给受益者,并要求在

---

① 匡吉:《当代中国的广东》,当代中国出版社1991年版,第736页。
② 马鸣家主编:《中国的证券市场》,中国财政经济出版社1993年版,第17页。
③ 张春延:《中国证券市场发展简史(改革开放前)》,载《证券市场导报》2001年第6期。
④ 欧阳卫民主编:《岭南金融史》,中国金融出版社2015年版,第592页。

1962年春节后、春耕前兑付。同年3月9日，人民银行省分行发出《关于发行期票工作的指示》，设立发行指标5900万元下达各地：广州市173万元、海南区491万元、汕头区1200万元、江门区903万元、湛江区1334万元、韶关区912万元、佛山区887万元，要求发行期票数额绝不许超过，但也不得少于省下达的指标数，必须根据下达指标按各县批准的名单、金额签发。后续接国务院财贸办公室通知：1962年应兑付的期票延期至1965年兑付，又因为广东省开展四清运动，经请示省革命委员会决定将兑付时间再次延期至1969年第三季度。直到1969年7月，人民银行省分行与省财政局才发出《关于退赔共产风期票兑付的联合通知》，开始兑付期票。[1]随着时间的推移，作为"资本主义特有"的证券市场最终被完全摒弃。[2]

第四节　国民经济调整时期的广东金融

为了纠正"大跃进"时期发生的"左"的错误，克服国家财政经济上存在的严重困难，国民经济进入调整时期（1963—1965年）。1961年，中国共产党第八届中央委员会第九次全体会议正式批准对国民经济实行"调整、巩固、充实、提高"的八字方针。一系列行之有效的措施的采行，纠正了金融领域的错误，使得金融秩序逐渐恢复正常。

---

[1] 广东省地方史志编纂委员会：《广东省志·金融志》，广东人民出版社1992年版，第434页。

[2] 欧阳卫民主编：《岭南金融史》，中国金融出版社2015年版，第592页。

一 货币发行与流通

(一) 收回苏联代印的人民币票券

从20世纪50年代后期起,中苏关系出现摩擦。为此,经国务院批准,人民银行发布了《关于限期收回三种人民币票券的通告》,决定自1964年4月15日起,限期收回苏联代印的1953年版深绿色"井冈山"图景的3元券、酱紫色"民族大团结"图景的5元券以及黑色"工农"图景的10元券这3种票券,5月15日起停止收兑和流通使用。①

根据测算,在广东省市场上流通的苏制3种票,约有3.2亿元。从1964年4月15日广东省开始兑换这3种票券,至1964年5月14日止,全省累计收回苏制3种票券33686万元,超过了原估计数。其中10元券收回8461万元,5元券收回14525万元,3元券收回10700万元。②

(二) 货币流通

1962年3月10日,中共中央、国务院发布《关于切实加强银行工作的集中统一,严格控制货币发行的决定》(即"银行工作六条")。4月29日,广东省人民委员会批转人民银行省分行《关于贯彻中共中央、国务院〈关于切实加强银行工作的集中统一,严格控制货币发行的决定〉的请示报告》,报告中提出了6项具体意见。广东省的银行在具体落实工作中,首先收回了银行工作下放的一切权力,加强了对现金和工资的管理。对现金管理,通过检查单位现

---

① 欧阳卫民主编:《岭南金融史》,中国金融出版社2015年版,第114页。
② 广东省地方史志编纂委员会:《广东省志·金融志》,广东人民出版社1999年版,第356页。

金库存,加强柜台把口工作,及时处理违规现象;对工资基金管理,主要协助计划、财政、劳动部门落实计划,设立"工资基金专户",对工资支付实行严密监督,对计划外基本建设及集团购买力加强控制。其次,通过信贷工作促进关、停、并、转企业的调整,并在此基础上对农业和轻工纺织工业采取扶植政策。同时增加了货币流通的调查研究以便及时反映情况,积极开展城乡储蓄工作,增加货币回笼。

一系列有效措施使得市场过多的货币迅速回笼,连续四年货币大投放的局面转变为连续三年大回笼。1962 年至 1964 年共回笼货币 3.14 亿元,货币流通量与工农业生产的增长基本相适应,流通量与工农业总产值的比例从 1962 年的 1:10.46 上升到 1965 年的 1:20.94,与社会商品零售总额的比例也从 1961 年的 1:5.31 上升到 1965 年的 1:8.71(见表 1.11、表 1.12)。物价持续下降,牌价和市价逐步接近,市场货币流通基本恢复正常。[①] 然而从 1965 年开始,货币流通又开始转变为投放状态。

表 1.11　　　　广东省 1962—1965 年货币投放与回笼情况　　　（单位:万元）

年份	现金收入	现金支出	投放（＋）回笼（－）
1962	506599	494249	－12350
1963	492900	477400	－15500
1964	522900	519400	－3500
1965	511003	521543	＋10540

资料来源:中国人民银行广东省分行编《广东省金融统计资料》(1950—1979 年)。

[①] 匡吉:《当代中国的广东》,当代中国出版社 1991 年版。

表 1.12　　　　　广东省 1962—1965 年市场货币流通量　　　　（单位：万元）

年份	全年平均数	全年最高数	全年最高数所在月份	全年最低数	全年最低数所在月份
1962	72234	94212	1月	63239	10月
1963	55500	72952	1月	48868	6月
1964	52793	61848	1月	47918	6月
1965	58280	65586	1月	53376	6月

资料来源：中国人民银行广东省分行编《广东省金融统计资料》（1950—1979 年）。

二　金融组织体系调整

（一）金融机构调整

1. 人民银行省分行。人民银行省分行在 1964 年撤销农金处，将其并入重新设立的农业银行省分行，新设出纳发行处，调整储蓄科为储蓄处。1965 年起，撤销人事处、改设政治部，内设干部处、基层组织处、宣传处，同时将工商信贷处分设为工业信贷处和商业信贷处。[1] 同年 1 月中旬，在"以阶级斗争为纲，积极参加和开展社会主义教育运动，逐步实现银行工作革命化，更好地支持生产建设新高潮"的工作方针下，广东省召开全省分、支行行长会议，落实总行政策。其间，与会同志开展了批评与自我批评，统一了思想认识。在"银行工作如何以阶级斗争为纲"问题上，会议指出要坚决贯彻党的方针政策，优先支持国营经济壮大，支持促进集体经济的巩固发展，制止资本主义经营活动。对合作商店和合作小组，要配合有关部门认真贯彻执行限制、利用、改造的方针，打击投机倒把活动；加强侨汇和储蓄工作的社会主义宣传教育，积极帮助群众

---

[1] 广东省地方史志编纂委员会：《广东省志·金融志》，广东人民出版社 1999 年版，第 321 页。

安排生活；使用阶级分析方法调查各阶级、阶层的持币情况进而做好货币流通工作，打击农村资本主义自发势力，帮助贫下中农发展集体生产，增加收入；加强金融行政管理、现金管理和账户管理，防止套取资金和现金。①

2. 农业银行省分行。为加强对国家支农资金和农村社队自有资金的管理，1963年12月25日，农业银行省分行重新从人民银行分离，第二次建立，行址设在广州市泰康路160号。其主要任务是统一管理国家支援农业的各项资金和各项贷款，促进农业的发展。然而由于人民银行和农业银行分设后，两行基层机构的工作有些重复，管理机构重叠，增加了行政管理人员，减弱了支援农业第一线力量，根据中央关于中国农业银行同人民银行合并问题的批示，1966年2月16日，农业银行再次并入人民银行，在人民银行省分行内设立农金处接管农村金融工作。

第二次建立时，农业银行省分行内部机构设有：政治部（下设宣传处、干部处）、办公室、计划处、会计处、人民公社资金管理处、信用合作管理处、国营农业企业拨款贷款处。在省分行下设专区中心支行9个，县支行109个。②

（二）体制计划变化

1. 综合信贷计划。1963年，国民经济经过初步调整，生产得到了恢复和发展。根据新的情况，中央从1964年起，重新下放广东部分管理权限：（1）省管理的工业、交通、手工业和其他商业的

---

① 中国人民银行广东省分行：《坚决贯彻执行1965年人民银行工作的方针任务》，《中国金融》1965年第4期。
② 广东省地方史志编纂委员会：《广东省志·金融志》，广东人民出版社1999年版，第331页。

贷款计划，由人民银行省分行编制；县管理的企业贷款计划，由人民银行县支行编制。（2）在存款方面，储蓄存款和农村存款计划，由人民银行省各级分支行编制。（3）地方工业、交通、手工业和其他商业的季度贷款计划，由人民银行省分行一面上报，一面下达各县、市支行。如此一来，适当扩大了地方各级银行的信贷管理权限，信贷计划工作也有所加强。截至 1965 年，各项经济调整任务成功完成，整个国民经济重新出现协调发展的局面。同 1957 年相比，1965 年末存款余额增长 2.24 倍，贷款余额增长 1.14 倍。①

2. 会计结算制度。1963 年，人民银行省分行下发《关于贯彻执行"会计人员职权试行条例"的通知》和《广东省分行稽核制度试行办法》，进一步明确银行会计人员责任，加强稽核检查工作。同年 4 月，人民银行在《关于一九六三年会计出纳工作的指示》中指出，会计工作必须紧密结合增产节约运动，严格执行各项制度。这一时期的会计工作，总结了正反两方面的经验教训，采取了改进措施，清查处理出一些错款错账，纠正了"大跃进"时期出现的混乱现象，使银行会计工作恢复到正常的发展轨道。②

三　银行开展金融业务的调整
（一）储蓄业务

随着国民经济的好转，银行储蓄存款余额逐渐回升，1964 年起，每年的储蓄存款余额都在增长，分别比前一年增长了 0.74 亿

---

① 广东省地方史志编纂委员会：《广东省志·金融志》，广东人民出版社 1999 年版，第 369 页。
② 广东省地方史志编纂委员会：《广东省志·金融志》，广东人民出版社 1999 年版，第 553 页。

元、0.56亿元。截至1965年底，广东省城乡储蓄存款达到4.5亿元。① 海南地区各级银行从1963年起，把储蓄存款作为实现货币"当年平衡，略有回笼"的重要任务来抓。对储蓄所、代办所进行整顿和"三清"工作，抽调专人清查储蓄错乱账，撤并不符合条件的储蓄所、代办所，精简人员，健全账务和复核监督制度，加强管理，并广泛向职工、居民进行艰苦奋斗、留有后备的宣传活动。截至1965年底，存款余额达3818万元，比1957年增长了1.2倍。②

（二）工商贷款

1964—1965年，银行积极支持将工业转到以农业为基础的轨道上来，对直接为农业服务的工业企业，特别是生产农业机具和抗旱工具的企业，优先供应资金。对生产市场上对路适销商品的企业给予大力支持。③ 截至1965年底，广东省国民经济全面好转，银行信贷收支、货币流通趋于正常，全省工商业贷款余额为34.81亿元，比1961年下降14.67%。④

（三）农村金融

1963年12月25日，中国农业银行再次恢复，接办了农业基本建设拨款监督工作及各级农业企业、事业单位的拨款和贷款工作，并开始实行农贷资金固定制，即将当时当地的农贷资金经过调整稳定下来，由各地按照原则加强管理、多收多贷。各级农业银行发放

---

① 广东省地方史志编纂委员会：《广东省志·金融志》，广东人民出版社1999年版，第381页。

② 海南省地方志编纂委员会：《海南省志·金融志》，南海出版公司1993年版，第200页。

③ 海南省地方志编纂委员会：《海南省志·金融志》，南海出版公司1993年版，第191页。

④ 广东省地方史志编纂委员会：《广东省志·金融志》，广东人民出版社1999年版，第386页。

了大量排灌机械专项贷款和生产设备贷款，支持商品粮基地建设，发展粮食生产；在花县试点办理耕牛存放款工作，并在全省推广，基本上帮助社队解决了添置耕畜资金的困难；同时积极开办灾区口粮无息贷款，扶持灾区解决农民生产和生活问题。①

在上述有效政策指引下，广东省改变了之前重贷轻收、向上伸手要指标的现象，提高了农贷的使用效益。② 1964—1966 年，全省银行、信用社共发放各项支援农业贷款 7.87 亿元，其中信用社发放贷款占比 60%。③

（四）投资金融

经过 1962 年的有效调整，广东省基本建设规模逐渐压缩，基建资金管理得到加强，三年国民经济调整时期的基本建设投资效益得到了提高，新增固定资产交付使用率由"大跃进"时期的 68.84% 上升到了 77.28%。④

（五）对外金融

1963 年 1 月，中国银行广州分行以人民银行东兴各族自治县支行名义，和越南国家银行海宁省分行签订关于口岸贸易结算的议定书，便利双方地方国营贸易机构的贸易结算。除中国银行广州分行外，广州办理进出口结算业务还能以合营银行名义办理。广州合营银行有新华银行、国华银行、金城银行、聚兴诚银行、和成银行、

---

① 广东省地方史志编纂委员会：《广东省志·金融志》，广东人民出版社 1999 年版，第 406 页。
② 广东省地方史志编纂委员会：《广东省志·金融志》，广东人民出版社 1999 年版，第 411 页。
③ 匡吉：《当代中国的广东》，第二编第十一章第三节第二目，当代中国出版社 1991 年版。
④ 广东省地方史志编纂委员会：《广东省志·金融志》，广东人民出版社 1999 年版，第 446 页。

中国实业银行、上海银行等 7 家分行。1965 年 4 月，人民银行撤销了以合营银行的名义办理对外结算的业务，改由中国银行统一办理，并规定省内过去以人民银行名义办理出口结汇业务的行处，自 1965 年 8 月 1 日起，一律改以中国银行办事处名义办理。①

为加强对海外华侨的宣传工作，保障限汇地区华侨汇款的安全，中国银行于 1964 年编写了《指导回批回文，代写侨信应注意掌握的问题》等参考资料，广泛发给侨区银行、信用社、侨批局侨汇干部学习，作为代写侨信对外宣传的依据。1965 年中国银行配合侨务、公安等部门对侨区职业代书人进行调查，选择一些条件较好的人，为侨眷代写侨信，以增进华侨对祖国的了解。②

四　保险事业的短暂恢复

1963 年 5 月，中国人民政治协商会议广州市委员会第三届第一次会议提出《建议恢复私人房屋、家具保险业务》。同年底，广州市主要领导人到上海学习考察，发现上海市经营的国内保险既为受灾企业保户补偿了灾害损失，保障了生产，又为地方建设提供了资金。因此，广州着手开始恢复经营国内保险。③ 同年，广东省财政厅及地（市）财政处开设保险分、支公司。④ 10 月，广州市开始恢复经营国内保险，沿用人保公司广州市公司的招牌，在广州市中山

---

① 广东省地方史志编纂委员会：《广东省志·金融志》，广东人民出版社 1999 年版，第 429 页。
② 广东省地方史志编纂委员会：《广东省志·金融志》，广东人民出版社 1999 年版，第 432 页。
③ 广东省地方史志编纂委员会：《广东省志·金融志》，广东人民出版社 1999 年版，第 490 页。
④ 匡吉：《当代中国的广东》，当代中国出版社 1991 年版，第 736 页。

六路 8-10 号开业,并设置了一个营业部和从化、花县两代理处。①主要办理企业财产险、货物运输险、汽车险、船舶险、公民财产险、简易人身险和轮渡旅客意外伤害保险等业务。②

1965 年 2 月,经广东省人民委员会批准,广东省财政厅设立广东省保险公司,省内各地财政处设地区保险公司,各县财政局设立保险代理处,经营预算内地方国营企业、公私合营企业(1966 年扩大至县以上供销合作社)的财产强制保险。省、市设立的保险公司均属地方保险企业,彼此没有隶属关系,公司各自独立核算,地方财政自负盈亏。广东省保险公司与地区保险公司及各县代理处则按规定的比率,分享盈余,分担亏损。③ 同年 3 月,按照中国人民银行发布的《关于将我行国外局保险处改组为中国人民保险公司的通知》,设在人民银行省分行国外业务部的保险组恢复了人保公司省分公司的建制。④ 4 月,广东省也恢复办理地方预算内企业的财产强制保险。然而,受"左"的思潮冲击,1967 年 7 月国内保险的作用再次被否定,国内保险再次停办,与此同时移交各口岸人民银行经营的涉外保险也受到了较大冲击。⑤

---

① 广东省地方史志编纂委员会:《广东省志·金融志》,广东人民出版社 1999 年版,第 345 页。
② 中国保险学会、《中国保险史》编审委员会:《中国保险史》,中国金融出版社 1998 年版,第 410 页。
③ 广东省地方史志编纂委员会:《广东省志·金融志》,广东人民出版社 1999 年版,第 345 页。
④ 广东省地方史志编纂委员会:《广东省志·金融志》,广东人民出版社 1999 年版,第 341 页。
⑤ 广东省地方史志编纂委员会:《广东省志·金融志》,广东人民出版社 1999 年版,第 490 页。

第五节 "文化大革命"对广东金融事业的冲击及拨乱反正

"文化大革命"时期，整个金融体系受到冲击，储蓄工作停滞，侨汇业务萎缩，金融机构撤并，正常的金融秩序受到干扰。虽然国家采取各项手段致力于金融领域治理，但由于政治运动干扰，相应的治理措施难以发挥作用，直至1976年彻底粉碎"四人帮"，政治趋于稳定，中共中央和国务院着手对金融工作进行整顿，各项经济措施开始奏效，国民经济逐步恢复。

一 "文化大革命"前期对金融秩序的冲击

1966—1971年，即"文化大革命"前期，尽管中共中央和国务院三令五申维护银行业务秩序、保持银行体系的相对完整，但金融业还是惨遭破坏。当时，把银行的信贷管理监管及行之有效的规章制度视为"管、卡、压"的枷锁，否定银行信用的经济功能，否定金融工作的基本成就，造成了金融工作指导思想、业务政策、资金管理和组织机构的混乱。

（一）金融机构的撤并

1. 人民银行省分行机构、职能的削弱。1966年5月，"文化大革命"开始，"左"倾在全国范围内严重地泛滥开来。1968年3月12日，人民银行省分行革命委员会成立。1970年10月10日，人民银行省分行和广东省财政局合并。下设工商信贷组、农村金融组、会计出纳组、国外业务部,领导和管理全省银行工作。① 合并之后,人民银行的机构系统和业务管理体系自上到下,形成不了集中统一的工作系统,金融政策、制度难以贯彻到底,导致金融工作出现了大量问题。人民银行管理信贷的职能与各级财政预算的职能发生混淆,控制信贷、稳定货币的职能被削弱,出现用贷款保财政收入、保投资缺口等现象,给经济和金融的综合平衡造成了难以克服的体制障碍。②

2. 金融机构体系遭受严重破坏。早前,于1963年成立的统管国家支农资金的农业银行已在1966年2月16日再次并入人民银行,内设农金处接管农村金融工作。1968年10月建设银行省分行除6人留守外,其余工作人员均随省财政局人员一起下放英德"五七"干校,从事农业生产劳动。留守人员被安排在广东省财政局革命委员会支出组,只办理拨款和记账。1970年6月11日,国务院同意建设银行并入人民银行,基建拨款由财政部门确定计划指标,其他业务由人民银行办理,并在省财政局革命委员会设立银行业务组合署办公。③ 中国银行对外保留牌子,对内则只是人民银行的国外业务部,人民银行省分行与省财政局合并之后,也归属省财政局领导。④ 专业银行的撤销表明人民银行再次统管各行业资金融通,金融重新回到"大一统"状态。

---

① 广东省地方史志编纂委员会:《广东省志·金融志》,广东人民出版社1999年版,第320页。
② 姚遂:《中国金融史》,高等教育出版社2007年版,第486页。
③ 广东省地方史志编纂委员会:《广东省志·金融志》,广东人民出版社1999年版,第337页。
④ 广东省地方史志编纂委员会:《广东省志·金融志》,广东人民出版社1999年版,第333页。

农村信用合作社机构也遭受严重的冲击,1969年冬起,全国推广河南省嵩县阎庄公社实行贫下中农管理信用社的经验,年底,汕头、惠阳地区90%以上的信用社已下放给大队"贫管"。截至1971年底,全省约有80%的信用社下放,信用社机构由1966年的3600个突增至12000多个。信用社"贫管"后,干部实行记工分吃队粮,随意变动,造成新手多、业务不熟、差错增加。信用社财务混乱,资金被任意挪用。有的信用社拒向银行报送业务报表,信用社的正常工作秩序遭到破坏。[①]

"文化大革命"时期,国内保险的作用再次遭到否定,1967年2月13日,广州人保公司给各投保单位发出了"关于停办国内保险业务的通知"。1967年6月,广东省军事管制委员会生产委员会决定,自7月1日起停办企业财产强制保险,撤销省、地两级保险公司及各县保险代理处。[②]

(二) 金融业务受到的冲击

"文化大革命"对金融体制的冲击和破坏十分严重,初期的"革命大批判"把坚持银行工作必要的集中统一,斥为"条条专政";把坚持信贷原则斥为"管钱不管线""见物不见人";把坚持金融规章制度,斥为搞"修正主义的管、卡、压"。1968年12月,人民银行辽宁省抚顺市分行搞了一个引导群众"斗私批修"、大搞群众运动的所谓"定政治建行道路,创建银行新体制"的经验,全面否定银行固有的作用和取得的成绩,并向全国推广。这一切造成

---

① 广东省地方史志编纂委员会:《广东省志·金融志》,广东人民出版社1999年版,第420页。

② 广东省地方史志编纂委员会:《广东省志·金融志》,广东人民出版社1999年版,第345页。

第一章　新中国成立初期至改革开放前的广东金融发展　167

了金融系统内极大的思想混乱，信贷资金管理被冲垮，各种规章制度难以执行，银行的职能作用被削弱，金融业务的开展受到严重的冲击。①

1. 储蓄业务。1966年"文化大革命"一开始就刮起取消储蓄存款利息的歪风，有些人妄称储蓄取息就是资产阶级剥削行为，在"左"倾思想影响下有些银行也搞起无息存款和代保管现金业务。甚至"动员"少数人"自愿上缴"个人储蓄贷款，弄得人心惶惶，严重影响银行储蓄业务的正常开展。② 许多人民群众在银行的储蓄存款被查抄，全广东省被查抄的储蓄存款超过2000万元。1968年2月18日中央文革小组发布《紧急通知》，又规定冻结所谓"十种人"在银行的储蓄存款，严重打击了人民群众参加储蓄的积极性，使银行的储蓄工作处于混乱状态。1966—1971年，广东省存款总额每年只增长几千万元。1972年恢复银行机构后，情况有所好转，但仍未摆脱极左思潮影响。储蓄存款的增长一直十分缓慢。③

2. 工商信贷。工商信贷业务的开展受到层层阻力，银行的地位和作用被否定，正常的管理被指责为"管、卡、压"。企业资金占用大量增加，致使银行信贷收支差额不断扩大，信贷资金使用效益低下。④ 国营商业贷款方面，各地商业部门随意挤占挪用流动资金和银行贷款搞基本建设及其他财政性支出的现象普遍发生。本省银行对国营商业企业实行的"存贷分户"、逐笔核贷的信贷管理办法，

---

①　李飞等：《中国金融通史》，中国金融出版社2000年版，第110页。
②　姚遂：《中国金融史》，高等教育出版社2007年版，第486页。
③　广东省地方史志编纂委员会：《广东省志·金融志》，广东人民出版社1999年版，第381页。
④　广东省地方史志编纂委员会：《广东省志·金融志》，广东人民出版社1999年版，第386页。

从1969年起按照人民银行的指示，改为"存贷合一"的办法，给商业企业吃"银行大锅饭"创造了方便条件。① 集体工商业贷款方面，"文化大革命"时期，"五小"② 工业和街道工业有所发展，贷款也有所增加，但集体商业贷款基本上处于停顿状态。③

3. 农村金融。"文化大革命"严重冲击了广东省农村金融工作的正常秩序，银行与财政合并期间，大量干部下放，全省80%的信用社下放给大队实行贫下中农管理。1966年，银行一度取消支付利息。农村金融队伍不稳、业务停顿、财务混乱、亏损严重，截至1969年底，全省农村存款总额仅为53819万元，增长速度缓慢。④

4. 投资金融。"文化大革命"开始后，建设银行被作为"修正主义的产物"受到批判，原来各项行之有效的拨款管理办法无法实施，终于导致1968年10月建设银行再次被撤，出现"投资大敞口，花钱大撒手，施工队伍吃大锅饭"的混乱局面。在"文化大革命"前期长达四年半的时间内，基本建设财务处于放任自流状态。⑤

5. 对外金融。"文化大革命"期间，侨汇业务遭受严重挫折。由于国务院不同意某些错误意见，侨汇业务才免遭停办的厄运。1966年以前，全国有私营侨汇业318家，他们经营的侨汇占全国侨汇的40%左右。但"文化大革命"一开始，有些地区就取消了这个

---

① 广东省地方史志编纂委员会：《广东省志·金融志》，广东人民出版社1999年版，第391页。

② "五小"：指小化肥、小农机、小水泥、小农药、小水电。

③ 广东省地方史志编纂委员会：《广东省志·金融志》，广东人民出版社1999年版，第393页。

④ 广东省地方史志编纂委员会：《广东省志·金融志》，广东人民出版社1999年版，第400页。

⑤ 广东省地方史志编纂委员会：《广东省志·金融志》，广东人民出版社1999年版，第446页。

行业，由银行来承办他们的业务。①

在此期间，国际贸易工作也出现一些不正常的做法，导致国际贸易结算工作停滞不前，出口结汇总额从1966年至1970年间，年均3亿美元左右，以后几年虽略有上升，但增长亦不大。②

外币存款业务受到严重冲击，极左思潮认为"外币存款存款人是资产阶级""人民币是中国唯一货币，存款只应办人民币一种"，遂于1968年5月1日起停办优待华侨外币存款。③

二 "文化大革命"中期的金融工作

1972—1973年，即"文化大革命"中期，随着大规模武斗的平息，生产秩序逐步恢复。但从1971年起开始实行的以备战为中心的"四五"计划带来了新的波动，总体表现为职工人数突破5000万、工资支出突破300亿元、粮食销量突破800亿斤的"三个突破"，同时银行突破货币发行计划，大量增发票子，导致货币失衡。为制止"三个突破"的继续发展，根据周恩来总理的指示，国务院从1972年起先后采取重要措施，力保财政、信贷的基本平衡，并对管理体制与金融机构体系进行相应的调整，广东地区的金融工作亦出现转机。

（一）金融管理体制整顿

1972年9月，国务院召开全国银行工作会议，检查银行信贷管理偏松、监督不力、放松信贷资金计划和资金分口管理等主要问

---

① 姚遂：《中国金融史》，高等教育出版社2007年版，第485页。
② 广东省地方史志编纂委员会：《广东省志·金融志》，广东人民出版社1999年版，第429页。
③ 广东省地方史志编纂委员会：《广东省志·金融志》，广东人民出版社1999年版，第436页。

题，澄清混乱思想，明确政策界限，重申银行的职能作用，提出了保持银行一定的独立性的措施：一是强调保持银行业务管理权限的相对集中，做到统一政策、统一计划、统一制度、统一货币发行、统一资金调度。二是严格划分财政资金和信贷资金界限，改进信贷计划管理体制，同时恢复和建立定期汇报制度以加强银行信贷、现金计划管理；对于银行的组织机构，要保持原来的系统，要有分行、支行，省以下分设银行机构，实行总行和当地政府的双重领导体制，会议制定了《信贷、现金计划管理办法》。但此后不久开展的"批林批孔"运动，使这个办法根本无法实行，恢复银行集中统一管理制度未能实现。但对于恢复人民银行的机构组织体系，加强总行对分行的业务领导还是起到了一定作用。①

（二）金融体系的初步恢复

1. 恢复人民银行省分行。1972 年 9 月，鉴于财政部门集财政、税务、工商行政管理和人民银行的业务工作于一身，决定将人民银行及其下属分支机构从财政部和其各地部门中分设出来。1972 年 12 月 19 日经广东省革命委员会批复，同意银行和财政分家，恢复人民银行省分行，同时中国银行广州分行则作为人民银行省分行的内部机构。内设办公室（附设知青办）、政治处、计划处、工商信贷处、农金处、会计出纳处、党委办、国外业务处。1973 年设保卫科，附属机构有人民银行省分行后库、人民银行招待所、托婴室、中国银行招待所、银行疗养院、广东银行学校、工具厂等。此后至 1979 年未有大的变动。②

---

① 姚遂：《中国金融史》，高等教育出版社 2007 年版，第 494 页。
② 广东省地方史志编纂委员会：《广东省志·金融志》，广东人民出版社 1999 年版，第 322 页。

2. 恢复建设银行省分行。建设银行被撤销之后，有些地方连一些基本情况和拨款数字也反映不上来，拨款监督工作更是处于无人管理状态。为了加强基本建设投资管理，1972年4月，国务院批转了财政部《关于恢复建设银行的报告》。根据报告的意见，广东省革命委员会于同年10月决定恢复建设银行省分行及其所属分支机构。①

（三）金融业务的开展情况

1. 储蓄业务。受"左"的思潮影响，"文化大革命"前期存款利息被称为"资产阶级剥削"，导致人民群众参加储蓄的积极性不高，储蓄增长缓慢。1972年人民银行修改储蓄存款章程时，把储蓄原则确定为"存款自愿，取款自由，存款有息，为储户保密"，特别增加了"存款有息"的内容。1973年3月9日财政部转发经国务院批准的《关于冻结储蓄存款情况》的报告，要求各级中共党委对本地区、本单位的冻结储蓄存款进行一次检查，凡属于人民内部矛盾或敌我矛盾做人民内部矛盾处理的，应予解冻，并付给利息；各级银行应向当地党委汇报冻结存款情况，并对今后冻结存款严格控制，只有在司法、公安部门批准并通知银行执行时，才能冻结，制止并纠正了储蓄工作中的一些错误做法。②

2. 工商信贷。针对国营商业贷款，1973年，人民银行制定了《商业贷款办法》，规定贷款种类为商品流动贷款、农副产品预购定金贷款和大修理贷款三种。"文化大革命"期间，国家每年给广东农副产品预购定金贷款指标1.2亿元，支持农业发展生产，保障完

---

① 广东省地方史志编纂委员会：《广东省志·金融志》，广东人民出版社1999年版，第337页。

② 姚遂：《中国金融史》，高等教育出版社2007年版，第485页。

成国家收购计划。① 集体工商业贷款方面，1972年银行开办了集体"五小"工业设备贷款，支持街道工业发展。②

3. 农村金融。农村信用合作社的管理也出现了转机，1972年6月，广东省财政局（当初人民银行省分行与广东省财政局合并）主持召开了农村信用合作会议，纠正了某些错误做法。到1973年底，全广东省信用社数减至3800多个，以公社办社为主的体制基本得到恢复。③

4. 投资金融。建设银行省分行从1972年10月恢复机构以后，着手恢复原来行之有效的各项规章制度，在一定程度上加强了基本建设投资拨款管理工作。在投资信贷工作中，首先恢复办理建筑施工企业的短期贷款和出口工业品生产专项贷款。但直至1976年10月"四人帮"垮台后，建设银行的各项工作才逐渐走上正轨。④

5. 侨汇业务。1972年5月8日，全面取消了私营侨汇业，由银行接办其业务，从业人员由地方安排，其财产除由省、自治区、直辖市提存部分资金，留作发付退职金、退休金、人员安排费用、国外股东的股金、红利外，其余动产和不动产全部交由地方使用。⑤

---

① 广东省地方史志编纂委员会：《广东省志·金融志》，广东人民出版社1999年版，第391页。
② 广东省地方史志编纂委员会：《广东省志·金融志》，广东人民出版社1999年版，第393页。
③ 广东省地方史志编纂委员会：《广东省志·金融志》，广东人民出版社1999年版，第345—346页。
④ 广东省地方史志编纂委员会：《广东省志·金融志》，广东人民出版社1999年版，第446页。
⑤ 姚遂：《中国金融史》，高等教育出版社2007年版，第485—486页。

三 "文化大革命"后期的金融工作

正当对"三个突破"的纠正措施开始生效,国民经济状况逐步好转的时候,1974—1976年,即"文化大革命"后期,"四人帮"打着"批林批孔"旗号,掀起反"右倾回潮"的恶浪。从1974年4月开始,全国工业生产和铁路货运量逐月急剧下降,财政愈加困难。为此,在邓小平主持中共中央和国务院工作后,广东省内各级领导干部在经济、金融领域开展了大量工作以治理和恢复经济。①

(一)金融秩序再次遭受冲击

在1974年"批林批孔"运动中,广东省内也有人妄图"大乱广东",叫嚷"不为错误路线生产"。但是,中共广东省委坚持运动应在各级共产党委员会的领导下进行,努力排除"左"和"右"的干扰。广东大局基本保持稳定,1974年广东经济仍然稳步上升,工农业总产值比上年增长7.5%。

1975年1月上旬,邓小平主持中共中央和国务院工作后,排除"四人帮"干扰,采取一系列整顿经济的有力措施,取得了显著成效。广东省根据中央的精神,结合本省实际,抽调了1万多名干部组成工作队,深入重点地区、部门和厂矿,对全省各级领导班子和部分企业领导班子进行了整顿。各单位闹派性和管理混乱等状况有所好转。在企业的全面整顿中,重视解决生产和管理中存在的问题,健全企业管理,挖掘生产潜力,提高经济效益。

1975年6月11日,中共广东省委全体常委和广东省革命委员会的主要领导干部分别到广州钢铁厂、广州轧钢厂等单位调研研

---

① 尚明:《当代中国的货币制度和货币政策》,中国金融出版社1998年版,第164页。

究，发动干部、群众搞好生产。1975年广东工业总产值达158.88亿元（1970年不变价），比1974年增长了15.6%。1975年上半年的农业，战胜了长时间阴雨和多次暴雨、洪涝的严重灾害，总产量和单位面积产量均保持了上年同期水平。全年工农业总产值比1974年增长22.57亿元，增长10.5%，是"文化大革命"期间增长最快的一年。①

10月，中共中央、国务院召开全国财贸工作座谈会。会议讨论了当时财政金融所面临的严峻形势，就《整顿财政金融的几个问题（草案）》（即"财政金融十条"）进行了讨论和部署。这个草案包括银行体制、货币流通、资金管理、放款办法、现金管理、工资基金监督支付、结算制度等各方面的整顿方案。会议再次提出银行工作要实行"统一领导、分级管理"的原则。决定从1976年起，人民银行的业务继续执行集中统一的方针，实行总行和地方双重领导，以总行为主；严格执行国家批准的信贷计划和货币投放回笼计划，把货币发行权真正集中于中央，把信贷管理权真正集中于中央和省、市、自治区两级。会后广东迅速贯彻执行文件精神，对控制货币投放，平衡信贷收支，起到了一定推动作用。②

但在1975年末1976年初全国掀起了"批邓、反击右倾翻案风"运动，使全国经济形势再度恶化，对财政金融工作的整顿再次陷入停滞。这是"四人帮"肆虐、破坏国民经济最严重的一年。全国工农业总产值增速放缓，财政收入下降，与此同时，市场货币量大量增发，远高于同期社会商品零售总额增长的幅度，市场上又出现了货币增多、商品供应紧张的局面，广大人民群众的生活再次遭

---

① 黄勋拔：《当代广东简史》，当代中国出版社2005年版，第214页。
② 李飞等：《中国金融通史》，中国金融出版社2000年版，第139页。

受沉重打击。①

（二）金融业务的开展情况

1. 储蓄业务。储蓄业务发展缓慢。1974 年，"四人帮"又污蔑国家银行开展储蓄存款业务是"得益少损失大"，胡说储蓄存款多了，就是资产阶级，使不少人又害怕储蓄，以致 1975 年、1976 年两年城乡储蓄处于低增长的水平。直至粉碎"四人帮"后，储蓄才重新趋于正常。②

2. 农村金融。1974 年至 1975 年广东对农村金融工作实行整顿，局面稍有好转。1974 年底，人民银行省分行根据人民银行布置进行农村金融体制改革试点。1976 年，人民银行省分行制定了《关于试行营业所和信用社合署办公的初步方案》，营业所与信用社实行两种所有制分别核算，两套资金两本账，两种干部编制，统一领导。对人民银行提出的公社信用社以下的分社（站）"原则上应设不脱产亦工亦农的信用员"的意见，人民银行省分行从实事求是，尊重历史出发，仍配备专职脱产干部，保持了广东的特色。③

3. 侨汇业务。1975 年 1 月 25 日，国务院又批转外交部《关于如何正确对待有外籍亲属的中国公民的请示》。通过一系列政策宣传贯彻，加上美国总统访华，美国汇往中国的侨汇不再限制，一些资本主义国家对中国侨汇亦有所放宽，促使侨汇恢复上升。④

---

① 姚遂：《中国金融史》，高等教育出版社 2007 年版，第 496 页。
② 姚遂：《中国金融史》，高等教育出版社 2007 年版，第 485 页。
③ 广东省地方史志编纂委员会：《广东省志·金融志》，广东人民出版社 1999 年版，第 420 页。
④ 广东省地方史志编纂委员会：《广东省志·金融志》，广东人民出版社 1999 年版，第 433 页。

（三）抑制性通货膨胀的出现

十年动乱，对国民经济造成了破坏，给广东省乃至全国人民的生活带来了沉重的打击。反映到流通领域，突出体现在商品供应奇缺，货币供应偏多，主要靠冻结工资、冻结物价和凭证配售来保持购买力的平衡，实现货币的稳定。这实质上是抑制性的通货膨胀。其特征主要表现为以下几方面。

一是依靠冻结物价保持零售商品价格的稳定。"文化大革命"开始后，为了稳定市场，安定人民生活，中共中央、国务院强调各地必须根据稳定市场、稳定物价的方针，切实加强市场物价管理，不合理的价格和地区差价、城市差价一律放在"文化大革命"后期处理，全国冻结了对物价的调整，直到1971年8月才对极不合理的商品价格进行调整。"文化大革命"时期，国家多次提高部分农副产品收购价格，降低部分农业生产资料和部分工业品销售价格，降价金额大于提价金额，国家还增加了价格补贴。长期冻结物价，使价格体系的不合理问题更加严重，不利于促进工农业生产的发展，也给后来的经济体制改革增加了难度。

二是消费品供应远远赶不上购买力增长的需要。特别是在"文化大革命"后期，各地实行凭票证限量供应的商品种类越来越多，特别是一些基本生活必需品十分匮乏。据统计，1976年6月末，在全国商业包括吃、穿、用、烧等33个主要商品库存总额中，属于限量供应的品种占总额的50%。过多的货币流通量使货币持有者"持币抢购"或"持币待购"，表现在集市贸易市场上较为明显，不仅副食品供应紧张，一些日用必需品也供应不足。

三是市场货币超过商品流通的正常需要。由于实行冻结物价政策和严格市场管理，一部分未能实现的社会购买力转为增加储蓄存款和手持现金,形成储蓄待购和持币待购。"文化大革命"十年,社会商品零售总额年均增长6.2%,其中对居民消费品零售额年均增长5.3%,而市场现金流通量年均增长8.1%,显然市场货币量是偏多的。当时的银行货币投放或回笼不是根据商品流通量的变化,而主要是为满足非商品性各种支出,如发放工资和社会集团购买力的开支,于是银行主动调节货币流通的主动性几乎完全丧失。①

四 拨乱反正时期的金融事业

1976年"四人帮"被粉碎后,中共中央和国务院开始对银行工作进行整顿。1977年8月,中共中央、国务院发出《关于整顿和加强银行工作的几项规定》,重新明确人民银行是全国信贷、结算和现金活动中心。要求银行围绕贯彻落实"发展经济,保障供给"总方针与各党的各项金融政策,充分发挥银行职能作用,坚持银行业务工作的集中统一,做好银行整顿加强工作。② 在"文化大革命"结束后的两年时间里,对金融业的拨乱反正工作③是由中共中央、国务院所主导的。中共广东省委、广东省人民政府认真贯彻执行各项金融政策,完善各项金融管理制度,为日后广东金融事业的发展奠定了坚实的基础。

(一)金融管理制度的完善

1. 货币流通及管理。1976年,在"批邓、反击右倾翻案风"运动中,"四人帮"歪曲和篡改马克思、列宁关于商品、货币的理

---

① 尚明:《当代中国的货币制度和货币政策》,中国金融出版社1998年版,第166—167页。

② 姚遂:《中国金融史》,高等教育出版社2007年版,第500页。

③ 文中指代的金融业"拨乱反正"时期为:1976年10月粉碎"四人帮"后至1978年12月中共第十一届三中全会召开前。

论，提出"货币是产生阶级的根源"，主张限制商品和商品交换，限制货币和货币交换。这使人们不敢放手发展商品生产和货币交换；许多企业怕犯"利润挂帅"的错误，不敢理直气壮地搞经济核算，追求盈利。为了尽快恢复工农业生产的发展和改善人民生活，实现财政略有结余，货币略有回笼，缓和市场的供应紧张，1976年10月28日，中共中央发出《关于冻结各单位存款的紧急通知》，冻结各单位在银行的存款。11月5日，国务院领导要求，1977年财政消灭赤字，并下力量安排好市场供应，让多发的票子回笼。7月30日，财政部和人民银行向国务院提出《关于实现今年回笼一些票子的请示报告》，国务院非常重视，并立即批转给国家计委、轻工、商业、外贸等有关部门组织落实。11月28日，国务院发布《关于整顿和加强银行工作的几项规定》，并重新颁发了《关于实现现金管理的决定》。人民银行认真执行这两个文件，全面整顿各项金融工作。扭转了连续六年增发货币过多的状况，回笼货币8.52亿元，市场货币流通量趋于稳定。[①]

2. 信贷管理制度。"文化大革命"一开始，极左思潮把信贷工作人员加强资金管理、坚持贷款原则称为管"钱"不管"线"，是搞修正主义的"管、卡、压"，进行了大批判，致使信贷资金严重失控，造成贷款增加过多和资金效益下降。1977年3月11日，财政部在大庆召开的"全国财政金融学大庆，加强企业财务工作"会议上强调金融方面要大力加强工商信贷管理，努力帮助企业把工业企业的流动资金占用水平逐步降下来。7月，人民银行重新颁发《国营工业贷款办法》，重申贷款的政策界限和贷款原则，明确规定

---

① 李飞等：《中国金融通史》，中国金融出版社2000年版，第140—141页。

了贷款对象、种类，贷款政策界限、管理原则、贷款审定、检查等，国营批发和零售商业、合作商店、新办集体商业贷款具体条件等，强调贷款要实行计划管理，做到钱物结合、按期归还、逐笔核贷、定期检查。8月，根据国务院领导的意见召开全国银行工作会议。会议批判了"四人帮"干扰、破坏经济工作的罪行，强调在货币发行、信贷管理等方面必须严格执行全国统一规定的制度。11月28日，国务院发布《关于整顿和加强银行工作的几项规定》，其中特别强调要加强信贷管理和流动资金管理。同时财政部也发出《抓紧清理工商企业挪用的资金的通知》，强调企业要建立健全物资、资金管理制度，财政银行要加强财政、信贷管理和监督，严肃财经纪律，坚决制止乱拉乱用流动资金和乱摊成本等违反财政制度的行为。经过1977年和1978年两年的整顿，加强信贷管理在实际工作中收到了较好效果，银行的信贷资金效益重新有所提高。[①]

3. 转账结算制度。"文化大革命"中，结算制度被批判为"封、资、修的大杂烩"，结算工作出现无章无法、各自为政的混乱状态。尽管在1972年冬颁布《中国人民银行结算办法》，明确提出了结算的三条原则，即：钱货两清，维护收付双方的正当权益，银行不垫款。但在"文化大革命"的特定环境下，这些原则并未得到很好的遵守。1977年8月，人民银行在召开全国分行行长会议的同时召开了会计结算专业会议。根据这次会议的决定，人民银行于10月28日下达了修改补充后的《中国人民银行结算办法》，从1978年1月1日起实施；同时下达《中国人民银行账户管理办法》，对各单位账户设置、使用、管理等作出具体规定，对各单位以前所开账户予以整顿清查，对违反财经纪律的予以严肃处理，以解决滥开

[①] 姚遂：《中国金融史》，高等教育出版社2007年版，第506—507页。

账户、大量出租出借账户的问题。①

4. 侨汇业务制度。在"文化大革命"中，侨汇业务受到了猛烈冲击。"对外工作危险论"和"侨汇工作危险论"较有市场。1978年2月25日，国务院批转外交部、人民银行《关于积极争取侨汇的意见》，要求各级党委坚决贯彻执行侨汇政策。其中规定：除省、市、自治区经中央批准，决定并书面通知银行没收或冻结侨汇外，任何部门都无权作出这样的决定，也不得向银行擅自查阅侨汇凭证或要求银行提供侨汇户名单。人民法院和公安部门因公需要查阅侨汇凭证时，应有经地（市）以上人民法院或公安机关党委批准的文件，才能到银行查阅。严禁向归侨、侨眷强行摊款、借款和冒领、克扣、侵吞侨汇，违者应予严肃处理。积极做好国内私人存放在国外资产的调回工作，争取早日调回。开办外币、人民币特种定期存款。凡居住在海外的华侨、中国血统的外籍人、港澳同胞、外国人持有可自由兑换的外汇，均可在中国境内的中国银行办理存款，本息可以自由调出。

5. 出纳、金银管理、银行统计等制度。为加强银行安全保卫工作和提高出纳工作质量，坚持恢复钱账分管、双人临柜、双人管库等基本制度，1977年10月，人民银行颁发《关于进一步加强发行出纳工作的意见》。

针对金银持有、携带、出入国境、生产出土、配售等情况，颁发《中国人民银行金银管理办法（试行）》。

1977年10月，为解决银行工作账务混乱、债权债务与损益不实、违反财经纪律情况普遍、贪污盗窃投机倒把严重等问题，颁发

---

① 李飞等：《中国金融通史》，中国金融出版社2000年版，第164—165页。

了《关于开展清资金、清账务、清财务工作的意见》，在银行系统开展"三清"工作，提高银行会计工作质量。1978年1月，颁发《银行统计制度》，对银行统计工作基本任务、统计人员职责和配备、统计报表种类和编制、统计报表与数字管理等予以明确规定。①

（二）金融业务的开展情况

1. 储蓄业务。粉碎"四人帮"后，通过思想上的拨乱反正，银行认识到存款是立行之本，逐步加强了居民储蓄的工作力度；银行系统认真贯彻鼓励和保护储蓄的政策，人民银行强调要正确贯彻储蓄政策和原则，维护储户利益，并对过去未给储户计息、经批准退回的查抄储蓄存款补付了利息，对死亡绝户储蓄存款进行了妥善处理，对群众"自愿上交"的个人储蓄存款进行了退库计息。重申了个人将合法收入存入银行的储蓄永远归个人所有，永远受到国家法律的保护，这些规定对坚定群众的储蓄信心、鼓励群众储蓄存款起到了很好的作用。② 1977年和1978年，全广东省储蓄存款总额略有增加，截至1978年底全省城乡储蓄存款余额17.56亿元，比1976年增加3.39亿元，年平均增幅为12%左右。③

2. 农村金融。"文化大革命"结束后，随着全国工作重心的转移，中共中央、国务院十分重视农村经济的发展。银行、农村信用合作社作为农村信贷业务的主力，将发放农业贷款、支持农村经济发展作为工作的重要内容。

1977年11月，国务院在《关于整顿和加强银行的几项规定》

---

① 姚遂：《中国金融史》，高等教育出版社2007年版，第507页。
② 姚遂：《中国金融史》，高等教育出版社2007年版，第508页。
③ 广东省地方史志编纂委员会：《广东省志·金融志》，广东人民出版社1999年版，第381页。

中指出："信用社是集体金融组织，又是国家银行在农村的基层机构"。"信用社的资金应当纳入国家信贷计划，人员编制应当纳入县集体劳动工资计划，职工待遇应当与人民银行基本一致。"此时人民银行省分行试行营业所与信用社虽合署办公，但保持人员、资金、账目的相对独立，防止了随便抽调信用社资金、人员的现象发生。这一举措逐步消除了"文化大革命"的不良影响，使全省特别是珠三角①地区的信用社有了较快发展。截至1978年底，广东省农村信用社股金余额0.4亿元，各项存款11亿元，其中储蓄存款7亿元；贷款余额4亿元；固定资产0.1亿元；自有及视同自有资金8亿元。②

3. 投资金融。1976年10月"四人帮"垮台后，建设银行各项工作才逐渐走上正轨，随着业务的开展在每个县城陆续设立了支行。1976年至1979年，新增固定资产58.15亿元，固定资产交付使用率达72.26%，比十年"文化大革命"的59.36%上升12.9个百分点。③

4. 侨汇业务。1976年粉碎"四人帮"，拨乱反正，中央重申侨务、侨汇各项政策。1978年2月恢复侨汇留成。1978年3月，重新实行凭侨汇增加物资供应，逐步消除华侨、侨眷思想顾虑，侨汇大幅度增加。截至1978年底，全省侨汇收入达44619万美元，创自1950年以来的侨汇收入的历史最高水平。④

---

① 珠三角即珠江三角洲，位于广东省中南部地区，范围包括广州、佛山、肇庆、深圳、东莞、惠州、珠海、中山、江门等九个城市。
② 广东省地方史志编纂委员会：《广东省志·金融志》，广东人民出版社1999年版，第400页。
③ 广东省地方史志编纂委员会：《广东省志·金融志》，广东人民出版社1999年版，第446页。
④ 广东省地方史志编纂委员会：《广东省志·金融志》，广东人民出版社1999年版，第433页。

第二章　中央银行驻粤机构发展与货币信贷运行

改革开放以来，中国人民银行广东地区分行（省分行、广州大区分行等）及国家外汇管理局驻粤机构在坚定执行央行货币政策和外汇管理措施的同时，规范开展货币发行与流通管理，创新性地开展信用体系与支付体系建设，并根据中国人民银行总行部署探索推进跨境人民币业务。

第一节　中国人民银行驻粤机构

一　中国人民银行广东省分行（1983—1998年）

（一）发展概况

1983年9月，国务院决定中国人民银行（以下简称"人民银行"）专门行使中央银行职能，随后广东省人民政府（以下简称"省政府"）批复同意《中国人民银行广东省分行专门行使中央银行职能的试行方案》。根据《试行方案》，自1984年起，中国人民银行广东省分行（以下简称"人民银行省分行"）专门行使中央银行分支机构职能，不再兼办工商信贷和储蓄业务。1984年4月，中国工商银行广东省分行（以下简称"工商银行省分行"）成立，承担原来由人民银行办理的工商信贷和储蓄等业务。1998年11月26

日，人民银行管理体制开始实行改革，设立跨地区管辖广东、广西、海南3省（区）的人民银行广州分行。

（二）内设机构与辖属机构

1. 内设机构。1979年初，人民银行省分行机关内设机构：办公室（附设知青办）、人事处、计划处、工商信贷处、农金处、会计出纳处、党委办、国外业务处、金融研究室（后改为金融研究所）、保卫科。附属机构有：人民银行省分行后备库、银行疗养院、广东银行学校等。1979年末，人民银行省分行增设科技处；1980年，设立监察处、工会和宣教处。

1984年，一些人民银行省分行相关职能处室随业务转移划给工商银行省分行。人民银行省分行机关内部机构有所调整：增加外事处（与办公室合署办公）、金融管理处、货币发行处、科教处、监察稽核组（后来监察稽核组分开设立）、工会等，会计处、出纳处合并为会计处。

1987年，新设了纪检组、行政处、国库处、营业部、金融研究中心、调查统计处（与金融研究中心两块牌子一套人马）等处室。

1988年，人民银行省分行增设电子结算中心，银行疗养院改名为广东省银行医院。

1989年，人民银行省分行增设资金调剂中心（处级单位）。

1993年，人民银行省分行设干部培训中心。

1994年，人事处与教育处合并办公，外汇综合处与外汇计统处合并。

1995年，从人事教育处分设出离退休老干部管理处。

1996年，撤销金融管理处，分设为银行管理处和非银行金融机构管理处。

1997年，增设保险处、农村合作金融管理处和国际收支处；撤销综合计划处、外汇检查处和外汇业务处；新设货币信贷管理处、外汇业务管理处和外资外债管理处。直属单位三个：营业部、清算分中心（含外汇清算中心、省信用合作金融机构清算中心）和后勤服务中心（含原行政处、基建办、大楼管理处和干部培训中心），保留资金融通中心和外汇调剂中心两个单位，但不占省分行机关的机构数。

2. 辖属机构。1979—1983年，人民银行省分行分支机构总数均为111个，其中二级分行12个，县（市）支行99个。1984年，人民银行省分行专门行使中央银行职能。工商银行省分行成立后，县以下基层营业机构全部划归工商银行省分行。人民银行省分行在全省共设置了2个计划单列分行，即广州市分行和深圳经济特区分行；12个二级分行，分别是海南、海南黎族苗族自治州、湛江、珠海、江门、佛山、茂名、肇庆、韶关、惠阳、梅县、汕头分行和34个县（市）支行。

1986年，全省未设人民银行分支机构的65个县、市全部设立人民银行机构。截至1987年末，人民银行省分行在全省设有120个分支机构和其他附属单位，其中二级分行12个，单列分行2个、县（市）支行100个（每个县都设有人民银行机构）、专科学校1所（广州金融专科学校）、中专3所（广东银行学校、广州银行学校、海南银行学校）、银行疗养院1个、招待所1个，共有干部职工6819人（其中干部5457人）。[①]

1988年，人民银行省分行辖内分支机构有较大的变动，将原惠

---

① 《广东省志》编纂委员会：《广东省志（1979—2000）·银行·证券·保险卷》，方志出版社2014年版，第45页。

阳、肇庆、梅县3个地区分行改为惠州、肇庆和梅州（市管县）分行，原地区分行所在地的市支行改为市分行的营业部。中山、东莞2个市支行升格为二级分行，并增设河源、清远、汕尾、阳江4个二级分行和陆河、阳西2个县支行，原河源、清远和阳江3个县支行相应撤销。1988年，增设湛江经济技术开发区支行（正科级），设立高要县支行河台办事处；根据省调整区域安排，将陆丰县支行分为陆丰、陆河两县支行；原阳江县支行分为阳东、阳西两县支行；连山县支行辖属清远分行；新丰县支行辖属韶关分行；设立梅县支行；撤销惠州市支行，设立惠州分行第二营业部。1988年，海南建省后，原人民银行海南分行及其所属分支行划归人民银行海南省分行管辖。

1989年，设立封开县支行南丰办事处。

1995年，成立云浮分行，撤销云浮市支行，辖新兴、郁南、罗定三个县支行。1995年，陆丰县支行改为陆丰市支行，设立韶关分行坪石营业部。

1997年，新设东源县支行、清新县支行、阳东县支行和揭东县支行。

截至1998年末，人民银行省分行辖属二级分行21个、县支行76个、县级市支行20个；全省人民银行系统共有员工8181人，其中，省分行机关有650人，二级分行有3544人，县（市）支行有3987人。[①]

（三）主要职能

人民银行专门行使中央银行职能后，人民银行省分行的职能和

[①]《广东省志》编纂委员会：《广东省志（1979—2000）·银行·证券·保险卷》，方志出版社2014年版，第46页。

主要任务是：在人民银行的领导下，根据国家规定的金融方针政策和国家信贷计划，调节全省信贷资金和市场货币流通，协调、支持、监督、检查全省专业银行和其他金融机构的业务活动。具体包括：一是组织贯彻执行国家金融方针、政策、法令和基本制度，并结合本省情况，制定具体细则或实施办法；二是按照国家批准的信贷计划，管理和调节全省信贷资金；三是统一管理全省货币发行，调节市场货币流通；四是按照国家外汇管理条例和金银条例，管理外汇和金银；五是代理国家财政金库，代理发行和兑付国库券；六是管理金融市场和外资、侨资、港澳资银行；七是根据人民银行的规定，管理全省金融机构的设置或撤并；八是管理票据交换，办理各金融机构之间的资金清算；九是协调、指导、监督、检查全省专业银行和其他金融机构的业务活动。

二 中国人民银行广州分行（1998年以来）

（一）发展概况

1998年，根据中共中央、国务院的决定，按照人民银行管理体制改革的部署，组建管辖广东、广西、海南三省（区）金融业务的人民银行广州分行。1998年11月26日，人民银行广州分行成立。

2003年，国务院决定将人民银行对银行业金融机构的机构监管职能分离出来，成立中国银行业监督管理委员会。据此，人民银行广州分行对银行业金融机构的机构监管职能分离出来，该部分监管职能由新成立的中国银行业监督管理委员会广东监管局（简称"广东银监局"）承担。

（二）内设机构与辖属机构

1. 内设机构。1998年11月至2004年3月，人民银行广州分行机关设置18个内部机构，主要分为四类：第一类是8个对辖区内34个中心支行的相应业务有对口管辖权的机构，包括办公室、人事教育处、内审处、银行监管一处、银行监管二处、非银行金融机构监管处、货币信贷管理处和保卫处。第二类是6个仅办理广东省相应业务的机构，包括货币金银处、国库处、支付科技处、外汇管理处、国际收支处和外资外债处。第三类是同时具有上面两类性质的机构，包括会计财务处、统计研究处和合作金融监管处。会计财务处的财务预算职能是属地原则，而对金融机构的金融业会计监管，是针对人民银行广州分行全辖区的，对口指导和管理人民银行广州分行辖区内所有中心支行。统计研究处只负责广东省的金融统计业务，而相应的研究职能是负责本辖区的经济金融形势、金融风险分析，对口指导和管理本辖区所有中心支行的调查研究工作。合作金融监管处监管整个辖区，而对农村信用社的行业管理仅限于广东省。第四类是专门的工作机构，即离退休干部处。此外，设党群工作机构和纪委监察机构。

2004年3月18日，根据人民银行"三定办"①《关于中国人民银行广州分行内设机构调整的批复》精神，人民银行广州分行机关的内设机构作相应调整。调整后设有办公室、法律事务处、货币信贷管理处、金融稳定处、调查统计处、会计财务处、支付结算处、科技处、货币金银处、国库处、外事处、内审处、人事处、金融研究处、征信管理处、外汇综合处、国际收支处、经常项目管理处、资本项目管理处、外汇检查处、事后监督中心、保卫处、离退休干部处共23个职能处室。此外，设有党委办公室（与行政办公室合署办公）、组织部（与人事处合署办公）、党委宣传部、纪检监察办

---

① "三定办"，指职能配置、内设机构和人员编制规定方面的办公室。

公室、机关党委办公室、工会办公室、团委共7个党群工作机构，以及营业部、外汇营业室、后勤服务中心、钞票处理中心共4个直属单位。截至2020年末，人民银行广州分行机关内设处室40个，人民银行广州分行营业管理部内设处室6个。

2. 辖属机构。人民银行广州分行辖属机构主要包括以下几个方面：一是在广东省内各地级市设中心支行，各县（市）设支行；二是在广西壮族自治区和海南省设立南宁、海口金融监管办事处，作为人民银行广州分行的派出机构，其人事、财务和业务受人民银行广州分行领导，主要职责是根据人民银行广州分行的授权，对所在省、区辖内的金融机构实施现场检查；三是设立人民银行广州分行营业管理部，承担原人民银行广州市分行和原人民银行省分行营业部的业务；四是中国人民银行深圳经济特区分行（简称"人民银行深圳分行"）更名为中国人民银行深圳市中心支行（简称"人民银行深圳市中心支行"），是人民银行广州分行的派出机构；五是充实南宁、海口两个省会城市中心支行的职能，人民银行南宁、海口中心支行除继续履行原人民银行南宁市分行、海口市分行的职责外，增加了承担所在省区在国库经理、支付清算、现金发行和金融统计业务中的管理汇总工作。

人民银行深圳市中心支行是人民银行广州分行辖属机构，其前身为人民银行深圳分行。1950年6月，人民银行宝安县支行成立。1979年3月，随着宝安县改为深圳市，人民银行宝安县支行更名为人民银行深圳市支行。1981年10月，人民银行深圳市支行升格为人民银行深圳市分行。1984年7月，随着人民银行和中国工商银行（简称"工商银行"）分设，以原人民银行深圳市分行为基础，从深圳市人民政府、人民银行、中国银行等有关单位抽调人员，组建人民银行深圳分行。国家外汇管理局深圳分局从中国银行深圳分行划出，同人民银行深圳分行合署办公。人民银行深圳分行、国家外汇管理局深圳分局是两块牌子一套人马（外汇管理局对外挂分局，对内称外汇管理处），为市部、委、办一级单位，专门行使中央银行职能，不再办理工商信贷和储蓄业务，以加强信贷资金的集中管理和综合平衡，为宏观经济决策服务。1998年11月，人民银行深圳分行改为人民银行深圳市中心支行，是人民银行广州分行的派出机构，行政级别仍为正厅级，其职能除了继续执行原分行承担的职责外，增加承担深圳地区在国库经理、支付结算、现金发行和金融统计等业务中的管理汇总工作。截至2018年末，人民银行深圳市中心支行设有办公室、法律事务处（金融消保处）、货币信贷管理处、金融稳定处、统计研究处、会计财务处、支付结算处、科技处、货币发行处、金银管理处、国库处、人事处、征信管理处、外汇综合处、国际收支处、经常项目管理处、资本项目管理处、外汇检查处、反洗钱处、保卫处、离退休干部处、宣传群工部、纪委监察办公室、营业部、后勤服务中心，共计25个处室。[①]

（三）主要职能

1998—2004年，人民银行广州分行主要职能包括：一是贯彻执行国家有关法律、法规和方针、政策，根据人民银行的授权，对辖区内金融机构（证券、保险除外）的业务活动进行全面的监督管理；依法查处辖区内金融违法违规案件；二是管理辖区内金融监管办事处和中心支行的人事、财务工作；三是管理辖区内中央银行资金、存款准备金、再贴现、利率和现金管理等有关货币信贷政策业

[①]《广东省志》编纂委员会：《广东省志（1979—2000）·银行·证券·保险卷》，方志出版社2014年版，第49页。

务；四是对辖区内经济金融形势和区域金融风险进行分析；五是对辖区外汇、外债和国际收支进行管理；六是协调辖区内中心支行国库经理、支付清算、现金发行和金融统计等业务。①

2004—2005年，人民银行广州分行主要职责调整为：一是贯彻执行国家有关法律、法规、方针、政策及人民银行有关政策规定；二是负责在辖区内贯彻执行中央银行资金、存款准备金、再贴现、利率等有关货币信贷政策，监督管理金融市场；三是防范和化解辖区系统性金融风险，维护地区金融稳定；四是分析、研究辖区的宏观经济金融形势，为人民银行的货币政策决策提供政策建议和依据；五是负责管理广东省金融统计工作及信贷征信业务，推动建立社会信用体系；六是管理广东省的货币发行、现金管理和反假人民币业务；七是管理广东省内人民银行系统的会计财务、支付结算业务，负责对大额资金异常流动的监测；八是管理广东省的外汇、外债和国际收支业务；九是管理广东省的国库业务、广东省辖内的科技和安全保卫工作；十是按照管理权限负责辖区人事、内审、党群等工作；十一是承办人民银行交办的其他事项。②

2006—2020年期间，人民银行广州分行的主要职责调整为：一是贯彻执行国家和人民银行有关法律、法规、命令和规章；二是负责在辖区内贯彻执行中央银行资金、存款准备金、再贴现、利率等有关货币信贷政策；三是监督管理辖区银行间同业拆借市场和银行

---

① 《广东省志》编纂委员会：《广东省志（1979—2000）·银行·证券·保险卷》，方志出版社2014年版，第47页。
② 《广东省志》编纂委员会：《广东省志（1979—2000）·银行·证券·保险卷》，方志出版社2014年版，第47页。

间债券市场;四是监督管理辖区黄金市场,对黄金制品进出口实行监管;五是监测辖区系统性金融风险,协调银行、证券、保险监管政策,查处金融违法行为,维护地区金融稳定;六是负责辖区及广东省银行业、证券业、保险业和金融市场的统计、调查、分析和预测;七是建设企业和个人征信系统,管理征信业,推动广东省社会信用体系建设;八是做好货币发行管理,确保广东省人民币的正常供应和流通;九是经理广东省国家和地方金库业务;十是组织贯彻执行支付结算的法律、行政法规和制度、办法,并结合广东省实际制定实施细则和单项管理办法,组织和维护支付结算系统的正常运行;十一是组织协调广东省反洗钱工作,监督、检查金融机构以及特定非金融机构履行反洗钱义务的情况,负责反洗钱资金监测和在授权范围内调查可疑交易活动;十二是管理广东省国库业务、科技和安全保卫工作;十三是负责广东省国际收支和外汇收支统计、管理、预警和分析工作;十四是负责广东省经常项目管理工作;十五是负责广东省资本项目管理工作;十六是依法检查广东省机构及个人执行外汇管理法规的情况,处罚违法违规行为;十七是监督管理外汇市场的运作秩序,分析预测外汇市场的供需形势,向国家外汇管理局(简称"外汇局")提供政策性的建议和依据;十八是规范广东省外汇账户的管理工作;十九是承办国家外汇管理局交办的其他事项;二十是依管理权限负责辖区人事、内审、党群等工作;二十一是承办总行交办的其他事项。[①]

[①] 《广东省志》编纂委员会:《广东省志(1979—2000)·银行·证券·保险卷》,方志出版社2014年版,第47页。

第二节 国家外汇管理局驻粤机构

一 国家外汇管理局广东分局（1979—1998年）

（一）发展概况

1979年，国务院批转人民银行《关于改革中国银行体制的请示报告》，同意成立国家外汇管理总局，作为中国外汇管理的主管机关，并将中国银行从人民银行中分设出来。国家外汇管理总局与中国银行是内部一个机构，对外挂两块牌子，直属国务院领导，由人民银行代管。1979年4月，广东成立外汇局广东分局。1982年，根据第五届全国人民代表大会常委会第二十四次会议通过的《关于批准国务院直属机构改革实施方案的决议》以及国务院《关于中国人民银行机构改革的报告批复》，国家外汇管理总局并入人民银行，由人民银行行使国家外汇管理职能。人民银行内部设立外汇管理局，后改称国家外汇局，具体负责国家的外汇管理工作。1983年，根据国务院《关于中国人民银行专门行使中央银行职能的决定》，各地的外汇管理分局逐步从中国银行分设出来。1984年5月17日，外汇局广东分局正式从人民银行广州分行分设出来，与人民银行省分行合署办公，并在人民银行领导下，统一负责全省的外汇管理工作。1998年11月，根据人民银行机构改革的要求，外汇局广东分局被撤销。①

（二）内设机构与辖属机构

1979年4月，外汇局广东分局成立时，设立外汇管理处，承担

---

① 《广东省志》编纂委员会：《广东省志（1979—2000）·银行·证券·保险卷》，方志出版社2014年版，第51页。

外汇管理职能。该处内设侨汇科、外汇管理科和调研科。1983年，内部机构调整为外汇管理科、计划统计科和综合科，共有干部28人。

1984年5月，外汇局广东分局从人民银行广州分行分设出来，与人民银行省分行合署办公，内设外汇综合处、外汇计统处、外汇管理检查处三个职能部门。与此同时，省内各地原设有外汇管理机构的也先后与当地人民银行合署办公。其他一些外汇业务较多的市、县，则陆续新设立了外汇管理机构，使全省的外汇管理机构逐步健全。1995年1月，外汇局广东分局内部职能部门调整为外汇业务处和外汇检查处。1997—1998年，外汇局广东分局内部职能部门调整为国际收支处、外汇业务管理处和外资外债管理处。①

（三）主要职能

外汇局广东分局主要职能包括：

第一，负责广东省内国际收支和外汇收支统计、管理、预警和分析；对国际收支间接申报数据，进行非现场核查和现场核查；监控每日外汇指定银行的挂牌汇价；核定中资外汇指定银行的结售汇、外汇周转头寸；审批银行结售汇业务、境内居民因私售汇业务市场准入、退出资格。

第二，负责省内经常项目外汇管理；办理进出口收付汇核销；监督检查经常项目下的汇兑行为，对超比例、超金额的经常项目下售付汇进行事前真实性审查。

第三，负责省内资本项目外汇管理工作；依法管理资本项目下的交易和外汇汇入、汇出及兑付；对省内机构借用国外商业性债务

---

① 《广东省志》编纂委员会：《广东省志（1979—2000）·银行·证券·保险卷》，方志出版社2014年版，第51页。

性资本、发行外币债券、对外担保以及对外发生债权等资本性交易和汇兑进行管理，对外债和对外担保进行登记和统计监测；对还本付息进行审核；对境外直接投资的外汇业务进行风险审查；对境内机构在境外发行、上市外币股票的汇兑事务进行审核。

第四，负责省内保险机构、证券机构外汇业务市场准入和退出等监督和管理，以及对信托、租赁、财务三类公司和资产管理公司、期货公司等其他公司外汇业务管理。

第五，负责粤港票据联合结算资金清算、外资金融机构存款准备金收缴、同城外币票据交换资金清算。

第六，依法监督检查省内机构执行外汇管理法规情况；处罚违法违规行为；协助有关司法部门和行政执法部门调查处理涉及外汇违法案件。

第七，监督管理银行间外汇市场运行，分析预测外汇市场供需形势，向外汇局提供政策性建议和依据；规范省内外汇账户管理。

二　国家外汇管理局广东省分局（2001年以来）

（一）发展概况

1998年11月，外汇局广东分局被撤销，设立外汇局广州分局，负责广东省内外汇管理工作，并协调和指导广西壮族自治区和海南省外汇管理工作。2001年5月更名为外汇局广东省分局，负责广东省内外汇管理工作，按属地原则设置，外汇局广东省分局分为三个层次：分局、二级分局和支局，同级人民银行行长任外汇局各局局长，一名副行长分管外汇业务，任外汇局各局副局长。

（二）内设机构与辖属机构

截至2019年末，内设5个处室，分别是：外汇综合处、国际收支处、经常项目管理处、资本项目管理处、外汇检查处。

辖属机构主要包括 19 个地市中心支局和 65 个县市支局。

（三）主要职能

外汇局广东省分局的主要职能如下：一是负责辖区内国际收支和外汇收支统计、管理、预警和分析工作；二是负责辖区内经常项目管理工作；三是负责辖区内资本项目管理工作；四是依法检查辖区内机构执行外汇管理法规的情况，处罚违法违规行为；五是监督管理外汇市场的运作秩序，分析预测外汇市场的供需形势，向外汇局提供政策性的建议和依据；六是规范辖区内外汇账户的管理工作；七是承办国家外汇管理局交办的其他事项。

三 国家外汇管理局深圳市分局（1981 年以来）

（一）发展概况

外汇局深圳市分局是副省级城市分局，1981 年设立，是深圳市外汇业务的监管机构，行政上隶属人民银行，业务上接受外汇局领导。

（二）辖属机构

外汇局深圳市分局内设 5 个职能处室，分别是：外汇综合处、国际收支处、经常项目管理处、资本项目管理处、外汇检查处。

（三）主要职能

外汇局深圳市分局主要职能包括：一是负责辖内国际收支和外汇收支统计、管理、预警和分析工作；二是负责辖内外汇经常项目管理工作；三是负责辖内外汇资本项目管理工作；四是依法检查辖内机构执行外汇管理法规的情况，处罚违法违规行为；五是监督管理外汇市场的运作秩序，分析预测外汇市场的供需形势，向外汇局提供政策性的建议和依据；六是承办外汇局交办的其他事项。

第三节 货币信贷运行

一 货币信贷管理体制

（一）指令性计划直接控制

1979—1983年，人民银行自办存贷款业务，信贷管理模式为指令性计划直接控制，其间进行了存、贷款挂钩的尝试。1979年，人民银行和财政部决定，国营企业流动资金由财政和银行分别供应改为全额信贷，为此，广州和江门市选择部分企业开展试点。同年7月，人民银行进行信贷差额控制试点，将"统收统支"改为部分存贷款"统一计划，分级管理，存贷挂钩，差额控制"。1980年，人民银行省分行被确定为信贷差额控制试点行，以1980年的信贷收支差额为基数，每年增加一定资金由银行包干使用，扩大银行经营自主权。1980—1981年，人民银行省分行不断改善信贷管理，扩大流动资金贷款对象和范围（恢复对社会服务行业、个体户的贷款，开办商办工业中短期贷款），对国营商业三级批发企业和零售企业试行存贷分户管理或贷款定额管理和实行基本建设拨改贷改革。1982年，人民银行省分行扩大"拨改贷"范围。1983年，人民银行省分行发布《广东省城镇个体工商业贷款试行办法》和《广东省城镇集体商业、服务业贷款的暂行规定》，推动城镇个体工商业、集体商业和服务业发展。

（二）规模限额控制

1984—1993年，人民银行履行中央银行职能，除专项贷款等部分政策性贷款外，不再办理一般贷款，信贷规模控制实行限额管理，从指令性计划逐渐向直接调控与间接调控相结合的方式过渡。1984年，人民银行省分行将一般存贷款业务移交工商银行省分行。1985年，全省实行"统一计划、划分资金、实贷实存、相互融通"的信贷资金体制。中国人民银行、中国工商银行、中国农业银行（简称"农业银行"）、中国银行、中国人民建设银行（同中国建设银行，简称"建设银行"）联合印发《关于贯彻部分省（市）长会议精神进一步管好银行信贷资金的通知》，严格控制固定资产贷款规模，加强对外汇贷款的控制和管理。同年，人民银行将建设银行的信贷收支纳入信贷计划统一管理；发放技术开发贷款，用于重大技术开发和新技术推广项目。1986年，人民银行省分行转发《关于试办外汇抵押人民币贷款的通知》、《关于三资企业享受国营企业流动资金贷款同等待遇的通知》和《国务院关于控制固定资产投资规模的若干规定的通知》。深圳、珠海、汕头等地试办外汇抵押人民币贷款业务；全省信贷资金重点支持出口，当年进出口企业贷款增加34.9亿元，出口总值跃居全国第一。1987年，全省各专业银行流动资金贷款实行"多存多贷"，贷款重点投向交通、能源、市场适销产品和创汇生产项目。1988年，人民银行省分行将辖内金融信托投资机构纳入年度信贷资金计划管理。1990年，辖内非银行金融机构的信贷资金活动也被纳入监控。1991年，由于专项贷款逾期现象逐年增多，人民银行省分行开始清收逾期专项贷款，全年收回1.7亿元。1992年，人民银行省分行对城乡信用社提高资产负债比例和加强资产风险管理；对专项贷款下放部分审批权限，收回各种专项贷款7亿元。1993年，人民银行省分行印发《关于停止使用下半年调剂贷款规模的通知》，辖内各级人民银行不再管理和安排流动资金调剂贷款规模。

（三）资产负债比例管理

1994—1997年，在国家建立强有力中央银行宏观调控体系的背景下，广东逐步推进信贷管理体制改革。人民银行和专业银行的政策性信贷业务移交给国家开发银行、中国农业发展银行和中国进出口银行3家新成立的政策性银行，专业银行逐步试行资产负债比例管理。1994年，人民银行发布《信贷资金管理暂行办法》，提出"固定资产贷款从严控制，流动资金贷款区别对待，农副产品收购贷款保证供应"的方针。人民银行发布《商业银行资产负债比例管理考核暂行办法》，推行资产负债比例管理和风险管理办法。同年，人民银行省分行印发《关于办理外汇抵押人民币贷款业务有关问题的通知》，对外汇抵押人民币贷款比例作出规定。1995年，人民银行分4类编制信贷计划：政策性银行实行指令性计划管理，工商银行、农业银行、中国银行、建设银行4家银行实行贷款限额下的资产负债比例管理，其他商业银行实行以资产负债比例管理为基础的规模管理，非银行金融机构按有关规定实行资产负债比例管理；印发《贷款通则（试行）》，规范贷款行为，保障借贷双方合法权益；印发《商业银行自营住房贷款管理暂行规定》和《个人定期储蓄存款存单小额抵押贷款办法》，规范住房贷款业务和个人贷款业务。人民银行省分行对辖内商业银行房地产信贷业务进行清理，对工商银行、农业银行、中国银行、建设银行4家银行信贷资金来源与运用进行专项稽核。1996年6月，广东省试行主办银行制度，重点支持全省24户重点国有企业的流动资金和技改项目。1997年，按照人民银行发布的《个人住房担保贷款管理试行办法》《中国人民银行关于合理确定流动资金贷款期限的通知》《银团贷款暂行办法》，在加强信贷资产安全的基础上，使信贷更好地为经济服务。

（四）间接调控

1998年后，实行"计划指导，自求平衡，比例管理，间接调控"的信贷资金管理体制，调控手段从直接转向间接，对商业银行试行"窗口指导"。1998年，人民银行发布《个人住房贷款管理办法》、《汽车消费贷款管理办法》和《关于加大住房信贷投入，支持住房建设与消费的通知》。人民银行省分行针对消费需求不足问题，要求各商业银行信贷重点支持个人按揭贷款，年末，全省住房贷款余额为150.2亿元，当年住房贷款投入占各项新增贷款的30%。1999年，人民银行发布《关于开展个人消费信贷的指导意见》，广东省全年新增消费贷款294.5亿元，比年初增长50.5%。同年7月，人民银行发布《封闭贷款管理暂行办法》和《农村信用社农户小额信用贷款管理暂行办法》。1999年，人民银行发布《关于认真做好当前信贷管理工作的指导意见》，引导金融机构优化信贷投向。2000年，人民银行与中国证券监督管理委员会联合发布《证券公司股票质押贷款管理办法》；国务院办公厅转发《中国人民银行等部门关于助学贷款管理若干意见的通知》和《关于助学贷款管理补充意见的通知》，人民银行发布《中国人民银行助学贷款管理办法》，国家助学贷款业务在广东省全面推行。2000年，人民银行广州分行协同地方政府有关部门印发《关于严格控制建筑陶瓷、纸面石膏板、小玻璃、小水泥等项目建设的通知》，防止建材产品低水平重复建设。2002年，人民银行广州分行根据国家经济政策和广东产业政策，鼓励商业银行稳步推进个人金融业务，加大出口退税质押贷款发放力度，用活用好外汇资金；全面启动信用村镇建设，推动农户小额信用贷款和农户联保贷款业务。2005年，人民银行广州分行加强支农再贷款投向的监督，切实发挥其引导农村信用社发放农户贷款和扩大支农信贷投放的杠杆作用；加强金融稳定再贷款的管理，对有再贴现窗口的地区，适时发挥再贴现业务促进实现总量调控目标和引导信贷资金流向的作用。2007年，人民银行广州分行针对辖区经济金融运行中的局部性和结构性问题，引导金融机构合理把握信贷投放结构和节奏，加大对先进制造业、现代服务业和"三农"①、中小民营经济、自主创新企业以及助学、就业等经济薄弱领域的信贷支持，促进地方经济金融的和谐发展。2009年，人民银行广州分行加强对重点城市房地产及房地产金融市场的监测分析，促进房地产市场健康运行；加强农村地区金融服务，探索发展农村多种形式担保的信贷产品；完善中小企业信贷评估报告制度，促进中小企业平稳健康发展。

（五）货币政策与宏观审慎政策"双支柱"调控

2010年以后，人民银行广州分行落实人民银行关于逐步探索并完善货币政策与宏观审慎政策"双支柱"调控框架的工作部署，从引入差别准备金动态调整机制到将其升级为宏观审慎评估体系（MPA），同时，加强房地产市场宏观审慎管理，形成了以因城施策差别化住房信贷政策为主要内容的住房金融宏观审慎政策框架。2010年12月，人民银行召开信贷形势座谈会，传达中央经济工作会议精神，引导金融机构执行好稳健的货币政策，按照宏观审慎要求，加强自我调整信贷行为，保持信贷适度增长，增强风险防范能力。

2011年初，人民银行广州分行按照人民银行要求，引入差别准备金动态调整机制，构建宏观审慎政策框架。2013年，人民银行广州分行指导辖区法人金融机构严格按照合意新增贷款额做好信贷投

---

① "三农"，指农村、农业和农民。

放工作，全年辖区142家地方法人金融机构新增人民币贷款1810亿元，同比增长20%，高于全国平均增速11个百分点，重点支持中小微企业和"三农"领域，有效支持实体经济发展。

2014年1月，人民银行发布《关于开展常备借贷便利操作试点的通知》，将广东列入开展分支机构常备借贷便利操作试点地区，主要解决符合宏观审慎要求的地方法人金融机构流动性需求，稳定市场预期。2014年，人民银行广州分行积极推广信贷资产质押发放信贷政策支持再贷款试点，在省内所有地方法人金融机构贷款余额超过500万元的企业进行央行内部评级，推广试点地区开展以信贷资产质押方式发放再贷款操作，以优质信贷资产质押方式发放的支农、支小再贷款利率统一在原利率基础上降低10个基点。同年，根据人民银行印发的《关于将中小企业信贷政策导向效果评估调整为小微企业信贷政策导向效果评估有关事宜的通知》，人民银行广州分行组织开展小微企业信贷政策导向效果评估和涉农信贷政策导向效果评估。

2015年8月，人民银行广州分行根据人民银行发布的《关于加强远期售汇宏观审慎管理的通知》的要求，将远期售汇纳入宏观审慎管理框架，对开展代客远期售汇业务的金融机构收取外汇风险准备金。2015年9月，人民银行广州分行按照人民银行改革存款准备金考核制度的工作部署，将存款准备金考核由时点法改为平均法，在维持期内金融机构按法人存入的存款准备金日终余额算术平均值与准备金考核基数之比，不得低于法定存款准备金率；同时，存款准备金考核设每日下限，维持期内每日营业终了时，金融机构按法人存入的存款准备金日终余额与准备金考核基数之比，可以低于法定存款准备金率，但幅度应在1个（含）百分点以内。

从2016年起，人民银行广州分行开展季度宏观审慎评估工作，根据评估结果对部分金融机构采取约谈指导等方式，要求金融机构做好业务和风险管理。2016年2月，人民银行广州分行指导人民银行珠海市中心支行按照"分行审批、地市中支操作"的业务模式，发放以信贷资产作为质押品的常备借贷便利，金额1亿元，期限7天。同年7月，人民银行广州分行落实人民银行的政策要求，进一步改革存款准备金考核制度，将人民币存款准备金的交存基数由旬末一般存款余额时点数调整为旬内一般存款余额的算术平均值；同时，按季交纳存款准备金的境外人民币业务参加行存放境内代理行人民币存款，其交存基数也调整为上季度境外参加行人民币存放日终余额的算术平均值。

2017年7月，人民银行广州分行办理纸质票据电子化质押再贴现业务，这是全国首批通过上海票据交易所系统办理纸质票据电子化质押的再贴现业务，有效提高再贴现工具操作效率。2018年，人民银行广州分行根据人民银行工作部署，将对小微企业和"三农"领域实施的定向降准政策拓展和优化为统一对符合宏观审慎经营要求且普惠金融领域贷款达到一定比例的商业银行实施。2018年春节前后，人民银行广州分行根据人民银行创建的"临时准备金动用安排（CRA）"要求，对于辖内凡符合宏观审慎经营要求、在现金投放中占比较高的全国性商业银行，若存在临时流动性缺口，可使用不超过两个百分点的法定存款准备金，使用期限为30天。

2018年，人民银行广州分行发布《关于加强货币政策工具运用支持广州绿色金融改革创新试验区建设的通知》，整合货币政策工具，引导金融资源向广州绿色金融改革创新试验区集聚；从再贴现额度中安排20%的比例，用于支持金融机构办理绿色票据再贴现业务。建立银行业存款类金融机构绿色信贷业绩评价机制。2018年，人民银行广州分行发布《开展银行业存款类金融机构绿色信贷业绩评价方案》，建立对金融机构开展绿色信贷业务的正向激励机制，引导金融机构加强对绿色环保产业的信贷支持。

2019年，依托广东省中小微企业信用信息和融资对接平台（以下简称"粤信融"），开发"广东省企业走访管理系统"，对照全省工商企业名单和银行存量贷款企业客户名单，形成250万家未获银行授信的"待访企业列表"，并添加部门提供的企业特征标签（例如纳税等级），针对这些企业开展"访百万企业 助实体经济"专项行动。截至12月末，广东银行机构累计走访企业161.81万家，发放贷款2.66万户、金额857亿元。

2020年1月30日，人民银行广州分行发布《关于做好当前金融服务工作 全力支持打赢疫情防控阻击战的通知》，要求辖内人民银行、外汇局各级分支机构和金融机构加大对疫情防控和广东经济稳定的金融支持力度，全力做好当前金融服务和应急保障工作。截至2020年3月末，广东辖内地方法人银行共发放符合专用额度要求的普惠小微企业贷款125.7亿元，加权平均利率4.45%；办理符合专用额度要求的票据贴现18.8亿元，加权平均利率2.92%，全力支持小微企业复工复产。同年4月10日，人民银行广州分行发布《金融支持广州市实现老城市新活力和"四个出新出彩"的若干意见》，围绕金融支持广州实现老城市新活力，在综合城市功能、现代服务业、现代化国际化营商环境、城市文化综合实力等方面做好出新出彩的金融服务。

2021年2月，由广州、珠海、惠州、中山、东莞、佛山、江门、肇庆8市的13家法人银行机构作为首批试点机构，粤港澳大湾区率先探索开展环境信息披露试点工作,标志着金融机构环境信息披露试点在粤港澳大湾区正式启动。同年5月,人民银行广州分行向辖内金融机构印发《金融支持国家城乡融合发展试验区广东广清接合片区建设行动方案》,引领和推动全省金融系统支持国家城乡融合发展试验区广东广清接合片区建设。

二 利率市场化改革

(一) 银行间同业拆借市场利率先行放开

1986年1月,国务院发布《中华人民共和国银行管理暂行条例》,明确规定专业银行资金可以相互拆借,资金拆借期限和利率由借贷双方协商议定。此后,同业拆借业务在全国迅速展开。针对同业拆借市场发展初期市场主体风险意识薄弱等问题,1990年3月人民银行出台了《同业拆借管理试行办法》,首次系统地制定了同业拆借市场运行规则,并确定了拆借利率实行上限管理的原则,对规范同业拆借市场发展、防范风险起到了积极作用。

1995年12月,人民银行省分行根据人民银行政策要求,撤销省内各商业银行组建的融资中心等同业拆借中介机构;从1996年1月1日起,所有同业拆借业务均通过全国统一的同业拆借市场网络办理,为我国银行间拆借利率放开创造有利条件。

2006年2月,人民银行授权全国银行间同业拆借中心公开发布银行间债券市场回购定盘利率,有利于加强我国市场利率指标体系建设,增强银行间债券市场价格发现功能,完善市场收益率曲线以及推动金融衍生产品的发展。

在银行间同业拆借市场利率市场化推进过程中,人民银行省分行及后来的人民银行广州分行按照人民银行工作部署,指导辖内金融机构严格按照相关规定在银行间同业拆借市场开展相关交易，科学确定拆借利率，为我国货币信贷价格市场化改革作出了积极贡献。

（二）境内外币利率市场化

1996年以来，随着商业银行外币业务的开展，各商业银行普遍建立了外币利率的定价制度，加之境内外币资金供求相对宽松，外币利率市场化的时机日渐成熟。

2000年9月，经国务院批准，人民银行组织实施境内外币利率管理体制的改革。人民银行广州分行按照人民银行关于境内外币利率管理体制改革的工作要求，主要在以下两个方面落实改革措施：一是放开辖内外币贷款利率，各项外币贷款利率及计结息方式由金融机构根据国际市场的利率变动情况以及资金成本、风险差异等因素自行确定；二是放开辖内大额外币存款利率，300万（含300万）以上美元或等额其他外币的大额外币存款利率由金融机构与客户协商确定。

2002年3月，根据人民银行要求，人民银行广州分行将省内外资金融机构对境内中国居民的小额外币存款，统一纳入境内小额外币存款利率管理范围。2003年7月，省内英镑、瑞士法郎、加拿大元的小额存款利率放开，由各商业银行自行确定并公布。

2003年11月，小额外币存款利率下限放开。商业银行可根据国际金融市场利率变化，在不超过人民银行公布的利率上限的前提下，自主确定小额外币存款利率。赋予商业银行小额外币存款利率的下浮权，这是推进存款利率市场化改革的有益探索。

2004年11月，根据人民银行的工作部署，人民银行广州分行在调整省内小额外币存款利率的同时，放开了1年期以上小额外币存款利率，商业银行拥有了更大的外币利率定价自主决定权。

(三) 人民币存款利率市场化

改革开放初期，信托投资公司和农村信用社都曾进行过存款利率浮动的试点，这是我国存款利率市场化的初步尝试。在取得一些经验的同时，也出现了一些问题，如在金融机构缺乏财务约束的情况下，往往是经营状况不好的机构高息揽存，引起存款搬家、利率违规等现象发生。因此，存款利率浮动在1990年全部取消。

为探索存款利率市场化途径，兼顾金融机构资产负债管理的需要，1999年10月，人民银行省分行根据人民银行的政策要求，允许中资商业银行法人对中资保险公司法人试办五年期以上（不含五年期）、3000万元以上的长期大额协议存款业务，利率水平由双方协商确定，这是存款利率市场化的有益尝试。

2002年2月和12月，人民银行将协议存款试点的存款人范围扩大到全国社会保障基金理事会和已完成养老保险个人账户基金改革试点的省级社会保险经办机构。

2003年8月，人民银行改革邮政储蓄资金运用方式，下调新增邮政储蓄转存款利率，8月1日以后新增的邮储转存款利率按照准备金利率执行。同年11月，人民银行允许国家邮政局邮政储汇局与中资商业银行、农村信用社办理期限为3年期以上（不含3年），最低起存金额为3000万元的协议存款业务。邮政储蓄协议存款的利率水平、存款期限、结息和付息方式、违约处罚标准等由双方协商确定。

2004年10月，人民银行报经国务院批准，允许金融机构人民币存款利率下浮。即所有存款类金融机构对其吸收的人民币存款利率，可在不超过各档次存款基准利率的范围内浮动，但存款利率不能上浮。至此，人民币存款利率实行下浮制度，实现了"放开下限，管住上限"的既定目标。

2012年6月，人民银行广州分行根据人民银行的政策要求，自2012年6月8日起，调整省内金融机构存款利率浮动区间，将存款利率浮动区间的上限调整为基准利率的1.1倍。

2014年11月，人民银行广州分行落实人民银行政策，将金融机构存款利率浮动区间的上限由存款基准利率的1.1倍调整为1.2倍；其他各档次存款基准利率相应调整，并对基准利率期限档次作适当简并。

2015年3月，人民银行广州分行根据人民银行的政策要求，将金融机构存款利率浮动区间的上限由存款基准利率的1.2倍调整为1.3倍；同年3月31日，《存款保险条例》公布，自2015年5月1日起施行；同年5月，将金融机构存款利率浮动区间的上限由存款基准利率的1.3倍调整为1.5倍；同年8月，放开一年期以上（不含一年期）定期存款的利率浮动上限，活期存款以及一年期以下定期存款的利率浮动上限不变；同年10月，对商业银行和农村合作金融机构等不再设置存款利率浮动上限，标志着利率管制基本放开，利率市场化改革取得关键性进展。

（四）人民币贷款利率市场化

1996年5月，为减轻企业的利息支出负担，人民银行省分行落实人民银行的相关规定，将贷款利率的上浮幅度由20%缩小为10%，下浮幅度为10%不变，浮动范围仅限于流动资金贷款。在连续降息的背景下，利率浮动范围的缩小，造成银行对中小企业贷款的积极性降低，影响了中小企业的发展。为体现风险与收益对等的原则，鼓励金融机构大力支持中小企业发展，人民银行省分行按照人民银行的要求，自1998年10月31日起，将省内金融机构（不含农村信用社）对小企业的贷款利率最高上浮幅度由10%扩大到20%；农村信用社贷款利率最高上浮幅度由40%扩大到50%。

为调动商业银行发放贷款和改善金融服务的积极性，人民银行广州分行落实人民银行的政策要求，自1999年4月1日起，将贷款利率浮动幅度再次扩大，县以下金融机构发放贷款的利率最高可上浮30%；自1999年9月1日起，商业银行对中小企业的贷款利率最高上浮幅度扩大为30%，对大型企业的贷款利率最高上浮幅度仍为10%，贷款利率下浮幅度为10%。农村信用社浮动利率政策保持不变。

在贷款利率逐步放开的同时，为督促商业银行加强贷款利率浮动管理，2013年7月，人民银行广州分行落实人民银行改革人民币出口卖方信贷利率形成机制的要求，出口卖方信贷利率在国债收益率平均水平基础上加点确定。2013年8月，根据人民银行的政策要求，人民银行广州分行在推进农村信用社改革试点时，允许试点地区农村信用社的贷款利率上浮不超过贷款基准利率的2倍。

2004年1月，人民银行广州分行落实人民银行的政策要求，将商业银行、城市信用社的贷款利率浮动区间上限扩大到贷款基准利率的1.7倍，农村信用社贷款利率的浮动区间上限扩大到贷款基准利率的2倍，金融机构贷款利率的浮动区间下限保持为贷款基准利率的0.9倍不变；同时，明确了贷款利率浮动区间不再根据企业所有制性质、规模大小分别制定。2004年10月，人民银行广州分行根据人民银行的政策要求，不再设定金融机构（不含城乡信用社）人民币贷款利率上限。考虑到城乡信用社竞争机制尚不完善，经营管理能力有待提高，容易出现贷款利率"一浮到顶"的情况，因此，仍对城乡信用社人民币贷款利率实行上限管理，但其贷款利率浮动上限扩大为基准利率的2.3倍。所有金融机构的人民币贷款利率下浮幅度保持不变，下限仍为基准利率的0.9倍。至此，广东省内金融机构人民币贷款利率已经基本过渡到上限放开、实行下限管理的阶段。与此同时，贷款利率浮动报备制度初步建立，省内各商业银行和城乡信用社通过报备系统，定期向人民银行广州分行反馈贷款利率的浮动情况。

2012年6月，人民银行广州分行根据人民银行政策要求，自2012年6月8日起调整省内金融机构存贷款利率浮动区间，将贷款利率浮动区间的下限调整为基准利率的0.8倍；同年7月，决定自2012年7月6日起，将省内金融机构贷款利率浮动区间的下限调整为基准利率的0.7倍。

2013年7月，人民银行广州分行根据人民银行统一部署及政策要求，全面放开省内金融机构贷款利率管制：一是取消金融机构贷款利率0.7倍的下限，由金融机构根据商业原则自主确定贷款利率水平；二是取消票据贴现利率管制，改变贴现利率在再贴现利率基础上加点确定的方式，由金融机构自主确定；三是对农村信用社贷款利率不再设立上限；四是为继续严格执行差别化的住房信贷政策，促进房地产市场健康发展，个人住房贷款利率浮动区间暂不作调整。

2013年10月，贷款基础利率集中报价和发布机制正式运行。人民银行广州分行通过组织培训、实地走访等方式，加大对利率市场化改革新政策的宣传解释力度，并及时开展政策效应监测。贷款基础利率机制是市场基准利率报价从货币市场向信贷市场的进一步拓展，为金融机构信贷产品定价提供重要参考。

2015年3月,广东市场利率定价自律机制成立,旨在及时处理辖内银行机构利率定价投诉,防止非理性揽储行为,确保辖内金融市场竞争秩序持续稳定,维护央行利率政策和自律机制、自律公约权威性。

2019年,推动金融机构更好地运用LPR进行定价,推进LPR形成机制改革在广东顺利开展。12月,辖内金融机构新发放贷款中LPR定价占比81%;个人住房贷款利率定价基准平稳转化,新签合同按LPR加点方式定价。

2020年8月,广东存量贷款定价转换工作顺利完成,转换金额1.13万亿元,转换户数122.43万户。货币政策传导效率提升,企业融资成本下降。2020年12月,广东省金融机构新发放人民币贷款加权平均利率为4.83%,同比下降0.51个百分点。其中,小微企业贷款利率4.85%,同比下降0.58个百分点;个人住房贷款加权平均利率为5.24%,同比下降0.42个百分点。

三 货币信贷服务地方经济发展

(一)改进信贷计划管理,支持地方经济发展

改革开放以后,广东金融机构特别是国有银行,在大力支持广东经济管理体制改革和社会经济发展的同时,注意加强对贷款的管理。按照《中国人民银行法》《商业银行法》《票据法》《担保法》和《贷款通则》的有关规定,对信贷管理制度进行多次改革,建立和健全一系列的规章制度,提高信贷资产质量和经济效益。

1978年12月,党的十一届三中全会召开,会议全面地进行了拨乱反正,把全党工作重点转移到现代化建设上来。在新的历史发展时期,党和国家对银行工作提出了许多新的要求。广东省各级党

政部门和银行部门采取各种措施，注意发挥银行体系的作用，不断改革和完善信贷计划管理体制，重新确定了信贷计划管理体制，重新修订统计制度、现金管理实施细则、国营工业贷款办法、农村信贷包干试行方案、结算办法、金银管理办法、账户管理办法等各种管理制度，加强了信贷计划的基础工作。

　　1979年4月，中共中央提出对国民经济实行"调整、改革、整顿、提高"的新八字方针。当时整个经济管理体制的问题主要包括：集中过多、计划搞得过死、财政统收统支、物资统购包销、外贸统进统出、银行信贷统存统放、"吃大锅饭"思想盛行、不讲经济效益等。针对这些问题，中共中央提出以计划经济为主、市场调节为辅的原则。根据这个原则，广东省于1980年在全国率先实行了"统一计划、分级管理、存贷挂钩、差额控制"的信贷计划管理体制，旨在改变信贷资金供给制与银行业吃大锅饭的状况。1981年，经过国民经济调整，经济形势得到有效好转。为了贯彻落实中共中央对广东实行特殊政策、灵活措施的精神，人民银行对广东实行"存贷挂钩、多存多贷、差额包干、一定三年"的信贷计划管理体制，即将"差额控制"改为"差额包干"。

　　信贷计划差额包干办法从1981年到1983年共实行了3年。该办法的实行，在筹集和运用资金方面体现了宏观上要集中统一、微观上要搞活的精神，有效地调动了地方组织存款的积极性，促使各级银行改变"重贷轻存"的思想；通过多存多贷，有力支持了工业企业发展生产，支持了交通能源等领域的建设，支持了技术革新改造。但是，在银行还没有实现经营自主之前，往往会受到行政干预，对固定资金贷款难于控制，贷款发放后往往出现占用期限长、收回慢、周转不灵等问题，差额包干容易被突破。1983年与1980

年比较，广东"借差"规模增加21.89亿元，超过了人民银行下达指标的82.42%。在贷款中，固定资产贷款额增加22.63亿元，增长幅度达5.3倍。

从1985年1月1日起，人民银行对专业银行实行"实贷实存"的信贷资金管理办法，总的要求是：统一计划、划分资金、实贷实存、相互融通。从1985年11月起，建设银行广东省分行的信贷资金全部纳入人民银行省分行的综合信贷计划之内。与此同时，为了适应人民银行专门行使中央银行职能的需要，对人民银行系统的信贷资金则实行计划管理。实行"实贷实存"让各专业银行划分资金、自主经营是信贷资金管理方面的一项重要改革，改变了过去有计划有指标就有资金的情况，促使各专业银行注重信贷资金的使用效益和经营成果，不仅有利于人民银行加强对金融的宏观控制，也有利于把专业银行办成真正的经济实体。

1992年初，根据邓小平南方谈话重要精神和广东加快发展经济对资金需求的实际，人民银行省分行适时地向人民银行提出《关于广东金融工作中几个问题的请示》和《关于进一步深化广东金融体制改革扩大开放的报告》，就贷款规模、机构设置、债券发行、拓展金融市场等亟待解决的问题，多次向国务院、人民银行领导同志汇报，得到人民银行的大力支持。人民银行于4月间专门行文给予广东11条具体政策，使广东可多运用资金100多亿元，为广东金融业乃至全省经济的发展创造较好的环境。

1993年，广东金融部门从7月份起开展整顿金融秩序的工作，全面清理和整顿乱集资、乱融资、乱拆借、乱贷款、乱提利率，超越业务范围经营，非法设立金融机构和非法经营金融业务等行为，推动了金融业务的顺利开展。

（二）加强货币信贷间接调控，服务地方经济发展

1998年，广东省金融部门充分发挥金融促进经济的潜能作用，在支持国民经济持续快速健康发展的同时，推动金融自身各项事业的发展。人民银行省分行运用再贴现货币政策工具、引导商业银行信贷资金合理投向。截至1998年末，全省各家银行累计开出银行承兑汇票295.19亿元，累计收到银行承兑汇票378.85亿元，办理贴现累计金额321亿元，再贴现累计金额115.5亿元，有力地盘活了资金，支持了经济建设。

2002年，广东金融部门继续执行稳健的货币政策，加强金融监管，改善金融服务，各项工作取得较好的成绩。截至2002年末，本外币各项贷款余额16476.90亿元，增长16.7%。其中，人民币各项贷款余额15206.62亿元，增长16.4%。在人民币各项贷款中，短期贷款余额8486.92亿元，增长6.8%；中长期贷款余额5044.92亿元，增长27.2%。

2003年，广东确立了建设金融强省的战略并开始付诸实施，金融在地方经济发展中的地位和作用更加重要和突出。截至2003年末，全省银行业金融机构总资产33630.00亿元，比年初增加2859.20亿元；本外币各项贷款余额为20126.24亿元，比上年末增长20.0%，增幅比上年高3.3个百分点。

2005年，人民银行广州分行按照人民银行货币信贷与金融市场工作会议的总体要求，继续执行稳健的货币政策和"区别对待、有保有压"的方针，努力创建和完善各项货币信贷工作机制，大力培育和发展货币市场，促进各项金融改革特别是深化农村信用社改革试点工作顺利推进，进一步发挥货币政策和信贷政策在辖区的实施效果，促进广东经济金融持续健康平稳运行。2005年末，广东金融

机构本外币贷款余额23261.2亿元，比上年末增长10%，其中，中长期贷款余额同比增长16.8%。

2008年，人民银行广州分行推出信贷政策导向效果评估报告制度，加强信贷结构调整的政策督导作用，引导金融机构针对"三农"和小企业的融资需求特征，创新金融产品，鼓励其面向小企业和农户提供信贷服务。全年全省中资金融机构投向交通运输、能源开发和生产、电子行业和机械行业等基础行业及支柱行业的新增贷款占全部企业新增贷款的比重分别比上年同期提高11.3、14.8、8.3和3.1个百分点，较好地满足了这些行业的资金需求；全省中资金融机构人民币涉农贷款余额1733.75亿元，比年初增加299.75亿元，同比增长16.9%，比各项贷款增速高1.7个百分点。

2018年，人民银行广州分行发布《关于加强信贷工作支持广东经济高质量发展的实施意见》等指引文件，充分发挥货币信贷政策支持经济结构调整和高质量发展的能动作用。全年累计发放信贷政策支持再贷款、再贴现479亿元，比上年增长72.9%，其中，使用支小再贷款的金融机构民营和小微企业贷款增长34.2%，带动贷款利率降低0.36个百分点；使用再贴现的金融机构民营和小微企业贴现业务金额增长28.9%，带动利率降低0.37个百分点。

2020年，人民银行广州分行打造"六轮驱动"模式推进金融支持稳企业保就业提质增效，有效减少疫情对实体经济的不利影响，截至2020年末，全省本外币贷款余额19.6万亿元，同比增长16.5%；比年初新增2.8万亿元，同比多增5755亿元。2020年，企事业单位新增中长期贷款占新增各项贷款的46.7%，同比提高6.8个百分点；制造业中长期贷款余额同比增长50.4%；涉农贷款余额同比增长17.9%；民营企业贷款余额同比增长20.9%；普惠口径小微贷款比年初新增5877亿元，同比多增2029亿元。

（三）创新"银政企"合作模式，加大货币信贷支持实体经济力度

2013年以来，人民银行广州分行先后与梅州、云浮、潮州、东莞、江门、茂名、阳江、湛江、佛山、汕头、揭阳、韶关、珠海等13个地市签署协议，支持地方政府在农村金融、科技金融、产业金融、中小企业融资、海洋经济发展、城乡协调发展、大型骨干企业发展、电子商务、新型工业化建设、横琴新区建设等方面积极探索改革发展的新路子。

根据国家宏观调控的要求和中共广东省委、省政府的决策部署，人民银行广州分行出台了《关于加强金融支持广东重点领域建设的通知》和《关于加强金融支持广东小微企业加快发展的指导意见》，指导金融机构加大对事关全局、带动性强的重大项目和先进制造业、现代服务业、战略性新兴产业等的金融支持；加大对"三农"、县域经济、小微企业以及就业、扶贫、助学等薄弱领域的信贷投放。

根据广东重点领域建设和薄弱环节发展的实际，2013年以来，人民银行广州分行先后联合广东省交通运输厅召开银企座谈会，商讨解决高速公路项目融资问题；联合举行省属重大交通项目建设对接会议，解决重点交通项目融资问题；联合中国共产主义青年团广东省委员会等13家单位主办"领航100"广东亿元级青年领军企业实力提升计划活动；联合广东省人力资源和社会保障厅、广东银监局、中国邮政储蓄银行广东省分行举办广东省创业创富大赛活动。

随着"银政企"合作模式的不断拓展，省内各地市创新出一系列金融产品和服务模式，金融服务水平得到明显提升。比如，云浮市推出"农村建房抵押贷款",梅州市推出"农村土地承包经营权抵押贷款",茂名市推出"滩涂承包经营权抵押贷款";人民银行阳江市中心支行与阳春市人民政府签署《金融支持阳春市绿色经济发展合作备忘录》,积极支持当地绿色经济发展。

(四)开展货币信贷政策创新试点,提升金融支持实体经济发展水平

2011年7月,人民银行发布的《关于开展中小企业信贷政策导向效果评估的通知》明确,从2011年开始,人民银行分支机构对省级及省级以下金融机构开展中小企业信贷政策导向效果评估,促进金融机构进一步改进和提升对中小企业的综合金融服务水平,提高中小企业信贷政策导向效果。

2013年11月,人民银行印发《关于扩大深化中国农业银行"三农金融事业部"改革试点范围等有关事项的通知》,将农业银行广东省内的支行纳入深化"三农金融事业部"改革试点范围,并延续差别化存款准备金率、监管费和营业税减免等扶持政策。

2014年,人民银行广州分行创新运用货币信贷政策,推出支小再贷款业务,在国内率先开展以信贷资产质押方式发放支小再贷款试点。同年4月,人民银行东莞市中心支行成功向东莞农村商业银行发放了全国首笔支小再贷款,金额4500万元;9月,人民银行珠海市中心支行向珠海华润银行股份有限公司发放了全国首笔信贷资产质押支小再贷款,金额2亿元。截至2014年末,累计对12家地方法人金融机构发放各类支小再贷款24笔,金额39.08亿元。

2016年1月,人民银行发布的《关于扩大全口径跨境融资宏观审慎管理试点的通知》决定,自2016年1月25日起,面向27家金融机构和注册在上海、天津、广东、福建四个自贸区的企业扩大本外币一体化的全口径跨境融资宏观审慎管理试点。同年4月，人民银行印发通知，自5月3日起在全国范围内实施本外币一体化的全口径跨境融资宏观审慎管理框架。

运用再贴现等政策对小额票据贴现中心给予专项引导和扶持，推动中小微企业小额票据贴现中心业务发展，缓解中小微企业融资难、融资贵。截至2018年末，广东省内共计8家银行设立中小微企业小额票据贴现中心，受理业务网点超过3000个。2018年共获得155亿元再贴现资金支持，带动办理票面100万元以下小额票据贴现业务超过10万笔、金额659亿元。

（五）依托"粤信融"公共服务平台，提升货币信贷服务实体经济发展效能

2015年，省政府印发《关于创新完善中小微企业投融资机制的若干意见》，明确由人民银行广州分行牵头，广东省经济和信息化委（以下简称"省经信委"）、广东省财政厅（以下简称"省财政厅"）、广东省直有关部门、各地级以上市参与，共同搭建"粤信融"，其目的是实现中小微企业的信息查询、信用评级、网上申贷以及融资供需信息发布、撮合跟进，推进政银企信息共享。

为贯彻省政府文件精神，2015年10月，人民银行广州分行会同省经信委、省财政厅联合印发《"粤信融"建设实施方案》，经过与省有关部门、各地市政府部门协商，组织开发了"粤信融"的核心软件系统。2016年，在佛山等地测试的基础上，人民银行广州分行逐步完善了"粤信融"功能。同年10月，人民银行广州分行会同省经信委联合召开"粤信融"推进工作会议，通报了"粤信融"开发进展情况，并就全省上线推广作出部署。2017年10月，"粤信融"实现在省内20个地市网络联通，实现了中小微企业的信息查询、信用评级、网上申贷以及融资供需信息发布、撮合跟进等功能。2018年底，人民银行广州分行联合广东省政务服务数据管理局（以下简称"省政务服务数据管理局"）、广东省发展和改革委员会（以下简称"省发改委"）先后召开三次会议，落实广东省"数字政府"改革有关部署，构建了良好的数据整合共享机制。截至2018年末，省政务服务数据管理局、省发改委已将广东省公共信用信息管理系统归集的43个省有关部门、21个地级以上市的纳税信用A级名单、行政许可、行政处罚、失信被执行人等100类约1.78亿条数据共享至"粤信融"。

经过数年发展，"粤信融"助力货币信贷服务中小微企业发展取得实效。一是中小微企业金融服务覆盖面不断扩大。截至2018年末，全省433家商业银行市级分行、共计8368个银行网点开通融资对接用户，发布银行信贷产品1773个。截至2019年末，共计13600个银行网点开通融资对接用户，发布银行信贷产品3139个。二是银企融资撮合效率显著增加。截至2018年末，"粤信融"注册企业22万家，成功完成银企融资撮合3.42万笔，金额8541.21亿元。2018年新增银企融资对接1.1万笔，金额1245.2亿元。截至2019年末，"粤信融"注册企业21.83万家，成功完成银企融资撮合6.02万笔，金额10653.39亿元。2019年新增银企融资对接2.64万笔，金额2494.39亿元。三是中小微企业搜寻成本、融资利率等处于较低水平。经调查，中小微企业通过"粤信融"开展融资对接的融资利率大部分在基准利率至上浮10%的区间。四是融资机会和融资可得性增大。截至2018年末，"粤信融"已经从广东省市场监督管理局采集900多万市场主体工商注册基本信息，从省发改委、省政务服务数据管理局采集1.78亿条征信信息、警示信息，从部分地市采集水、电、煤等缴费信息；商业银行查看中小微企业信用状况71万次。截至2019年末，"粤信融"已经从广东省市场监督管理局采集1164万市场主体工商注册基本信息，从省发改委、省政务服务数据管理局采集3.6亿条征信信息、警示信息，从部分地市采集水、电、煤等缴费信息；商业银行查看中小微企业信用状况159.12万次。截至2021年8月末，"粤信融"平台已注册企业130万家，促成银企融资20.59万笔，银行机构查询信息1591.6万次。2021年1—8月，"粤信融"累计促成银企融资对接9.98万笔，金额1085.72亿元；结合地方风险补偿机制，帮助3.92万户小微企业和个体工商户获得信用贷款227.6亿元。

第四节　货币市场发展

一　银行间市场

（一）初步发展阶段（1979—1987年）

1984年以前，在高度集中统一的信贷资金管理体制下，银行间资金余缺主要通过行政手段纵向调剂，不能横向融通。1984年起，实行"统一计划、划分资金、实贷实存、相互融通"的信贷资金管理体制，允许各专业银行互相拆借资金。由于当时执行紧缩货币政策，同业拆借业务未得到广泛开展。1986年，国家经济体制改革委员会和人民银行在金融体制改革工作会议正式提出开放和发展同业拆借市场。同年，国务院发布《银行管理暂行条例》对各专业银行资金拆借作出具体规定；广东省各地基本建立拆借市场，当年全省拆出资金380笔，金额18.1亿元，拆入资金514笔，金额28.8亿元。1987年，继续发展和完善金融同业拆借市场，积极与全国其他省市的资金市场沟通,初步形成以城市为中心、辐射范围不断扩大的跨系统、跨地区的拆借资金网络。据统计,截至1987年底,累计拆入资金120亿元,拆出资金107亿元,轧差向省外净拆入13亿元。①

(二) 规范调整阶段 (1988—1995年)

1988年9月,中共第十三届三中全会提出实行紧缩财政、紧缩信贷的"双紧"方针,省内同业拆借市场融资规模有所下降。1989年,人民银行在《关于信托投资公司开办资金拆借业务的通知》中允许信托投资公司开办期限一个月内的资金拆借,将部分非银行金融机构纳入同业拆借市场。1990年,人民银行制定《同业拆借管理试行办法》。是年,全省共批准组建了10个统一命名的"金融市场",作为进行同业拆借、证券交易和其他金融活动的场所。全年全省拆借资金总额344.33亿元,其中拆入资金206.86亿元,拆出资金137.47亿元。为支持地方经济发展,全年共批准发行重点建设债券13.34亿元,短期融资债券5.01亿元,企业内部债券2.42亿元,企业内部股票0.72亿元,支持了广东三茂铁路股份有限公司、汕头市金平区同平感光材料厂等一批重点工程的建设和企业的发展。1992年,宏观经济好转,同业拆借再度活跃,但违章拆借严重。1993年,人民银行清理拆借市场,全省拆借交易量再度萎缩。1994年,人民银行省分行重新核定各专业银行调剂资金头寸,由人民银行省分行融资中心对专业银行拆借,用于同城票据清算的临时头寸不足。截至1995年末,全省货币市场已形成跨系统、跨地区、多层次、大范围的同业拆借网络。通过资金融通中心(不含深圳及

---

① 《广东省志》编纂委员会:《广东省志(1979—2000)·银行·证券·保险卷》,方志出版社2014年版,第253页。

各家银行拆借）累计拆入、拆出资金分别达 1200 多亿元。是年，省资金融通中心经人民银行批准成为首批全国统一同业拆借市场网络成员之一，进网筹备工作圆满完成。①

（三）恢复发展阶段（1996—2002 年）

1996 年，全国统一的银行间同业拆借市场正式建立，由拆借中心电子网络组成的同业拆借交易一级网络和由各省、市、区人民银行融资中心的二级网络组成。6 月，同业拆借利率的上限管制取消，同业拆借市场利率逐步实现市场化。1997 年，人民银行省分行组织清收全省各地融资中心逾期资金并撤销完成清收工作的融资中心机构。1998 年，融资中心自营性拆借业务全面停止，同业拆借市场的二级网络不再存在，同业拆借业务主要通过拆借中心的一级网络办理；非同业拆借市场交易成员之间，以及同业拆借市场交易成员与非同业拆借市场交易成员之间的资金拆借业务通过网下交易进行。1999 年，人民银行印发《关于农村信用社资金融通若干问题的通知》和《关于农村信用社等金融机构资金融通管理问题的通知》，明确所有金融机构都可办理同业拆借业务，扩大了同业拆借市场的交易参与主体。1999 年，人民银行印发《证券公司进入银行间同业市场管理规定》和《财务公司进入全国银行间同业拆借市场和债券市场管理规定》使同业拆借市场管理进一步规范。人民银行广州分行批准深圳地区部分外资银行进入全国银行间同业拆借市场。此后，广东省一直是全国主要的净拆入地区之一。

（四）发展壮大阶段（2003 年以来）

2003 年，人民银行广州分行推荐 8 家中外资金融机构加入全国

---

① 《广东省志》编纂委员会：《广东省志（1979—2000）·银行·证券·保险卷》，方志出版社 2014 年版，第 253 页。

银行间同业拆借市场。2005年，广东同业拆借市场交易量萎缩，银行间债券市场回购交易大幅增加，广东金融机构通过全国银行间同业拆借市场累计进行信用拆借3585.6亿元，比上年减少1860.2亿元；质押式回购总成交金额36017.2亿元，同比增加13223.1亿元，占同期全国总成交金额的11.7%；短期融资券发行稳步推进，广东省交通集团有限公司、广州发展集团股份有限公司、中国南山开发集团、深圳高速公路股份有限公司、中信证券股份有限公司、招商证券股份有限公司等6家企业共获准发行短期融资券金额108亿元。2006年，广东有9家企业在银行间市场发行短期融资券，累计融资金额112.1亿元。① 2009年，广东货币市场成交活跃。全省金融机构通过全国银行间同业拆借市场累计进行信用拆借43168.07亿元，同比增加7154.61亿元，增长19.87%，占同期全国累计成交量的11.15%；质押式回购累计成交154731.90亿元，同比增长12.41%；买断式回购累计成交10653.40亿元，同比增长68.33%；现券交易累计成交164193.92亿元，同比增长46.42%。全年省内中资金融机构票据融资累计发放36805.42亿元，年末余额2125.82亿元。②

2013年，人民银行广州分行联合省发改委共同推出"战略性新兴产业区域集优集合票据试点"，探索通过区域集优融资模式助推广东省战略性新兴产业发展。以银行间市场交易商协会非金融企业债务融资工具主承销商分层机制试点为切入点，培育地方法人金融

---

① 《广东年鉴》编纂委员会：《广东年鉴2007》，《经济—金融》，广东年鉴出版社2007年版，第307页。
② 《广东年鉴》编纂委员会：《广东年鉴2010》，《经济—金融》，广东年鉴出版社2010年版，第245页。

机构申请直接债务融资工具 B 类主承销商资格。联合银行间市场交易商协会在佛山、珠海、江门等企业资源丰富的地区举行银行间市场直接债务融资工具操作实务培训班，宣传银行间市场业务相关知识。2015 年，人民银行广州分行加强与广东省住房和城乡建设厅、省财政厅、省发改委等部门的沟通与联系，配合制定支持 PPP 项目相关金融政策措施，积极向政府部门推介项目收益票据、中期票据、短期融资券等银行间市场债务融资工具，支持政府主导的 PPP 项目融资。2016 年，人民银行广州分行推动信贷资产支持证券和绿色金融债券发行，促进金融机构盘活存量、用好增量，支持广东绿色发展。指导金融机构发行专项金融债券，推动广东华兴银行股份有限公司、东莞银行股份有限公司、珠海农村商业银行股份有限公司发行绿色金融债、小微企业贷款专项金融债、三农贷款专项金融债。

2018 年，广东金融机构在国内银行间拆借市场累计交易金额 39.37 万亿元，同比增长 37.9%，占全国 14.1%，居国内各省（区、市）第三位。其中，拆入资金 23.79 万亿元，拆出资金 15.58 万亿元，净融入资金 8.21 万亿元。银行间债券回购市场累计交易金额 241.11 万亿元，增长 39.3%。其中，质押式回购交易金额 237.01 万亿元，同比增长 48.2%，占全国的 16.7%，居国内各省（区、市）第二位；买断式回购交易金额 4.09 万亿元，同比下降 69%，占全国的 14.6%，居国内各省（区、市）第二位；正回购交易金额 145.69 万亿元，逆回购交易金额 95.41 万亿元，净融入资金 50.28 万亿元。银行间现券市场累计交易金额 60.55 万亿元，同比增长 70.7%，占全国交易金额的 20.1%，居国内各省（区、市）第一位。其中，买入债券金额 30.64 万亿元，卖出债券金额 29.92

万亿元，净买入债券金额 0.72 万亿元。全年广东各类金融机构、企业和地方政府在全国银行间市场累计发债融资金额 9634.80 亿元，同比增长 53.3%。

2019 年，广东省在银行间市场同业拆借累计交易金额 44.52 万亿元，比上年增长 13.1%，占全国交易金额的 14.7%，居国内各省（自治区、直辖市）第三位。净融入资金 9.30 万亿元，交易主要集中在隔夜品种。在银行间市场债券回购交易 93.13 万笔，交易金额 287.37 万亿元，金额占全国的 17.5%，居全国第 2 位，同比增加 19.2%。净融入资金 66.23 万亿元，交易主要集中在隔夜品种。在银行间市场现券交易 85.76 万笔，交易金额 82.72 万亿元，占全国的 19.4%，居全国第一位，同比增加 36.6%。净卖出债券 2698.66 亿元，交易品种主要集中在政策性金融债（占 37%）、同业存单（占 27%）、国债（占 16%）。

2020 年，广东省在银行间市场发行各类债券金额 1.7 万亿元，占全国总量的 9%，同比增长 24.1%。各类债券加权平均发行利率 2.92%，同比下降 0.73 个百分点。其中，企业发债利率 2.68%，同比下降 0.91 个百分点。2020 年，广东省在银行间市场债券回购交易金额 343.6 万亿元，占全国的 17.9%，同比增长 19.6%；净融入资金 88.5 万亿元。2002 年 12 月质押式隔夜回购加权平均利率 1.15%，比年初下降 0.82 个百分点；买断式隔夜回购加权平均利率 1.22%，比年初下降 0.85 个百分点。2020 年，债券现券交易金额同比增长 12.3%，占全国的 20%，居全国首位。

二　票据市场

（一）试点起步阶段（1986—1994 年）

1986 年，人民银行、工商银行总行联合印发《关于实行商业汇票承兑、贴现办法清理拖欠货款的通知》，在全国包括广州市在内的10个城市开展商业汇票承兑贴现业务，这是广东省票据市场的开端。由于多种原因，广东省商业汇票承兑、贴现和再贴现业务只在广州、深圳、佛山等地区小规模开展后因治理整顿经济秩序一度停办。1993年末，人民银行省分行选择佛山为试点，按"先同城后异地，先系统内后系统外"的步骤组织恢复办理商业汇票承兑贴现。1994年，全省正式恢复办理商业票据承兑、贴现和再贴现业务，广东省票据市场再次获得发展契机。①

（二）规范发展阶段（1995—2002年）

1995年，人民银行省分行制定《中国人民银行广东省分行商业汇票再贴现暂行办法》《商业汇票再贴现业务处理程序及会计核算手续》，规范票据市场的发展。1993—1995年，全省各银行累计开出银行承兑汇票金额280亿元，对企业银行承兑汇票贴现206亿元，省内人民银行系统办理再贴现7000多笔，金额168亿元，逐步形成以广州、深圳市为中心的区域性票据市场。1996年，广东商业银行办理承兑汇票248.9亿元，比上年增长11.9%；商业银行票据贴现累计216亿元，增长19.9%；中央银行对商业银行办理再贴现累计161.8亿元，增长21%；在全省范围内推广使用了普通支票。1997年，人民银行发布《商业汇票承兑、贴现与再贴现管理暂行办法》。1998年，改革贴现利率生成机制。1999年，全省累计开出承兑汇票413.3亿元，累计贴现338.2亿元，再贴现余额59.8亿元，占全国再贴现余额的1/10；同时，商业承兑汇票业务取得突破，中信实业银行广州分行首次对商业承兑汇票办理贴现，随后，人民银行广

---

① 《广东省志》编纂委员会：《广东省志（1979—2000）·银行·证券·保险卷》，方志出版社2014年版，第252页。

州分行办理第一笔商业承兑汇票再贴现，是广东省金融机构办理商业承兑汇票贴现和再贴现业务的开端。2000年，广东省累计开出商业承兑汇票22.3亿元，累计贴现22.2亿元，累计再贴现15.1亿元。2000年，人民银行广州分行印发《关于进一步加强再贴现业务管理的通知》和《关于改进再贴现业务管理的通知》，放开办理再贴现的票面金额限制，放宽中心支行办理再贴现的单笔金额限制，推动票据市场的发展。①

（三）快速扩张阶段（2003—2008年）

2003年广东票据市场迅速扩张，票据融资成为企业融资的重要渠道。截至2003年末，全省商业票据承兑余额1562.99亿元，贴现余额1275.64亿元；票据业务创新比较活跃，各商业银行相继推出"买方付息"票据、"票据包买"业务、"票据赎回"业务、"发票贴现"业务等品种。截至2004年末，广东商业汇票余额1539.40亿元，比上年末增加90.80亿元；贴现余额1464.80亿元，增加255.40亿元；银行承兑汇票累计签发量和未到期余额分别占商业汇票的99.3%和99.9%。2005年，广东从建立健全商业汇票业务组织体系和运行机制入手，引导金融机构大力推广使用商业汇票，支持金融机构通过发展票据承兑、担保授信等传统中间业务，改善金融服务，使得票据市场融资迅速增加。全年全省金融机构累计签发商业票据金额7683亿元。年末，票据融资余额2174.9亿元，比上年末增长46.1%，增加685.8亿元，同比多增500.7亿元。2006年，广东中资金融机构累计贴现金额11114.4亿元，增长44.7%；年末，票据融资余额2145.5亿元，下降1.4%。2007年，票据融资

---

① 《广东省志》编纂委员会：《广东省志（1979—2000）·银行·证券·保险卷》，方志出版社2014年版，第252页。

业务发生额保持增长，但票据流转速度加快并以转出为主，使年末余额大幅下降。2007年，全省中资金融机构累计票据融资金额14180.83亿元，同比增长27.59%。年末，全省中资金融机构票据融资余额1205.33亿元，同比下降43.07%。流动性较强的票据业务成为各金融机构调节控制信贷规模的主要手段。2008年，票据市场成交量不断扩大，票据业务利差缩小。全年省内中资金融机构累计票据融资金额18126.32亿元，同比增长27.82%。2008年末，省内中资金融机构票据融资余额2270.65亿元，同比增长88.38%。票据市场利率四季度以来快速下降，金融机构票据业务利差缩小。

（四）功能拓展阶段（2009年以来）

2009年，完善利率和票据市场监测管理，为利率市场化改革夯实基础，维护辖区利率票据市场健康运行；启动再贴现工具支持中小企业及涉农产业发展。全年省内中资金融机构票据融资累计发放36805.42亿元，年末余额2125.82亿元。2010年，票据承兑业务继续增长，贴现业务明显下降。全年累计签发银行承兑汇票10844.6亿元，同比增长378.1%。年末，银行承兑汇票余额4657.9亿元，比上年末增长27.6%；全省票据贴现余额已降至5年来最低水平。2011年，全年银行承兑汇票贴现累计2.87万亿元，比上年增长15.5%；商业承兑汇票贴现累计4170.0亿元，比上年增长10.2%。2012年，广东地区金融机构累计办理票据贴现金额3.68万亿元，比上年增加2.0万亿元。截至年末，全省贴现余额1024.33亿元，比上年末增长6.6%。2013年，广东地区金融机构累计办理票据贴现金额6.84万亿元，比上年增长15.3%；票据贴现余额1377.16亿元，比上年末下降13.4%。

2015年，人民银行广州分行联合省经信委、省财政厅、广东银监局等部门组织银行筹建广东中小微企业小额票据贴现中心。截至2015年末,广东再贴现余额70.01亿元,比上年末增长13%。全年广东累计发放再贴现资金169.17亿元,其中投向小微企业占比为46.3%,投向涉农企业占比为36.3%。2016年,广东在国内率先实现一定金额以上商业汇票通过电子商业汇票签发。单张出票金额300万元、100万元以上的商业汇票分别比全国提前1个月和6个月实现电子商业汇票签发,有效支持企业资金融通。全年广东累计办理再贴现金额224.09亿元。其中,投向涉农行业占比达16.1%,投向小微企业占比达76.5%。运用再贴现等政策对小额票据贴现中心给予专项引导和扶持,推动小额票据贴现中心业务发展,缓解中小微企业融资难、融资贵的问题。截至2016年末,广东小额票据贴现中心参与银行贴现余额24.21亿元,比年初增长107%;办理小额票据贴现加权平均利率为3.32%,比年初降低0.15个百分点。2017年末,广东银行承兑汇票业务余额为4055.43亿元,票据贴现(含转贴现)余额为2057亿元。2017年四季度,广东票据贴现加权平均利率为5.0065%,票据转贴现加权平均利率为4.3698%。2018年末,广东金融机构向非金融企业及机关团体提供票据融资余额为5218.59亿元,比年初增加1941.11亿元,同比增长59%。

2019年,广东省银行承兑汇票承兑业务累计发生额同比增长11.3%,保持平稳增长。承兑业务增速趋稳,主要是受金融机构信贷供给增加和信用偏好增强的影响。2019年,票据市场利率在低位运行,票据市场利率趋于平缓,2019年广东省票据贴现(含转贴现)业务量同比下降18.7%,贴现加权平均利率3.4%,同比下降0.5个百分点。

2020年,广东省银行承兑汇票承兑业务累计发生额同比增长

25.9%，增速明显加快，主要是受金融机构信贷供给增加以及企业支持政策的影响。2020年，广东省票据贴现（含转贴现）业务量同比增长27%，票据市场利率趋于平缓，银行承兑汇票贴现利率同比略升0.02个百分点，商业承兑汇票贴现利率同比下降0.82个百分点。

第五节 现金发行与流通管理

一 发行库布局

2001年，人民银行广州分行筹建人民银行广东重点库，并就选址、可行性等方面做好具体的准备工作；完成潮州、江门、清远等中心支库改造工作。2003年，继续推进广州地区、粤东汕头、粤西茂名钞票处理中心的选址工作；稳妥推进调整撤并支库工作，在充分考虑发行基金供应和安全的基础上撤并从化支库。2005年，撤销8个发行支库（高州、顺德、开平、新兴、雷州、徐闻、廉江、连州），至此省内所有县级发行支库全部撤销。2006年，完成人民银行广东重点库、广州分库的建设工作，茂名钞票处理中心通过了人民银行的验收进入试运行阶段。2007年，完成广东重点库、广州分库启用工作；8月末，广州分库开始实物进库；9月3日起，广东重点库和广州分库分别正式向省内中心支库和广州地区商业银行提供服务。

二 现金押运与存取管理

2005年，人民银行广州分行完成押运方式改革，起草《关于发行基金、黄金调运改革的决定》《货币发行业务交接规程》《火车、汽车押运交接规程》《押运任务通知单》《发行基金交接单》及《外省押运人员接待单》等一系列工作文件，押运业务由货币金银处转为押运中心负责。2014年，成功探索小面额人民币供应长效机制建设的新方式，在全省开展银行机构自动柜员机提供10元券取款服务；成功开通中国广州—新加坡跨国现钞调运线路，在中国和新加坡之间建立人民币现钞供应与回笼的直接渠道。2015年，在广州组建第二家金融押运公司——广州安达金融保安押运有限公司，实现现金押运的风险备份。2016年，在广州、茂名押运中心运作的基础上，揭阳押运中心挂牌运行，进一步完善了珠三角、粤西和粤东发行基金集约化押运网络。2017年，建设"纸硬币自助兑换智能管理系统"，实行对纸硬币自助兑换设备运行状况的实时监控；探索引入具备现金武装押运等必要资质条件及现金业务经验的第三方机构集中运营维护，降低硬币自循环的综合成本，确保硬币自循环有序推进。2017年，广东1元硬币、5角硬币、1角硬币自循环数量分别为44010万枚、6362万枚、7413万枚，分别完成人民银行综合规定的自循环任务的157%、159%、148%。2018年，全省商业银行配置纸硬币自助兑换机1253台，辖区群众通过纸硬币自助兑换机兑换硬币234万元，兑换纸币2084万元，已形成银行柜台、自助柜员机、纸硬币兑换机三位一体的小面额现金流通渠道。2019年，全省商业银行配置纸硬币自助兑换机1434台，辖区群众通过纸硬币自助兑换机兑换硬币2535.05万元，兑换纸币16053.4万元，已形成银行柜台、自助柜员机、纸硬币兑换机三位一体的小面额现金流通渠道。

三 流通券清分与残损券销毁

2001年，人民银行广州分行建成钞票清点、清分系统，销毁残钞135.73亿元，使流通中人民币整洁度达到"七成新"标准。2003年，针对"非典"疫情制定应急方案，增加原封新券投放，加大发行基金库存量，指导和督促商业银行做好系统内现金调运以及现金回收、支付环节的卫生管理工作，并做好回笼券的消毒杀菌工作。2006年，做好发行基金的供应、回笼和残损人民币的复点、销毁工作，全年共组织完成了省外发行基金调运约100个车皮，调运金额695.5亿元，省内发行基金调拨月平均2638.7亿元。2014年，实施动态调节各券别现金预约需求管理制度，建立智能化的调拨决策分析系统。2016年，广州钞票处理中心和配套发行库建设项目、人民银行揭阳市中心支行新建发行库项目均获得人民银行批复筹建，扩大了全省发行库库容，提升了钞票处理中心业务处理能力。2017年，积极落实残损人民币销毁"去库存"任务，改造和优化纸1元残损券复点流程，提升销毁能力；改变现有驻场式残损券销毁模式，提升销毁效率。2018年，残损人民币去库存成效显著，广东共销毁20元以下残损人民币24.2亿张，增长22%。2019年，残损人民币去库存成效显著，广东共销毁20元以下残损人民币21.2亿张，同比减少12.9%。

四 人民币反假

2002年，针对乡镇假币发案率高的特点，采取了各金融机构分片负责、人民银行派出专业人员支援基层的办法，采用播放制贩假币典型案例录像、真假币实物对比、真假币特征图片展示、讲解咨询等农民易于接受的形式，取得明显实效。2005年，推动粤东四市建立反假货币联合会议工作机制。2008年，人民银行佛山市中心支行率先与公安部门联手尝试推行反假网络建设新模式，建立反假币宣传长效机制；人民银行肇庆市中心支行与人民银行广西贺州市中心支行共建反假货币长效机制，两地中心支行在辖属乡镇建立反假币工作站。2013年，制定《中国人民银行广州分行关于银行业金融机构对外误付假币专项治理工作的实施细则》，推进ATM付款冠字号码存储和查询工作；实行"反假货币上岗资格证书"考试及认证管理。2016年，开展打击整治假币违法犯罪专项行动，在假币制作源头和贩卖等方面分别破获了一批假币重特大案件，有效净化省内人民币使用环境。2017年，在肇庆市上线"假币监测平台"并在市内23家商业银行550个网点全面开展假币监测。截至2017年末，各商业银行网点正常上传假币持有人信息3148条，实现对辖区商业银行营业网点假币收缴信息的实时掌握。2018年，实施假币监测全覆盖，将假币监测范围扩大到全省商业银行办理现金业务的14000多个营业网点，建设了"假币监测系统"，在全省范围内逐步实现由按月汇总假币数据过渡到实时监测，实现了假币收缴登记电子化、标准化以及对假币实物的动态化管理。2020年，充分发挥广东省反假货币联席会议工作机制作用，明确成员单位职责，协调指导成员单位打击整治假币犯罪，建立假币风险提示制度，推动反假货币工作重心前移；构筑"技防"硬实力与"人防"软实力相结合的工作机制，不断提升防伪反假货币能力和水平；加强宣传教育，形成群防群治氛围，指导输尿管炎银行广泛开展反假货币宣传下乡村、进校园等活动。截至2020年末，广东省共建立乡村反假货币宣传工作站7000多个，校园反假货币宣传教育基地700多个，开展人民币知识进课堂近1000次，培养青少年义务宣传员1800多名，受教育学生超过20万人次。

五　大额本票发行与收回

广东省1984年货币净投放比1983年增加27亿元，净增2.36倍。在1985年春节前投放高潮中，货币发行基金出现严重紧缺状况。为了缓解货币供求矛盾，以适应商品经济迅速发展的需要，便利单位、个人进行商品交易、劳动服务和其他各种资金结算，人民银行省分行于1985年2月4日，在全省范围内开办本票结算业务。本票面额分50元和100元两种，与人民币等值，不记名、不挂失，限于广东省内流通使用。同年2月11日，人民银行电告广东停止发行本票，并限期收回；2月18日，人民银行省分行电告各地停办本票结算业务；3月10日，人民银行省分行发出停止本票流通、限期兑换的公告；截至5月9日，全省共收回本票37842万元，占发行数3.81亿元的99.32%。此后再没有发行过本票。

六　外汇兑换券流通与管理

为防止外币在国内流通和套汇、套购物资，1980年，国务院授权中国银行发行外汇兑换券。外汇兑换券以人民币为面额，主要分为50元、10元、5元、1元、5角、1角共计6种。外国人、华侨、港澳台同胞、外国使领馆、代表团人员均可以用外汇按银行外汇牌价兑换成外汇兑换券，可以用于购买商品以及支付劳务、服务费用。未用完的外汇兑换券可以携带出境，也可以在不超过原兑换数额50%以内兑回外汇。全省每年发行和回笼的外汇兑换券约占全国的60%。省内收取外汇兑换券的单位须统一经外汇局广东分局批准，领取《核准收取外汇兑换券单位执照》，并把收入的外汇兑换券存入银行，按收支两条线进行管理。收券单位把外汇兑换券兑换给银行，可以按规定给予外汇留成。

深圳市是广东发行和流通外汇兑换券最多的地区。1981年，深圳市共设外汇兑换券兑换点8处20档，外汇兑换券回笼点5处5档，批准回收外汇兑换券指定单位67家。1981年1—10月，深圳市发行外汇兑换券11221万元，通过各种业务渠道回收外汇兑换券9693万元，回笼率超过86%。批准回收外汇兑换券的单位每天业务终了后将外汇兑换券如数存入中国银行在深圳的分支机构，按其存入银行计算分成。1982年1—9月，深圳市投放外汇兑换券12.34万元，回笼14902.7万元，净回笼14890.36万元。[①]

受炒汇、套汇和套购紧缺商品等行为影响，国内取消外汇兑换券的呼声渐高。1983年3月，国务院批转人民银行等6家单位《关于取消外汇兑换券的请示》。对此，多数省市表示赞同，而使用外汇兑换券数量较大的上海、广东要求暂缓执行。有关部门研究后报请国务院暂缓取消外汇兑换券。1983年10月上旬，广东省再次提交报告，要求继续使用外汇兑换券，得到国务院批准。[②]

1986年，深圳外汇兑换券流通量5713万元，占货币总流通量的12%。1987年，深圳外汇兑换券流通量77万元，占货币总流通量的0.1%。此后，外汇兑换券很少流通。1980—1987年，全省共计投放外汇兑换券764146万元，回笼804599万元。1993年12月，根据《国务院办公厅关于切实搞好外汇管理体制改革有关问题的通知》，人民银行发布《关于进一步改革外汇管理体制的公告》，明确

[①] 《广东省志》编纂委员会：《广东省志（1979—2000）·银行·证券·保险卷》，方志出版社2014年版，第284页。

[②] 《广东省志》编纂委员会：《广东省志（1979—2000）·银行·证券·保险卷》，方志出版社2014年版，第284页。

自1994年起，国家停止发行外汇兑换券。1994年11月，人民银行发布《关于外汇兑换券停止流通和限期兑换的公告》，规定1995年起，外汇兑换券停止流通。

第六节　信用体系建设

一　银行信贷登记咨询系统

银行信贷登记咨询系统，是对与银行有信贷业务关系的企事业单位和其他经济组织的信息管理系统，主要是由各金融机构按照人民银行的统一要求，将其对客户开办信贷业务中产生的信息（包括本外币贷款、银行承兑汇票、信用证、保函、担保，以及企业基本概况、财务状况和欠息、逃废债、经济纠纷等情况），通过计算机通信网络，传输到人民银行的数据库，金融机构可以向人民银行数据库查询所有与其有信贷业务关系的客户的有关资信状况，防范银行信贷风险。[①] 该系统最早由深圳市率先实行的企业经济档案管理制度和贷款证制度演变而来。[②] 1991年，人民银行深圳分行率先推行贷款证制度，企事业单位凭贷款证办理信贷业务，金融机构对企事业单位信贷进行登记。1992年，人民银行广州市分行借鉴深圳实行贷款证制度的做法，在广州推行贷款证制度，实施《广州市〈贷款证〉管理暂行办法》。1996年，人民银行制定并发布《贷款证管理办法》。[③] 人民银行于1997年开始筹建银行信贷登记咨询系统，

[①]《银行信贷登记咨询系统》，《金融电子化》2004年第8期。

[②] 吴广灼、周建平：《深圳市银行信贷登记咨询系统建设的现状、问题与对策》，《南方金融》2001年第8期。

[③]《广东省志》编纂委员会：《广东省志（1979—2000）·银行·证券·保险卷》，方志出版社2014年版，第245页。

以城市为单位、贷款卡为媒介，使用现代化信息和网络技术，连接各级金融机构。① 2002年建成电子化的地市、省市和总行三级联网的银行信贷登记咨询系统。②

1996年，人民银行省分行开发了通过企业基本账户来管理企业贷款的IC卡管理系统。1997年，人民银行省分行印发《广东省贷款证制度实施细则》，全省逐步推行贷款证制度。1998年，省内的广州、深圳、珠海、东莞等市被人民银行确定为试点城市，开始银行信贷登记咨询系统试点工作。1999年，全省21个城市陆续推广银行信贷登记系统，实行《银行信贷登记咨询管理办法（试行）》，从此停办贷款证。2000年，完成各城市子系统存量数据向人民银行广州分行省域分系统备份的工作，实现银行信贷登记咨询系统全省联网。③ 2004年，银行信贷登记咨询系统进一步完善，基本涵盖省内除自然人信贷外所有金融机构信贷业务数据，截至2004年末，共收录48万多个借款人的基本信息和信贷资信记录。同年，开始升级银行信贷登记咨询系统为企业征信系统。2006年6月末，企业征信系统实现所有中资、外资商业银行和有条件的农村信用社的全国联网运行，并于2006年7月末完成全国范围内与银行信贷登记咨询系统的切换工作。④ 2009年5月22日，银行信贷登记咨询系统在

---

① 王敏：《银行信贷登记咨询系统业务指引》，山东人民出版社2004年版，第4页。
② 中国人民银行征信中心：《征信系统建设运行报告（2004—2014）》，2015年，第5页。
③ 《广东省志》编纂委员会：《广东省志（1979—2000）·银行·证券·保险卷》，方志出版社2014年版，第245页。
④ 中国人民银行征信中心：《征信系统建设运行报告（2004—2014）》，2015年，第5页。

全国范围内停止使用。①

二 金融信用信息基础数据库的建立

2007年，国务院办公厅发布《关于社会信用体系建设若干意见》，提出"要以信贷征信体系建设为切入点，进一步健全证券业、保险业以及外汇管理的信用管理系统，加强金融部门的协调和合作，逐步建立金融业统一征信平台"。企业和个人信用信息基础数据库因此又称金融业统一征信平台。2013年3月实施的《征信业管理条例》，将企业和个人信用信息基础数据库改称金融信用信息基础数据库。②

（一）企业信用信息基础数据库

2005年，广东省完成银行信贷登记咨询系统向企业信用信息基础数据库的切换工作。③ 2006年，广东省接入企业信用信息基础数据库的金融机构108家，其中37家开发完成上报企业信贷数据的接口程序，居国内各省（区、市）首位；有3000个金融机构网点开通查询功能，平均每天查询量1.6万笔。④ 2007年，企业信用信息基础数据库为省内银监、证监、工商、税务、公安、法院、检察

---

① 余建平、刘晓芬、林东阳：《征信系统的发展脉络与信息化进程》，《上海金融》2010年第3期，第84页。
② 中国人民银行征信中心：《专栏一：征信系统名称的演变》，《征信系统建设运行报告（2004—2014）》，2015年，第9页。
③ 中国人民银行广州分行金融稳定分析小组：《广东省金融稳定报告（2006）》，《南方金融》2016年第12期，第33页。
④ 中国人民银行广州分行金融稳定分析小组：《广东省金融稳定报告（2007）》，中国人民银行广州分行网站，2007年6月30日，http://guangzhou.pbc.gov.cn/guangzhou/129138/2170509/index.html。

院、海关等职能部门提供近20000家企业的信用情况查询服务。[①] 2008年，通过查询企业信用信息基础数据库，累计批准信贷业务申请22.37万笔、金额8519.15亿元，拒绝信贷业务申请412笔、金额431.39亿元。[②] 截至2012年末，企业信用信息基础数据库收录广东省企业及其他组织户数超过100万户。截至2017年末，企业信用信息基础数据库收录广东省企业及其他组织户数达125.9万户，是2012年末的1.2倍，已成为广东省金融机构防范金融风险的重要工具。

（二）个人信用信息基础数据库

2005年，人民银行发布《个人信用信息基础数据库管理暂行办法》，个人信用信息基础数据库在广东省内正式运行。自然人在省内任何一家商业银行留下的借款和还款记录，或开立结算账户时填报的基本信息，商业银行的基层信贷审查人员均可在获得当事人书面授权后进行查询，实现数据共享。截至2005年末，个人信用信息基础数据库收录广东省的自然人3418万名，有信贷记录的自然人339万名，个人信贷余额3700亿元。[③] 2006年1月，个人信用信息基础数据库在全国范围正式运行，广东省内14家全国性商业银行、34家地方性金融机构实现了个人信用信息基础数据库联网查询，个人信用信息基础数据库收录的广东省自然人数达到3690.95

[①] 中国人民银行广州分行金融稳定分析小组：《广东省金融稳定报告（2008）》，中国人民银行广州分行网站，2008年6月30日，http://guangzhou.pbc.gov.cn/guangzhou/129138/2170512/index.html。

[②] 中国人民银行广州分行金融稳定分析小组：《广东省金融稳定报告（2009）》，中国人民银行广州分行网站，2009年6月30日，http://guangzhou.pbc.gov.cn/guangzhou/129138/2170500/index.html。

[③] 中国人民银行广州分行金融稳定分析小组：《广东省金融稳定报告（2006）》，《南方金融》2016年第12期，第33页。

万人，收录信贷账户数约为1089.22万个，广东省内金融机构共启动查询用户数8518个，累计查询次数达497.39万次，占全国金融机构查询总量的12.16%，广东省金融机构使用个人信用信息基础数据库的查询数量在当年居国内各省（区、市）第二位。[1] 2013年，广东省作为9个试点省市之一推出互联网查询本人信用报告服务，自然人通过互联网可自行访问个人信用报告网上查询平台查询自己的信用报告。经过10余年稳定运行，个人信用信息基础数据库收录信息数量持续攀升，截至2017年末，数据库收录广东省自然人人数达5400余万人，是2006年末的1.48倍。

三 金融信用信息基础数据库的完善

（一）地方法人机构接入金融信用信息基础数据库

2009年，广东省在全国率先开展对地方性金融机构个人系统数据报送的现场核查工作。2015年，根据人民银行征信中心的机构接入工作部署，人民银行广州分行制定并实施《广东省地方性法人机构接入金融信用信息基础数据库操作规程》，统一规范广东省内地方性法人机构接入征信系统流程，通过召开工作会议、业务培训等向村镇银行、财务公司、金融租赁公司、商业保理企业、小额贷款公司、融资租赁公司等机构介绍并解读征信系统接入政策，指导并规范辖内接入申请机构开展接入申请、接口程序开发、验收等准备工作，组织验收多家机构的接口程序。2015年，重点推进小额贷款公司和融资性担保公司接入征信系统，其

---

[1] 中国人民银行广州分行金融稳定分析小组：《广东省金融稳定报告（2007）》，中国人民银行广州分行网站，2007年6月30日，http://guangzhou.pbc.gov.cn/guangzhou/129138/2170509/index.html。

中广州地区有 2 家已开通查询权限。① 2017 年，广州地区有 3 家融资租赁公司接入系统。② 金融信用信息基础数据库的机构覆盖面不断扩大。

（二）非信贷信用信息纳入金融信用信息基础数据库

2009 年，非银行信用信息采集工作取得了突破，人民银行广州分行先后与环保、税务、质监、技监、法院、公积金中心等多个部门开始了数据征集合作，信用信息基础数据库应用领域不断拓展。③ 2014 年，广东省高级人民法院执行信息纳入企业和个人信用信息基础数据库，广州市地方税务局提供的纳税信用信息纳入企业信用信息基础数据库。④ 2016 年，人民银行广州分行与广东省工商行政管理局签署《关于开展企业信息共享和联合惩戒工作合作协议》，对失信企业实施跨部门协同监管和联合惩戒。截至 2017 年 12 月，金融信用信息基础数据库已成功采集广东省高级人民法院提供的企业和个人执行信息，以及环保部门的环保违法信息，利用融资约束协助法院和环保部门加大对执行信息主体和环保违法主体的信用惩戒，进一步解决"老赖"和难以惩戒等问题。⑤

---

① 广州市金融工作局：《2016 广州金融白皮书——金融发展形势与展望》，广州出版社 2016 年版，第 201 页。

② 广州市金融工作局：《2018 广州金融白皮书——金融发展形势与展望》，广州出版社 2018 年版，第 191 页。

③ 广州市人民政府金融工作办公室：《2010 广州金融白皮书——金融发展形势与展望》，广州出版社 2010 年版，第 137 页。

④ 广州市金融工作局：《2015 广州金融白皮书——金融发展形势与展望》，广州出版社 2015 年版，第 174 页。

⑤ 广州市金融工作局：《2018 广州金融白皮书——金融发展形势与展望》，广州出版社 2018 年版，第 190 页。

四 金融信用信息基础数据库的应用

2004年，在继续做好信贷咨询系统数据维护工作的基础上，人民银行广州分行着力挖掘数据使用潜力，建立规范的系统数据信息查询管理制度。在人民银行的部署下，人民银行广州分行辖内各有关部门结合地方实际，探索推进征信管理工作的思路和方法。部分地区尝试构建个人信用联合征信系统平台，对商业银行集团客户信用风险防范机制进行探索，区域信用环境得到改善。2005年，从各金融机构反映的情况看，企业和个人贷款违约普遍升高。针对这种情况，人民银行广州分行及辖属机构联合相关部门，加快了企业征信系统使用的推广和个人信用信息基础数据库的建设。

2006年，全国银行信贷登记咨询系统向企业征信系统全面升级切换，使得所有国内商业银行、外资商业银行和有条件的农村信用社实现全国联网运行，标志着企业征信系统已顺利建成。2007年，人民银行广州分行逐步拓宽征信服务范围和领域，分别就公积金、环保、劳动与社保、法院诉讼、税务、电信信息等非银行信息的采集工作与相应的政府部门进行协商，取得了实质性进展，如佛山、韶关等地对于企业欠薪信息、环保信息的采集和应用。

2014年，人民银行珠海市中心支行开发"投融资增信平台"；人民银行梅州市中心支行在该市农户信用信息共享系统中增加采集林权、土地承包经营权和宅基地等土地确权、流转信息等指标。2014年，人民银行广州分行制定《广东省开展小额贷款公司和融资性担保公司信用评级工作实施方案》，在广州、江门、佛山、河源、云浮、揭阳6市开展小额贷款公司和融资性担保公司的信用评级试点；开发并上线广东省小微企业、农户信用信息系统，农户信用信息系统覆盖全省所有地级市。2015年，指导相关互联网金融企业启动"互联网+信用三农"众筹项目，依托信用户、信用村、信用镇，充分发挥互联网优势，有效突破农业项目风险高、收益低、抵押物不足等制约涉农金融业务开展的瓶颈。

2016年，广州、深圳、珠海、汕头、惠州五市成为全国创建社会信用体系建设示范城市；与广东省工商行政管理局签署《关于开展企业信息共享和联合惩戒工作合作协议》，对失信企业实施跨部门协同监管和联合惩戒；广东省中小微企业信用信息和融资对接平台上线，全年累计实现融资对接1.8万笔，金额5080亿元；同时，运用信用信息开展金融精准扶贫取得实效，全年全省金融机构依托农村信用体系累计对62.1万户信用农户发放贷款合计1033亿元。

2017年，人民银行广州分行推动建立环境保护信息、碳排放信息共享机制，将由环保部门发布的企业环评结果纳入人民银行征信系统，截至年末，全省共有84812条企业环评结果记录被人民银行征信系统采集。初步建成"广东省中小微企业信用信息与融资对接平台"环保信息模块，完成环保信息采集目录及接口规范的设计。

2018年，人民银行广州分行运用广东省农户信用信息系统辅助筛选创业致富带头人376个，带动就业人口1.01万个。在有条件的地区建立乡村创业致富对象清单，推送给银行对接融资，发挥"头雁效应"。

2020年，征信助力脱贫攻坚取得决定性成果，持续推进信用乡（镇）、信用村、信用户创建，发挥信用信息服务经济主体融资功能，将农村信用体系与脱贫攻坚和乡村振兴结合起来，推动信用体系建设。

2021年4月20日，"珠三角征信链"共建协议签约和启动仪式在广州举行。"珠三角征信链"主要以"粤信融"征信平台为依托，以制度创新为核心，以区块链技术为保障，目的是通过建立信用信息共享机制，打破信息孤岛，解决商业银行发放中小微企业贷款过程中存在的数据来源少、数据格式不一致、授权标准不统一、查询方式落后等多方面的问题。建设"珠三角征信链"，推动珠三角区域内征信基础设施互联互通，是推动建立覆盖全社会征信系统的重要探索，对于促进区域金融市场协同发展和广东加快形成新发展格局等具有重要意义。

五 征信管理

2009年，在全国率先开展对地方性金融机构个人系统数据报送的现场核查工作，相关政府职能部门信用信息被纳入征信系统采集范围。2010年，建立企业和个人征信系统数据质量工作通报考核制度，督促银行业金融机构提高信用数据录入质量。2013年，广东以《征信业管理条例》正式发布实行为契机，加紧研究编制广东省社会信用体系建设规划、广东省公共信用信息管理系统建设方案，深入推进社会信用体系建设；推动信贷市场信用评级管理方式改革，制定《广东省信贷市场信用评级机构备案制度（试行）》，从备案资料、备案时限、续备规定、备案查验等方面对评级机构备案管理做出规范。截至2013年末，辖内已有9家评级机构按照有关制度要求提交了备案材料。2014年，探索建立统一的农户信用评价标准，在全省推广云浮《关于农户信用等级划分与评定》的经验，推动建立符合农村社会成员特点、客观规范的信用评价体系；拟定《关于全面推动广东省小微企业信用体系建设的指导意见》《广东省信用户、信用村、信用镇的划分与评定》等文件，为深化小微企业和农村信用体系建设提供方向指引;组织辖内已备案评级机构召开总经理联席会议,审议通过《广东省信贷市场信用评级机构总经理联席会议章程》,并签署《广东省信用评级机构自律公约》,充分发挥行业自律组织在规范企业行为方面的积极作用。

2015年,制定《关于促进广东省信用服务行业规范健康发展的意见》,大力培育征信、信用评级等信用服务机构;启动金融信用信息数据库接入机构征信业务合规性现场检查,对中国农业银行股份有限公司、中国民生银行股份有限公司、平安银行股份有限公司等8家银行机构在广东的分支机构进行现场检查,督促银行机构落实《征信业管理条例》的各项规范。2016年,探索对征信市场实施穿透式监管,按照"实质重于形式"的原则,注重行为监管,对辖内106家金融信用信息数据库接入机构、20家征信机构、评级机构组织开展征信业务合规性现场检查,实现地市级分支机构全覆盖。2017年,建立广东省征信系统接入机构的征信合规评级机制,从接入机构的合规治理、系统运行、信息安全、人员管理和信息主体权益保护五个方面,建立了接入机构征信合规评级标准体系,积极发挥征信监管的导向作用,促进接入机构提高征信合规治理能力和自律水平。2018年,加强对备案评级机构的事中事后监管,加强对广州地区备案评级机构的统计监测,完善机构及业务信息报送要求。健全评级机构统计监测和信息披露制度。组织佛山、江门、惠州、揭阳、梅州等地开展评级业务现场与非现场核查,督促各类评级机构加强规范管理。加强对信用评级违约率检验系统的应用,督促辖内未接入违约率系统的评级机构尽快提交接入申请,严格审核申请机构接入违约率系统条件。继续推进两类机构信用评级。推动地方政府在日常监管中运用评级结果作为给予两类机构政策支持的重要参考；推动商业银行运用评级结果开展相关金融合作。2020年，信用评级机构重新备案顺利完成，依托金融委办公室地方协调机制（广东省），加强与信用评级业务管理部门联动，形成工作合力，强化对评级行业的监管，加强信用评级市场培育，全年备案法人评级机构合计开展经济主体评级100多笔。

六　地方信用体系建设

（一）中小微企业信用体系建设

2011年，人民银行广州分行营业管理部、广州市人民政府金融工作办公室、广州市科技和信息化局、广州市中小企业局等部门共同推进广州市中小企业融资公共服务平台建设，加强对中小企业和金融机构的信息服务，初步建成了广州市中小企业投融资公共服务协作体系。2011年底，已有6938家企业在广州市平台上注册，34家金融机构参与合作，开展了248次融资需求对接，资金需求总额为75亿元，成功协助企业获得60.73亿元资金。[①] 2013年，中山市开发社会征信和金融服务一体化系统，通过运用大数据和云技术，对海量信用信息进行加工整理，为银行信贷决策提供参考。截至2013年末，该系统浏览量为13.8万次，访客IP地址4775个，遍及全国29个省（区、市）。有22户企业通过该系统获得共计5.8亿元融资支持；茂名"银企E通"中小微企业及重点项目融资服务平台上线，为800多家小微企业在网上注册用户并进行实名认证，累计成功融资18亿元；珠海市搭建企业融资增信平台，银企通过该平台成功对接项目32个，融资金额2.1亿元；继续推广"评信

[①] 广州市人民政府金融工作办公室：《2012广州金融白皮书——金融发展形势与展望》，广州出版社2012年版，第160页。

通"、"融资超市"和"增信融通"等比较成熟的融资对接平台；云浮、梅州、韶关、肇庆等地根据各自实际开发了相应信息共享平台，为中小微企业增信融资服务。2014年，中山中支建成"社会征信和金融服务一体化系统"，有效缩短了银行审贷和授信时间，成为推进小微企业信用体系建设的重要载体。贯彻"征信为民，征信惠民"初心，落实疫情期间暖企行动，截至2020年末，广东省内金融机构累计为受疫情影响的28.2万人、3.5万家企业调整征信逾期记录或还款安排。

（二）农村社会信用体系建设

2013年，人民银行广州分行依照人民银行《农村信用体系建设基本数据项指引》，组织开发了"广东省农户信用信息系统"，为全面推进农村信用体系建设奠定了坚实基础。同年，人民银行广州分行营业管理部与广州市人民政府金融工作办公室、广州市发展和改革委员会、广州市人力资源和社会保障局等部门协作推进广州市农村社会信用体系建设，制定并组织实施《广州市农村居民个人信用建设实施方案》《广州市信用村试点建设工作方案》。在增城西镜村、从化西河村、白寻去水沥村设立农村金融服务站，收集农户个人信用信息，对信用好的农户授信及代理金融业务等。其中增城西镜村农村金融服务站为广州地区首个农村金融服务站，截至2013年末，已完成该村282户农户的全部信息采集工作。[1] 2014年，探索建立统一的农户信用评价标准，在全省推广云浮《关于农户信用等级划分与评定》的经验，推动建立符合农村社会成员特点、客观规范的信用评价体系；联合广东省人民政府金融工作办公室（以下

---

[1] 广州市人民政府金融工作办公室：《2014广州金融白皮书——金融发展形势与展望》，广州出版社2014年版，第200页。

简称"省金融办")、中共广东省委农村工作办公室、广东省农业厅、广东省妇女联合会等八部门印发《广东省开展农村普惠金融试点方案》，把县级综合征信中心、信用村、金融扶贫贷款等工作项目纳入"八项行动"，调动了地方政府参与的积极性，提高了信用体系建设的针对性和有效性。

2015年，全面推进统一的广东省农户信用信息系统信息征集工作，截至10月末，该系统已采集农户信用信息276万条；健全农户征信服务网络，夯实信用信息采集载体，广东共有7个地市挂牌成立市级征信中心，52个县（市）成立县级征信中心。2017年继续推动农村征信体系建设，截至年末，广东已建成94个县级综合征信中心，推动1578个贫困村转变为信用村，占全省2277个省定贫困村的69.3%，其中，河源、梅州、云浮实现100%转化；全年广东14个地市的36个相对贫困县共发放扶贫小额信贷2.2万笔，惠及贫困户2.1万户。2018年，农村信用体系建设支持乡村振兴取得实效。在肇庆、韶关、广州从化等地区引导金融机构对124个行政村的134个产业给予帮扶，扶持金额26.34亿元。运用广东省农户信用信息系统辅助筛选创业致富带头人376位，带动就业人数约1万人。全省评定信用农户417.51万户，信用村1.29万个，构建了覆盖农村社会的信用激励网。2020年，广东实现对2277个省定贫困村、160多万建档立卡贫困户全覆盖，累计为570万户农户建立信用档案，评定信用农户437万户，推动建成信用村1.3万个，累计对建立信用档案农户提供贷款2119亿元。

（三）信用评价

推动开展融资性担保公司和小额贷款公司"两类机构"信用评级。2006年，人民银行广州分行制定了资信评级试点方案，举办评级业务交流与推介会,通过市场机制引入信用评级机构,并选定佛山、茂名作为第一批试点城市,信贷市场信用评级试点工作正式起步,为全面启动广东省信用评级市场进行了有效的探索。2007年,人民银行广州分行以佛山市为试点,开展担保机构信用评级工作,在佛山市登记注册的24家信用担保机构,有10家参加了2007年外部信用评级。① 2008年,人民银行广州分行联合政府有关部门继续开展以佛山为试点的担保机构信用评级工作。2014年,人民银行广州分行和省金融办制定《广东省开展小额贷款公司和融资性担保公司信用评级工作实施方案》,在广州市、江门市、佛山市、河源市、云浮市、揭阳市开展小额贷款公司和融资性担保公司的信用评级试点,更好地提升融资性担保公司和小额贷款公司的风险防控能力,并逐步推动广东省融资性担保公司和小额贷款公司按信用等级分类管理的逐步建立。②

推动开展农村信用评价。2007年茂名市以农户信用评级工作为试点,联合当地农村金融机构,建立农户信用档案和农户信用评价体系,为农村金融机构对农户的信贷决策提供参考依据。③ 2008年,茂名试点开展农户信用评级,联合农村金融机构,推动农户信用信息采集,建立农户信用档案和农户信用评价体系,为农村金融

---

① 中国人民银行广州分行金融稳定分析小组:《广东省金融稳定报告(2008)》,中国人民银行广州分行网站,2008年6月30日,http://guangzhou.pbc.gov.cn/guangzhou/129138/2170512/index.html。

② 广东省人民政府金融工作办公室:《对广东省十二届人大第三次会议代表建议 第1635号的答复(摘要)》,广东金融网,2015年5月27日,http://gdjr.gd.gov.cn/gdjr/zwgk/zdly/jyta/content/post_2871758.html。

③ 中国人民银行广州分行金融稳定分析小组:《广东省金融稳定报告(2009)》,中国人民银行广州分行网站,2009年6月30日,http://guangzhou.pbc.gov.cn/guangzhou/129138/2170500/index.html。

机构对农户的信贷决策提供参考依据。2015年，印发《广东省信用户、信用村、信用镇的划分与评定指引》，保障信用评价结果获得多方认可。截至2015年10月末，广东已有81个县区开展农户信用档案建设，为247.4万户农户建立了信用档案，评定信用农户95.0万户，信用村2412个，信用镇66个。2016年，推动农户信用信息系统覆盖104个县（区），指导云浮开发"贫困户信用信息与精准扶贫管理系统"，结合"村村通""互联网+"行动计划，引导金融机构对信用户实施精准放贷。2018年，在农户信用评级的基础上，规范和深入开展"信用户""信用村""信用乡（镇）"建设工作，各地市先后出台了"申请、评审、授牌、年检"环环相扣的"信用户""信用村""信用乡（镇）"评级制度。2020年，以湛江为试点开展"信用县"创建，推动构建地方信息、信用、信贷联动机制。

第七节 支付体系建设

一 支付结算基础设施建设

（一）联行制度

联行往来制度是银行与银行之间的资金清算制度。中国的银行往来制度，划分为不同级别、不同范围的往来体系，制定了各自适用的核算方式。联行往来有全国联行往来、分行辖内往来和支行辖内往来。1949年中华人民共和国成立以来，中国联行制度为手工联行。[①] 到1989年，人民银行实行以卫星为通信手段的全国电子联行，1991年4月，全国电子联行系统开始运行。1997年，中国现

[①] 广东省地方史志编纂委员会：《广东省志·金融志》，广东人民出版社1999年版，第558页。

代化支付系统项目试点工程开始实施，自此以后电子联行系统被逐步取代。①

1. 全国联行往来。1979 年，人民银行广省分行、农业银行广东省分行、中国银行广东省分行执行人民银行全国联行制度。1985 年 4 月，全国银行联行制度改为"自成联行体系，跨行直接通汇，相互发报移卡，及时清算资金"。人民银行省分行和各专业银行各自建立独立的联行核算系统。1987 年 4 月，改为实行"跨行汇划款项，相互转汇"。专业银行之间跨系统的汇划款项，汇出行为双设机构地区的，汇出行要划转同城跨系统行办理转汇（即"先横后直"的划款方式）；汇出行如为单设机构，需先通过本系统的联行办理划拨，本系统的转汇行收到报单后通过"同业往来"或通过同城票据交换向跨系统的汇入行处办理划转和清算资金（即"先直后横"的划款方式）。双设机构地区跨系统转汇款项，汇出行收取的电汇、信汇邮电费按 100%，手续费按 50% 付给转汇行。由于专业银行系统内汇划款项事后清算汇差资金，出现一些行占用应付汇差发放贷款、系统内汇差资金调度不灵和不能及时解付汇款等问题。为此，1990 年人民银行改进了联行清算办法，实行专业银行跨系统大额汇划款项和系统内大额汇划款项均通过人民银行联行转汇并清算资金。专业银行全国联行跨系统和系统内 10 万元（含）以上的汇划款项，通过人民银行联行转汇并清算资金。

1989 年 5 月，人民银行开始建设金融卫星网和全国电子联行系统。② 为减少电子联行地面传递环节和手工录入量，将电子联行系

---

① 欧阳卫民：《现代支付论》，中国长安出版社 2010 年版，第 46 页。
② 杨鲁：《广州市银行电子结算中心成立》，《广东金融电脑》1998 年第 4 期。

统与同城清算系统、会计核算系统和商业银行柜面系统连接起来，把业务和网络延伸到商业银行，加快电子联行的速度，提高业务量，更好地为商业银行和客户服务。1991年，人民银行深圳分行建立了电子联行卫星小站，与全国电子联行卫星网并网运行。① 1993年，人民银行已开通电子联行的城市之间，专业银行、交通银行系统内10万元（含）以上汇划款项通过人民银行电子联行办理转汇。未开通电子联行的专业银行、交通银行系统内和跨系统50万元（含）以上的汇划款项自1993年9月起通过人民银行手工联行办理转汇。1994年，50万元（含）以上的银行汇票和系统内50万元（含）以上的大额汇划款项，通过人民银行清算资金和转汇，其中国有商业银行签发50万元大额银行汇票通过人民银行清算资金的规定于1997年底被取消。1994年4月，人民银行在全国会计工作会议上提出，要逐步解决制约电子联行效率的"瓶颈"问题，广东先选择几个条件较好的城市进行"天地对接"②的试点。1995年9月，电子联行并网通汇后，人民银行省分行拓展和完善"天地对接"系统功能，使参加同城票据交换的所有网点都能入网。1996年12月，人民银行省分行制定了《电子联行到县业务处理暂行规定》。③ 1997

---

① 深圳金融发展报告编委会：《深圳金融发展报告（2008）》，人民出版社2009年版，第46页。
② 天地对接是指通过中国人民银行的同城清算网络将中国人民银行发报行（收报行）和专业银行（汇入行）相连接以实现转汇业务，提高系统运行效率，加快资金汇划速度。信息一次录入自动转汇。天地对接是全国电子联行的延伸和扩展，主要解决了网络和应用层对接问题。
③ 《广东省志》编纂委员会：《广东省志（1979—2000）·银行·证券·保险卷》，方志出版社2014年版，第306页。

年，人民银行省分行主办的"电子联行到县"工程完成。①

2. 省（分行）辖内往来。1979年，人民银行省分行、农业银行广东省分行、中国银行广东省分行按照《关于人、农、中三行会计、统计会议文件的通知》规定，省辖联行由人民银行主办，农业银行参加。1980年，农业银行、中国银行可以参加人民银行的分行辖内往来，也可以申请省辖代号办理省辖往来业务。1982年，农业银行建立省内联行核算系统，农业银行、中国银行不再参加人民银行分辖往来，均改由农业银行主办的省辖往来划拨清算资金。1983年，开始运用电子计算机改进"分行辖内往来"核算办法，人民银行省分行根据各发报行报单打印"对账一览表"，寄给收报行逐笔对账，提高办事效率，加速资金周转。1984年11月至1985年3月，人民银行为适应系统内大量资金汇划的需要，重新建立辖内联行往来制度，人民银行系统内资金汇划采取收报行与发报行直接往来、直接对账、人民银行省分行定期清算结平的办法。同年，农业银行广东省分行将参加农业银行省辖往来的单位分为对账行和非对账行，规定农业银行各分支行为对账行，农业银行其他机构、工商银行、中国银行各级机构为非对账行，工商银行、中国银行两行的省辖联行汇差交当地农业银行处理。1985年，工商银行、农业银行、中国银行三家省分行各自建立自己的省辖往来制度，系统内采取管辖分行集中开户、集中监督，辖内行共同使用账户、直接往来、分别核算的做法，跨行的汇划款项相互办理转汇，转汇资金统一通过人民银行往来账户清算。1987年12月，人民银行省分行将海南与省内其他地区间的省辖往来改为全国联行往来。1996年初，

---

① 《广东年鉴》编纂委员会：《广东年鉴1998》，广东年鉴出版社1998年版，第240页。

为解决广东省城市信用合作社的通汇问题，开展城市信用合作社省辖通汇清算业务，人民银行省分行成立了广东城市信用合作社资金往来清算中心，并制定了《广东省城市信用合作社特约联行往来制度》。同年6月，特约联行正式运行，全省114家城市信用合作社同时运行。1997年1月，广东省农村信用合作联行正式开通；农村信用合作社参加广东省农村信用合作联行往来。同年12月，广东省信用合作联行并网运行，全省城市合作银行、城市信用合作社、农村信用合作社信用合作联行单位统一执行《广东省农村信用合作联行往来清算管理试行办法》。1998年，由于金融体制改革的深入以及电子联行业务的发展，人民银行省辖联行业务已经没有存在的必要。为此，人民银行省分行决定，从1998年10月停止办理省辖联行往来业务。

3. 县（支）辖内往来。自1980年1月1日起，广东省设有农业银行支行的地区，人民银行系统的支行辖内往来划归县农业银行管理，人民银行一概参加农业银行主办的县辖往来，不再设县辖往来，在尚未设立农业银行的地区，支行辖内往来仍由人民银行办理，但在县农业银行设立之后，人民银行即停办支行辖内往来。1984年，工商银行从人民银行中分设出来，人民银行的县辖往来业务，划转由工商银行继续办理。1985年，工商银行、中国银行与农业银行的支（县）辖分开办理，对于跨行的汇划相互办理转汇，转汇的资金通过人民银行往来账户划拨清算。

（二）票据交换系统

20世纪80年代，广州、深圳各金融机构开展同城票据交换工作。截至1986年底，各市县普遍建立了同城票据交换所。人民银行佛山、江门、茂名、湛江、顺德等分支行实行市带县、县带镇票据交换。1986年末，全省开展同城票据交换的县市已达100%。1989年，人民银行广州分行成立广州票据交换中心。1991年3月，广州票据交换中心率先推出国内第一套票据自动清分清算电子系统，并且开发了分类算法、平账轧差、报表生成等应用程序，实现了票据交换业务的自动化处理，突破了手工票据交换中"作坊式"操作的局限。[1] 参加地区除广州市外，其他城市的商业银行也陆续加入。1993年，随着广东卫星通信网络大发展，全省十多个市建立了现代化的同城票据清算中心。1994年，建设银行深圳市分行、农业银行深圳市分行两家参加广州票据交换（后建设银行深圳市分行由于自身原因退出）。[2] 截至1995年末，参加广州地区票据交换范围已经扩大到佛山、南海、东莞、中山、深圳、珠海、江门、肇庆、三水、高明、清远、从化、花都、增城、番禺等地。广州票据交换中心成为全国第一家区域性的票据清算中心。深圳于1993年成功地采用清分机进行同城票据清分。[3] 1995年12月，深圳金融电子结算中心正式成立，负责深圳同城票据交换业务和全国电子联行深圳小站业务的运营。[4] 1997年，广州票据交换中心引进四台新一代（36口袋）带有图像自动扫描功能的NCR6760型清分机，建立

---

[1] 《广东省志》编纂委员会：《广东省志（1979—2000）·银行·证券·保险卷》，方志出版社2014年版，第311页。

[2] 何梦初：《建立广州区域支付清算体系》，《南方金融》2000年第12期。

[3] 黄坚：《使用票据情分系统的效益分析》，《中国金融电脑》1994年第8期。

[4] 深圳金融电子结算中心有限公司：《大事记》，深圳金融电子结算中心有限公司网站，http://www.szfesc.cn/dsj/index.html。

了图像式票据自动清算系统。① 1998年6月，经过人民银行批准，广州银行电子结算中心（以下简称"广州结算中心"）成立，由其承担广州票据交换中心的全部职能。截至1999年末，珠三角地区已有19个城市的1400家行处参加广州地区票据交换，人民币业务日平均票据交易量9万笔，金额80多亿元；全年清分外币票据美元35554笔，金额1143百万元；港币15289笔，金额3259百万元。② 2000年8月，穗深人民币票据交换业务开通，处理广州大同城与深圳两个区域间的银行票据交换与资金清算。③ 广州票据交换业务存在隔场退票问题，一些外地交换行、处的票据资金隔天才能抵用，影响资金流转速度，2003年9月，广州结算中心网上退票系统开通，该系统利用电子资金转账系统的网络资源，对票据交换产生的退票在当天实施网上退回，加快了退票资金的抵用时间。④ 2003年，广州结算中心向工商银行省分行提供票据二次清分服务，全年共清分票据230万张，未发生任何票据串户、金额不符等问题。2005年，广州大同城票据交换系统已连接广州、佛山、珠海等17个城市，异地票据交换结算时间缩短为1天，大大提高了清算效率。⑤ 2006年6月，深圳票据交换电子退票业务开通。2012年以

---

　　① 《广东省志》编纂委员会：《广东省志（1979—2000）·银行·证券·保险卷》，方志出版社2014年版，第320页。
　　② 何梦初：《建立广州区域支付清算体系》，《南方金融》2000年第12期。
　　③ 唐军、苏城：《用于进取、再创新高——广州区域支付清算业务深化发展》，《深度报道》2001年第8期。
　　④ 唐军、苏城：《用于进取、再创新高——广州区域支付清算业务深化发展》，《深度报道》2001年第8期。
　　⑤ 中国人民银行广州分行金融稳定分析小组：《广东省金融稳定报告（2006）》，《南方金融》2016年第12期。

来，随着网上支付业务增长迅猛，纸质票据交换的业务量开始下降。① 2014 年，广州区域票据交换共处理业务 890.94 万笔，金额 1.09 万亿元，同比分别下降 18.6% 和 12.91%。② 尽管纸质票据交易量在逐年下降，但参与票据交换的银行网点却不断增加，广州区域票据交换参加银行网点由 2013 年的 3132 个增加到 2015 年的 3313 个。③ 截至 2019 年末，参加广州区域票据交换的网点数达 3382 家。全年人民币票据交换业务交易量 164.41 万笔，交易金额 4233.74 亿元人民币；粤港港币票据交换业务交易量 0.89 万笔，交易金额 10.55 亿港元；粤港美元票据交换业务交易量 504 笔，交易金额 3478.80 万美元。

（三）电子清算系统

1. 电子资金转账系统（EFT）。1994 年 10 月，人民银行广州分行全面参照人民银行支付系统的业务和技术规范，与各商业银行一起开发电子资金转账系统（以下简称"EFT"）。1997 年 3 月，EFT 正式投产④。作为广州同城电子支付业务的综合处理平台，EFT 是全国第一个区域性电子资金转账系统，连接着广州地区各银行的业务网络和人民银行全国卫星网，同时兼顾了同城清算与全国电子联行"天地对接"的业务需求，连接中央银行会计核算系统，实现了

---

① 中国人民银行广州分行科技处：《关于印发张艳处长在 2014 年广东省科技工作会议上的工作报告的通知》（广州银科〔2014〕12 号），2014 年。

② 广州市地方金融监督管理局：《2015 广州金融白皮书——金融发展形势与展望》，广州出版社 2015 年版，第 187 页。

③ 广州市地方金融监督管理局：《2018 广州金融白皮书——金融发展形势与展望》，广州出版社 2018 年版，第 202 页。

④ 刘以：《全国第一个地区性资金即时转账系统在广州正式运行》，《广东金融电脑》1998 年第 1 期。

与商业银行广州市分行对公业务系统的对接。① 它使过去通过交通工具和人工操作进行的金融机构间资金清算一跃成为电缆和大型计算机处理。EFT 分为大额实时转账系统、小额批处理转账系统和清算账户处理系统。② 2001 年，又推出定期借记业务和查询查复系统。其中，定期借记业务用于公共事业收费（电信、水、电费等）以及收款单位按国家政策委托收取的款项，实现指定某一个账户面向各商业银行的收付款业务，即"一户通"。③ 2005 年，EFT 连接了广州市所有商业银行、农村信用联社共超过 1400 多个银行网点。④ 2003 年 11 月 10 日，同城外币清算系统正式开通，在正常情况下单位或个人办理同城与异地外币转账业务的资金可一日到达账户，也为 EFT 与香港实时全额清算系统（RTGS）互联奠定基础。同年 12 月 25 日，依托 EFT，商业银行跨行通存通兑系统开始试运行，实现中国民生银行股份有限公司、上海浦东发展银行股份有限公司、兴业银行股份有限公司活期存折、银行卡活期存款、活期取款和个人银行结算账户转账的跨行处理，发展到 2011 年，跨行通存通兑业务已在广州、珠海、佛山、韶关、东莞、中山等六市的 208 个股份制商业银行网点开通，2016 年系统日均业务量 208 笔，日均金额 0.07 亿元。⑤

---

① 段志田：《同城电子支付系统中的几个问题》，《中国金融电脑》1998 年第 3 期。

② 段志田：《广州电子资金转账系统》，《金融与商业电子化》1998 年第 9 期。

③ 唐军、苏城：《用于进取、再创新高——广州区域支付清算业务深化发展》，《深度报道》2001 年第 8 期。

④ 中国人民银行广州分行金融稳定分析小组：《广东省金融稳定报告（2006）》，《南方金融》2016 年第 12 期。

⑤ 广州市金融工作局：《2017 广州金融白皮书——金融发展形势与展望》，广州出版社 2017 年版，第 216 页。

2006年4月3日,广东省金融结算服务系统在全省上线运行,该系统被称作是新 EFT 系统,为全省各银行金融机构和公众提供 7×24 小时、多币种特色支付的综合处理平台,业务包括转账和汇兑、在线支付、集中代收付、跨行通存通兑、3A 网络支付、自助终端支付等。2006 年,广东省金融结算服务系统业务量(含 EFT 切换至广东省金融结算服务系统前)599.63 万笔,资金量 19429.52 亿元,日均业务量 2.04 万笔,资金量 66.09 亿元。① 2013 年,广东省金融结算服务系统与人民银行国库信息系统对接。② 到 2016 年,日均业务量 35.54 万笔,资金量 183.59 亿元。广东金融结算服务系统接入网点数量持续增加,2016 年接入全省银行国库网点 6325 个,连接香港银行网点 231 个,③ 2017 年连接香港银行网点 235 个。④

2008 年 6 月 10 日,广东省金融结算服务系统下的广东省集中代收付业务开通,同年《广东省集中代收付业务处理管理办法》等相关制度开始实施,⑤ 在开通集中代收付业务的地区,收、付费单位只需在任何一家银行开户,即可对所在地区内任何一家银行开户的企事业单位及个人扣收或支付各项费用。个人只需在任一银行开立一个

---

① 广州市金融服务办公室:《2007 广州金融白皮书——金融发展形势与展望》,广州出版社 2007 年版,第 164 页。

② 广州市人民政府金融工作办公室:《2014 广州金融白皮书——金融发展形势与展望》,广州出版社 2014 年版,第 206 页。

③ 广州市金融工作局:《2017 广州金融白皮书——金融发展形势与展望》,广州出版社 2017 年版,第 216 页。

④ 广州市金融工作局:《2018 广州金融白皮书——金融发展形势与展望》,广州出版社 2018 年版,第 202 页。

⑤ 中国人民银行广州分行金融稳定分析小组:《广东省金融稳定报告(2009)》,中国人民银行广州分行网站,2009 年 6 月 30 日,http://guangzhou.pbc.gov.cn/guangzhou/129138/2170500/index.html。

账户就可以缴纳水费、电费、电话费、煤气费、保险金等费用。2010年2月，深圳金融电子结算中心有限公司正式接入中国现代化支付系统并办理集中代收付业务，① 2010年4月广东集中代收付系统与深圳集中代收付系统实现对接，进一步提高了集中代收付业务覆盖面和处理效率。截至2010年末，全省共有19个地级及以上市开通了集中代收付业务，入网的委托收费机构数量达到154家，已经将通信、水电、有线电视、交通罚款、保险的缴费纳入集中代收付系统处理。② 2014年，广东省集中代收付业务上线投产机构累计459家，当年处理业务8323.33万笔、交易金额1238.73亿元，③ 2016年日均业务量31.75万笔、金额6.64亿元。④ 广东省集中代收付业务处理量及处理金额持续上升。截至2019年末，接入广东省金融结算服务系统的省内银行机构和国库网点6317家；香港地区银行机构营业网点248家，银行网点154家。2019年，广东金融结算服务系统日均业务量56.85万笔、日均金额181.58亿元，分别比上年增长27.90%和下降17.69%；其中，集中代收付系统日均业务量51.03万笔、日均金额6.95亿元，分别比上年增长33.21%和11.31%。

2. 同城清算系统。1995年，广东肇庆、江门市电子资金清算网络系统建设列入人民银行1995年度计划。1996年，人民银行省分行在广州、梅州、揭阳等地推广使用"天地对接"地面处理系统。同

---

① 深圳金融电子结算中心有限公司：《大事记》，深圳金融电子结算中心有限公司网站，http://www.szfesc.cn/dsj/index.html。
② 广州市人民政府金融工作办公室：《2011广州金融白皮书——金融发展形势与展望》，广州出版社2011年版，第2页。
③ 广州市金融工作局：《2015广州金融白皮书——金融发展形势与展望》，广州出版社2015年版，第187页。
④ 广州市金融工作局：《2017广州金融白皮书——金融发展形势与展望》，广州出版社2017年版，第216页。

年11月，人民银行省分行要求东莞、肇庆、汕头、佛山、江门、中山、湛江、揭阳、河源、顺德、三水、南海等分行和支行将各自电子同城清算系统设计方案送省分行备案；1996年末，全省9个地市分行和3个支行的同城清算系统已先后投入使用。为建设电子同城清算系统，保障银行和企业的利益，做好票据的防伪、防诈骗工作，实现同城票据借记、贷记业务的实时清算，人民银行省分行在各地推广应用支付密码器。1996年，人民银行省分行制定《电子同城清算网络会计核算制度》《电子支付密码业务标准》《加强银行支付密码器管理的暂行规定》。1997年，人民银行发出《关于支付密码使用与管理的通知》，规范支付密码的使用，明确支付密码的使用范围、支付密码与签章的关系、支付密码器具的管理等。1997年，人民银行省分行同意江门、肇庆两地分行正式启用电子同城支付系统处理同城资金往来清算业务。电子同城支付系统的应用，取消人工跑票，变"纸票"传递为"电子票据"传输，实现市内各银行间同城票据实时转划和清算，与电子联行卫星网连接，出城市的可走卫星网，改变"天上三秒，地下三天"的局面。同年3月，深圳市小额批量支付系统投产运行，深圳同城电子支付结算网基本建成。1998年，深圳开发运行了实时全额支付系统，实现资金清算的实时到账，至此深圳初步建成支付品种齐全的同城支付结算系统。[①] 1999年，中山市电子同城清算系统[②]和东莞市跨行同城电子清算系统[③]

[①] 深圳金融发展报告编委会：《深圳金融发展报告（2008）》，人民出版社2009年版，第47页。

[②] 牛敬效：《中山市同城清算系统的升级改造方案》，《华南金融电脑》2001年第11期。

[③] 仇延生、苏城：《东莞市同城电子交换与实时清算网络系统综述》，《华南金融电脑》2001年第6期。

分别投入运行。1999—2000年,湛江市、汕头市、惠州市、珠海市银行电子结算中心先后成立,并建立起各自同城电子清算系统。2001年,为加快税金回笼速度,方便纳税人缴税,东莞市实施国库与地税局、国税局、财政局、海关的横向联网,并将此业务的资金清算纳入同城清算网络。① 由于各地同城清算系统存在分散开发、业务处理不规范、存在支付风险等问题,2000年人民银行办公厅发布通知要求,停建同城清算系统,已建设的要保证稳定运行。随着中国现代化支付系统的建设与推广,逐步取代同城清算系统,个别规范的可与支付系统城市处理中心连接。2011年9月,深圳启动本地清算系统优化整合工作:一是在整合本地人民币清算系统基础上于2012年7月上线深圳金融结算系统,实现对异地业务处理;二是与香港合作拓宽跨境人民币清算渠道,将外币实时全额清算系统整合入二期建设的深圳金融结算系统。②

3. 广东村镇银行结算业务系统。为促进农村金融业务发展,改善农村支付环境,提高广东省内村镇银行的服务能力,解决其结算问题,2012年8月1日,由人民银行广州分行牵头建设的广东村镇银行结算业务系统建成上线运行,为广东省内村镇银行提供跨行清算通道,实现了通过客户端模式满足村镇银行基本汇兑功能的第一阶段建设目标。广东村镇银行结算业务系统连接了中国现代化支付

---

① 仇延生、苏城:《东莞市同城电子交换与实时清算网络系统综述》,《华南金融电脑》2001年第6期。
② 深圳金融发展报告编委会:《深圳金融发展报告2013》,广东经济出版社2014年版。

系统和广东金融结算服务系统等支付清算渠道。① 2014 年，共有 2 家村镇银行加入广东村镇银行结算业务系统，2 家村镇银行完成系统验收测试，5 家村镇银行申请加入系统。②

（四）中国现代化支付系统

由于电子联行系统仅处理贷记业务，业务种类单一，且"天地对接"实施不到位，速度较慢，未与金融市场有机结合，不能有效支持货币政策实施，运行不够稳定，人民银行于 1997 年 6 月开始中国现代化支付系统项目试点工程建设。中国现代化支付系统（CNAPS）为世界银行技术援助贷款项目，主要提供商业银行之间跨行的支付清算服务，是为商业银行之间和商业银行与人民银行之间的支付业务提供最终资金清算的系统，是各商业银行电子汇兑系统资金清算的枢纽系统。主要由大额实时支付系统、小额批量支付系统、网上支付跨行清算系统、全国支票影像交换系统、电子商业汇票系统、境内外币支付系统组成。

广州、珠海、佛山是中国现代化支付系统项目的试点城市，广州结算中心开始承担 CNAPS 的运维和管理工作。③ 2003 年 4 月，中国现代化支付系统广州城市处理中心（CCPC）和深圳城市处理中心（CCPC）分别联网投产，大额实时支付系统开始运行。深圳成

---

① 广东图腾征信有限公司：《广东村镇银行结算业务系统》，广东图腾征信有限公司网站，2019 年 12 月 13 日，http://www.gztalent.com:8066/cws/page/302/doc4.html。

② 广州市金融工作局：《2015 广州金融白皮书——金融发展形势与展望》，广州出版社 2015 年版，第 187 页。

③ 《广东省志》编纂委员会：《广东省志（1979—2000）·银行·证券·保险卷》，方志出版社 2014 年版，第 309 页。

为全国唯一拥有支付系统城市处理中心的非省会城市①。全年广州城市处理中心处理业务 440 万笔、清算资金 5 万多亿元。2006 年 5 月、6 月小额批量支付系统分别在广州、深圳两个城市处理中心投产运行。是年，人民银行广州分行清算中心挂牌成立，与广州结算中心合署办公。大额实时支付系统、小额批量支付系统自上线以来，交易量及交易资金持续增加，特别是广州城市处理中心（CCPC）的两个系统年处理业务量及处理金额一直居全国前列（见表 2.1）。到 2017 年，大额实时支付系统直接参与者数量 17 个、日均业务量 65.55 万笔、日均金额 16690.57 亿元，小额支付系统直接参与者数量 14 个、日均业务量 126.91 万笔、日均金额 159.26 亿元，两个系统间接参与者数量达 7275 个。②

表 2.1　2006—2020 年中国现代化支付系统广州城市处理中心（CCPC）
大额实时支付系统与小额批量支付系统运行情况

年份	大额实时支付系统		小额批量支付系统	
	年处理业务量（亿笔）	年处理金额（万亿元）	年处理业务量（亿笔）	年处理金额（万亿元）
2006	0.43	24.71	0.10	0.33
2007	0.50	44.8	0.28	3.19
2008	0.61	60.58	0.41	0.78
2009	0.67	72.89	0.61	1.02
2010	0.70	101.39	1.04	1.78
2011	0.81	132.17	1.38	2.48
2012	0.96	187.58	1.74	3.17

---

① 深圳金融发展报告编委会：《深圳金融发展报告 2018》，第四章，广东经济出版社 2019 年版。

② 广州市金融工作局：《2018 广州金融白皮书——金融发展形势与展望》，广州出版社 2018 年版，第 202 页。

续表

年份	大额实时支付系统		小额批量支付系统	
	年处理业务量（亿笔）	年处理金额（万亿元）	年处理业务量（亿笔）	年处理金额（万亿元）
2013	1.20	227.96	2.27	3.38
2014	1.40	263.87	3.07	3.78
2015	1.59	321.05	3.82	4.40
2016	1.69	422.60	4.81	5.77
2017	1.65	418.93	4.63	5.81
2018	1.81	452.57	3.91	5.90
2019	2.59	708.10	4.23	8.61
2020	0.64	523.62	0.52	24.60

数据来源：由《广州金融白皮书－金融发展形势与展望》（2006—2018年）等资料整理得来。

2006年12月，广东作为试点地区运行全国支票影像交换系统，广州、深圳两个城市处理中心同时上线，实现了支票从"同城票"到"全国票"的飞跃。2007年，全省共处理业务约100.53万笔，金额达350.51亿元，业务量居全国第一。[1] 2008年至2013年，广州城市处理中心全国支票影像交换系统处理业务量及处理金额稳步增长。从2014年开始，呈逐年下降趋势。自2017年起，推进省内全国支票影像交换系统的整合工作。[2]

2010年8月，网上支付跨行清算系统在北京、天津、广州、深圳四地上线试运行。当年年底，共发生业务26.16万笔、金额

---

[1] 广州市金融服务办公室：《2008广州金融白皮书——金融发展形势与展望》，广州出版社2008年版，第130页。

[2] 广州市金融工作局：《2018广州金融白皮书——金融发展形势与展望》，广州出版社2018年版，第195页。

25.29亿元。① 2013—2014年，网上支付跨行清算系统共处理业务及金额分别由2978.32万笔、2875.62亿元②增长到7184.37万笔、6715.28亿元。③ 2015—2017年，网上支付跨行清算系统共处理业务及金额也在持续增长。2017年，日均处理业务数及金额分别为126.67万笔、63.67亿元，增长率为121.33%、65.03%。④

2013年，人民银行开始对CNAPS进行升级改造，10月6日，第二代支付系统在广州城市处理中心（CCPC）切换上线。新建成的第二代支付系统支持商业银行"一点接入、一点清算"、人民币跨境支付业务等，更好地满足经济金融发展的需要。自2014年起，第二代支付系统在广东省顺利推广，各法人银行平稳切换至第二代支付系统报文标准，银行分支机构由支付系统直接参与者变为间接参与者，有效促进商业银行"一级法人"制度落实到位。随着现代化支付系统建设落实，广东省已逐步形成以中国现代化支付系统为核心，商业银行行内系统为基础，各地同城票据交换所并存，支撑多种支付工具的应用和满足社会各种经济活动支付需要的支付清算体系。

2019年，大额支付系统日均业务量71.06万笔、日均金额1.94万亿元，分别比上年减少1.07%和增长8.33%；小额支付系统日均业务量115.89万笔、日均金额235.80亿元，分别增长8.27%和45.84%；网上支付跨行清算系统日均业务量603.31万笔、日均金

---

① 广州人民政府金融工作办公室：《2011广州金融白皮书——金融发展形势与展望》，广州出版社2011年版，第130页。
② 中国人民银行广州分行科技处：《关于印发张艳处长在2014年广东省科技工作会议上的工作报告的通知》（广州银科〔2014〕12号），2014年。
③ 广州市金融工作局：《2015广州金融白皮书——金融发展形势与展望》，广州出版社2015年版，第179页。
④ 广州市金融工作局：《2018广州金融白皮书——金融发展形势与展望》，广州出版社2018年版，第202页。

额 475.90 亿元，分别增长 12.83% 和 24.94%。2020 年，大额支付系统业务量 6416.72 万笔、金额 5236205.50 亿元；小额支付系统业务量 51610.99 万笔、金额 245987.08 亿元；网上支付跨行清算系统业务量 60638.61 万笔、金额 75098.63 亿元。

（五）中央银行会计核算数据集中系统

中央银行会计核算数据集中系统（以下简称"ACS"）是反映社会资金运动、体现中央银行作为资金最终结算重要地位的核心业务系统，对畅通货币政策传导机制、履行央行支付清算服务职能、促进金融业稳定运行具有重要意义。2014 年 4 月 28 日，ACS 在广东上线，ACS 综合前置子系统的推广为银行业实施单一法人管理和业务集约化运用创造有利条件，为商业银行全面加强流动性管理、提高资金配置效率和防范资金风险提供支持。[①] 截至 2014 年末，全省 20 个会计核算主体、85 个营业网点全部运行 ACS。2015 年，省内 11 家银行分支机构上线运行 ACS 综合前置子系统，5 家银行分支机构开展资金归集业务。[②] 2016 年，有 104 家法人金融机构上线了 ACS 综合前置子系统。[③] 2017 年，人民银行广州分行印发 ACS 分级分类监管制度，创新 ACS 分级分类管理和非现场检查机制。[④]

[①] 广州市金融工作局：《2015 广州金融白皮书——金融发展形势与展望》，广州出版社 2015 年版，第 178 页。

[②] 广州市金融工作局：《2016 广州金融白皮书——金融发展形势与展望》，广州出版社 2016 年版，第 205 页。

[③] 广州市金融工作局：《2017 广州金融白皮书——金融发展形势与展望》，广州出版社 2017 年版，第 207 页。

[④] 广州市金融工作局：《2018 广州金融白皮书——金融发展形势与展望》，广州出版社 2018 年版，第 194—195 页。

二 新兴非现金支付工具的推广与应用

（一）电子商业汇票

2009年10月16日，人民银行发布《电子商业汇票业务管理办法》，同年10月28日，CNAPS下的电子商业汇票系统（以下简称"ECDS"）正式建成运行，我国票据市场由此迈入电子化时代。2010年，广东省顺利完成ECDS的推广上线工作。[①] 2011年，人民银行广州分行发布《关于推广电子商业汇票业务的指导意见》，鼓励银行机构依托重点客户、产业链或产业集群、集团公司开展电子商业汇票业务并通过集中宣传和组织培训，大力推广电子业汇票业务，全年ECDS处理承兑业务5万笔、金额1140亿元，处理贴现业务1万笔、金额297亿元，处理转贴现业务1万笔、金额472亿元。[②] 截至2012年末，全省共有4541家银行网点加入ECDS。2013年，推进村镇银行、农村信用社等地方性金融机构加快ECDS建设。同年6月23日，人民银行广州分行组织省内13个地市中心支行加入ECDS并开通再贴现业务处理模块，拓宽中小微及涉农企业票据再融资渠道，当年广东省办理的回购式再贴现笔数和金额分别为378笔、9.70亿元，同比分别增长125.0倍和73.6倍。截至2013年末，广东电子商业汇票承兑金额累计达5054亿元，占全国的14.8%，排名全国第一；贴现金额历年累计1508.75亿元，占全国

[①] 广州市人民政府金融工作办公室：《2011广州金融白皮书——金融发展形势与展望》，广州出版社2011年版，第130—133页。

[②] 广州市人民政府金融工作办公室：《2012广州金融白皮书——金融发展形势与展望》，广州出版社2012年版，第165—166页。

的12.0%，列全国第三。① 2014年，农村商业银行、农合机构、财务公司等地方法人机构开始加入ECDS，广发银行股份有限公司、广东省农村信用社联合社、珠海华润银行股份有限公司、广东顺德农村商业银行股份有限公司、美的集团财务有限公司5家银行业金融机构于当年完成电子商业汇票系统改造升级。② 2015年，简化ECDS参与者准入审批流程，全年全省新增电子商业汇票机构网点277家，发生电子商业汇票承兑业务21.95万笔、金额5718.16亿元。③ 2016年8月27日，人民银行发布《关于规范和促进电子商业汇票业务发展的通知》，对电子商业汇票业务做出新的规定，同年人民银行广州分行制定《关于规范和促进电子商业汇票业务发展的指导意见》及《广东省电子商业汇票业务推广时间表》，深入推广电子商业汇票业务。2016年在全国率先实现一定金额以上商业汇票通过电子商业汇票签发。单张出票金额300万元、100万元以上的商业汇票分别比全国提前1个月和6个月实现电子商业汇票签发，全年共发生电子商业汇票承兑业务23.80万笔、金额4738.33亿元，其中人民银行佛山中心支行推动美的集团财务有限公司19家集团内部企业及100家产业链上下游企业开通财务公司ECDS。④ 2017年，广东省商业汇票电子化水平得到进一步提高，仅广州市就有78%的银行机构网点接入ECDS，银行机构整体电子商业汇票金额替代率

---

① 广州市人民政府金融工作办公室：《2014广州金融白皮书——金融发展形势与展望》，广州出版社2014年版，第208页。
② 广州市金融工作局：《2015广州金融白皮书——金融发展形势与展望》，广州出版社2015年版，第180—181页。
③ 广州市金融工作局：《2016广州金融白皮书——金融发展形势与展望》，广州出版社2016年版，第207页。
④ 广州市金融工作局：《2017广州金融白皮书——金融发展形势与展望》，广州出版社2017年版，第208页。

达到90%以上，单笔出票金额300万以上的商业汇票通过ECDS办理的达到100%，单笔出票金额100万元以上的商业汇票通过ECDS办理的也达到98%以上。①

（二）移动支付

2009年，金融IC卡开始在全国大力推广，成为人民银行支付结算重点工作之一。2010年，人民银行广州分行制定印发《广东省金融IC卡发行与业务指引（试行）》《广东省金融IC卡发展规划（2010—2012年）》等制度规划，大力营造推广金融IC卡的政策氛围。②截至2010年9月底，广东累计发行PBOC 2.0标准金融IC卡达65万张，主要产品有广深铁路牡丹IC卡、国民旅游休闲卡、牡丹长隆卡、工银亚运卡等，应用领域集中于快速小额支付领域。③2011年9月20日，全国首张大学城金融联名IC卡成功发行，惠及60万师生。④ 2012年，金融IC卡进入惠州公交领域。2013年，广东省金融IC卡应用已拓展至公共交通、社会保障、医疗卫生、文化教育、城市管理、生活服务、企业服务7大类多个领域，包括"广州市大学城金融联名IC卡"实现园区应用向PBOC2.0完全迁移；"韶关市金融IC卡多行业应用"项目获"国家金卡工程2013年度金蚂蚁奖创新应用奖"，韶关市金融IC卡税务行业应用"金税通"移动支付系统成功上线运行；清远、中山等地将金融IC卡应用推广

---

① 广州市金融工作局：《2018广州金融白皮书——金融发展形势与展望》，广州出版社2018年版，第197页。
② 广州市人民政府金融工作办公室：《2011广州金融白皮书——金融发展形势与展望》，广州出版社2011年版，第131页。
③ 广州市人民政府金融工作办公室：《2011广州金融白皮书——金融发展形势与展望》，广州出版社2011年版，第185—192页。
④ 广州市人民政府金融工作办公室：《2012广州金融白皮书——金融发展形势与展望》，广州出版社2012年版，第166页。

至公交领域；东莞、茂名、江门、河源、湛江等地将金融IC卡拓展到医疗领域；珠海完成金融IC卡在市内停车场推广应用；佛山、梅州等地将金融IC卡应用拓展至菜市场领域。当年全省累计发行金融IC卡超过9022万张，其中2013年新增发卡7467万张，占银行卡新增发卡数量的83%；截至2013年底，全省共计完成ATM受理金融IC卡功能改造超5万台，存量改造完成率达100%；完成ATM受理跨行圈存功能改造4.9万余台，改造率达99.33%；直联POS终端42.9万台100%可受理金融IC卡，间联POS终端完成受理金融IC卡功能存量改造近10万台。[1] 2014年，开始在部分社区市场试点推广以金融IC卡为载体的非现金会计支付。[2] 2015年，广东省金融IC卡发行规模不断扩大，首发"村财通"银行卡和具有小额支付电子钱包功能的智能手环，[3] 推动辖内法人银行机构发行基于安全单元、支付标记等技术的移动金融IC卡，金融IC卡在公共服务领域的应用项目数近80个。截至2016年末，全省19地市实现金融IC卡在公共交通领域应用，20个地市实现金融IC卡在菜市场应用，13个地市实现金融IC卡在校园应用，广州地铁率先实现金融IC卡闪付应用。[4] 2017年，广州地铁集团有限公司成为国内首家规模化

---

[1] 中国人民银行广州分行科技处：《处关于印发张艳处长在2014年广东省科技工作会议上的工作报告的通知》（广州银科〔2014〕12号），2014年。

[2] 广州市金融工作局：《2015广州金融白皮书——金融发展形势与展望》，广州出版社2015年版，第180页。

[3] 中国人民银行广州分行：《金融服务管理》，《广东年鉴2016——金融保险》，广东年鉴出版社2016年版，第149页。

[4] 广州市金融工作局：《2017广州金融白皮书——金融发展形势与展望》，广州出版社2017年版，第208页。

创新应用金融 IC 卡脱机技术认证的企业,① 同年肇庆公交实现银联 IC 信用卡 ODA 模式应用,并支持银联 IC 借记卡、云闪付等多种新型电子支付方式,开创国内城市公共交通领域多元化支付新格局。

2020 年,移动支付应用场景进一步拓展。智慧交通建设取得阶段性成效。2020 年,广东地区 20 个城市公交均支持银联移动支付,其中,广州、汕头、东莞、珠海公交均已上线云闪付乘车码,全年公交场景累计交易 2805.38 万笔,日均交易 7.8 万笔;广州、佛山、东莞 3 个城市地铁均已支持银联移动支付,全年地铁场景累计交易 1085.7 万笔,高峰日交易达到 4.7 万笔。智慧医疗建设取得积极进展。截至 2020 年末,广东地区已上线支持医保移动支付的医院 12 家。云闪付 App 上线申领电子社保卡功能,通过电子社保卡可在全省范围内医院和药店进行扫码支付,并线上查询社保参保情况、医保账户余额、缴费明细等信息,业务开通以来累计签发云闪付电子社保卡 22.35 万张。截至 2020 年末,广东地区累计注册云闪付 App 用户 2415.8 万户,支付月活跃用户 207.13 万户。

三 农村支付体系建设

(一) 银行卡助农取款服务点建设

2011 年,为进一步改善农村地区支付服务环境,提升农村金融服务水平,人民银行决定在全国范围推广银行卡助农取款服务(以下简称"助农取款服务")并于当年 7 月 11 日发布《中国人民银行

---

① 广州市金融工作局:《2018 广州金融白皮书——金融发展形势与展望》,广州出版社 2018 年版,第 197 页。

关于推广银行卡助农取款服务的通知》。① 同年,助农取款服务在广东省启动推广工作,向农村地区持卡人提供小额贷款、余额查询和转账等支付服务。② 到 2012 年 10 月末,助农取款服务已覆盖广东省所有地市的金融服务空白行政村。2013 年,助农取款服务叠加代缴公共费用、贷款资讯等惠民便民功能,③ 助农取款服务点数量持续增加。到 2014 年,广东省共有助农取款服务点 2.06 万个,布放受理终端 2.1 万台,取款 220 万笔,金额 6.7 亿元,查询交易 111 万笔。④ 2015 年,助农取款服务点新增了现金汇款、转账汇款、代理缴费等功能。人民银行广州分行协调广东省人力资源和社会保障厅与中国银联股份有限公司及中国工商银行股份有限公司、中国农业银行股份有限公司等 16 家银行机构签署协议,在全国率先推出支付惠农新举措,每月免收 3 笔通过助农取款服务点、ATM 等跨行取款交易手续费。2015 年,广东省共办理助农取款交易 422.31 万笔,金额 17.14 亿元,查询交易 203.39 万笔,⑤ 助农取款服务点增加到 2.34 万个,布放受理终端 2.36 万台。⑥ 2016 年 10 月,人民银行广州分行联合省金融办印发《广东省农村支付环境建设指导意见

---

① 中国人民银行:《中国人民银行关于推广银行卡助农取款服务的通知》(银发〔2011〕177 号),2011 年。

② 广州市人民政府金融工作办公室:《2012 广州金融白皮书——金融发展形势与展望》,广州出版社 2012 年版,第 166 页。

③ 广州市人民政府金融工作办公室:《2014 广州金融白皮书——金融发展形势与展望》,广州出版社 2014 年版,第 207 页。

④ 罗勇成:《银行卡助农取款服务可持续发展研究》,《中国信用卡》2015 年第 4 期。

⑤ 广州市金融工作局:《2016 广州金融白皮书——金融发展形势与展望》,广州出版社 2016 年版,第 208 页。

⑥ 周开禹:《助农取款服务可持续发展探析》,《金融理论与实践》2016 年第 9 期。

（2016—2020）》，要求以助农取款服务点为载体，通过叠加社会保险待遇领取、公共事业缴费、小额贷款咨询与发放、金融知识宣传等方式，拓展助农取款服务点的综合服务功能，截至2016年末，广东省存量助农取款服务点为2.4个，累计办理取款634.02万笔、金额25.43亿元，转账474.90万笔、金额62.69亿元，查询312.22万笔。①2017年，助农取款服务点及各类交易继续大幅上升，全省助农取款交易770.77万笔、金额31.29亿元，转账交易703.02万笔、金额46.10亿元。为提高全省各地助农取款服务建设的积极性，2014年11月，广东省助农取款服务深化工程向申请到省级财政专项资金补贴1000万元，一次性发放至全省1.9万余个服务点商户。②

（二）农村移动支付应用

2013年，广东省开始推进农村手机支付业务试点。全年共拓展农村手机支付用户1857个，便民服务点82个，累计转账2062笔，交易金额25.06万元。随着移动技术的推广，中共广东省委、省政府高度重视农村支付环境建设在内的普惠金融发展工作，2016—2017年先后出台的《中共广东省委广东省人民政府关于服务实体经济防控金融风险深化金融改革的实施意见》《广东省推进普惠金融发展实施方案（2016—2020年）》将广东省农村地区移动支付建设纳入政府改革发展规划，明确提出完善农村偏远地区支付结算基础设施，在全省打造农村移动支付推广应用"十百千示范工程"，在

---

① 广州市金融工作局：《2017广州金融白皮书——金融发展形势与展望》，广州出版社2017年版，第209—210页。

② 广州市金融工作局：《2015广州金融白皮书——金融发展形势与展望》，广州出版社2015年版，第181页。

全省建成 10 个示范县市区、100 个示范镇街道、1000 个示范点，实现移动支付在公共、民生行业应用全覆盖。① 2017 年，广东省全面启动农村地区移动支付专项工程建设，人民银行广州分行联合省金融办印发《广东省农村地区移动支付专项工程推广方案（2017—2020）》，明确统筹推进农村移动支付产业发展的工作目标和主要任务，推动专项工程列入 2017 年广东省普惠金融"村村通"工程，重点推广"移动支付+"等普惠金融模式。2017 年末，仅广州地区网上支付、移动支付、电话支付分别累计开户 380.18 万户、370.07 万户和 82.20 万户。② 为配合移动支付的推广，农村信息基础设施建设也在不断推进。2016 年开始电信普遍服务试点建设工作以来，广东省组织河源、茂名、梅州等 8 个地市共 1868 个行政村积极申报国家电信普遍服务试点审批，财政部下达专项补贴金额 5534 万元。农村光纤建设方面，2015—2017 年，全省新增开拓光纤入户行政村 1 万个，接入用户 440.4 万户，完成 2277 个省定贫困村 50M 以上光纤接入，开通韶关、河源、梅州、潮州 4 市 13 个原中央苏区县（市）3301 个试点村的超高速无线局域网服务，共派发终端设备 1112924 台，服务覆盖约 590 万村民，截至 2017 年底，广东 19463 个行政村全部实现光纤村村通和 4G 网络全覆盖。③ 2018 年，人民银行广州分行加快推进农村支付普惠金融进程。制定《广东

---

① 广东省人民政府金融工作办公室：《关于广东省第十三届人民代表大会第一次会议第 1119 号代表建议答复的函》（粤金案〔2018〕90 号），2018 年 4 月 20 日。

② 广州市金融工作局：《2018 广州金融白皮书——金融发展形势与展望》，广州出版社 2018 年版，第 197 页。

③ 广东省人民政府金融工作办公室：《关于广东省第十三届人民代表大会第一次会议第 1119 号代表建议答复的函》（粤金案〔2018〕90 号），2018 年。

省农村支付服务环境建设专项方案》，成功推动省政府将专项方案内容列入《2018年广东省人民政府普惠金融总体方案》，联合广东省地方金融监督管理局研究出台《广东省农村支付服务环境建设考核办法》，统筹规划支付领域普惠金融发展政策措施。2020年，惠州、河源等地农村退出"乡银保"项目，覆盖社保定点机构1241家、镇卫生院61家、村卫生站426家，受惠群众300多万人。

四　粤港澳跨境支付

（一）粤港票据联合结算

1997年香港回归后，粤港两地经济交往日趋密切，资金结算频繁，开办粤港港币支票联合结算业务，可以变国际结算为同城结算，缩短资金在途时间，加速资金周转，提高经济效益，扩大社会影响，同时方便企业的经营管理，增强外商的投资信心。人民银行深圳市中心支行与香港金融管理局达成港币支票联合结算的谅解备忘录，1998年1月起，深圳开办深港港币支票联合结算业务。1998年9月，在粤港合作联席会议第二次会议上，港方向省政府提出将此项业务扩大至广东省全省。省政府对此表示赞同，要求人民银行广州分行总结深圳经验，推广粤港港币支票的联合结算，同时，省政府向国务院港澳事务办公室上报了这一合作议题。根据省政府转来国务院港澳事务办公室的复函和粤港双方专责小组的会晤意见，人民银行广州分行在深港开通港币支票联合结算业务的基础上，将此项业务扩大至广东省珠三角的经济发达地区，进一步促进粤港两地的经贸合作，提高资金使用效率，加快粤港地区的经济发展。2000年4月，人民银行批复同意人民银行广州分行组织开办粤港港币支票联合结算业务。同年10月，粤港港币支票联合结算业务在全省范围内开办。人民银行广州分行负责领导和管理粤港港币支票结算工作，外汇局广州分局具体负责资金清算，广州结算中心具体负责粤港港币支票交换的日常运行和管理。当时粤港支票联合结算的支票只限于港币支票，还规定港币支票的结算仅是单向的港币支票结算，即指由香港出票并以香港银行为付款人、以粤方的机构或个人为收款人的港币支票结算。代理商业银行对跨行提入票据的处理要求，按照支行、网点、借贷方、金额段等要素为其提供票据清分。并同步采集票据磁码信息、磁码数据以文本格式存储在电子介质上提交给商业银行。商业银行据此进行数据补入，印鉴核对、票据审核等处理，实现记账、退票、归档和查询等自动化操作。2000年12月，人民银行广州分行向人民银行申请开办粤港港币支票双向结算业务。[①] 2001年9月，粤港票据联合结算增加了本票、汇票的单向结算业务。2002年2月1日，人民银行发布《粤港港币支票联合结算管理办法》，[②] 实现粤港港元支票双向结算。截至2005年末，粤港港币票据联合结算系统已实现了粤港两地18个城市本票、支票的双向交换，结算时间由5天缩短为2天。2006年，香港人民币支票业务在广东正式开通，香港居民开出的人民币支票可以在广东使用，拓展了在港人民币的回笼渠道，也带动广东省内非现金支付工具的推广。截至2006年末，该系统共接受支票429笔，金额910.15万元。2015年，粤港票据联

[①] 《广东省志》编纂委员会：《广东省志（1979—2000）·银行·证券·保险卷》，方志出版社2014年版，第310页。
[②] 中国人民银行：《中国人民银行关于印发〈粤港港币支票联合结算管理办法〉的通知》（银发〔2002〕26号），2002年。

合结算系统处理人民币支票业务金额163.60万元，处理港元票据业务金额44.80亿港元。2016—2017年处理港元票据业务金额分别为39.1亿港元和36.47亿港元。2016年，粤港电子支票联合结算试点启动。广东省内的试点银行机构可受理香港电子支票的跨境托收，为客户办理香港电子支票的收款，首次实现内地与香港支票电子结算。

（二）粤港外币实时支付系统

2004年4月28日，粤港外币实时支付系统正式开通。粤港外币实时支付系统由广州结算中心和香港银行同业结算有限公司共同运作，通过采用高度安全可靠的网络设备与香港即时支付系统对接，是专门处理粤方付款人委托其开户银行发起的支付给香港收款人的外币贷记支付业务，和香港付款人发起的支付给粤方收款人的外币贷记业务的一个资金汇划系统，实现粤港间外币资金汇划业务逐笔处理、资金全额清算、外币实时到账。粤港外币实时支付系统的开通是对粤港票据联合结算还没有开通美元票据的一种补充。2004年粤港外币实时支付系统发生港元、美元业务分别为900笔和1000笔，清算资金3.3亿港元和0.8亿美元。2015—2017年，该系统处理港元结算金额分别为710.30亿港元、519.8亿港元、797.84亿港元，处理美元结算金额分别为896.20亿美元、972.0亿美元、1076.17亿美元。

（三）业务创新与应用场景拓展

2000年，粤港外币实时转账及澳门清算行办理支付系统业务开通，开辟了粤港澳之间资金汇划的新渠道。[①] 2003年11月10日，

[①]《广东省志》编纂委员会：《广东省志（1979—2000）·银行·证券·保险卷》，方志出版社2014年版，第310页。

同城外币清算系统正式开通，在正常情况下单位或个人办理同城与异地外币转账业务的资金可一日到达账户，也为 EFT 与香港实时全额清算系统（RTGS）互联奠定基础。2004 年 11 月 3 日，正式开通澳门人民币清算业务，中国银行澳门分行作为澳门的清算行与广州城市处理中心联网，为内地与澳门资金清算开辟新的渠道。2006 年，人民银行广州分行完善了广州城市处理中心 CCPC 软件，将中国银行澳门分行纳入支付系统，跨国银行的澳门分支机构也能够通过大额支付系统进行人民币业务的清算平盘交易，促进了粤澳结算合作的发展。[①] 2011 年，粤澳金融 IC 卡互通应用取得发展，符合 PBOC2.0 标准的"牡丹中山联通卡"成功发行，该卡可在中山和澳门两地的部分公交线路使用，截至 2012 年末，该卡已发行 3.96 万张。2011 年，珠海智能停车收费管理系统在当年投入使用，珠海和澳门两地发行的银行卡、金融 IC 卡均可通过咪表刷卡支付停车费。同年还成功发行了"澳门通银联双币闪付卡"，该卡可在内地所有带银联标识的机具上使用。2012 年 3 月，人民银行广州分行和香港金融管理局联合启动粤港跨境缴费通系统（粤港代收付系统）建设项目，实现两地居民跨境缴费、消费等支付服务便利化。同年 7 月，该系统建成运行，首期支持香港客户缴付广东省商户费用单向服务，如物业管理费、消费贷款、水电费、手机费、保险费等各类缴费与支出，实现了"南卡北用、南户北用"。2013 年 1 月 28 日，澳门币即时支付结算系统投入运作，同年岭南通与澳门通卡实现互联互通，银联多币卡在

[①] 中国人民银行广州分行金融稳定分析小组：《广东省金融稳定报告（2007）》，中国人民银行广州分行网站，2007 年 6 月 30 日，http://guangzhou.pbc.gov.cn/guangzhou/129138/2170509/index.html。

横琴新区率先发行，银联卡境外受理商户的人民币清算业务率先在香港开展试点。2015年，广州南沙4条试点公交线路和珠海横琴莲花大桥穿梭巴士实现受理金融IC卡，搭乘上述交通工具的粤港澳三地居民可使用金融IC卡支付乘车费用，其中珠海横琴莲花大桥穿梭巴士于2017年实现以闪付方式收取车费，当年以该种方式收到车费474.53万笔，金额1753.04万元。2016年3月7日，澳门人民币即时支付结算系统正式投入运作。2017年6月27日，人民银行广州分行和香港金融管理局在广州联合宣布在广东可实现香港居民使用其在香港银行机构开立的账户缴纳境内日常生活费用。2018年，人民银行广州分行配合人民银行推动中国银联（国际）于2018年9月10日在港澳地区推出云闪付App港澳持卡人服务，推动香港微信电子钱包同中国银联股份有限公司于2018年9月26日合作推出双向跨境移动支付服务，满足港澳居民便捷支付服务需求。加强特色跨境支付业务推广。加大粤港电子支票联合结算、粤港跨境电子账单直接缴费等创新业务联合推广力度，研究优化电子支票客户认证环节，提高电子支票转化率。联合澳门金融管理局研究粤澳跨境电子账单直接缴费业务实施方案。2020年12月14日，粤澳跨境电子账单直接缴费业务正式启动，支持澳门居民在澳足不出户即可跨境缴纳在广东产生的各类民生费用，实现了跨境电子账单直接缴费业务在港澳地区的全覆盖。

第八节　跨境人民币业务

一　跨境人民币业务制度建设

2009年4月8日，时任中华人民共和国国务院总理温家宝主持召开的国务院常务会议，决定在上海和广州、深圳、珠海、东莞5市开展跨境贸易人民币结算试点。同年7月1日，人民银行、财政部、商务部、海关总署、国家税务总局、中国银行业监督管理委员会共同发布《跨境贸易人民币结算试点管理办法》，①允许指定的、有条件的企业在自愿的基础上以人民币进行跨境贸易的结算，支持商业银行为企业提供跨境贸易人民币结算服务。国务院批准试点地区的跨境贸易人民币结算适用该办法。该办法规定试点企业与境外企业以人民币结算的进出口贸易，可以通过香港、澳门地区人民币业务清算行进行人民币资金的跨境结算和清算，也可以通过境内商业银行代理境外商业银行进行人民币资金的跨境结算和清算。经人民银行和香港金融管理局、澳门金融管理局认可，已加入人民银行大额支付系统并进行港澳人民币清算业务的商业银行，可以作为港澳人民币清算行，提供跨境贸易人民币结算和清算服务。试点地区内具备国际结算业务能力的商业银行，可以为试点企业提供跨境贸易人民币结算服务，也可以与跨境贸易人民币结算境外参加银行签订人民币代理结算协议，为其开立人民币同业往来账户，代理境外参加银行进行跨境贸易人民币支付。7月3日，人民银行印发《跨境贸易人民币结算试点管理办法实施细则》的通知。②该实施细则规定了境内代理银行、境内结算银行、境外参加银行、试点企业在进行跨境贸易人民币结算中的具体要求，在开立人民币同业往来账户、人民币购售业务的管理模

---

① 中国人民银行、财政部、商务部、海关总署、国家税务总局、银监会：《跨境贸易人民币结算试点管理办法》（公告〔2009〕第10号），2009年7月1日。

② 中国人民银行：《跨境贸易人民币结算试点管理办法实施细则》（银发〔2009〕212号），2009年7月3日。

式、港澳人民币清算行加入全国银行间同业拆借市场、人民币贸易融资等方面做了明确要求。7月7日，广州、深圳、珠海和东莞作为全国首批试点城市，正式启动跨境贸易人民币结算试点工作。是年，人民银行广州分行与香港金融管理局、澳门金融管理局、人民银行上海总部、中国银行等机构进行沟通，建立跨境人民币结算台账制度、日报制度和周报制度，监测跨境人民币结算试点情况。2011年7月，人民银行等六部委联合发文明确跨境贸易人民币结算地区范围扩大到全国。2012年，中国人民银行深圳市中心支行印发《前海跨境人民币贷款管理暂行办法》[①] 对在深圳前海注册成立并在深圳前海实际经营或投资的企业从香港经营人民币业务的银行借入人民币资金的业务进行规定。2014年11月5日，人民银行发布《关于跨国企业集团开展跨境人民币资金集中运营业务有关事宜的通知》，对跨境双向人民币资金池和经常项下跨境人民币集中收付业务进行了规定。2014年末，广东省内已有12家跨国企业集团与结算银行签订了跨境人民币资金集中运营业务协议。2015年7月13日，中国人民银行广州分行发布《广东南沙、横琴新区跨境人民币贷款业务试点管理暂行办法》，[②] 在广州南沙、珠海横琴开展跨境人民币贷款业务，截至2015年末，广州南沙、深圳前海、珠海横琴共累计汇入跨境人民币贷款金额198亿元。同年9月23日，人民银行发布《中国人民银行关于进一步便利跨国企业集团开展跨境双向人民币资金池业务的通知》，对跨国企业集团开展跨境双向人民币

[①] 中国人民银行深圳市中心支行：《前海跨境人民币贷款管理暂行办法》（深人银发〔2012〕173号），2012年12月27日。

[②] 中国人民银行广州分行：《广东南沙、横琴新区跨境人民币贷款业务试点管理暂行办法》，2015年7月13日。

资金池业务进行了重新规定,降低参与跨境双向人民币资金池业务的门槛,并提高了跨境人民币资金净流入额上限。至此,2014年出台的《中国人民银行关于跨国企业集团开展跨境人民币资金集中运营业务有关事宜的通知》中关于跨境双向人民币资金池的要求不再适用。2016年4月,《中国人民银行广州分行关于支持中国(广东)自由贸易试验区扩大人民币跨境使用的通知》[1]正式发布。该《通知》使得中国(广东)自由贸易试验区内个人经常项目和直接投资跨境人民币业务、中国(广东)自由贸易试验区版跨国企业集团跨境双向人民币资金池、区内金融机构和企业境外发行人民币债券募集资金回流、区内企业境外母公司境内发行人民币债券(熊猫债)、区内银行发放境外人民币贷款5项跨境人民币业务新政落地。

二 跨境人民币业务开展情况

2009年以来,跨境人民币结算业务在广东省得到全面推进。广东跨境人民币结算参与主体以及涉及境外结算区域都在不断扩大。2009—2018年广东办理跨境人民币结算业务结算金额连续9年位居全国各省(市、区)首位(见表2.2)。由于主要集中在上海市的资本市场业务开放步伐加快,2018年广东跨境人民币业务次于上海市位居全国第二。2011—2018年,人民币在广东省连续8年成为仅次于美元的第二大跨境收支货币。

---

[1] 中国人民银行广州分行:《中国人民银行广州分行关于支持中国(广东)自由贸易试验区扩大人民币跨境使用的通知》(广州银发〔2016〕13号),2016年4月13日。

表 2.2　　　　　　　　2009—2019 年广东跨境人民币结算情况

年份	广东跨境人民币结算金额（万亿元）	广东跨境人民币结算参与主体（家） 办理业务银行分支机构（含网点）	企业（机构）	涉及境外结算区域（个）
2009	0.001	112	121	11
2010	0.12	746	2594	45
2011	0.52	1362	8346	124
2012	1.10	1921	15952	162
2013	1.72	2397	24004	190
2014	2.53	2757	33010	204
2015	3.01	2983	42950	208
2016	2.70	3150	51079	212
2017	2.16	3313	58272	214
2018	3.17	3511	71452	219
2019	3.26	3692	94014	223

数据来源：中国人民银行广州分行网站——金融数据。

2010年，人民币跨境投融资个案试点创造了多项全国第一的纪录，包括广州二汽装修有限公司向澳门企业支付内地第一笔跨境人民币股权转让款项，广东三元麦当劳食品有限公司办理第一笔借用人民币外债，招商银行股份有限公司办理第一笔跨境人民币贸易融资，美的集团办理第一笔人民币境外放款，东莞外商投资企业协会办理第一笔境外人民币直接投资内地业务。2011年业务范围拓展至资本项目下的对外直接投资和外商直接投资，办理了全国第一笔境外直接投资人民币结算、第一笔金融机构对外直接投资人民币结算。2012年，粤港跨境人民币融资试点率先在广东省内开展，截至11月末，全省已有23个项目办理跨境融资63亿元，试点企业共节省融资成本约1.5亿元。① 深圳前海也于是年启动跨境人民币贷款业务。2014年，广州首创跨境人民币缴税（费）服务，并启动中国广州—新加坡现钞跨国调运，开通了清算行模式下第一条人民币现钞跨国调运线路。个人经常项目和直接投资、自贸区版跨国企业集团跨境双向人民币资金池、金融机构和企业境外发行人民币债券募集资金回流、企业境外母公司境内发行人民币债券（熊猫债）、银行发放境外人民币贷款等跨境人民币业务创新在中国（广东）自由贸易试验区进行探索。截至2018年12月末，中国（广东）自由贸易试验区广州南沙新区片区、珠海横琴新区片区跨境人民币业务总量8714.07亿元，占区内本外币跨境收支的83.5%。截至2018年末，广东已办理跨境人民币结算业务17.32万亿元，占全国结算总量的23.5%，位居全国各省（自治区、直辖市）第2位，业务范围覆盖219个境外国家和地区。其中，粤港澳大湾区②境内九市与港澳地区跨境人民币收支金额11.40万亿元，占全省跨境人民币结算金额的65.8%，占本外币跨境收支金额的31.0%；广东与"一带一路"③国家和地区发生跨境人民币业务2.26万亿元，占全省业

---

① 中国人民银行广州分行：《中国人民银行广州分行关于2012年广州分行"十大亮点工作"评选结果的通报》（广州银发〔2012〕141号），2012。

② 粤港澳大湾区由香港、澳门两个特别行政区和广东省广州、深圳、珠海、佛山、惠州、东莞、中山、江门、肇庆九个珠三角城市组成。

③ "丝绸之路经济带"和"21世纪海上丝绸之路"的简称，2013年9月和10月由中国国家主席习近平分别提出建设"新丝绸之路经济带"和"21世纪海上丝绸之路"的合作倡议。"一带一路"旨在借用古代丝绸之路的历史符号，高举和平发展的旗帜，积极发展与沿线国家的经济合作伙伴关系，共同打造政治互信、经济融合、文化包容的利益共同体、命运共同体和责任共同体。

务总额的13.0%。全省为跨国企业集团设立跨境双向人民币资金池535个，涉及企业3179家（不含深圳），累计收支金额1.04万亿元；全省为54家第三方支付机构办理跨境人民币支付业务备案，收付金额达3600.87亿元人民币。2020年，广东省跨境人民币结算金额4.1万亿元，同比增长26.2%，人民币已是广东第二大跨境结算货币，并超越美元成为粤港澳大湾区第一大跨境结算货币；粤港澳大湾区内业务量3万亿元，占全省业务总量的72.6%，占全国业务量的10.5%，同比增长28.6%；广东与"一带一路"国家和地区发生跨境人民币业务4141亿元，占全省业务总量的10.1%。

三 跨境人民币业务的创新发展

为深入贯彻落实"六稳""六保"工作要求，人民银行广州分行充分发挥跨境人民币业务服务实体经济、促进贸易投资便利化的作用，多措并举助力广东更高水平对外开放和经济高质量发展。2021年1—7月，广东省（不含深圳）跨境人民币业务额1.3万亿元，同比增长32.8%，占本外币的比例达36.9%，比上年同期上升1.6个百分点。

（一）创新发展绿色金融跨境人民币结算业务

为积极响应中央提出的碳达峰、碳中和中长期发展目标，做好金融支持绿色低碳高质量发展工作，人民银行广州分行积极调动市场的积极性，主动对接广州碳排放权交易所会员单位，指导其境外会员机构以人民币开展交易结算；指导银行机构推出针对广州碳排放权交易所境外会员机构的综合配套服务产品，推动省内开展碳排放权交易人民币跨境结算。截至2021年7月底，辖内银行机构共办理碳排放权交易跨境人民币结算金额3278万元。

（二）有序推进更高水平贸易投资便利化试点

人民银行广州分行及时总结粤港澳大湾区便利化试点经验，指导广东省自律机制制定并发布《优质企业跨境人民币结算便利化方案》，推动更高水平贸易投资便利化在广东省各地有序开展。2021年1—7月，广东优质企业由562家增至782家，享受"便利化"红利的业务额239亿元。

（三）多渠道满足企业跨境融资需求

在全口径跨境融资方面，人民银行广州分行推动各类企业利用好全口径跨境融资通道，充分发挥其适用主体范围广、流程便利、模式灵活等优势，满足企业融资需求。2021年1—7月，辖内银行机构办理全口径跨境人民币融资额272亿元。人民银行广州分行指导农业银行广州分行为中建四局开立涉外融资性保函，用于担保其向该行境外分行融资10亿元，通过全口径融资通道汇入境内。根据便利化政策，企业仅开立一个账户即可接受多笔境外融资款。同时，境外成本低于境内，为企业节省融资成本220万元。

在跨境双向人民币资金池方面，人民银行广州分行充分发挥资金池灵活高效优势，指导辖内银行机构有序开展资金池业务，实现跨国企业集团内部资金余缺调剂和归集，给跨国企业集团带来极大便利。2021年1—7月，辖内银行机构合计办理跨境双向人民币资金池业务2624亿元。如，粤海控股集团因境内成员企业资金需求，于2021年2月初通过资金池从境外成员企业调入10亿元人民币用于日常生产经营。

在贸易融资资产跨境转让方面，自2017年底启动贸易融资资产跨境转让人民币结算业务创新试点以来，人民银行广州分行规范有序推动辖内机构开展业务，支持自贸区银行向境外投资者转让其境内贸易融资资产并以人民币进行跨境结算。2021年1—7月，广东南沙、横琴片区办理贸易融资资产跨境转让人民币结算业务1005亿元。

（四）稳步推动自由贸易账户（FT账户）业务发展

人民银行广州分行积极推动FT账户发展，争取新增试点银行，拓宽FT账户适用主体范围，推动广东FT业务走在全国前列。一是持续推动FT账户体系的复制推广工作，深入调研了解企业实际需求，积极争取在广东省内增加FT试点银行，经同意后高效指导银行开展系统改造、制度建设等工作，于2021年初成功新增2家试点银行。二是稳步推进FT账户支持科技创新，多次与相关部门商讨研究，借鉴上海先进经验，将FT使用范围拓展至广州市科创类企业。三是指导试点银行发挥广东毗邻港澳区位优势，结合大湾区行业结构特点，对企业进行分类辅导，充分发挥FT账户"两个市场、两种资源"的优势，切实提升试点政策支持实体经济发展的效能。2021年1—7月，试点银行为广东自贸区企业、符合条件的科创企业及境外企业开立FT账户3981个，办理资金业务金额折人民币3179亿元。

（五）扎实推进"跨境理财通"业务发展

粤港澳大湾区"跨境理财通"，是人民银行牵头推动的一项金融创新举措。试点坚持市场驱动，在宏观审慎和资金闭环管理的框架下，支持粤港澳大湾区居民便捷地跨境购买银行理财产品、开展跨境资产配置。2021年10月11日，《粤港澳大湾区"跨境理财通"业务试点实施细则》正式生效以来，人民银行广州分行、深圳中支会同广东银保监局、广东证监局、深圳银保监局和深圳证监局，扎实高效开展试点银行报备材料的审核指导工作。10月18日下午，人民银行广州分行、深圳中支官方网站公布了完成报备的"跨境理财通"首批试点银行名单。10月19日上午即实现了首批业务成功落地，"北向通"和"南向通"业务同步开展，业务落地的银行覆盖国有银行、股份制银行和外资银行。截至10月31日，粤港澳大湾区参与"跨境理财通"的个人投资者共计7600人，境内银行通过资金闭环汇划管道办理资金跨境汇划1752笔，金额1.31亿元。其中，港澳地区合计共5022人参与北向通，累计办理业务1270笔，跨境汇划金额6550.60万元；内地合计共2578人参与南向通，累计办理业务482笔，跨境汇划金额6574.73万元。

第三章　广东银行业发展与银行监管实施

改革开放以来，广东得益于"毗邻港澳，华侨众多"的独特省情和人缘地缘优势，成为我国银行业对外开放的前沿。广东银行业主动作为，取得了举世瞩目的成就，在中国银行业改革开放发展的历史进程中占据极为重要的地位，创造了众多的"全国第一"。设立了全国第一家外资银行营业性机构——南洋商业银行有限公司深圳分行（以下简称"南洋商业银行深圳分行"）、全国第一家城市商业银行——深圳商业银行、全国第一家外资控股的全国性股份制商业银行——深圳发展银行股份有限公司（以下简称"深圳发展银行"）、全国第一家中外合资财务公司——中国国际财务有限公司、全国第一家民营互联网银行——深圳前海微众银行股份有限公司（以下简称"前海微众银行"）等，这一系列成绩体现了广东银行业"敢为天下先"的精神和胆识。

第一节　重建国有专业银行和启动银行业对外开放

改革开放推动广东银行业开始迈向多元化的组织结构体系。1979年2月，人民银行召开全国分行行长会议，研究金融工作改革问题，在形成的《中国人民银行全国分行行长会议纪要》中强调，要把银行工作迅速转移到社会主义现代化建设的轨道上来，必须对银行的作用有足够的认识；并指出人民银行是全国资金的枢纽和连接国民经济的纽带，许多事情通过银行来办，可以比用行政方法做得更灵活、更有效，更有利于按经济办法管理经济。广东银行业体制改革的序幕由此拉开。从这个时候开始，按照经济体制改革的总体要求，银行业体制改革逐步进行，广东省开始重建国有银行体系。至此，人民银行"大一统"的银行体系被逐步打破，中国工商银行（以下简称"工商银行"）、中国农业银行（以下简称"农业银行"）、中国银行、中国人民建设银行（以下简称"建设银行"）四大国家专业银行体系开始形成，银行业二元化的银行业体系得以确立。

一　恢复设立中国农业银行广东省分行

恢复农业银行是中国银行业开始改革的第一步。中国农业银行广东省分行（以下简称"农业银行省分行"）的设置曾经历了"三建两撤"的发展变化过程。

1955年3月1日，国务院同意人民银行关于建立农业银行的报告。同年4月20日，农业银行省分行第一次设立，行址设在广州市长堤137号。其任务是：指导农村信用合作社组织，广泛动员农村余资并合理运用国家农业贷款，以扶助农业生产的发展和促进小农经济的社会主义改造。由于人、农两行的基层机构重叠，业务划分不清，经费开支增加，根据国务院《关于撤销中国农业银行的通知》要求，1957年5月7日，农业银行省分行被撤销并入人民银行，在人民银行省分行内设农村金融处，负责管理农金业务工作。为了加强对国家支农资金和农村社队自有资金的管理，1963年12

月25日，农业银行省分行第二次建立，行址设在广州市泰康路160号。其主要任务是统一管理国家支援农业的各项资金和各项贷款，促进农业的发展。由于人农两行分设后，两行基层机构的工作有些重复，管理机构、行政管理人员增加减弱了支援农业第一线力量，根据中央关于农业银行同人民银行合并问题的批示，1966年2月16日，农业银行再次并入人民银行，在人民银行省分行内设立农金处接管农村金融工作。

1979年4月20日，广东省革命委员会批转人民银行省分行《关于恢复我省各级农业银行的报告》，农业银行省分行于1979年7月9日第三次恢复设立。行址仍设在广州市长堤137号，1985年5月迁至广州市淘金坑31号。其主要任务是：统一管理支农资金，集中办理农村信贷，领导农村信用合作社，发展农村金融事业。其业务范围不断扩大，比上两届农业银行有较大的拓展。主要有：（1）承办农村企业、事业单位、机关、团体等单位的存款，办理乡镇居民和侨眷各种储蓄业务；（2）办理各种短期周转贷款、中长期设备贷款和开发性项目贷款等贷款业务；（3）为企业、事业单位、机关、团体和专业户、居民等办理汇款和异地结算业务；（4）办理信托存款、贷款、投资，代客户发行股票、债券、代理保险、代收代付款项、代清理欠款以及经营租贷等信托业务；（5）在经济特区办理外币存款、贷款业务，接受国际金融组织国外银行的委托在国内办理中间贷业务，协助各地农、林、牧、副、渔企业单位和乡镇企业利用外资、引进先进技术，并提供人民币配套贷款；（6）收购黄金、白银和金银首饰等；（7）为客户提供信息和咨询服务。

1980年，农业银行省分行下设广州市、海南行政区两个分行，汕头、佛山、梅县、惠阳、肇庆、湛江、韶关、深圳、珠海、海南黎族苗族自治州等地（市）中心支行10个、县（市）支行101个、营业所1728个。

1983年以后，随着改革开放职能转换和业务发展需要，农业银行省分行内部机构不断进行调整，设置19个处室、8个直属单位。1996—1997年，农业银行省分行内部机构改革和调整的力度加大，对机关处室、直属单位和附设公司重新划分定位，经调整撤并，共设立13个处（室、部）。1998年，农业银行省分行根据农业银行总行"三定"（定机构、定职能、定编制）方案，结合自身改革和经营管理的实际，对机关内设机构、编制人数以及职能任务重新进行"三定"，设15个处室。1999—2000年，为加强对市场的开拓，完善以市场为导向，以客户为中心的组织结构体系，农业银行省分行内设机构和直属单位，在"三定"的基础上，又调整变动。内部机构设16个处室。

由于地市合并，撤县设市，行政区域变动等原因，农业银行省分行分支机构变化较大。1986年，广州、深圳为单列市分行；各地区中心支行改称市分行；1988，海南建省，原海南行政区分支行划出；同年，阳江、清远、河源、中山、东莞、汕尾支行升格为地级市分行，1991—1992年，揭阳、潮州支行又升格为市分行；部分大集镇设支行，基层营业机构随业务增长发展而增设。1994年，商业化改革前全省农业银行机构4342个，比1980年末增加1.34倍。其中，省分行1个、计划单列市分行2个、地级市分行18个、县（市）支行（办事处）166个、营业部41个、营业所2091个、储蓄所1985个、其他附属机构40个。[①]

[①]《广东省志》编纂委员会：《广东省志（1979—2000）·银行·证券·保险卷》，方志出版社2014年版，第68页。

二 恢复设立中国银行广东省分行

1979年7月，中国银行广州分行（现中国银行广东省分行，简称"中国银行省分行"）从人民银行中独立分出。主要办理国际结算、外贸信贷、发放中外合资企业贷款、办理出口信贷和组织国际银行贷款、办理国际信托和租赁业务等。

1979年国务院同意人民银行《关于改革中国银行体制的请示报告》，将中国银行从人民银行分设出来，直属国务院领导。1979年5月2日，广东省革命委员会同意人民银行省分行《关于改革中国银行体制的请示报告》，中国银行广州分行从人民银行省分行分设出来，属厅（局）级建制，受中国银行总行和省政府双重领导。分设时，行长为邢刚明，副行长为黄荫初。

1979年，中国银行广州分行从人民银行省分行分设出来之初，只有8个机构，仅有广州、佛山、汕头、湛江、海口、肇庆、深圳、拱北等分支行和办事处，人员共四百多人。此后，随着业务的发展，由外汇外贸专业银行逐步转化为国有商业银行，机构由口岸、中心城市延伸到地县（市），人员数量也不断增加。其间，1988年，海南建省，原海南行政区分支行划出。1996年，中国银行省分行共有机构1774个，人员31116人，机构、人员数均达到历史最高水平。

随着改革和对外开放的深入，中国银行业务有了很大发展，机构和人员数量迅速增加，至1987年底，全省中国银行机构共233个，其中分行15个（广州、珠江、汕头、佛山、湛江、惠阳、韶关、梅县、肇庆、江门、深圳、珠海、茂名、海口、三亚），支行67个，办事处78个，分理处（包括储蓄所）73个，干部职工共

8907人。①

根据国务院1980年9月22日批准的《中国银行章程》，中国银行经营的业务包括：对外贸易和非贸易的国际结算；国际银行间的存款和贷款；华侨汇款和其他国际汇兑；外币存款、贷款以及与外汇业务有关的人民币存款、贷款；外汇（包括外币）的买卖；国际黄金买卖；组织或参加国际银团贷款；在外国和港澳等地区投资或合资经营银行、财务公司或其他企业；根据国家授权，发行外币债券和其他有价证券；信托和咨询；国家许可和委托办理的其他银行业务。

1992年7月，改名为中国银行广东省分行。

三 恢复设立中国人民建设银行广东省分行

1980年3月，中国人民建设银行广东省分行（现中国建设银行广东省分行，以下简称"建设银行省分行"）与广东省财政厅（以下简称"省财政厅"）分设。办理基本建设单位、施工企业和地质勘探单位拨款和贷款，吸收和运用固定资产领域内的存款，办理利用外贸项目的拨款和贷款业务等。

根据国务院1954年9月关于设立建设银行的决定，1954年10月1日，建设银行省分行在原交通银行广东省分行的基础上正式建立。当时下设有分支行、办事处27个，全行干部职工576人。建设银行省分行办公地点设在广州市梅花村。新成立的建设银行属处级机构，受建设银行总行和省财政厅双重领导。此后，1958年至1972年期间曾经两次撤并又两度恢复。

---

① 《广东省志》编纂委员会：《广东省志（1979—2000）·银行·证券·保险卷》，方志出版社2014年版，第78页。

1958年6月25日，国务院颁发《关于改进基本建设财务管理制度的几项规定》，规定认为，有必要从根本上改变基本建设的财务管理制度，改变基本建设拨款办法。决定将基本建设财务拨款工作，改归各级人民银行和财政部门直接管理，取消系统垂直领导的方法。根据这一决定，人民银行省分行决定将建设银行省分行合并到省财政厅，在财政厅内设基建处，对外仍保留中国人民建设银行广东省分行的牌子，办公地点由梅花村迁到北京路省财政厅内。各地市建设银行亦相应合并到当地财政部门办公。

1961年1月，中共第八届九中全会决定对国民经济实行调整、巩固、充实、提高的方针。1962年3月，财政部召开全国财政厅（局）长会议。会议根据《中共中央关于迅速充实银行、财政和企业、事业部门的计划、统计、财务、会计、信贷、税务人员的紧急通知》的精神，决定建设银行从上到下，与财政机构分设，实行垂直领导。据此，同年4月，建设银行从省财政厅分设，除行政上仍受省财政厅领导外，业务上由总行直接领导。

在"文化大革命"中，建设银行受到很大冲击。1968年10月建设银行省分行除6人留守外，其余工作人员均随省财政厅人员一起下放英德"五七"干校，从事农业生产劳动。留守人员被安排在广东省财政局革命委员会支出组，只办理拨款和记账业务。1970年6月11日，国务院同意建设银行并入人民银行，基建拨款由财政部门确定计划指标，其他业务由人民银行办理。并在广东省财政局革命委员会设立银行业务组合署办公。至此，建设银行名实皆亡。这是建设银行省分行历史上的第二次被撤并。

建设银行被撤销以后，有些地方连一些基本情况和拨款数字也反映不上来，拨款监督工作更是处于无人管理状态。为了加强基本建设投资管理和监督，1972年4月，国务院批准恢复建设银行，这是建设银行第二次恢复建制。同年10月21日，省革命委员会批转了广东省财政局《关于恢复广东省建设银行的报告》，决定恢复中国人民建设银行广东省分行。建设银行省分行业务上受总行直接领导，行政上仍受广东省财政局领导。各地区随后也恢复设立建设银行，地辖市、县和大中型重点项目所在地，根据需要，由各地（市）确定，分别恢复建设银行市、县支行或办事处。各地建设银行实行上级行和地方双重领导，以地方领导为主。

1979年8月28日，国务院批转《关于基本建设投资试行贷款办法的报告》。决定将建设银行总行改为国务院直属机构，省、自治区、直辖市分行改为厅（局）一级单位。由总行和地方政府双重领导，以总行为主。根据国务院的决定，1980年3月17日，省政府批转广东省财政局《关于改革建设银行体制的报告》，7月，建设银行从广东省财政局分设出来，正式升格为厅（局）级单位，并由原来事业单位改为企业单位。

1979年以前，全省各地区级建设银行，均设支行，属科级单位。1980年，各地区级建设银行改称为中心支行，并升格为处级单位。1984年，珠海、汕头中心支行改为分行；1985年，其余中心支行亦相继全部改为分行。1979—1993年，建设银行省分行下属分支机构快速发展，向下延伸，形成网络。打破以县支行为最基层的传统格局，在县以下的乡镇设立综合办事处，特别是在珠三角和沿海县经济较发达的地区普遍设置网点，使县支行具有管理和经营的双重职能；打破专业办事处在"重点项目投产之日，就是机构撤销之时"的传统做法，在建设项目投产后，继续保持原有的机构；1987年，开办居民储蓄业务之后，以储蓄所、代办所、联办所和储蓄专柜等多种形式设立机构网点，使机构、网点数量 3 年内翻两番。1989 年 1 月，建设银行深圳市分行正式计划单列，业务资金由总行直接管理。1993 年末，全省建设银行的机构数 1640 个。①

四　新设立中国工商银行广东省分行

1983 年 9 月，国务院决定人民银行专门行使中央银行职能，同时成立工商银行，承担原来由人民银行办理的工商信贷和城镇储蓄业务。1984 年 3 月 9 日，省政府批复同意人民银行省分行专门行使中央银行职能的方案。1984 年 4 月 5 日成立中国工商银行广东省分行（以下简称"工商银行省分行"）。新设立的工商银行省分行，承担原来由人民银行办理的工商信贷和储蓄业务，基层营业机构全部划归工商银行。工商银行主要办理城市的工商企业信贷，吸收企业和城镇储蓄存款，办理城市汇兑结算等业务。工商银行成立广东省分行，是广东金融体制建设中具有决定意义的一步，它不仅使银行业务中最重要、量最大的一部分有了专门的银行办理，而且使人民银行摆脱了具体银行业务，集中精力有效发挥中央银行的功能。

工商银行是国务院经济实体，是经营城市金融业务的国家专业银行。工商银行省分行的职能和经营的主要业务是：办理城镇居民储蓄业务；办理国营工业、交通运输、商业、粮食、科技、文化、服务等企业及集体、个体工商业的存款和流动资金贷款业务；办理技术改造等固定资产贷款业务；办理国营、集体、个体工商业的结算业务；开展委托、代理、租赁、咨询等信托业务；开展经济信息工作；1986 年 7 月，根据国家外汇管理局批复，工商银行总行同意

---

① 《广东省志》编纂委员会：《广东省志（1979—2000）·银行·证券·保险卷》，方志出版社 2014 年版，第 86 页。

广东、福建、上海市分行开办外汇业务,省内部分工商银行分支机构开办外汇存、贷、汇、进出口贸易、结算等业务。

工商银行省分行的行分支机构。1984年,工商银行省分行成立时,在地(市)设二级分行,在县(县级市)设支行,在市区、县城、厂矿区和重点乡镇,设营业部、办事处、分理处、储蓄所。1987年末,分行下辖机构计有:地(市)二级分行14个、县(市)支行103个、城市营业部(办事处)49个、分理处136个、储蓄所987个、县辖办事处237个,合计机构1527个(包括省行),员工26604人。

1988年1月,阳江、清远、河源、潮州、揭阳、汕尾、云浮先后升格为地级市,工商银行省分行又在上述7个新设立的地级市设二级分行。1996年,有地(市)二级分行21个(含深圳),县(市)、城区支行164个,城市营业部(办事处)、分理处、储蓄所等营业机构2835个,员工40000多人。

1984年5月,工商银行深圳市分行成立。为市局级经济实体,承办原来由人民银行深圳分行办理的工商信贷和储蓄业务。1986年开始,信贷、现金试行"切块"管理。1988年10月,工商银行深圳市分行改制为计划单列市分行,隶属工商银行省分行管理。初期内设15个处级部室,下辖6个支行、4个办事处、8个分理处,共有37个分支机构。1995年以后,成为工商银行总行直属分行。1998年,工商银行深圳市分行改为工商银行总行直辖行,不再作为工商银行省分行的辖属行。2000年末,工商银行深圳市分行下辖一级支行16个、二级支行49个、办事处21个、分理处10个、储蓄所19个,共有员工3728人,资产总额1240.74亿元,负债总额1223.32亿元,各项存款余额558.16亿元,各项贷款余额386.17

亿元。①

五　成立交通银行广东省分行

交通银行始建于1908年，是中国历史最悠久的银行之一，也是近代中国的发钞行之一。1987年4月1日，重新组建后的交通银行正式对外营业，成为中国第一家全国性的国有股份制商业银行，总行设在上海。1988年10月交通银行广州分行开业。交通银行广州分行为交通银行设在华南地区的管辖分行，成立之初其管辖范围为设在广东、广西、福建、海南等4个省（区）所属的分支机构。随着业务发展，1992年以后，交行总行对机构管理体制先后进行数次调整。1999年以后，交通银行广州分行所管辖的分支机构还包括中山、佛山、珠海、汕头等4家分行。

交通银行广州分行从1988年开始设立分支机构，至2000年共设分支行和营业网点130个，其中，二级分行4个、支行33个、分理处38个、办事处15个、储蓄所40个。2000年全行员工2895人，其中，一级分行869人、二级分行595人、支行462人，基层业务网点969人。②

六　对农村信用社进行深化管理体制改革

农村信用合作社是合作金融机构。1951年12月，广东省在台山县石岗乡试办省内第一个信用社。翌年初，在新会、开平、番禺、

---

① 《广东省志》编纂委员会：《广东省志（1979—2000）·银行·证券·保险卷》，方志出版社2014年版，第67页。
② 《广东省志》编纂委员会：《广东省志（1979—2000）·银行·证券·保险卷》，方志出版社2014年版，第109页。

中山等县逐步铺开。至1955年，全省已建社11362个，基本上实现乡乡有社的目标。其后，经过"大跃进"和"文化大革命"运动的波折与冲击，农村信用社在曲折求存中发展。经多次调整变动，1978年，全省共有独立核算的农村信用社1935个，机构总数12806个，员工总数26025人。

1979年改革开放以后，广东省农村信用社先后进行调整机构、健全组织、发展社员、恢复"三性"（组织群众性、管理民主性、业务灵活性）、组建县联社、加强职工队伍建设，不断开拓发展业务，提高经营管理水平。同时，按照基本分工、适当交叉、因地制宜、统筹安排的原则，与农业银行既明确分工，又注意发挥农村金融工作的整体优势，使农村信用社在组织、业务和财务方面均有较大的加强与发展。1995年，全省有县联社117个、独立核算社1868个、营业网点11013个。员工总数61415人，比1978年增长1.35倍。

1996年，根据国务院颁布《关于农村金融体制改革的决定》，广东省农村信用社与农业银行脱离行政隶属关系，开始按合作金融组织的方向深化管理体制改革。到2000年，广东省已有690个农村信用社和78个农村信用社联合社按照合作制原则进行改革，分别占全省农村信用社和农村信用社联合社总数的43.8%和71.6%。2000年末，广东省农村信用社共有各级管理机构和营业网点9995家，其中，地（市）联社8家、县级联社105家、营业部132个、法人信用社1695家、信用分社7184家、储蓄所871个，员工总人数62163人。[①]

[①]《广东省志》编纂委员会：《广东省志（1979—2000）·银行·证券·保险卷》，方志出版社2014年版，第131页。

七 试办城市信用社，开展规范经营管理

城市信用社是合作金融机构。1979年改革开放以后，为解决集体和个体工商户对信贷结算的要求，1986年，广东各大、中城市由当地金融部门或工商业联合会、城市街道等陆续试办城市信用社。1986年7月，人民银行颁布《城市信用合作社管理暂行规定》。人民银行省分行结合广东的实际情况，制定《贯彻执行〈城市信用合作社管理暂行规定〉具体实施办法》。对城市信用社的机构管理、成立条件、业务范围等作明确规定。广东各大、中城市按照人民银行的管理规定和人民银行省分行的实施办法，组建新社或规范已建城市信用社。1986年，广东试行组建城市信用社。截至1987年末，全省各大中城市和经济较发达县、镇，先后建社89家，收集股金6380万元，吸收存款7.24亿元，拆入资金4.12亿元，发放贷款9.88亿元，实现利润918万元。

经过1988年的提高建社条件和规范经营管理，1990—1991年的治理整顿提高，以及1993年以后的整顿金融秩序改革分化，广东城市信用社的组织和业务仍有较大的发展。至2000年末，全省有城市信用社有256家（下设营业部480个，储蓄所492个）。其中，由各级政府和企业办的124家，城市街道办的15家，人民银行办的83家和21家独立核算营业部，工商银行办的13家。总股本11.7亿元，各项存款余额406亿元，各项贷款余额302.3亿元，比成立初期的1987年分别增长1.64倍、55倍和29.6倍。[①]

[①]《广东省志》编纂委员会：《广东省志（1979—2000）·银行·证券·保险卷》，方志出版社2014年版，第134—135页。

八 有计划地引进港资及外资银行,启动银行业对外开放

1981年,中国开始批准外资银行营业性机构。1983年,人民银行颁布《中国人民银行关于侨资、外资金融机构在中国设立常驻代表机构的管理办法》,这是第一部针对外资金融机构的管理规章。1984年伊始,中国在经济特区和沿海开放城市,有计划地引进了一批外资银行分行和办事处(代表处)。

广东利用毗邻港澳的地缘优势,加上中央给予的优惠政策,率先开放金融市场。港澳台和外资金融机构进入内地市场,都将广东视为业务拓展的重点地区,纷纷在广东设立营业性机构和代表处。1981年7月,人民银行批准外资法人银行在深圳等四个经济特区设立营业性机构试点,允许其从事外汇金融业务。1982年在广东开业的南洋商业银行深圳分行是中国引进的第一家外资银行营业性机构,南洋商业银行深圳分行在深圳设立分行从事部分外汇金融业务,从而开始了中国引进营业性外资金融机构的试点工作。同年成立的民安保险公司深圳分公司是内地引进的第一家外资保险公司;1985年成立的珠海南通银行是改革开放以后引进的第一家外资法人银行。全国第一家中外合资财务公司——中国国际财务有限公司于1986年在深圳成立;1987年成立的招商银行股份有限公司(以下简称"招商银行")是中国第一家完全由企业法人持股的股份制商业银行。

此外,英资的香港上海汇丰银行有限公司(以下简称"汇丰银行")、渣打(香港)有限公司(现渣打银行(香港)有限公司)、劳合银行,日资的拓银国际(亚洲)有限公司、三和银行,法资的东方汇理银行、法国兴业银行有限公司、法国巴黎银行,美资的美

国花旗银行有限公司（以下简称"花旗银行"），新加坡华联银行，中东资本的国际商业信贷银行，法国里昂信贷银行等外资法人银行先后在深圳设立代表处，深圳成为中国设立外资银行最多的地区。深圳外资银行的资产规模和贷款总额居全国大中城市的第二位。

2000年末，全省共有外资银行分行52家，另有外资银行代表处25家。共有从业人员2300多人，按人民币折算，资产总额551.74亿元，负债总额516.22亿元，存款余额69.29亿元，贷款余额335.96亿元。港资及外资金融机构的进入，引进资金和先进技术、业务品种及管理经验。其中，在穗深两地设立的规模较大的港资银行分行13家、外国银行分行23家。[①]

第二节　银行业商业化改革和监管体系建设

广东银行业商业化改革分三步走。首先进行了专业银行的企业化改革；随后国有独资银行成立；最后开展银行业股份制改革。1995年成立的深圳商业银行是国内第一家城市商业银行；2004年兴业银行股份有限公司成功收购佛山市商业银行股份有限公司，开创了股份制商业银行收购城市商业银行的先例；2004年美国新侨投资公司入股深圳发展银行，深圳发展银行由此成为第一家由外资作为第一大股东的全国性股份制商业银行；2006年，美国花旗集团股份有限公司与IBM信贷公司、中国人寿保险股份有限公司、国家电网公司、中信信托投资有限责任公司等组成的投资团队共同出资242.67亿元人民币认购重组后的广东发展银行股份有限公司（以下

---

① 《广东省志》编纂委员会：《广东省志（1979—2000）·银行·证券·保险卷》，方志出版社2014年版，第147页。

简称"广东发展银行")85.5888%的股份,创造国内中资商业银行股权转让比例最高的纪录。

这一时期银行类机构数量快速增加,实力持续提升。2004年,广东全省银行业金融机构拥有网点数1.6万多个,从业人员22.9万多人,机构网点数和从业人员总数均居全国首位;有3家全国性股份制商业银行总行设在广东,仅次于北京。此后,广东持续推动改革创新,推动政策性、开发性金融机构改革,推动国有商业银行分支行经营管理机制改革继续深化,推动农村信用社改制,全省银行业组织体系不断完善,实力有了很大程度提升。这些都为广东银行业商业化改革和股份制改革奠定了基础。

一 专业银行推行企业化改革

1984—1993年,是中国经济从"计划经济"向"有计划的商品经济"转变的重要时期。经济改革和开放全面展开,市场化的经济成分逐渐增强,与此相对应,广东专业银行的改革也在全面推进,市场化程度不断提高。

在全国金融改革的进程中,广东较早进行了市场取向的金融改革,并着手建立社会主义金融市场以及相应的金融组织体系。1984年国务院批复深圳市银行体制改革请示,同意进行有关信贷资金管理、改进经营管理方式、实行与内地不同的利率政策以及建立联席会议等改革意见。1986年,广东省、广州市先后被批准为进行金融改革的试点省市。1988年3月,国务院批复省政府《关于深化改革、扩大开放、加快经济发展的请示》,内容涉及信贷规模、企业债券、内部股票、融资票据、在广东设立外汇调剂公开市场、对广东发展银行实行贷款规模控制下的资产负债比例管理、对省内专业银行试行贷款的风险资产管理等方面。广东金融业迅速发展，金融改革对外开放取得了显著的成就。

1984年10月，中共第十二届三中全会做出的《关于经济体制改革的决定》提出："在价格改革的同时，还要进一步完善税收制度，改革财政体制和金融体制。"根据此精神，在人民银行牵头下，于当年12月提出了金融体制改革的初步方案，并上报国务院。方案中第一次提出了国家专业银行实行企业化经营的改革思路，开始把专业银行企业化的改革作为重点摆到了金融体制改革的议事日程上。1986年1月，国务院颁布的《中华人民共和国银行管理暂行条例》明确规定："专业银行都是独立核算的经济实体，按照国家法律、行政法规的规定，独立行使职能，进行业务活动。"由此，专业银行的自主经营有了法规依据。国家专业银行开始了专业银行企业化改革试点。

1986年底，广东省被列为全国金融体制改革试点省。1987年，广东省全面展开金融体制改革，取得了较大的进展。在银行企业化改革方面，广东一直走在前列，通过不断探索，不断积累经验，持续进行总结完善。

（一）深化银行业管理改革，改善内部机制

工商银行省分行和农业银行省分行，在总行核定的利润留成率、成本率、费用率和增补信贷基金率的基础上，分别向各市二级分行和县支行逐级核定了"四率"；与此同时，还向市二级分行下放了企业化经营的"六项自主权"（业务经营权，信贷资金调配权，利率浮动权，中层干部任免、职工招聘和奖惩权，内部机构设置权，留成利润支配和工资、奖励、福利基金分配权）。工商银行省分行在广州等市的二级分行进行了行长负责制和任期目标责任制试点；农业银行省分行在江门、佛山市进行系统内利改税试点，在汕头市进行承包经营责任制试点。各专业银行，还选择一批营业所和储蓄所进行了经济核算制和储蓄承包经营责任制。

1987年，工商银行省分行先后制定了《关于进一步强化储蓄内部管理工作的意见》和《储蓄所目标管理试行方案》，并层层贯彻组织落实。到年底，全省已有641个储蓄所实行了承包经营责任制。并且在全省建立了储蓄事后监督机构74个，配备专职人员361人，对479个储蓄所和184个联办储蓄所实行事后监督工作，堵塞了不少差错漏洞。制定颁发了《关于从严治行、强化内部管理》的规定和《会计、储蓄、出纳三个专业定额定员方案》，在全省11个市地分行执行，并相应下达制度工时利用率、定额工时利用率、定额人员定额水平、业务人员定额水平和各类人员的比例五项考核指标。

1988年，广州、深圳分行试行行长负责制。珠海、中山、深圳分行试行了干部聘任制。

（二）扩大金融同业拆借市场，打破吃"大锅饭"的指标管理办法

广东从1980年实行的"统一计划、分级管理、存贷挂钩、差额控制"到1985年转为"统一计划、划分资金、实存实贷、相互融通"的信贷管理制度，允许银行之间进行资金拆借，以调剂资金余缺，同业拆借市场开始形成和发展，打破了吃大锅饭的指标管理办法。在贷款政策上，坚持"区别对待、择优扶植"的原则，促使贷款业务不断扩展。"六五"期间，广东除增设固定资产贷款和专项贷款外，各专业银行还举办各种经济形式的贷款业务，增加资金运用的灵活性。1987年，广东省的金融同业拆借市场向跨系统、跨地区、跨城乡的方向发展。拆借市场调节资金余缺的范围已扩大到全省所有市、县和全国十多个省、市，初步形成了以大中城市为依托的、多层次的、纵横交错的资金拆借网络。

（三）发展多种类型的金融机构，扩大业务范围

1987年，广东国有专业银行系统新增储蓄机构899个，新建信托投资公司18家。在壮大和发展国家专业银行，广泛开展业务交叉的同时，还积极发展其他金融机构。1987年，全省建立了39家城市信用合作社；地方筹办的信托投资公司和租赁公司10家、财务公司2家；在99个市、县新设了邮政储蓄网点248个。此外，全省还有60个县建立了306个农村合作基金会，将农村集体经济的闲散资金集中起来，投入生产周转。有的还将农户历年欠集体的款项以欠转贷、定息定期，维护了集体利益。通过发展多种金融机构，全省初步形成了一个以国家专业银行为主体、其他金融机构为补充的多层次、多元化的金融体系。在储蓄方面，银行曾多次调整储蓄存款利率和举办多种有奖储蓄业务，吸引群众参加储蓄；在信托业务方面，各专业银行还举办了各种信托业务，筹集信托存款和信托贷款资金。

（四）深化农村信用社改革

第一，建立和健全农村信用社县联社。到1987年底，广东已组建了114个县联社（包括县级区的联社）。这些联社逐步由单纯管理型向经营管理型发展，一方面管理基层信用社，一方面直接办理存贷款业务，成为具有法人地位的金融经济实体。

第二，广泛进行清股扩股工作。广东农户入股面从原来的77%扩大到90%以上。

第三，调整同农业银行的关系，扩大了信用社的自主权，如：

降低农村信用社向农业银行缴存存款比例,增加信用社可运用的资金;扩大信用社业务范围,允许与专业银行基层单位有较大的业务交叉,可以参加银行系统的资金拆借市场和同城票据清算;信用社的存贷款利率可在基准利率的20%幅度内浮动,个别地区资金供求紧张,经批准利率可在50%幅度内浮动;在资金管理上,信用社可自行决定贷款项目及贷多贷少;在人员管理上,县联社可自主决定招聘、解雇职工;等等。

二 专业银行向国有独资商业银行转变,推行商业化改革

中国共产党第十四次全国代表大会召开之后,中国的经济体制进入了向社会主义市场经济体制转变的新阶段。1993年12月25日,国务院发布《关于金融体制改革的决定》,这是中国金融业适应市场经济体制,进行商业化、市场化改革的纲领性文件。此后几年,人民银行开始成为真正的中央银行,审慎监管体系逐步建立;三家政策性银行相继成立,政策性金融与商业性金融分设,国家专业银行开始向国有独资商业银行转变,以农村信用社管理体制改革为重点的农村金融体制改革和城市信用社转变为城市商业银行的改革陆续展开;同时,银行业对外开放进一步加深、加快。

1994年国务院决定设立政策性银行专门办理政策性信贷业务后,要求国家专业银行尽快转变为国有独资商业银行就成为迫切任务。从1994年到1997年,国家专业银行商业化改革进展很快,主要体现在三个方面:强化统一法人,逐步建立以资产负债管理为核心的自我约束机制和风险防范机制;逐步构筑权责明确的内部治理结构;同时,营业网点的优化和撤并工作也开始启动。1995年生效的《中华人民共和国商业银行法》成为国家专业银行转变为国有独

资商业银行的法律基础。1995年，广东银行业进入向商业银行转化阶段。

（一）中国农业银行广东省分行分离政策性业务，按商业银行经营管理运作

1995年，农业银行省分行实施商业化改革后，为适应商业银行经营管理的需要，对分支机构不断进行改革调整。2000年末，农业银行省分行辖属二级分行19个（原农业银行广州分行已与农业银行省分行合并，1995年农业银行深圳分行改为农业银行总行的直属分行，两者未计在内）；支行211个（其中二级支行36个）；支行以下的营业网点经过归并、撤销、搬迁、新建等调整后有：办事处362个、分理处1513个、储蓄所801个、附属机构10个，农业银行省分行机构总数2917个，比商业化改革前4342个减少32.82%。

1998年8月，农业银行省分行与农业银行广州市分行实施合并。把农业银行省分行原有直属营业机构与省会城市分行所辖机构合并改建为一级分行的营业部，统一管理一级分行所在城市所有支行及其以下机构。统一经营省会城市业务，办理农业银行省分行全辖资金清算业务，负责经营管理农业银行在广州市的分支机构，并成为全省农业银行的资金清算中心、信用卡发卡授权中心、票证结算中心。

1995—2000年，农业银行省分行分离政策性业务，按商业银行经营管理运作。调整市场定位，实行"优化乡镇、巩固县市、开拓城区"的方针。根据广东经济发展水平的不同状况，确定农业银行本身的市场空间。打破区域、产业和所有制的界限，实施优化客户、优化产业结构的"双优"战略，以经济特区、珠三角地区和其他大中城市为重点，大力拓展城区业务，扩大市场占有率。转变经营思想，推进业务发展方式和管理体制的根本转变。从主要注重贷款业务转向重视全部资产负债业务；从主要注重存贷业务增量扩张转向重视优化增量与盘活存量，实行集约经营。继续大力扩展新业务，创新信用工具，增强农业银行的服务功能。实行"全行办外汇"方针，加快国际金融业务和银行卡业务的发展，积极向传统业务、国际业务、中间业务的年度收入各占三分之一的目标发展。实施商业化改革后，农业银行省分行逐步完善内部经营机制。建立较完整的资金组织体系，调整负债结构，筹集大量资金，增强信贷资金的自给能力。健全信贷计划规范化管理制度，实施资产负债比例管理，优化信贷结构，资产质量进一步提高。同时，扩大业务领域，增强服务功能，促进各项业务进一步发展。

为加快全省农业银行的电子化建设，提高电子化应用服务水平和服务质量，2000年8月，农业银行省分行在广州市番禺区大石镇建立"中国农业银行广东省分行科技园"。科技园是全省农业银行的大型电子化基地，是全省的网络中心、计算机中心、技术开发中心、技术培训中心、客户业务中心，也是全省农业银行干部更新知识、提高素质的培训基地。[1]

2000年末，全省农业银行共有员工37101人。其中，一级分行346人，二级分行1753人，县（市）支行8120人，基层营业网点25597人，一、二级分行附属机构1285人。全省农业银行本外币存款余额2566亿元，比恢复初1980年末25.7亿元，增长98.8倍；比商业化改革前的1994年末937.3亿元，增长1.74倍。本外币存款余额和增幅均居全国农业银行系统首位，占全国农业银行总量的

---

[1] 《广东省志》编纂委员会：《广东省志（1979—2000）·银行·证券·保险卷》，方志出版社2014年版，第68页。

12.14%。全省农业银行资产总额由 1994 年末的 1676.27 亿元增至 2000 年末的 3017.03 亿元，增长 80%；负债总额由 1994 年末的 1639.60 亿元增至 2000 年末的 3061.13 亿元，增长 86.7%，均位列全国农业银行系统前茅。[①]

（二）中国银行广东省分行逐步转化为国有商业银行，对机构进行改革优化

1997 年，中国银行省分行对机构进行优化调整。同年，中国银行深圳市分行划为中国银行直属一级分行。1999 年，中国银行省分行与中国银行广州市分行合并。2000 年，根据城市银行的定位，中国银行省分行对机构和人员进行大规模的精简。2000 年末，中国银行省分行系统共有机构网点 1239 个，其中一级分行 1 个，直属支行 8 个，二级分行 19 个，支行、办事处、分理处、储蓄所共 1211 个。全省中国银行共有员工 20924 人。其中，一级分行 1173 人，二级分行 6312 人，县（市）支行 7357 人，基层营业网点 6082 人。[②]

1999 年，发行全国中国银行系统第一张真正意义的信用卡——长城消费信用卡；在同业中率先推行网点标准化服务。

中国银行省分行在信贷业务方面，以电力、航空、交通、石化、通信、高新技术等支柱产业作为业务发展的主要阵地，支持广东省地方经济建设。与一批行业龙头企业、实力雄厚的跨国公司、外商投资企业以及优质的大型民营企业、股份制企业和上市公司，建立密切业务联系。不断拓宽业务发展平台，逐步构建健康、协

[①] 《广东省志》编纂委员会：《广东省志（1979—2000）·银行·证券·保险卷》，方志出版社 2014 年版，第 72 页。

[②] 《广东省志》编纂委员会：《广东省志（1979—2000）·银行·证券·保险卷》，方志出版社 2014 年版，第 78 页。

调、可持续的长效发展机制。

至2000年末，中国银行省分行人民币资产总额2153.26亿元，负债总额2133.51亿元；人民币存、贷款规模分别达到2178.40亿元和1388.98亿元；外币存、贷款规模分别达到94.39亿美元和53.86亿美元，均列居全国中国银行系统首位。[①]

（三）中国建设银行广东省分行以治理整顿和开拓创新向国有商业银行转变

1994年，建设银行省分行开始向国有商业银行转变，经历治理整顿阶段和开拓创新与结构调整阶段。由于20世纪90年代初的"泡沫经济"，加之专业银行向商业银行转轨初期，在经营管理上缺乏正确的认识，至1995年，建设银行省分行有自办公司385家，全省建设银行机构网点数高达2224个，比1979年增加16.4倍。1996年以后，建设银行省分行一方面对效益低、风险大、业务规模小的基层营业网点，进行撤销、合并、降级等多种形式的严格整顿，对乡镇一级的机构网点，进行全面收缩；对各级分支行本部机关，进行大幅度的精简和压缩。另一方面，对经济发达的中心城市和珠三角地区，则先后增设大量的机构网点，从而优化机构网点的布局。

2000年末，建设银行省分行共有机构1721个，比1979年增加1593个，增长12.45倍，比1995年减少503个，减幅为22.62%。2000年末，全省建设银行共有员工32761人。其中，一级分行2752人，二级分行8518人，县（市）支行6652人，基

[①]《广东省志》编纂委员会：《广东省志（1979—2000）·银行·证券·保险卷》，方志出版社2014年版，第81页。

层营业网点 14839 人。①

2000 年末，建设银行省分行资产总额 3732.85 亿元，负债总额 2741.26 亿元。其资产、负债和存贷总额均居全国建设银行系统前列。②

（四）中国工商银行广东省分行以管理、业务和科技创新推动向国有商业银行转轨

1994 年，工商银行省分行由国家专业银行向国有商业银行转轨。按照《中华人民共和国商业银行法》规定，经营下列部分或全部业务：吸收公众存款；发放短期、中期和长期贷款；办理国内外结算；办理票据贴现；发行金融债券；代理发行、代理兑付，承销政府债券等业务；经人民银行批准的其他业务。

1984—1996 年，工商银行基本完成从三级管理、四级经营"大一统"的管理体制，向以工商银行总行为统一法人、以城市行为基本经营核算单位、三级经营管理的实体的过渡。1985 年，下放"六权"，充分调动各级行的经营积极性；1987 年，率先实行城市行目标经营责任制的试点。1996 年初，工商银行在国有商业银行中率先实行法人授权制度，迈出走向现代化商业银行的坚实步伐。

工商银行省分行追求业务创新办理全国工商银行第一笔股票质押贷款；发行全国工商银行系统第一张信用卡；办理全国第一笔基础设施领域并购贷款；省内第一家与高校签订银校合作协议，首批开办国家助学、汽车消费等个人消费贷款业务；第一家与民营企业

---

① 《广东省志》编纂委员会：《广东省志（1979—2000）·银行·证券·保险卷》，方志出版社 2014 年版，第 86 页。

② 《广东省志》编纂委员会：《广东省志（1979—2000）·银行·证券·保险卷》，方志出版社 2014 年版，第 88 页。

签订银企合作协议;第一家与大型企业签订网络结算协议,提供全面网络结算服务;开发出保理、福费廷等贸易融资新产品;首先开通电子汇兑结算系统,架起银行结算汇兑的"高速公路",为广大客户提高资金使用效率;在全省金融系统首开与台湾金融机构进行业务往来的先河。

1986年,工商银行省分行提出科技兴行的发展战略。此后,电子化体系平均每5年跨上一个新台阶。1990年,全国联行对账网络系统正式投产,全省工商银行日处理各种业务量多达310万笔,占全省各金融系统业务总量的五成以上。随着金融改革的不断深入,根据工商银行总行的改革方案,1999年,工商银行南海市支行、工商银行顺德市支行升格为省行直辖支行。为适应现代商业银行业务发展需要,工商银行省分行对一些分、支行的部分机构网点进行撤并,对省分行本部机构设置再次进行较大的调整和改革。

2000年工商银行省分行以存、贷款总量占全国工商银行系统十分之一强,经营目标考核名列前茅而成为全国最大的省级分行,也是广东省内信贷业务量最大、结算业务量占全省五成的金融机构。其资金实力和经营业绩名列广东省各行业50强的第二位。[1] 至2000年末,省分行管辖营业部1个(原广州市分行)、二级分行19个、直属支行2个,对外营业机构2185个。2000年,全省工商银行员工共有40060人。其中,一级分行532人,二级分行6336人,县(市)支行16701人,基层营业网点16491人。[2]

---

[1] 《广东省志》编纂委员会:《广东省志(1979—2000)·银行·证券·保险卷》,方志出版社2014年版,第63页。
[2] 《广东省志》编纂委员会:《广东省志(1979—2000)·银行·证券·保险卷》,方志出版社2014年版,第61页。

三 国有政策性银行设立

政策性银行的设立始于国有专业银行的商业化改革，是为了把政策性金融和商业性金融分开。1994年，国家开发银行（以下简称"国开行"）、中国进出口银行（以下简称"进出口银行"）和中国农业发展银行（以下简称"农发行"）等三家政策性银行先后组建成立，以解决国家专业银行身兼两任的问题。

（一）中国农业发展银行广东省分行成立

中国农业发展银行广东省分行（以下简称"农发行省分行"）是1995年3月9日成立的广东省内首家省级政策性金融机构，隶属农发行总行领导，承担国家规定的农业政策性金融业务。业务包括负债业务、资产业务，其业务范围和种类由国家政策规定，并随国家政策调整相应调整。

1995年3月，农发行省分行内设：办公室、资金计划处、工商信贷处、开发信贷处等10个处室。2000年11月，根据农发行总行"三定"（定职能、定机构、定人员编制）方案，农发行省分行机关内设12个处室。农发行在广东省地市分行分类设置内设机构，按照总行的分类标准，广东大部分市级农发行分行划为二、三类行，部分市级农发行划为四类行。

1996年，为适应农村经济发展，进一步发挥农业政策性银行的职能作用，国务院决定在地（市）、县（市）两级建立农发行分支机构。机构设立的标准：1995年末，农发行贷款余额达5000万元以上的县（市），设立县支行；余额不足5000万元的县（市），暂不设县（市）支行，业务采取农发行派驻信贷组或委托农业银行代理的形式开展。全省先后建立市分行（二级分行）19个、县（市）

支行56个、省分行营业部1个,其中,省分行营业部承担省行结算业务和广州地区农业政策性金融业务经营,下辖4个支行,农发行深圳市分行按照计划单列城市管理模式,由农发行总行直接授权成立,未设立支行的县(市),采取派驻信贷组的形式开展业务,全省农发行分支机构成立后,人员主要从全省农业银行划转。1996年10月,经人民银行批准,成立分行营业部1个,二级分行19个,二级分行营业部19个,县支行56个。2000年全省农发行共有员工1931人,[①] 各项存款余额178226万元,其中企事业单位存款5898万元,各项贷款余额824938万元。[②]

(二) 国家开发银行广州分行成立

1999年3月,国开行广州分行成立。1999年5月,国开行将广东省境内的信贷项目正式移交国开行广州分行管理。国开行广州分行,重点支持"两基一支"和高新技术产业及其配套工程建设,以及政府亟须发展的其他领域。举办国际金融市场发债和承办世界银行、亚洲开发银行等国际银行机构在中国的转贷业务。完善风险约束机制,推进市场建设。

国开行广州分行属于一级分行,无下属分支机构。1999年6月,国开行广州分行设置办公室、计划财务处、信贷处、资产保全处、信息处等共计9个处室管理分行业务。2000年5月,根据业务发展需要,信贷处一分为二,改设为信贷一处、信贷二处,稽核专员办公室与纪检监察办公室合并为稽核监察处。2000年末全行员工

---

① 《广东省志》编纂委员会:《广东省志(1979—2000)·银行·证券·保险卷》,方志出版社2014年版,第55页。
② 《广东省志》编纂委员会:《广东省志(1979—2000)·银行·证券·保险卷》,方志出版社2014年版,第56页。

共67人。1998—2000年末，该行人民币贷款发放数额分别为131.68亿元、104.39亿元、87.89亿元，共计323.96亿元。①

（三）中国进出口银行广州代表处成立

1996年8月，进出口银行广州代表处成立。进出口银行广州代表处负责办理进出口银行委托的调查、统计、监督事项和代理非经营性业务。进出口银行广州代表处的贷款品种：出口卖方信贷项目贷款和中短期额度贷款，用于支持符合国家产业政策、外贸政策规定的机电产品、成套设备、技术服务和高新技术产品出口。机电产品、高新技术产品的范围以国家颁布的最新《机电产品出口目录》和《高新技术产品出口目录》为准。参与世界银行、亚洲开发银行等国际金融组织对华贷款项目国际招标而中标的国内企业，以外汇计价的情况下，属于贷款支持对象。

进出口银行广州代表处是进出口银行派驻广州的办事机构，属于副厅级单位。开业时员工6人，2000年8人。2000年末各项贷款金额余额人民币959926万元，比代表处开业的1996年末增长5.8倍。

四 银行业的股份制改革

（一）重组交通银行拉开了股份制银行改革与发展的序幕

1986年6月，人民银行和上海市人民政府联合向国务院上报了《关于要求正式批准重新组建交通银行的请示》。1986年7月，国务院发布了《关于重新组建交通银行的通知》，同意重新组建交通银行，拉开了股份制银行改革与发展的序幕。

---

① 《广东省志》编纂委员会：《广东省志（1979—2000）·银行·证券·保险卷》，方志出版社2014年版，第58页。

作为首家全国性股份制商业银行，自重新组建起，交通银行既是百年民族金融品牌的继承者，又是中国金融体制改革的先行者。它在中国金融业的改革发展中实现了六个"第一"：第一家资本来源和产权形式实行股份制；第一家按市场原则和成本效益原则设置机构；第一家打破金融行业业务范围垄断，将竞争机制引入金融领域；第一家引进资产负债比例管理，并以此规范业务运作，防范经营风险；第一家建立双向选择的新型银企关系；第一家可以从事银行、保险、证券业务的综合性商业银行。

1987年，交通银行在广州建立分行筹备组，1988年试营业；1988年在海口、汕头筹备设立支行。交通银行广东省分行成立于1987年，是交通银行在华南地区规模最大的省级分行，管辖交通银行在广东省内（不含深圳）的全部分支机构（除广州外还有10家省辖分行：珠海、汕头、东莞、中山、佛山、揭阳、惠州、江门、湛江、清远）。

（二）逐步推广专业银行改制为股份制商业银行

20世纪80年代中期，为进一步推进金融体制改革，给专业银行向商业银行转轨营造适当竞争的外部环境，股份制商业银行应运而生。以交通银行恢复为标志，1986—1988年有6家股份制银行成立，1993年又有3家股份制银行成立。同时，在地方政府的主导下，各地陆续设立了城市信用社等地方性金融机构，为当地经济发展提供金融支持。

在广东，工商银行除适当参与企业经营外，积极巩固发展合资、全资附属企业。部分市分行在继续办理商品房建设贷款和投资业务的同时，还成立地产开发公司，开展房地产经营业务。经济信息咨询业务也发展迅速。

(三) 成立区域性股份制商业银行

与交通银行同期成立的，还有几家股份制商业银行。1987年开始，随着中国沿海开放地区特别是特区经济的快速发展，为本地区经济发展组织融通资金的区域性银行先后成立。如，在广东地区的就有招商银行、深圳发展银行和广东发展银行。

1. 招商银行。1987年4月，招商银行成立于中国改革开放的最前沿——深圳蛇口，是我国境内第一家完全由企业法人持股的股份制商业银行，也是国家从体制外推动银行业改革的第一家试点银行。成立之初，招商银行仅有1亿元资本金，1家营业网点和34名员工。1988年，招行走出蛇口，开设了第一个分支机构——罗湖营业部。1989年，招商银行进行了第一次增资扩股，同年成为第一家离岸业务试点银行。招商银行自诞生以来，开创了中国银行业的多个第一：创新推出了具有里程碑意义的、境内第一个基于客户号管理的借记卡"一卡通"；首个真正意义上的网上银行"一网通"；第一张国际标准双币信用卡；首个面向高端客户的理财产品——"金葵花理财"，并在境内银行业率先推出了离岸业务、买方信贷业务、国内信用证业务、企业年金业务、现金管理业务、银关通业务、公司理财与网上承兑汇票业务等。

2. 深圳发展银行。深圳发展银行是中国内地第一家公开上市的股份制商业银行。于1987年5月至6月在吸纳深圳经济特区内6个信用社资金的基础上，向社会公开招股。1987年5月10日以自由认购的形式首次向社会公开发售人民币普通股，并于1987年12月22日正式设立。1988年4月7日，该行普通股在深圳经济特区证券公司首家挂牌公开上市。截至1994年末，深圳发展银行有分支机构17家，其中广州设有1家分行，深圳设有支行16家。2004年引进境外战略投资者，2010—2011年完成重大资产重组，2012年深发展吸收合并原平安银行股份有限公司，并于2012年7月更名为"平安银行股份有限公司"。截至2018年末，中国平安及其控股子公司平安寿险合计持有该行总股本的58%，为该行的控股股东。

3. 广东发展银行。1988年，根据国务院决定，人民银行正式批准成立广东发展银行。该行为股份制区域性商业银行，全面经营本、外币金融业务。成立初期，广东发展银行实行多级法人制，于1995年实行一级法人体制。到1988年底，该行已设置6家分行、5个办事处，全系统实收股本10.23亿元（包括外汇股本）；职工总数501人，各项工作制度逐步建立。总行董事会由20名董事组成，该行在管理体制上实行董事会领导下的总经理负责制。在业务活动中把经济效益放在首位，不再吃国家的"大锅饭"，既按国家宏观控制的要求运用资金，支持区域经济发展，又为股东获取合理的利润，自主经营、自我发展、自我约束的机制开始形成，银行企业化不足的问题初步得到解决。在人事管理上，开始推行合同制、聘任制。在机构设置上，改变国家银行按行政区域设置的做法，根据经济发展需要设立分支机构。

（四）其他新设立的金融机构

除股份制商业银行和城市信用合作社，这一时期也有很多新的金融机构设立，主要是邮政储蓄、财务公司以及大量的信托投资公司。1986年1月27日，邮电部、人民银行向北京、上海等12个省、市邮电管理局、人民银行分行发出关于开办邮政储蓄业务的联合通知，要求春节前在12个城市开办一批邮政储蓄点。4月1日，经邮电部、人民银行商定，邮政储蓄在全国正式开办。12月2日，《中华人民共和国邮政法》颁布，规定邮政企业经营邮政储蓄、汇兑业务。

1986年2月，广州西堤邮局开始面向城乡居民办理个人邮政储蓄业务，成为全省首家开办邮政储蓄业务的网点。1988年1月，广东省邮政储汇局成立。广东省邮政储汇局作为广东省邮政局的一个专业局，主要对邮政储蓄和汇兑业务进行业务管理，包括业务规范、制度的制定；制度执行情况的检查和监督；业务发展的规划、业务计划的制订和任务分解；业务指导；等等。广东邮政储汇局对上接受广东省邮政局的领导，对下（各地市局）进行储蓄和汇兑业务的指导和管理。

（五）广东国际信托投资公司及其破产关闭

1. 广东省国际信托投资公司是国家十大对外筹资窗口之一。广东省国际信托投资公司（以下简称"广东国投"）是国营企业，是省政府直接领导的新型综合性经济组织。它的前身是广东省华侨投资公司，成立于1955年3月。1980年12月1日经省政府批准，扩大了业务范围，改名为广东省信托投资公司。1983年经人民银行批准为国营金融企业，又经国家外汇管理局批准经营外汇业务后，再改名为广东省国际信托投资公司，同时保留广东华侨投资公司名称（1988年华侨投资公司单独设立）。广东国投是一个具有法人资格的以金融为主的金融、生产、贸易、服务四者相结合的统一的经济实体。该公司以吸收和利用外资为主，以引进先进技术设备为中心，开展多种业务活动，是国家指定的允许对外借贷和发债的地方级"窗口"公司。

1983年12月，广东国投与日、美、英、法等国的12家银行签订贷款协议，获得1.36亿美元的信贷额度。一年后，又与24家欧、美、日银行签订协议，获信贷额度2.07亿美元。广信公司实行董事会领导下的总经理负责制和各级经济责任制。该公司在深圳设有分公司，在香港的子公司为香港广信实业有限公司，还与粤海企业有限公司合办百粤金融财务有限公司，在广州与日本三井银行、香港鼎协租赁公司合办中联国际租赁有限公司。

2. 广东国投破产案成为中华人民共和国成立以来第一例大型金融机构破产案。广东国投资产质量低下是其最终关闭、破产的根本原因。至1998年10月6日，广东国投资产情况是：境内外机构总资产情况，账面资产——清产核资前资产人民币358.78亿元，清产核资后资产人民币214.71亿元，减少144.07亿元，资不抵债146.94亿元。其中，境内资产、账面资产268.62亿元，清产核资后资产183.47亿元，减少85.15亿元，资不抵债81.5亿元。其中汕头感光材料厂公元彩色胶卷项目、美国克拉克酒店贷款案、挪用委托贷款案等不良贷款项目，广东省云浮水泥丁、广信企业发展公司与南碱工程、东莞大朗房地产、广信企业惠通有限责任公司等不良投资项目，均是广东国投183亿元贷款、投资的案例，是广东国投管理严重混乱的一个缩影。1998年10月6日，广东国投账面上有净资产人民币17.58亿元。经中介机构清产核资，净资产为人民币-146.94亿元，加上负债的索偿因素，资不抵债额193亿元。[①]

1998年10月6日，人民银行决定，关闭广东省国际信托投资公司，依法成立清算组对该公司进行关闭清算。成为新中国第一家破产的非银行金融机构。

3. 广东国投破产是告别旧的信用，建立符合市场规则新的信用的开始。广东国投破产案，严格依照中国法律、参照国际惯例，公开、公平、公正处理破产财产；最大限度保护债权人的合法利益；

[①] 《广东省志》编纂委员会：《广东省志（1979—2000）·银行·证券·保险卷》，方志出版社2014年版，第368页。

破产财产处理以公开变卖形式为主,或协商转让;对具体破产财产的处置变现由破产清算组委托中介机构实施。对广东国投这样一家曾在广东的改革开放、引进外资中名声在外,发挥过重要作用的机构,是否应该采取关闭、破产的方式处理,看法不一,也有争论。广东国投事件发生后,时任广东省副省长王岐山接见香港银行界代表团,详细地阐述广东国投破产于中国对外信用的影响,以及如何按市场规则重建中国的信用体系等问题。广东国投破产要放在中央依法整顿金融秩序、深化金融改革的背景下去认识。所有治理整顿金融秩序的重大行动都是从1997年11月召开的中央金融工作会议开始的。广东国投破产的政策根据,正是始于这次会议和会议后一系列深化改革,是深化金融改革、整顿金融秩序、加强金融监管、防范和化解金融风险的重大决策。最重要的是建立防范和化解金融风险责任制,明确由中央政府和各级地方政府解决。广东在1998年以后对防范和化解金融风险责任制取得了重大转变,即在依法治国和市场化原则下,国家主权信用、地方政府信用和企业信用逐步分清。王岐山谈到信用问题时指出:在信用问题上出现的混乱局面,应当说是由计划经济向市场经济转轨过程中不可避免的现象,是特定历史条件下必然的产物。广东的市场发育水平已经具备建立独立的企业债信条件。广东国投破产实际上是告别旧的信用,建立符合市场规则新的信用的开始。[①]

[①]《广东省志》编纂委员会:《广东省志(1979—2000)·银行·证券·保险卷》,方志出版社2014年版,第373页。

五 村镇银行的改革发展

(一) 村镇银行发展概况

2008年12月26日,广东省首家村镇银行——中山小榄村镇银行股份有限公司在中山市小榄镇正式挂牌营业。2009年3月19日,广东恩平汇丰村镇银行有限责任公司开业,是广东第一家也是唯一一家开业的外商独资农村银行,是汇丰银行的全资子公司,注册资本4000万元;它是广东省第一家由外资银行全资组建的村镇银行,也是全省继中山小榄村镇银行股份有限公司后第二家开业的村镇银行;银行将引入汇丰银行在全球其他地区经营农村金融的理念,重点支持恩平农村居民、城镇居民、农村微小企业和农业中小企业金融的需求,并通过多种方式解决恩平市农村地区金融服务不足的问题。[1]

来自中国银行业监督管理委员会广东监管局(以下简称"广东银监局")的数据显示,截至2010年末,广东(不含深圳,下同)共成功组建村镇银行11家,其中开业8家、批复筹建3家。已组建的11家村镇银行呈现出了一些新特点,这包括:从资本构成看,广东省村镇银行资本规模较大且主要为企业法人持股。11家村镇银行注册资本总额18.56亿元,其中企业法人持股17.5908亿元,占94.8%。东莞长安村镇银行股份有限公司和惠州仲恺东盈村镇银行股份有限公司注册资本各3亿元,资本规模位居全国前列。从主发起银行看,城市商业银行和农村商业银行是发起组建省内村镇银行的主力军。11家村镇银行的主发起银行中,外资银行1家(汇丰银行)、城市商业银行4家(九江银行股份有限公司、东莞银行股份

---

[1] 《汇丰在广东恩平开办村镇银行》,《新远见》2009年第1期。

有限公司、库尔勒市商业银行股份有限公司和乌海银行股份有限公司)、农村商业银行4家(广州、东莞、顺德和马鞍山农村商业银行)。主发起银行中省内银行4家、省外银行5家,基本持平。从股权结构看,广东省内村镇银行股权结构模式呈现多样性,包含主发起银行独资,主发起银行绝对控股,主发起银行和非金融机构企业法人持股,主发起银行、非金融机构企业法人和自然人持股等多种模式。从区域分布看,广东省内村镇银行由集中于珠三角发达地区将逐步向全省均衡发展,目前11家中有8家设在珠三角,3家设在粤北地区(梅县客家村镇银行股份公司、始兴大众村镇银行股份有限公司、东源泰业村镇银行股份有限公司)。

截至2010年末,已开业的8家村镇银行各项存款余额20.4亿元,各项贷款余额15.7亿元,分别占全国村镇银行各项存款和各项贷款余额的2.7%和2.6%。2012年广东省村镇银行已达24家(见表3.1)。

表3.1　　　　　　　　2012年广东省村镇银行概况

序号	机构名称	地址
1	广州花都稠州村镇银行股份有限公司	广州市花都区狮岭镇宝峰南路46路
2	广州增城长江村镇银行有限责任公司	广州增城市新塘镇汇纺路1号首层43号、45号
3	广州番禺新华村镇银行股份有限公司	广州市番禺区大岗镇阳光城市广场2号商业楼珠
4	珠海横琴村镇银行股份有限公司	珠海市横琴新区宝兴路4号
5	广东澄海潮商村镇银行股份有限公司	汕头市澄海区德政路财政大楼附属楼1—2层
6	始兴大众村镇银行股份有限公司	韶关市始兴县南门路1号商铺
7	惠州仲恺东盈村镇银行股份有限公司	惠州市仲恺高新区陈江街道陈江大道中8号
8	广东恩平汇丰村镇银行有限责任公司	恩平市恩城新平中路44号

续表

序号	机构名称	地址
9	鹤山珠江村镇银行股份有限公司	鹤山市沙坪镇中山路189—193号华虹大厦首层
10	中山东凤珠江村镇银行股份有限公司	中山市东凤镇东海2路63号原国税大楼
11	中山小榄村镇银行股份有限公司	中山市小榄镇升平中路10号首层
12	广东普宁汇成村镇银行股份有限公司	普宁市金丰园A幢东起1—8号、B幢南起第3-8号门市1—2层
13	东源泰业村镇银行股份有限公司	河源市东源县城广场大道霸王花新邨
14	梅县客家村镇银行股份有限公司	梅县华侨城宪梓北路50号
15	三水珠江村镇银行股份有限公司	佛山市三水区广海大道中29号首、二层
16	佛山高明顺银村镇银行股份有限公司	佛山市高明区荷城街道跃华路549号
17	云浮新兴东盈村镇银行股份有限公司	云浮市新兴县新城镇新州大道南68、69号
18	德庆华润村镇银行股份有限公司	德庆县康城大道东012号第一、二层商铺
19	东莞长安村镇银行股份有限公司	东莞市长安镇莲峰北路23号沃多夫名流街1幢101-112号
20	东莞厚街华业村镇银行股份有限公司	东莞市厚街镇康乐南路199号君汇华庭商铺B座
21	广州从化柳银村镇银行股份有限公司	从化市街口街新城东路32号
22	广州白云民泰村镇银行股份有限公司	广州市白云区太和镇大源北路126号
23	中山古镇南粤村镇银行股份有限公司	中山市古镇镇华廷路灯都华廷A型4号
24	东莞大朗东盈村镇银行股份有限公司	东莞市大朗镇富民中路328号盈丰大厦1楼108—109号铺及12楼

资料来源：中国银行业监督管理委员会广东监管局：《广东银行业监管与发展报告（2012）》，中国金融出版社2012年版，第140页。

（二）村镇银行发展趋势

截至2017年末，农村中小金融机构（含农村商业银行、农村信用社、村镇银行）网点6231个。广东村镇银行发展正面临着一个良好的历史机遇。历史经验可以看出，在整个农村金融体系中引入村镇银行等有效的新型竞争主体，将使农村金融机构的产权结构和市场竞争结构逐步多元化，极大丰富了中国农村金融机构的谱系，既增加了农村金融的供给，又改善了农村金融体系的竞争生态，对我国未来农村金融发展意义重大。省政府一直对村镇银行发展给予了高度的重视和支持。2009年2月《中共广东省委、广东省人民政府关于贯彻落实党的十七届三中全会精神 加快推进农村改革发展的意见》中指出："要加快开展广东村镇银行、贷款公司、小额贷款公司、农村资金互助社等新型金融组织试点工作。"广东银监局也在充分征求广东省各地市的需求意向后，草拟了广东村镇银行等金融机构试点的基本原则并勾画出广东省未来三年新型农村金融机构试点发展规划，随后省政府出台的政策性支持措施为广东村镇银行此后的顺利发展提供了有力的保障，这些措施的实行无疑为村镇银行发展提供了巨大的支持。

广东以小额贷款公司和村镇银行为桥梁，积极利用民间资本促进民营经济发展。鼓励民营企业发起或参与设立小额贷款公司和村镇银行，支持中外资银行在广东发起设立村镇银行，支持符合条件的小额贷款公司转制成村镇银行，出台扶持政策支持小额贷款公司和村镇银行创新产品，为"三农"、中小企业和个体工商户提供优质金融服务。

六 城市信用社和农村信用社改革

（一）城市信用合作社改革

1. 广东省陆续开展城市信用合作社改制和整顿工作。1996年，城市信用合作社的发展对繁荣城镇经济起到了积极作用，同时也出现许多问题。广东有相当一部分城市信用社，在经营活动中背离合作制原则和为中小集体企业及居民服务的宗旨，违规经营，擅自从事商业银行业务，随意扩大业务范围，管理不规范，经营水平低，不良资产比例高，抗御风险能力差，形成很大的金融风险。1997年全省235家城市信用社当中，存贷比例失调，严重超负荷经营陷入困境的有72家，占30.64%。全省城信社贷款余额302.34亿元中，不良贷款110.67亿元，占36.60%。全省有153家城市信用社亏损，亏损面达65.10%。城市信用社实行单行制，独立经营，资产规模少，行政干预大，抗御风险能力差，是形成严重风险的客观原因。

1996年，广东省已陆续开展改制和整顿工作。1998年10月，国务院办公厅转发人民银行《整顿城市信用合作社工作方案》以后，全省各地在当地政府统一领导下，进一步做好清理整顿工作。

2. 组建城市合作银行。1995年，根据《国务院关于组建城市合作银行的通知》，省政府决定在地级市范围内，有城信社7家以上，总资产5亿元以上的可组建城市合作银行。首先选择条件较好的中心城市试办，逐步推开。继1995年6月，在深圳市试行组建城市合作银行后，1996—1997年，又先后在符合条件的广州、珠海、东莞、佛山、湛江、汕头6个市，由98家城市信用社组建6家合作银行。组建后，业务有较大发展，总体运行平稳，并逐步改善原城信社的资本充足率与资产负债比例状况。

3. 城市合作银行更名为城市商业银行。由于城市合作银行实际是股份制银行，并按商业银行经营运作，不再具有"合作"性质，根据人民银行有关规定，1998年更名为城市商业银行。2005年11月，中国银行业监督管理委员会、人民银行、财政部、国家税务总局联合制定并发布了《关于进一步推进城市信用社整顿工作的意见》，提出切实推进城市信用社整顿工作，推进被撤销和停业整顿城市信用社的市场退出工作等要求。2006年以来，城市信用社改革取得重大进展：251家待处置城市信用社得到了有效处置，230家停业整顿城市信用社完成了市场退出工作，城市信用社正式退出了历史舞台。①

（二）农村信用社改革

在1993年出台《关于金融体制改革的决定》的基础上，国务院于1996年发布了《关于农村金融体制改革的决定》，以完善农村金融服务体系。其重点是按照合作制改革农村信用社管理体制和规范农村信用社，促进农村信用社健康发展，为我国农村经济持续发展提供金融支持。1996年，广东省农村信用社与农业银行脱离行政隶属关系，自主经营、独立运作。全省农村信用社管理体制改革和业务管理与发展迈出了关键性、实质性的一步。

2012年，广东的农村信用社和农村商业银行新增设"三农贷款专营中心"17家，至2012年末已设立27家，同时在全省设置自动柜员机7899台、自助服务终端3705台、POS机56245台、助农取款点3313个，让居民不出村便可享用借记卡小额提现服务。② 截至2016年底，全省共有98个法人农合机构，包括33家农商行（含深圳农村商业银行股份有限公司），65家农信社。农合机构是广东省服务三农、支持区域协调发展的金融主力军。截至2017年9月末，全省农合机构资产总额2.83万亿元，营业网点5700多个，均居省内银行业金融机构第一位。年均缴纳各种税收约100亿元，涉农贷款4127亿元，是名副其实的支农支小主力军。

---

① 《广东省志》编纂委员会：《广东省志（1979—2000）·银行·证券·保险卷》，方志出版社2014年版，第181—182页。
② 中国银行业监督管理委员会广东监管局：《广东银行业监管与发展报告（2012）》，中国金融出版社2012年版，第56页。

加快农村商业银行组建工作，截至2017年11月14日，广东省已改制33家农商行，资产总额占全省农合机构的76%。2017年11月15日，省政府召开"全面加快农村商业银行组建工作动员大会"，省政府要求到2018年底全省农村信用社全部完成改制农村商业银行。

七 银行业监管体系建设和成立银监局

（一）对银行业的监管体系初步形成

1985年5月，人民银行将稽核部门从行政监察机构中独立出来，自上而下建立稽核体系，标志着人民银行现场检查体系的建设起步。1986年1月7日，国务院发布《银行管理暂行条例》，明确人民银行的金融管理职责。此后，人民银行相继发布了一系列规定，开始建立对各类金融机构的管理制度。

除了对银行和非银行金融机构监管之外，清理整顿金融性公司和清理"三角债"是这一时期人民银行的重要工作。人民银行省分行自1994年发布了关于《广东省越权批准设立金融机构的清理方案》后，对133家各类越权批设的金融机构进行了清理，撤销了101家，撤并了一批未经人民银行批准设立的储蓄机构。对社会上出现的乱集资，非法设立金融机构和非金融机构非法经营金融业务的行为进行了严肃查处。同年，全面整顿全省城市信用社的工作，纠正了城市信用社存在的问题，各社增加了资本金，健全了民主管理制度，加强了领导班子建设，界定了经营范围，明确了经营业务。在全省金融部门开展了结算纪律专项稽核、农采收购贷款专项稽核、金融企业及外资银行常规稽核等稽核活动，纠正了社会上非法办理金融业务和各种违反结算纪律的行为。1994年，先后稽核了各类金融机构865家，查出违纪金额100.4亿元。

1996年，对全省违规经营资产和违规经营负债实行了并账，至年底，全省商业银行违规经营自查和并账全部结束，清理违规经营在全省取得了根本性的突破。同时，为了遏止新的违规行为，规范金融机构经营，人民银行省分行制定了6个管理办法。全年人民银行对805家金融机构进行了现场稽核，向被稽核单位提出整改意见2557条；对118家非银行金融机构进行了重新登记。全省4家国有商业银行的分支行所办的35家信托投资公司（办事处），已撤销33家，2家经人民银行批准转让的信托投资公司在审理之中；所办46家证券营业部已全部撤销或转让；证券回购债务清欠力度加大，到年底，卖出回购余额比清欠初期减少22.1亿元，下降22.3%。

1997年，全面部署了全省防范和化解金融风险工作。人民银行各分、支行建立了金融监管工作报告制度，逐步规范了非现场监管。依法查处和取缔了一批非法金融机构和非法金融活动。全年查出中外金融机构各类违规金额人民币523亿元，外币2.3亿美元。采取积极吸存资金，加强债权清收力度，增资扩股，促进转让、出售、兼并等措施，疏导、化解了一些金融机构出现的严重金融风险，及时控制了一些地方基金会的挤提风波。

（二）成立广东地区银监局，对辖内银行业事务实施监管

2003年10月15日，中国银行业监督管理委员会广东监管局挂牌，系中国银行业监督管理委员会（以下简称"中国银监会"）在广东省的派出机构。广东银监局依据《中华人民共和国银行业监督管理法》和中国银监会的授权，对辖内银行业事务实施监管。下辖19个派出机构（地市分局）。其机构职能主要包括：（1）根据中国银监会的授权，制定有关监管法规、制度方面的实施细则和规定；（2）负责对有关银行业金融机构及其分支机构的设立、变更、终止和业务活动的监督管理；（3）依法对金融违法、违规行为进行查处；（4）审查和批准高级管理人员任职资格；（5）统计有关数据和信息；（6）负责辖内党的建设、纪检和干部管理工作。

八　深化广东地区银行业对外开放及外资银行的发展

至2002年末，广东共有外资银行经营机构50家，其中，广州16家，深圳25家，珠海5家，汕头4家。银行代表处20家，其中，广州14家，深圳6家。世界500强企业中国际超级银行在深圳有6家，广州有8家，共占国际超级银行在华数目的26%。

至2012年末，广东共有外资银行分行及以上机构43家（不含深圳），其中广州29家，珠海6家，汕头3家，东莞4家，佛山1家。广东共有外资金融机构驻华代表机构14个（见表3.2）。

表3.2　　　　　　　2012年广东省外资银行机构情况

序号	机构名称	地址
1	摩根士丹利国际银行（中国）有限公司	珠海市吉大景山路188号粤财大厦第28层2801—2807单元及2816单元
2	南洋商业银行（中国）有限公司广州分行	广州市天河区天河北路233号中信广场商场402单元及中信广场首层R03-04号单元
3	东亚银行（中国）有限公司广州分行	广州市天河区天河北路183号大都会广场1—4层、2002—2006室
4	法国兴业银行（中国）有限公司广州分行	广州市天河区林和西路3—15号（单号）耀中广场9号第42层01—05，16和17—21号单元，3号101、5号101和7号101复式商铺
5	三井住友银行（中国）有限公司广州分行	广州市珠江新城华夏路8号国际金融广场12楼
6	美国银行有限公司广州分行	广州市人民中路555号美国银行中心25楼

续表

序号	机构名称	地址
7	大华银行（中国）有限公司广州分行	广州市天河北路183—187号，大都会广场1107—1110、1113—1114单元
8	加拿大丰业银行有限公司广州分行	广州市林和西路161号中泰国际广场A座1503、1505、1506室
9	东方汇理银行（中国）有限公司广州分行	广州市天河路208号粤海天河城大厦2103室
10	法国巴黎银行（中国）有限公司广州分行	广州市华爱路10号富力中心2503室
11	德意志银行（中国）有限公司广州分行	广州市天河路208号粤海天河城大厦2202—03单元
12	蒙特利尔银行（中国）有限公司广州分行	广州市天河区珠江新城华夏路8号合景国际金融广场19层01、02、03室
13	恒生银行（中国）有限公司广州分行	广州市天河区天河北路233号中信广场商场首层137—140号，2层250号，10层1028、1003号，11层1103、1105号和37层3701、3705、3708号
14	花旗银行（中国）有限公司广州分行	广州市天河区天河北路233号中信广场68楼6801、6802、6807、6808单元，72楼7201、7202单元
15	汇丰银行（中国）有限公司广州分行	广州市越秀区环市东路368号花园酒店首层G2、花园大厦P01室、花园酒店裙楼第2层M06室
16	星展银行（中国）有限公司广州分行	广州市天河区天河路230、232号万菱汇首层42号商铺，万菱国际中心第17层05、06、07、08单元及第18层全层单元
17	韩国产业银行广州分行	广州市天河区珠江新城华夏路8号合景国际金融广场1702室
18	渣打银行（中国）有限公司广州分行	广州市天河区珠江新城华夏路8号合景国际金融广场首层104铺（南面铺）、第10层
19	永亨银行（中国）有限公司广州分行	广州市天河区体育东路138号金利来数码网络大厦2102—2105、2506—2509室

续表

序号	机构名称	地址
20	国民银行（中国）有限公司广州分行	广州市天河北路 233 号中信广场 4602—4603 室
21	三菱东京日联银行（中国）有限公司广州分行	广州市天河区珠江新城华夏路 8 号合景国际金融广场第 24 层
22	华侨银行（中国）有限公司广州分行	广州市天河区珠江新城华夏路 8 号合景国际金融广场 903—904 室
23	印度巴鲁达银行广州分行	广州市天河北路 183 号大都会广场 2011—2013 室
24	瑞穗实业银行（中国）有限公司广州分行	广州市天河区珠江新城华夏路 8 号合景国际金融广场第 25 层
25	华商银行广州分行	广州市天河区珠江西路 8 号、10 号 101 室之自编 106 铺；10 号 201 室之自编 205 铺及 10 号 1901 室（01 - 03 单元）
26	摩根大通银行（中国）有限公司广州分行	广州市天河区珠江新城华夏路 8 号合景国际金融广场 16 层 02 单元
27	澳大利亚和新西兰银行（中国）有限公司广州分行	广州市天河区珠江新城华夏路 8 号合景国际金融广场 20 层 02 单元
28	意大利裕信银行股份有限公司广州分行	广州市天河区珠江新城华夏路 10 号富力中心 15 层 02 单元
29	大新银行（中国）有限公司广州分行	广州市越秀区人民北 6 路 04—2 号首层自编 01 单元、2 层自编 01 单元
30	韩亚银行（中国）有限公司广州分行	广州市天河区珠江新城华夏路 28 号富力盈信大厦首层 104 铺、2609—2612 室
31	东亚银行（中国）有限公司珠海分行	珠海市拱北迎宾南路花苑新村
32	渣打银行（中国）有限公司珠海分行	珠海市吉大景山路 188 号粤财大厦写字楼 2707、2708、2709 单元
33	葡萄牙储蓄信贷银行股份有限公司珠海分行	珠海市吉大景山路 188 号粤财大厦 2513 室
34	厦门国际银行珠海分行	珠海市吉大九洲大道东 1195 号中航大厦底层
35	永亨银行（中国）有限公司珠海分行	珠海市吉大景山路 82 号水湾大厦 1 层 2 单元及 2 层 1、2 单元

续表

序号	机构名称	地址
36	南洋商业银行（中国）有限公司汕头分行	汕头市迎宾路3号
37	创兴银行有限公司汕头分行	汕头市金砂路162号丰泽庄蓝堡国际公寓1幢103—203、104—204、105—205号
38	华美银行（中国）有限公司汕头分行	汕头市金砂东路127号华侨商业银行大厦1502、1504单元
39	恒生银行（中国）有限公司东莞分行	东莞市东城街道东城中路君豪商业中心首层107室，2层201室及10层1016室
40	汇丰银行（中国）有限公司东莞分行	东莞市元美路华凯广场C座首层C1—109—112号商铺及写字楼A座11楼06—11单元
41	星展银行（中国）有限公司东莞分行	东莞市南城街道鸿福路106号南峰中心8层802—803室
42	玉山商业银行股份有限公司东莞分行	东莞市南城街道胜和路华凯大厦102—103、203、215—217号
43	渣打银行（中国）有限公司佛山分行	佛山市南海区桂城南海大道北20号金安大厦104—105单元和201—206单元
44	苏格兰皇家银行有限公司广州代表处	广州市天河区天河路208号粤海天河城大厦20层02单元
45	永隆银行有限公司广州代表处	广州市环市东路362—366号好世界广场1302室
46	华美银行（中国）有限公司广州代表处	广州市天河北路233号中信广场1303室
47	葡萄牙商业银行股份有限公司广州代表处	广州市环市东路362—366号好世界广场2301室
48	创兴银行有限公司广州代表处	广州市环市东路339号A附楼18A室01室
49	瑞士银行有限公司广州代表处	广州市天河区林和西路161号中泰国际广场A1702室
50	瑞士信贷银行有限公司广州代表处	广州市天河区林和西路161号中泰国际广场A塔楼第12层A1201室
51	印度海外银行广州代表处	广州市天河区林和西路1号广州国际贸易中心30层3001室
52	意大利西雅那银行股份有限公司广州代表处	广州市天河区林和西路161号中泰国际广场A楼A1708单元

续表

序号	机构名称	地址
53	万事达卡国际组织广州代表处	广州市天河北路233号中信广场2015—2016A室
54	日本永旺信贷财务公司广州代表处	广州市中山二路35号冶金建筑设计研究院901室
55	大来信用证国际（香港）有限公司广州代表处	广州市天河区体育东路114号财富广场西塔15楼131室
56	富邦银行（香港）有限公司东莞代表处	东莞市南城区元美西路8号华凯广场A栋12楼1209号
57	奥地利中央合作银行股份有限公司珠海代表处	珠海市吉大景山路188号粤财大厦2404室

资料来源：中国银行业监督管理委员会广东监管局：《广东银行业监管与发展报告（2012）》，中国金融出版社2012年版，第140—142页。

1992年邓小平南方重要谈话后，中国纷纷出台政策推进银行业开放，取消了设立机构的地域限制，放开了外资银行经营人民币业务限制，外资银行机构数量进一步增加。1994年，中国颁布了全面规范外资银行发展的第一部法规——《外资金融机构管理条例》；1996年人民银行公布了《外资金融机构管理条例实施细则》，明确了外资银行在华经营的市场准入条件和监管标准，外资银行逐步允许开展人民币公众存款业务。1996年12月，人民银行批准花旗银行、汇丰银行、日本三菱东京日联银行股份有限公司、日本兴业银行四家外资银行上海分行迁址于浦东新区并经营人民币业务。1997年，国务院批准了首批可以引进外资金融机构的内陆城市，对外资金融机构的开放从沿海城市扩大到了内陆省会及中心城市。当时，中国金融业开放的主要目的在于吸引外资，弥补国内建设资金缺口。《外资金融机构管理条例》就明确规定，外资银行从中国境内吸收存款不得超过总资产的40%，目的就在于限制其在中国国内吸收资金，促使其从境外引进资金。1997年底，中国外资银行营业性机构达到 164 家，1993 年至 1997 年四年时间增加了 88 家，资产总额达到 380 亿美元（见图 3.1）。

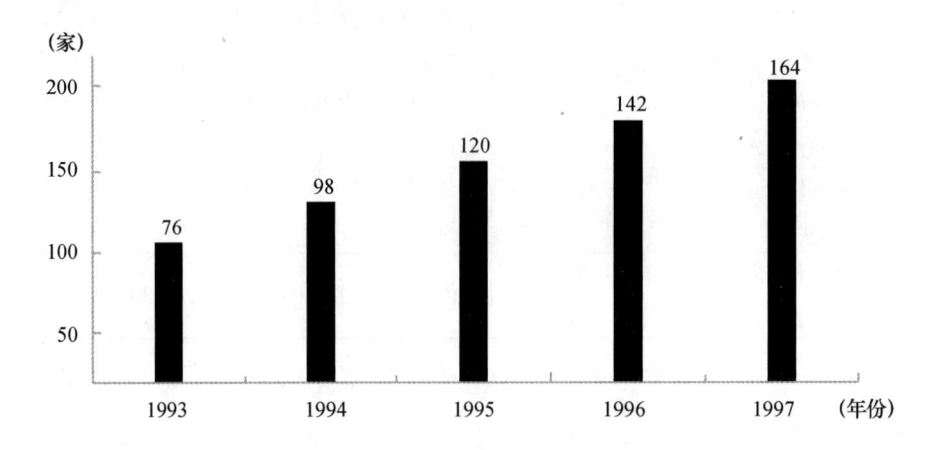

图 3.1　1993—1997 年外资银行营业性机构数量

数据来源：根据中国银行业监督管理委员会网站资料整理得。

1997 年，亚洲金融危机爆发，区域外银行在亚洲地区的发展趋于谨慎，在华机构布局和业务拓展也明显放缓；同期，中国加入世界贸易组织的谈判步伐加快，国内金融业进行了艰苦的制度和其他方面的准备工作。为促进外资银行在华发展，2001 年底国务院重新修订并公布《外资金融机构管理条例》，人民银行对《外资金融机构管理条例实施细则》进行修订，批准深圳为继上海之后第二个允许外资银行经营人民币业务的试点城市；允许外资银行加入全国银行间同业拆借市场，解决其人民币业务资金来源问题；放宽外资银行经营人民币业务地域限制，允许上海市外资银行将人民币业务扩展到江苏和浙江，允许深圳市外资银行将人民币业务扩展到广东、广西和湖南。2001 年底，中国外资银行营业性机构为 177 家，同比 1997 年四年时间只增加了 13 家，资产总额达到 450 亿美元（见表 3.2）。

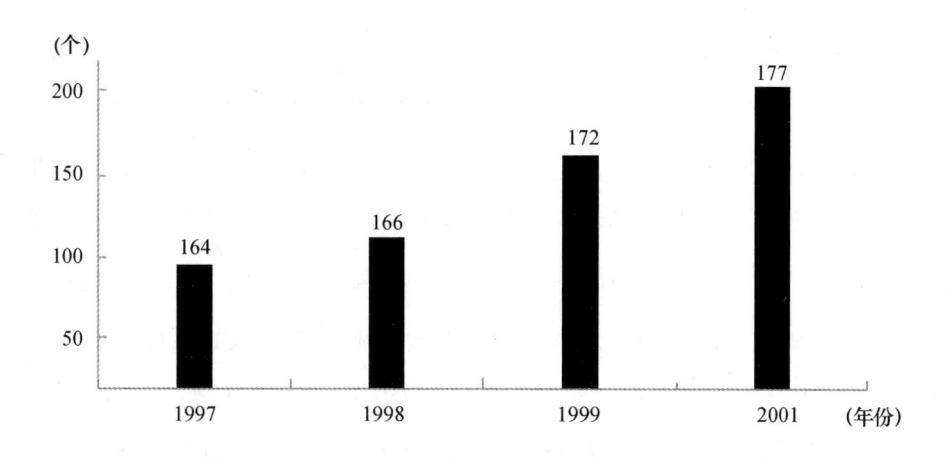

图 3.2　1997—2001 年外资银行营业性机构数量
数据来源：根据中国银行业监督管理委员会网站资料整理得。

自 1982 年广东率先引入内地第一家外资银行分行——南洋商业银行深圳分行以来，外资银行在支持特区经济建设的过程中充分发挥自身经营特色和优势，体现了较鲜明的发展特点。首先，作为连接国内外金融市场的桥梁和纽带，深圳外资银行具有天然的跨境特性。其次，深圳外资银行不断探索，将自身经营特色与内地经济金融环境相结合，逐步实现了差异化发展定位。不同层次、不同特色的外资银行互相补充、互为促进，丰富了深圳银行体系的层次和多样性。截至 2011 年末，从机构网点数量看，13 家港资银行在深圳设立的机构网点超过 50 个，占深圳外资银行机构网点总数的 63%；从市场份额看，在深港资银行的资产、贷款和存款占比分别为 74%、66% 和 70%。多年来，深圳外资银行不断将国际银行业成熟的业务经验和金融创新成果引进国内，如离岸金融业务、银团贷款、楼宇按揭贷款等多项业务都是由深圳外资银行推出后，再逐步扩展国内银行的；外资银行同时结合深圳经济特区建设日益增长的金融需求，在国内较早开展了金融交易电子化、客户服务组合化、综合化经营探索等金融创新活动，多项创新成果在深圳试点成功后，再逐步推向全国，为中国银行业改革创新做出了积极贡献。据来自中国银行业监督管理委员会深圳监管局（以下简称"深圳银监局"）的统计，到2011年末，共有10个国家和地区的外资银行在深圳设立了31家营业性机构，总资产达2478亿元。存、贷款余额分别为1719亿元、940亿元；机构数量和业务规模稳居国内城市三甲。深圳已成为国内银行门类最全、机构最多的城市之一。[①]

在推进银行业改革的同时，随着中国经济逐步向外向型发展，银行业也加快了对外开放的步伐。从经济特区到沿海开放城市，从非营业性机构到营业性机构，从1985年到1992年，外资银行开始大规模进入中国。

1985年，国务院颁布了《中华人民共和国经济特区外资银行、中外合资银行管理条例》，这是中国第一部关于外资金融机构管理的行政法规，对外资金融机构在中国设立营业性机构从法律上给予了保障。截至1986年底，在中国设立的外资银行分支机构、中外合资银行和中外合资财务公司总数达到25家，其中新设20家，以深圳和厦门最多；截至1989年底，这些机构总数达到34家，包括港澳地区中资银行设立的分行8家、中外合资银行2家、中外合资财务公司1家、外资银行设立的分行23家。

1992年邓小平南方重要谈话和中共中央关于进一步加快改革开放步伐的决策公布后，经国务院批准，大连、天津、青岛、南京、宁波、福州和广州7个沿海地市允许设立营业性外资金融机构。

[①] 李焱、范京蓉：《深圳外资银行实力居全国前列》，《深圳特区报》2012年6月7日。

广东是中国对外开放的"龙头",广州是继4个经济特区后首批对营业性外资金融机构开放的沿海城市之一,并于1995年成为继上海后第二个对营业性外资保险机构开放的试点城市。广东引进外资金融机构的数量和种类逐步增加,从银行业的对外开放发展到保险业的对外开放。至1997年底,全省(不含深圳)已批准设立外资金融机构68家,占全国外资金融机构总数的10%,其中营业性机构25家(银行23家,保险2家),代表处43家(银行25家,保险18家)。按地区分布,广州有14个国家和地区的金融机构设立了14家分行、保险分公司2家和43家代表处,广州引进外资金融机构的数量居全国第三位;珠海有3个国家和地区的金融机构设立了5家分行;汕头有2个国家和地区的金融机构设立了4家分行和1家代表处。

1. 汇丰银行广州分行。总部设在香港特别行政区的汇丰银行,是汇丰集团的创始成员和集团在亚太区的旗舰,亦是香港最大的本地注册银行和三间发钞行之一。汇丰集团乃世界规模最大的金融服务机构之一,在近80个国家和地区设有庞大网络,服务范围遍及全球。汇丰银行广州分行成立于2000年1月。至2001年末,有员工30多人,各项存款余额2380万美元,各项贷款余额1998万美元。主要业务包括:(1)个人银行服务。提供美元、港元及其他主要外币的账户存款服务。为方便海外持卡用户,分行还装有环球通自动柜员机,客户凭借汇丰集团的全球通(Global Access)卡、汇财卡或万事达卡,即可在这些自动柜员机上进行24小时港币和人民币电子理财服务。(2)工商及金融机构业务,包括营运资金贷款、项目贷款、银行担保、投标保证金和履约保证金等。(3)贸易服务。提供种类齐全的进出口押汇服务和贸易融资便利,包括特快信用证通知服务、票据议付及贴现、船运担保和跟单托收。(4) 出口信贷及买断。提供有出口信贷支持的融资服务，通过不同的国家出口信贷代理，为投入中国内地的机器及设备安排信贷，并提供买断服务。(5) 外汇买卖服务。作为中国内地指定的外汇银行之一，汇丰银行广州分行为客户提供全面的主要外币买卖服务。(6) 电子银行服务。通过以个人电脑为基础的汇丰集团环球电子银行服务系统 Hexagon，客户可利用个人电脑，连接汇丰集团成员所提供的全面银行服务和金融信息。

2. 恒生银行广州分行。恒生银行有限公司（以下简称"恒生银行"）于1933年在香港创立，为汇丰集团成员。恒生银行的业务重心集中在香港及内地，在香港拥有超过150家分行及自助理财中心，雇员7000多名，发展成为香港注册的第二大银行，同时亦是香港联合交易所最大的上市公司之一。至2001年，恒生银行总资产超过5000亿港元。1995年，恒生银行在广州开设第一间内地分行。1996年投资港币9500万元，购入天河北路中信广场的物业，作为恒生银行广州分行新址。业务范围包括：外汇存款、外汇放款、外汇汇款、进出口结算、外汇担保、楼宇按揭及保管箱业务；业务对象主要包括：境外的非居民及境内的三资企业和有进出口经营权的中资企业。

2001年，恒生银行广州分行业务量快速增长。年末各项存款余额231万美元，各项贷款余额1152万美元。增长幅度最大的是进口贸易方面。全年开立信用证金额比上年增长10倍，进口贷款增长近7倍。零售银行业务方面，至12月底客户的港元存款余额比上年增长21%；美元存款余额增长2.3倍。为中资企业办理短期贸易融资的金额亦有所增加。

为了促进金融业进一步做大做强，广东积极推进金融业开放交流。人民银行广州分行先后与澳门金融管理局、香港金融管理局建立粤澳、粤港金融合作联络机制，搭建起三地金融管理部门之间的沟通平台。省政府先后于2009年、2011年与香港、澳门建立金融合作专责小组机制，推动区域金融合作，实现互惠双赢。2007年以来，深圳举办年度性中国（深圳）金融博览会，邀请国内外金融机构、企业参会，已成为国内三大金融展之一；并且举办证券基金论坛、产业并购基金论坛、风险投资论坛、私募基金论坛、金融信息服务发展论坛等诸多重要论坛和会议，大大提升了深圳金融业的国内国际影响力。

至2016年6月末，已有来自全球19个国家和地区的58家外资金融机构在广东省内设立了259家外资银行营业性机构，广东省已成为全国外资银行营业性机构最多的省份。7家香港银行的14家分行在广东20个城市设立了65家异地支行，填补了粤东、西、北等11个偏远城市外资银行金融服务空白。粤港澳三地间有着天然的地缘联系和丰富的历史渊源，加强粤港澳金融合作，是广东加强金融强省和中国（广东）自由贸易试验区（以下简称"广东自贸区"）发展的重要一环。随着中国金融改革的深入和粤港澳金融合作的推进，内地居民投资海外市场的渠道也在不断增长，从QDII到基金互认，这些都为内地居民的财富管理提供了更多元的选择，一方面为他们把握全球财富机遇提供了可能，另一方面也能让他们进一步优化资产配置，更好地控制风险。外资银行通过代理销售"北上基金"，积极开拓内地市场。2016年6月，汇丰银行开发的跨境电子服务平台在广东地区正式上线，协助粤企提高跨境收付和资金管理的效率。香港也是内地企业筹集国际资金及"走出去"的首选目地。2015年中，广东省在香港上市的企业已经接近190家，位列全国各省之首。除了上市，越来越多的广东企业通过在香港发行债券进行融资。伴随着广东自贸区的红利，粤港间跨境人民币业务进一步扩大，人民币跨境双向贷款悄然兴起。广东银监局推动了CEPA补充协议六的签署施行，大幅降低香港银行在广东省内拓展网点的营运资金门槛，3年内香港银行异地支行即已基本覆盖全省地级城市，广东成为首个实现外资银行全覆盖的省份。

随着广东经济结构的调整，无论是民营企业还是国企，都产生了"走出去"的需求，包括境外并购等。此外，海外企业看到充满活力的这个市场，也希望进来广东投资。无论企业走出去还是引进来，都为外资银行带来很多机会。更多的外资银行希望利用跨境业务的长处来开拓业务，包括跨境资金管理、一站式的全面跨境贸易融资服务等。[1]

九 广东信托业发展及整顿重组

改革开放以来，广东经济实力迅速增强，金融业发展走在全国前列。在金融业快速发展过程中，也积累了大量风险。到了20世纪90年代中后期，整个社会信用过度膨胀，乱拆借、乱集资、高息吸存等违规行为出现，金融机构不良贷款不断增加，同时受亚洲金融风暴影响，部分金融机构资不抵债，挤兑时有发生，广东成为全国金融风险较集中的地区。为了解决金融风险，1999年11月，广东对全省150家城市信用社和16家信托投资公司及其14家办事处采取"一揽子"方案，斥资整体处置，清收不良资产，处理债权债

---

[1] 唐子湉：《广东外资银行数量全国最多》，《南方日报》2016年6月24日第AT16版。

务,直至全部退出市场。到了20世纪初,广东主要金融风险基本处置完毕,各金融机构经营稳健,金融业步入健康发展轨道。

党的十一届三中全会以后,为了搞活经济、搞活金融、适应经济发展的需要,各专业银行陆续增办了信托业务或成立了附属的信托投资机构,有些地方、部门也成立了信托投资机构。经省政府批准,省财政厅于1981年成立了广东省信托投资公司,专门办理财政资金拨改贷业务。1985年又成立了广东财务公司,办理信托投资业务。

为了加强信托投资机构的管理,人民银行于1986年4月发布《金融信托投资机构管理暂行规定》,从此对金融信托业务的管理有了法律依据。人民银行在发布《金融信托投资机构管理暂行规定》的通知中,还提出对现有信托投资机构进行清理整顿的问题。人民银行省分行为了贯彻执行《金融信托投资机构暂行规定》,做信托投资机构的清理整顿工作,制定了具体的实施意见,从1986年第二季度起,对广东全省金融信托投资机构进行了较全面的清理整顿,清查了其资金来源与运用的情况,纠正了超越范围的经营,建立和健全了财务管理制度,基本按照政企分离的原则设立机构。凡设置重复、不符合《金融信托投资机构暂行规定》要求的机构,则进行撤并。

在清理整顿中,根据《金融信托投资机构管理暂行规定》的精神,报经省政府同意,将财政办的广东省信托投资公司和广东财务公司这两家公司合并,撤销广东省信托投资公司,重新组建广东财务发展公司,原信托投资公司的业务委托广东财务发展公司办理,并报经人民银行批准,发给了《经营金融业务许可证》。截至1986年底,全省清理整顿金融信托投资机构并重新核发许可证的工作基本结束。1987年2月人民银行发出了《关于审批金融机构若干问题的通知》，对《金融信托投资机构管理暂行规定》中有关最低实收货币资本金的条款作了较大的修改。截至1987年底，广东省共审批成立了各种信托投资机构68家，其中，国际信托投资公司5家、投资公司60家、财务公司2家、金融租赁公司1家（见表3.3）。有资本金140922万元，发行债券19285万元，吸收信托存款113011万元，发放固定资产贷款69772万元，投资40912万元，租赁44748万元。①

表3.3　　　　　　　　　　广东信托公司概况

序号	机构名称	地址
1	广东粤财信托有限公司	广州市东风中路481号粤财大厦14楼
2	大业信托有限责任公司	广州市天河区体育西路191号中石化大厦B塔25楼
3	东莞信托有限公司	东莞市松山湖高新技术产业开发区创新科技园2号楼

资料来源：中国银行业监督管理委员会广东监管局：《广东银行业监管与发展报告（2012）》，中国金融出版社2012年版，第142页。

十　广东财务公司发展及重组

1986年，伴随经济体制改革的推进，企业横向联合不断加强，开始出现跨地区、跨行业、跨所有制的大型企业集团，为财务公司的产生提供了必要条件。当时银行业的管理体制和服务意识无法满足大型企业集团优化配置内部资金，提高使用效益等金融需求，以财务公司为代表的内部金融机构应运而生。1987年5月7日人民银行批准设立东风汽车财务有限公司，标志着中国企业集团财务公司

---

① 广东省地方史志编纂委员会：《广东省志·金融志》，广东人民出版社1999年版，第542页。

的诞生。

由于财务公司与所在集团天然紧密结合,广东先后有4家公司由于集团经营不善停止经营。在监管部门的大力支持、指导下,4家问题财务公司于2007年全部以收购重组方式处置完毕。其中,广州珠江实业集团财务有限责任公司、广东万家乐集团财务有限责任公司分别被广东的中国南方电网有限责任公司、广东省粤电集团有限公司收购重组并更名为南方电网财务有限公司、广东粤电财务有限公司,广州白云山集团财务公司、广州万宝集团财务公司分别被北京的中国冶金科工股份有限公司、首都机场集团公司收购重组并更名为中冶集团财务有限公司、首都机场集团财务有限公司。至此,广东财务公司行业发展开始步入良性发展轨道。截至2018年末,中国银行保险监督管理委员会广东监管局(以下简称"广东银保监局")辖内财务公司共有14家(见表3.4)。

表3.4　　　　　　广东银保监局辖内财务公司概况

序号	公司名称	地址
1	中国南航集团财务有限公司	广州市白云区齐心路68号中国南方航空大厦13A层
2	南方电网财务有限公司	广州市天河区珠江新城华穗路6号大楼18、19楼及12楼的08、09、10
3	广东粤电财务有限公司	广州市天河东路2号粤电广场南塔12—13层
4	广东省交通集团财务有限公司	广东省广州市天河区珠江东路32号利通广场43层
5	广东省广晟财务有限公司	广东省广州市天河区珠江西路17号广晟国际大厦52楼
6	粤海集团财务有限公司	广州市天河区天河路208号粤海天河城大厦35楼01、02A、07B、08
7	广州发展集团财务有限公司	广州市天河区临江大道3号301室、3209室

续表

序号	公司名称	地址
8	广州汽车集团财务有限公司	广州市天河区广州大道中 988 号 3301、3302、3303、3304 室
9	TCL 集团财务有限公司	中国广东省惠州市仲恺高新技术开发区和畅四路十九号小区 TCL 科技大厦 20—21 楼
10	珠海格力集团财务有限责任公司	珠海市前山金鸡路 901 号
11	珠海华发集团财务有限公司	珠海市横琴金融产业服务基地 18 号楼 A 区
12	美的集团财务有限公司	佛山市顺德区北滘镇美的大道 6 号美的总部大楼 B 区 6 楼
13	广东温氏集团财务有限公司	广东省云浮市新兴县新城镇东堤北路 9 号温氏总部大楼第 6 层
14	中国石化财务有限责任公司广州分公司	广州市天河区体育西路 191 号 A 塔 17 层 1701—1711 室

资料来源：根据中国银行保险监督管理委员会广东监管局网站整理得（截至 2018 年末）。

十一　以建设金融强省加快推进银行业改革创新、科学发展

2007 年 9 月，《中共广东省委、省人民政府关于加快发展金融产业建设金融强省的若干意见》发布。建设金融强省是在深入调查研究和广泛民主论证的基础上做出的科学决策。广东省金融在改革开放中快速发展。但是，广东金融仍大而不强。一些多年积累的历史矛盾和发展中面临的新问题，严重制约了广东金融的竞争力。为此，把金融作为广东重要支柱产业来发展，大力建设金融强省，提升金融体系的整体活力，为广东经济加快发展、率先发展和协调发展提供了强有力的保障。坚持以改革开放创新为主线，切实加强监管和督导，促进广东银行业实现又好又快的发展。2012 年 9 月 1 日，《中共广东省委广东省人民政府关于全面推进金融强省建设若干问题的决定》发布，对广东未来 5—10 年的金融改革创新、科学

发展做出了全面部署，措施具体，政策有力，具有很强的操作性。第一，突出体现市场化改革创新的方向；第二，突出体现金融与经济社会融合发展的内在要求；第三，突出体现解放思想、先行先试的创新思路。该项决定第一次明确将转变金融发展方式作为广东省金融改革发展的首要任务。即以服务实体经济为立足点，以市场化改革创新为推动力，以防范化解风险为生命线，完善金融管理体制，优化金融生态环境，建设现代金融体系，全面提高金融资源配置力和综合竞争力。

加快推进银行业改革创新、科学发展。第一，积极推动银行业支持经济又好又快发展。银行业要实现质的跨越，首先必须支持地方经济又好又快发展。广东经济总量跃上新的台阶，经济结构和经济增长方式的调整、转型和升级，为银行业发展提供了不断优化的物质基础和巨大市场需求。第二，大力支持银行业的改革开放和创新发展。一是大力推动辖内银行业金融机构进一步深化改革，争取在内部组织架构、业务流程和经营机制等方面不断进行优化；二是积极引导中外资银行业金融机构在竞争中加强合作，实现取长补短、优势互补、趋利避害、共赢发展；三是加强对银行业创新的支持和引导，鼓励银行业金融机构开发具有核心竞争力的产品，转变盈利模式，实现可持续发展，并在拓宽业务领域、开展综合化经营、投资设立基金管理公司、开展人民币衍生产品业务和资产证券化等方面积极进行试点；四是积极探索把广东银行业做大做强的路子。依靠各级地方党政及有关部门，在妥善处置历史遗留问题银行机构的基础上，适时推进对全省中小银行业金融机构的整合，支持部分经营状况较好的机构跨地区、多元化经营，重点培育一批治理结构完善、经营机制良好、业务拓展能力较强的区域性银行机构，进一步将广东的银行业做大做强。在部分基础较好、条件较成熟的地区，支持发展新型银行业金融机构，健全地方金融组织体系，或者探索成立金融控股公司，并充分发挥其在建设金融强省中的主导作用。①

第三节 银行业深化改革创新发展的新成就

一 广东银行业改革创新发展与银行监管实施概况

（一）银行业改革创新发展概况

2014年12月16日，全国第一家互联网银行"前海微众银行"依法核准，在前海注册窗口依法领取商事主体营业执照，正式成立。前海微众银行的主要发起人包括深圳市腾讯网域计算机网络有限公司、深圳市百业源投资有限公司和深圳市立业集团有限公司等知名民营企业，注册地为深圳前海。前海微众银行注册资本30亿元人民币（实缴30亿元人民币），其中，腾讯认购该行总股本30%的股份，为最大股东。前海微众银行的经营范围包括吸收公众存款，主要是个人及小微企业存款；主要针对个人及小微企业发放短期、中期和长期贷款；办理国内外结算以及票据、债券、外汇、银行卡等业务。

2016年底，广东全省已拥有银行营业网点17322家，银行法人机构3家，小型农村金融机构和农村新型机构各109家和54家。银行业存贷款规模持续快速扩大，贷款快速增长。2017年，广东金融机构本外币存、贷款余额分别为19.45万亿元、12.6万亿元，同比分别增长8.2%、13.6%，分别约占全国的1/9和1/10；分别是

---

① 朱桂芳：《广东建设金融强省确立总体目标》，《南方日报》2007年6月5日第A04版。

2006年的4.5倍和4.9倍。

广东省多种类型的金融机构迅速发展。前海微众银行、梅州客商银行股份有限公司等民营银行获批开业，设立了国内第一家相互保险社，设立了广东粤电财产保险自保有限公司、广东粤财金融租赁股份有限公司等一批法人金融机构，广州越秀金融控股集团股份有限公司成为国内首家上市的地方国资金融控股平台。2016年，成立了国内最大地方民营投资公司——广东民营投资股份有限公司首批实缴资本金160亿元。融资担保公司平稳发展，截至2016年，广东省（不含深圳）融资性担保法人机构309家，注册资本达590亿元，在保余额1945亿元。到2016年，全省金融租赁公司、汽车金融公司、货币经纪公司、消费金融公司等"其他"类金融机构总部数达到8家，营业机构达到14家。截至2017年底，广东已吸引人民银行广东金融电子结算中心、PICC（中国人民财产保险股份有限公司）南方信息中心、友邦金融中心、毕马威全球共享服务中心等金融机构及知名企业落户，集聚了金融租赁、融资租赁等业态。

广东社会融资规模持续增加，金融支持实体经济力度进一步加大。为了促进社会融资，人民银行广州分行先后制定了《关于广东金融业促进创新驱动发展的若干意见》《金融支持广东省供给侧结构性改革的实施意见》等指导性文件，引导金融机构优化金融资源配置，助推地方经济转型升级。广东大力支持各地设立中小微企业融资担保扶持资金、转贷基金、贷款风险补偿资金池等，建立贷款风险分担机制；加快建设中小微企业信用信息和融资对接平台；构建全省统一的政策性担保体系，推动间接融资规模进一步壮大；还在全国率先推出金融服务创新驱动发展一揽子政策，探索投贷结合、投债联动、投担联动等金融服务模式，从拓宽多元化融资渠道、建设金融平台和机构体系、完善金融保障机制等方面促进金融支持科技创新。2016年广东省全口径直接融资总额近1.1万亿元，直接融资比例提升至35%，同比2012年增加了25.8个百分点。从融资方式来看，IPO融资、股权再融资、发行公司债券是自2013年以来广东企业直接融资的三种主要途径。通过不断改革创新，社会融资规模持续扩大，2017年广东省社会融资规模2.21万亿元，占全国的九分之一，在全国各省市中列第一位。大力发展直接融资，建立拟上市后备企业资源库，积极推动全省更多企业利用多层次资本市场融资，提升直接融资比例；创建国内最优良的创业投资环境，大力发展天使投资、创业投资；推进债券品种创新，更好满足企业发债融资需求。

2018年12月末全省银行业金融机构本外币各项存款余额208051.16亿元，比上年末增长7.0%。住户存款增长11.7%，非金融企业存款增长7.8%。各项贷款余额145169.39亿元，增长15.2%。年末全省农村合作机构本外币存款余额26508.93亿元，比上年末增长9.8%；贷款余额15774.61亿元，增长14.3%。银行业金融机构本年利润（税后）3079.52亿元，比上年增长14.5%。年末银行业金融机构不良贷款率为1.36%，下降0.09个百分点。

截至2020年末，广东省银行业资产总额29.6万亿元，同比增长13.7%。广东省本外币存款余额26.8万亿元，同比增长15.1%；比年初新增3.5万亿元，同比多增1.1万亿元。本外币贷款余额19.6万亿元，同比增长16.5%；比年初新增2.8万亿元，同比多增5755亿元。是信贷结构持续优化，利率市场化改革深入推进。2020年，企事业单位新增中长期贷款余额占新增各项贷款余额的46.7%，同比提高6.8个百分点。制造业中长期贷款余额同比增长

50.4%；涉农贷款余额同比增长17.9%；民营企业贷款余额同比增长20.9%；普惠口径小微贷款比年初新增5877亿元，同比多增2029亿元。2020年，广东省存量浮动利率贷款定价基准转换工作顺利完成，企业融资成本下降。是普惠金融服务体系发力。2020年，"粤信融"平台累计撮合银企融资对接4.6万笔，金额3052亿元。中征应收账款融资服务平台为中小微企业提供线上"政采贷"业务和应收账款融资服务，2020年促成融资5218笔，金额1003亿元。农村普惠金融服务水平持续提升。截至2020年末，广东省助农取款服务点2.4万个，全年发生助农取款业务992.3万笔，金额46.8亿元。是跨境人民币业务有力支持粤港澳大湾区和"一带一路"建设。2020年，办理跨境人民币业务4.1万亿元。其中，粤港澳大湾区内业务量3万亿元，占全省业务总量的72.6%，同比增长28.6%；全省与"一带一路"国家和地区发生业务4141亿元。[①]

截至2021年8月，广东银行业金融机构总资产（不含深圳）201839.8亿元，同比增长8.92%，总负债194303.2亿元，同比增长8.63%（见表3.5、3.6、3.7）。

表3.5　　2021年广东银行业金融机构资产分机构情况表（1—8月）

（单位：亿元）

项目	1月	2月	3月	4月	5月	6月	7月	8月
大型银行	90989.0	91773.6	93720.0	93401.0	93751.0	96037.6	94068.2	94044.3
同比增长	13.72%	14.71%	12.42%	12.45%	10.56%	10.26%	9.38%	8.63%
股份制银行	32386.7	31952.3	32742.9	32817.3	32793.2	33655.9	32922.1	33587.2

---

① 中国人民银行广州分行货币政策分析小组：《广东省金融运行报告（2021）》2021年7月17日。

续表

项目	1月	2月	3月	4月	5月	6月	7月	8月
同比增长	8.58%	5.48%	6.09%	2.77%	3.96%	6.48%	4.68%	8.20%
城商行	18028.0	18101.1	17839.9	18191.8	18560.0	18867.2	18899.3	19253.2
同比增长	15.79%	14.78%	10.86%	8.59%	9.94%	12.91%	11.37%	11.29%
农合机构	36714.9	36940.7	37781.5	37717.0	37888.2	38671.7	38420.9	38889.6
同比增长	10.33%	10.55%	11.48%	10.16%	9.81%	10.26%	9.20%	9.48%

资料来源：中国银行保险监督管理委员会广东监管局：《2021年广东银行业金融机构资产分机构情况表（1—8月）》，2021年9月10日。

表3.6　　　　　　　　2017年广东银行业存贷款分地区情况表　　　　（单位：亿元）

地区	存款余额	存款比年初增加	贷款余额	贷款比年初增加
广东省	194535.80	14706.55	126032.00	15103.54
广州市	47411.41	3834.02	29315.01	4001.74
韶关市	1754.98	85.28	876.77	104.26
深圳市	69668.31	5260.50	46329.33	5802.42
珠海市	6928.74	804.48	4806.88	708.79
汕头市	3341.60	216.40	1551.72	247.81
佛山市	14042.40	760.78	9376.97	659.16
江门市	4271.88	241.52	2796.77	326.94
湛江市	3061.15	213.86	1869.22	235.44
茂名市	2452.39	235.46	1146.37	140.51
肇庆市	2259.76	218.18	1501.96	208.53
惠州市	5485.55	511.08	4012.86	551.88
梅州市	2014.78	195.60	984.54	154.36
汕尾市	836.84	92.56	407.80	55.10
河源市	1248.00	108.74	1018.44	130.36
阳江市	1230.77	103.33	932.87	105.43
清远市	2162.89	236.76	1372.25	220.17
东莞市	12497.97	952.87	6986.26	440.61
中山市	5413.77	382.77	3734.93	367.84
潮州市	1267.02	63.45	399.88	31.33
揭阳市	2107.05	89.78	1057.63	65.24
云浮市	1120.86	94.33	731.45	80.13

资料来源：中国银行业监督管理委员会广东监管局：《广东银行业监管与发展报告（2017）》，中国金融出版社2017年版，第160页。

表3.7 2018年银行业广东省金融机构本外币存贷款及其增长速度情况表

指标	绝对数（亿元）	同比增长（%）
各项存款余额	208051.16	7.0
其中：非金融企业存款	76871.04	7.8
住户存款	70293.46	11.7
各项贷款余额	145169.39	15.2
其中：境内短期贷款	38991.68	8.8
境内中长期贷款	95302.64	16.3

资料来源：中国银行业监督管理委员会广东监管局：《广东银行业监管与发展报告（2018）》，2018年6月7日。

截至2021年8月末，辖区银行业金融机构用于小微企业的贷款（包括小微型企业贷款、个体工商户贷款和小微企业主贷款）余额3.36万亿元，支持小微企业户数137.42万户，分别同比增长21.90%、12.73%；保障性安居工程贷款同比增长14.91%。辖区银行业金融机构不良贷款余额1372.85亿元，较年初增加105.32亿元；不良贷款率1.00%，较年初减少0.02个百分点。辖区银行业金融机构正常贷款余额13.56万亿元，其中，正常类贷款余额13.38万亿元；关注类贷款余额1820.28亿元。[1]

广州和深圳作为广东省两大核心城市，银行业发展成绩斐然。截至2021年7月末，广州地区本外币存贷款余额131783.19亿元，同比增长12.28%。其中各项存款余额72488.01亿元，同比增长10.54%，比上月末（11.74%）下降1.2个百分点，比上年同期（15.52%）下降4.98个百分点。本外币各项贷款余额59295.18亿元，同比增长14.48%，比上月末（14.00%）上升0.48个百分点，

---

[1] 中国银行保险监督管理委员会广东监管局：《广东银保监局发布2021年8月辖区银行业保险业主要监管指标情况》，2021年9月10日。

比上年同期（16.04%）下降1.56个百分点。全市企（事）业单位贷款36054.47亿元，同比增长15.81%。① 截至2021年6月末，深圳全市金融机构本外币存款余额10.79万亿元，同比增长14.8%；本外币贷款余额7.36万亿元，同比增长12.7%。深圳银行业资产余额10.99万亿元，居全国大中城市第三位。②

（二）贯彻新发展理念，提高金融服务实体经济能力

2017年4月，习近平总书记在主持政治局第40次集体学习时强调指出"金融安全是国家安全的重要组成部分，是经济平稳健康发展的重要基础。维护金融安全，是关系我国经济社会发展全局的一件带有战略性、根本性的大事。金融活，经济活；金融稳，经济稳。必须充分认识金融在经济发展和社会生活中的重要地位和作用，切实把维护金融安全作为治国理政的一件大事，扎扎实实把金融工作做好"③，这一讲话精辟地阐明了维护金融稳定对于实体经济发展的重要作用。2017年7月，习近平总书记在全国金融工作会议上强调"金融是国家重要的核心竞争力""促进经济和金融良性循环、健康发展"④，这为新时代中国金融业发展指明了方向。中国共

---

① 广州市地方金融监督管理局：《2021年7月广州金融发展情况》，广州市地方金融监督管理局网站，2021年9月13日，http://jrjgj.gz.gov.cn/tjxx/content/post_7788296.html。

② 深圳市地方金融监督管理局：《2021年上半年深圳金融业基本情况解读》，深圳地方金融监督管理局网站，2021年8月16日，http://jr.sz.gov.cn/sjrb/xxgk/sjtj/sjjd/content/post_9061684.html。

③ 《习近平：金融活经济活 金融稳经济稳》，新华网，2017年4月26日，http://www.xinhuanet.com/politics/2017-04/26/c_1120879349.htm。

④ 《习近平：深化金融改革 促进经济和金融良性循环健康发展》，新华网，2017年7月15日，http://www.xinhuanet.com/politics/2017-07/15/c_1121324747.htm。

产党第十九次全国代表大会(以下简称"党的十九大")报告也提出要"着力加快建设实体经济、科技创新、现代金融、人力资源协同发展的产业体系"。党的十九大报告提出"深化金融体制改革,增强金融服务实体经济能力,提高直接融资比重,促进多层次资本市场健康发展。健全货币政策和宏观审慎政策双支柱调控框架,深化利率和汇率市场化改革。健全金融监管体系,守住不发生系统性金融风险的底线"[1]。广东银监局和深圳银监局认真贯彻落实党的十九大精神,以习近平新时代中国特色社会主义思想为指引,坚持问题导向,不断增强金融服务实体经济能力,为广东经济结构调整和产业转型升级提供持续有力支撑。广东银监局和深圳银监局引导银行业金融机构缩短实体经济企业融资链条,清理规范基础金融服务收费,降低实体经济企业融资成本,支持广东供给侧结构性改革。广东银行业紧跟国家和广东重大战略实施、经济结构调整和产业结构升级步伐,把准工作方向,统筹推进银行业供给侧结构性改革,引导金融资源有效支持实体经济发展需求,不断提升金融服务质效。

2018年10月11日,《广东银监局关于广东银行业促进经济高质量发展的实施意见》提出提高政治站位、加快体制机制改革、加大信贷投放力度、不断优化信贷结构、大力发展科技金融、深化小微企业金融服务、有效降低融资成本、做好进出口企业金融服务、大力实施乡村振兴战略、深入推进金融精准扶贫、大力发展绿色金融、深化银行业对内对外开放等十二条政策措施引导银行业更好地

---

[1] 《习近平:决胜全面建成小康社会 夺取新时代中国特色社会主义伟大胜利——在中国共产党第十九次全国代表大会上的报告》,新华网,2017年10月27日,http://www.xinhuanet.com/politics/2017-10/27/c_1121867529.htm。

服务于广东经济高质量发展。①

（三）中国银行保险监督管理委员会广东监管局挂牌，进一步完善银行业监管体系

2018年12月17日，中国的银保监会系统派出机构整合再迎接重要进展，中国银行保险监督管理委员会（以下简称"中国银保监会"）派出机构统一举行揭牌仪式，广东银保监局也在广州举行挂牌仪式。广东银保监局的成立对监管工作提出了更高的要求，要充分认识金融监管体制改革的重要性和紧迫性，切实把思想和行动统一到习近平新时代中国特色社会主义思想上来，统一到党中央关于深化党和国家机构改革的决策部署上来，不折不扣地把机构改革的要求落到实处。要补齐制度短板，堵塞制度漏洞，落实制度规定，依法监管、严格监管，一手抓全面从严治党，一手抓金融风险防控，树立良好的监管形象。

广东银保监局在中国银保监会和中共广东省委、省政府领导下，把银行保险业监管工作放到党的事业发展大局、放到广东经济社会发展的需要中考虑、谋划，找准工作着力点，闻鸡起舞、日夜兼程，以时不我待、只争朝夕的精神状态，树新风、开新篇，坚韧不拔，持续奋斗，全力以赴做好广东银行业和保险业监管工作，为广东实现"四个走在全国前列"、当好"两个重要窗口"贡献重要的金融智慧和金融力量。在新的起点上开好局、起好步，以新作为开启新篇章。②

---

① 中国银行业监督管理委员会广东监管局：《广东银监局关于广东银行业促进经济高质量发展的实施意见》粤银监发〔2018〕39号，2018年10月11日。

② 中国银行业监督管理委员会广东监管局：《中国银行保险监督管理委员会广东监管局举行挂牌仪式》，中国银行业监督管理委员会广东监管局网站——银行业动态，2018年12月17日。

二 广东银行业领先对外开放,持续吸引外资银行落户广东

落户广东的外资金融机构规模持续扩大,截至2017年末已有来自18个国家或地区的46家外资银行机构在广东立了264家机构,其中营业性机构255家(6家外资法人银行、57家外资法人银行分行、21家外国银行分行,171家同城支行和57家异地支行),代表处9家。从外资法人银行及外国银行分行数量看,广东总共有27家,超过了北京(26家),只少于上海(69家)(见表3.8)。跨境人民币业务领跑全国,截至2017年末,跨境人民币结算业务累计金额13.87万亿元。以广东自贸区为核心的粤港澳大湾区金融合作持续加强,截至2017年末广东共有港资银行营业性机构170家。

表3.8　　2017年广东外资银行数量与全国部分地区的比较　　(单位:家)

机构地区	外资法人机构总行	外资法人机构分行	外国银行分行	支行(异地支行)	营业机构合计	代表处
广东合计	6	57	21	171 (57)	255	9
广东银监局辖内	1	35	13	113 (57)	162	8
深圳	5	22	8	58	93	1
江苏	2	35	4	35	76	3
上海	17	27	52	131	227	70
北京	9	29	17	66	121	64
天津	1	21	4	28	54	1

资料来源:中国银行业监督管理委员会广东监管局:《广东银行业监管与发展报告(2017)》。

广州外资银行规模持续增长。截至2016年末,共有来自16个国家或地区的37家外资银行在广州设立了82家机构,"一带一路"国家银行在广州设立的机构达到10家,广州外资银行资产总额合计为1539.57亿元,各项贷款余额692.48亿元,各项存款余额

1056.14亿元，分别占广东省外资银行相关指标的比重为27.30%、29.54%和30.12%。

深圳外资金融机构发展水平走在全国前列。1982年，南洋商业银行在深圳经济特区开设分行，成为中华人民共和国成立后第一家在内地经营的外资银行；1982年，香港民安保险公司在深圳设立了分公司，是新中国第一家外资保险公司；1986年，全国第一家中外合资财务公司——中国国际财务有限公司诞生；等等。2016年，深圳外资银行资产总额达到3615亿元，持续实现快速增长，稳居全国第三位。截至2017年，深圳全市有28家外资银行分行，2家合资证券公司，2家合资保险公司。

粤港澳金融合作持续加强。随着粤港澳合作不断深入，以及国家对外开放的不断深化，粤港澳金融合作不断加强。2008年12月，国家出台《珠江三角洲地区改革发展规划纲要（2008—2020年）》，把支持粤港澳金融业错位发展上升到国家战略。2009年，《关于建立更紧密经贸关系的安排》（CEPA）补充协议六签署，允许已在广东省设立分行的港、澳银行在广东省内设立异地支行，三地银行业机构跨境互设的局面就全面打开了。人民币成为粤港澳之间第二大跨境结算货币，截至2017年末，粤港澳跨境人民币结算总额9.93万亿元，占广东跨境人民币结算总量的71.6%；粤港澳跨境贸易收支由2012年的3.5万亿元上升至2016年的4.7万亿元，占全省与境外贸易跨境收支的比重由2012年的52.1%上升至2016年的57.3%；2012年到2016年期间，粤港澳资本项下跨境收支占全省与境外资本项下跨境收支的平均比重达到了56.6%。三地金融机构互设取得新突破，越秀集团成功收购香港创兴银行有限公司、支持境内首家港资控股的合资基金管理公司在前海开业、首家澳门本土银行分行在横琴开业、首家聚焦于装备与装备制造业的专业保险公司在横琴开业;在粤东西北的外资银行营业性机构数由2012年末的14家增加至2016年末的24家。

2019年2月18日经中共中央、国务院同意,《粤港澳大湾区发展规划纲要》正式公开发布,这份纲领性文件对粤港澳大湾区的战略定位、发展目标、空间布局等方面作了全面规划。粤港澳金融业融合发展驶入快车道,一批重点项目抓紧推进,广州创新型期货交易所加快筹建,粤港澳大湾区保险投资基金、粤港澳大湾区国际商业银行、国际金融资产交易所等积极争取设立。广东与港澳地区支付结算领域合作不断深化,加快推进粤港、粤澳支付结算金融基础设施互联互通进程,创新支付结算服务产品;粤港澳地区已建成以人民银行全国性支付系统为中枢,银行机构行内业务系统为基础,区域性资金清算系统为补充的支付清算网络。

三 广东信托业趋向高质量发展

截至2017年底,广东共有5家信托公司,分别是:广东粤财信托有限公司、大业信托有限责任公司、华润深国投信托有限公司、平安信托有限责任公司、东莞信托有限公司(见表3.9)。

表3.9　　　　　　　　　2017年广东省信托公司概况

序号	机构名称	地址
1	广东粤财信托有限公司	广州市东风中路481号粤财大厦14楼
2	大业信托有限责任公司	广州市花都区迎宾大道163号高晟广场2栋11层
3	华润深国投信托有限公司	深圳市福田区中心四路1—1号嘉里建设广场3座10层
4	平安信托有限责任公司	深圳市福田区益田路5033号平安金融中心33楼
5	东莞信托有限公司	东莞市松山湖高新技术产业开发区创新科技园2楼

资料来源:中国银行业监督管理委员会广东监管局《广东银行业监管与发展报告(2017)》,2018年6月7日。

广东粤财信托有限公司成立于1984年，是经中国银监会批准设立的非银行金融机构，是国内首批设立的信托公司，目前为广东省唯一省属国有信托机构。公司注册资本人民币38亿元，其中，广东粤财投资控股有限公司出资372931.59万元，出资比例98.14%；广东省科技创业投资有限公司出资7068.41万元，出资比例1.86%。截至2017年12月31日，广东粤财信托有限公司共有员工132名，信托资产总计2539.8亿元，全年实现营业收入10.71亿元，净利润9.68亿元，净资产为56.30亿元，净资本为47.60亿元，公司各项业务风险资本之和为30.03亿元，其中固有业务风险资本为8.00亿元，信托业务风险资本为21.43亿元，其他业务风险资本0.59亿元。[1]

大业信托有限责任公司是经中国银监会批准的，在重组原广州科技信托投资公司的基础上，重新登记的非银行金融机构。公司注册资本为10亿元人民币，注册地为广州市，在北京、上海和武汉设有业务管理部。公司在2011年3月10日获取"金融许可证"，并在2011年3月16日换取新的营业执照正式开业，经允许从事经中国银监会依照有关法律、行政法规和其他规定批准的业务。截至2017年12月31日，员工161名，员工平均年龄33.61岁。2017年全年营业收入102.1亿元，净资本16.85亿元。2017年度全部信托项目共实现信托净利润87.84亿元，加上年初未分配利润0.47亿元，全年可供分配信托利润合计88.31亿元，2017年公司累计共向各类受益人分配信托净利润85.29亿元，正常兑付182个已清算项目信托本金1076.96亿元，截至2017年末累计未分配信托利润余额

---

[1] 广东粤财信托有限公司：《广东粤财信托有限公司2017年度报告》，2018年4月20日。

为 3.01 亿元。①

平安信托有限责任公司的前身为成立于 1984 年的工商银行珠江三角洲金融信托联合公司。1996 年，经人民银行批复同意，中国平安保险（集团）股份有限公司收购了该公司股权，收购完成后更名为平安信托投资公司，同时注册资本由原来的人民币 0.5 亿元增加至人民币 1.5 亿元。2001 年，经人民银行批复，该公司重新登记和增资改制，并更名为平安信托投资有限责任公司，同时注册资本由人民币 1.5 亿元增加至人民币 5 亿元。2003 年，经人民银行批复，该公司的注册资本由人民币 5 亿元增加至人民币 27 亿元。2005 年，经中国银行业监督管理部门批复，公司的注册资本由人民币 27 亿元增加至人民币 42 亿元。2008 年，经中国银行业监督管理部门批复，公司的注册资本由人民币 42 亿元增加至人民币 69.88 亿元。2010 年，经国家工商行政管理总局核准，公司正式更名为平安信托有限责任公司。2015 年，经中国银行业监督管理部门批复，公司的注册资本由人民币 69.88 亿元增加至人民币 120 亿元。2017 年，经中国银行业监督管理部门批复，公司的注册资本由人民币 120 亿元增加至人民币 130 亿元。截至 2017 年 12 月 31 日，公司职工人数为 743 人，公司净资本规模 194.20 亿元，信托资产总计 6527.56 亿元，营业收入 60.25 亿，净利润 39.07 亿，净资本规模 194.20 亿元。②

华润深国投信托有限公司 1982 年 8 月 24 日成立，原名为深圳市信托投资公司，注册资本人民币 5813 万元。1984 年 5 月 24 日，

---

① 大业信托有限责任公司：《大业信托有限责任公司 2017 年度报告》，2018 年 4 月 9 日。

② 平安信托有限责任公司：《平安信托有限责任公司 2017 年度报告》，2018 年 4 月。

经人民银行批准更名为深圳国际信托投资总公司，注册资本人民币1亿元，正式成为非银行金融机构，并同时取得经营外汇金融业务的资格。1991年3月21日，经人民银行批准更名为深圳国际信托投资公司，注册资本人民币2.8亿元，其中外汇资本金1200万美元。2002年4月2日，经人民银行批准重新登记，领取了"信托机构法人许可证"，注册资本人民币20亿元，其中外汇资本金5000万美元。公司同时更名为深圳国际信托投资有限责任公司。2005年3月14日，深圳市人民政府国有资产监督管理委员会变更登记为公司的控股股东。2006年10月17日，华润股份有限公司与深圳市国资委等签订了《股权转让及增资协议》，股权变更登记后，华润股份有限公司持有公司51%股权，深圳市国资委持有公司49%股权，公司注册资本增加到人民币26.3亿元。2008年10月23日，经中国银监会批准，公司变更名称及业务范围，换领新的金融许可证，公司更名为华润深国投信托有限公司。2016年6月7日，经深圳银监局核准，公司以资本公积、盈余公积、未分配利润33.70亿元人民币转增注册资本，增资后公司实收资本由26.30亿元人民币增至60亿元人民币，股东出资比例不变。截至2017年12月31日，公司员工人数360人，信托资产总计近1.35万亿元，营业收入26.74亿元，净利润22.24亿元，净资本规模113.57亿元。[1]

东莞信托有限公司于1987年3月4日成立，原名东莞市财务发展公司。1990年10月20日更名为东莞市信托投资公司。2001年，公司进行了增资改制工作，由原来的东莞市财政局独资经营的国有独资公司改组为有限责任公司，注册资本增加至5亿元，股东增加

---

[1] 华润深国投信托有限公司：《华润深国投信托有限公司2017年度报告》，2018年4月20日。

到7个。增资改制后，公司更名为东莞信托投资有限公司。2007年7月27日，公司更名为东莞信托有限公司。截至2017年12月31日，公司职工人数176人，信托资产总计459.71亿元，营业收入7.58亿元，净利润3.95亿元，净资本规模34.70亿元，净资产规模39.92亿元。[1]

四 广东的财务公司在规范发展中焕发新机

2012年以来，广东省的财务公司发展形势良好，诞生了12家财务公司。

2012年5月23日在深圳市成立的深圳华强集团财务有限公司，注册资本为10亿元人民币；

2012年7月10日在深圳成立的港中旅财务有限公司，注册资本为20亿元人民币；

2013年7月24日在深圳成立的中开财务有限公司，注册资本为5亿元人民币；

2013年9月5日在深圳市成立的创维集团财务有限公司，注册资本为115267万元人民币；

2013年9月9日在珠江横琴新区注册成立的华发财务公司，注册资本为10亿元人民币；

2014年12月12日在广东省工商行政管理局登记成立的广东省交通集团财务有限公司，注册资本为20亿元人民币；

2015年6月7日在广东省工商行政管理局登记成立的广东省广晟财务有限公司，注册资本为10亿元人民币；

---

[1] 东莞信托有限公司：《东莞信托有限公司2017年度报告》，2018年4月28日。

2015年12月28日注册成立的粤海集团财务有限公司，注册资本为10亿元人民币；

2016年8月18日在广州市登记设立的广州发展集团财务有限公司，注册资本为10亿元人民币；

2016年9月1日深圳银监局同意批复成立的顺丰控股集团财务有限公司，注册资本为10亿元人民币；

2017年4月12日举办开业仪式的广州汽车集团财务有限公司，注册资本为10亿元人民币；

2018年12月12日收到广东银保监局批复同意成立的位于云浮市新兴县的广东温氏集团财务有限公司，注册资本为10亿元人民币。

表3.10 2017年广东省财务公司概况

序号	机构名称	地址
1	南方电网财务有限公司	广州市天河区珠江新城华穗路6号大楼18、19楼及12楼的08室、09室、10室
2	广东粤电财务有限公司	广州市天河东路2号粤电广场南塔12—13层
3	中国南航集团财务有限公司	广州市白云区齐心路68号中国南方航空大厦13A层
4	珠海格力集团财务有限责任公司	珠海市前山金鸡路901号
5	TCL集团财务有限公司	惠州市仲恺高新技术开发区和畅四路十九号小区TCL科技大厦20—21楼
6	美的集团财务有限公司	佛山市顺德区北滘镇美的大道6号美的总部大楼B区6楼
7	珠海华发集团财务有限公司	珠海市横琴金融产业服务基地18号楼A区
8	广东省交通集团财务有限公司	广州市天河区珠江东路32号利通广场43层
9	中国石化财务有限责任公司广州分公司	广州市天河区体育西路191号A塔17层1701室、1711室

续表

序号	机构名称	地址
10	广东省广晟财务有限公司	广州市天河区珠江西路17号广晟国际大厦52楼
11	粤海集团财务有限公司	广州市天河区天河路208号粤海天河城大厦35楼01、02A、07B、08室
12	广州发展集团财务有限公司	广州市天河区临江大道3号301室、3209室
13	广州汽车集团财务有限公司	广州市天河区广州大道中988号3301、3302、3303、3304室
14	广东温氏集团财务有限公司	广东省云浮市新兴县新城镇东堤北路9号温氏总部大楼第6层
15	中广核财务有限责任公司	深圳市福田区深南大道2002号中广核大厦北楼22层
16	深圳能源集团财务有限公司	深圳市深南中路2068号华能大厦32楼
17	深圳市有色金属财务有限公司	深圳市福田区深南大道6013号中国有色大厦20楼
18	中集集团财务有限公司	深圳市南山区望海路1166号招商局广场11楼
19	中兴通讯集团财务有限公司	深圳市南山区高新技术产业园科技南路中兴通讯大厦A座2楼
20	深圳华强集团财务有限公司	深圳市福田区深南中路华强路口华强集团1号楼7楼
21	港中旅财务有限公司	深圳市福田区深南大道4011号香港中旅大厦29楼
22	中开财务有限公司	深圳市南山区赤湾5路石油大厦13楼
23	创维集团财务有限公司	深圳市南山区高新南四道18号创维半导体设计大厦东座21楼
24	顺丰控股集团财务有限公司	深圳市福田区滨河大道139号中央西谷大厦21楼

资料来源：根据《广东银行业监管与发展报告（2017）》、中国财务公司协会网站整理。

五 广东的消费金融公司进军全国

2009年，经国务院同意，中国银监会发布《消费金融公司试点管理办法》，并启动了北京、天津、上海、成都四地消费金融公司试点审批工作。2013年9月，新增12个试点城市，试点范围进一步扩大；2015年6月，国务院召开常务会议，决定将消费金融公司试点扩大至全国。截至2017年底，中国消费金融公司的数量仍然非常少，只有25家获批，其中广东省共有3家消费金融公司，分别是：广州市的中邮消费金融有限公司、深圳市的招联消费金融有限公司和珠海市的易生华通消费金融有限公司（见表3.11）。

表3.11 广东消费金融公司概况

公司名称	发起公司	获牌时间	所在城市
中邮消费金融有限公司	邮储银行、DBS、渤海国际等	2015年1月6日	广州市
招联消费金融有限公司	永隆银行、中国联通等	2014年8月28日	深圳市
易生华通消费金融有限公司	吴江银行、海航旅游等	2017年1月9日	珠海市

资料来源：南方财富网，http://www.southmoney.com/。

中邮消费金融有限公司于2015年11月19日成立，由中国邮政储蓄银行股份有限公司、星展银行有限公司、广东三正集团有限公司、渤海国际信托股份有限公司、广州市广百股份有限公司、拉卡拉网络技术有限公司和广东海印集团股份有限公司等7家中外知名企业发起成立，是一家为中国居民个人提供全方位消费金融服务的全国性金融机构。中邮消费金融在全国16个省（市）设立省级营销中心，普惠金融服务遍及全国。2018年，中邮消费金融注册资本增至30亿元。

招联消费金融有限公司总部位于深圳，于2015年3月6日正式开业，注册资本38.6896亿元。公司住所为深圳市前海深港合作区前湾一路鲤鱼门街1号前海深港合作区管理局综合办公楼A栋201

室，营业场所为深圳市科技园科兴科学园 A4 栋 18 楼。招联消费金融有限公司是由招商银行与中国联合网络通信集团有限公司两家公司共同组建，是中国第一家在《内地与香港关于建立更紧密经贸关系的安排》（CEPA）框架下成立的持牌消费金融公司。招联消费金融有限公司支持购物、旅游、教育、装修等众多消费场景，业务覆盖全国 30 多个省区市。

六 金融强省建设初见成效

在 2007 年 9 月中共广东省委省政府出台《关于加快发展金融产业建设金融强省的若干意见》的基础上，广东银保监局先后出台《关于广东银行业支持制造强省建设的实施意见》《关于广东银行业促进经济高质量发展的实施意见》等政策文件，指导辖区银行业围绕广东制造强省建设，筑牢广东金融强省根基。2017 年 5 月《广东银监局关于广东银行业支持制造强省建设的实施意见》发布。文件要求进一步加大信贷支持力度，支持制造强省建设。改进金融服务，确保信贷资金真正流向以制造业企业为代表的实体经济，不断缓解制造业小微企业"融资难、融资贵"问题。文件提出广东省银行业金融机构要围绕《广东省先进制造业发展"十三五"规划》和《广东智能制造发展规划（2015—2025 年)》及《广东省人民政府关于贯彻落实〈中国制造 2025〉的实施意见》要求，精准支持对宏观经济和区域经济具有重要带动作用的制造业重点项目和重点工程，支持先进制造业"四基"[①] 攻关和重大产业项目建设，支持关键共性技术研发和科技成果转化应用，支持制造业企业技术改造、

---

① "四基"是指，核心基础零部件（元器件）、关键基础材料、先进基础工艺和产业技术基础。

两化融合发展和智能化升级，支持广东高端装备制造领域突破发展和扩大应用，支持广东深化制造业与互联网融合发展，支持服务型制造和绿色制造。① 2018年10月，广东银监局发布《广东银监局关于广东银行业促进经济高质量发展的实施意见》。为全面贯彻党的十九大精神以及习近平总书记对广东重要指示批示精神，深入贯彻中共中央、国务院、中国银保监会与中共广东省委省政府决策部署，引导广东银行业促进广东经济高质量发展，为广东经济迈向更高水平、奋力实现"四个走在全国前列"注入金融动力，文件提出：辖内各银行业金融机构要进一步提高政治站位，不折不扣贯彻落实党中央决策部署；加快体制机制改革，努力构建促进经济高质量发展的经营管理方式；加大信贷投放力度，主动对接广东实现"四个走在全国前列"目标任务，聚焦广东经济发展重大战略和薄弱领域；不断优化信贷结构，紧扣广东新一轮产业发展布局，推动培育发展新动能；大力发展科技金融，落实创新驱动战略；深化小微企业金融服务，加大对小微企业信贷资源的倾斜力度；有效降低融资成本，通过清理收费、压缩融资链条、创新金融产品、改进考核等方式，让企业有实实在在的获得感；做好进出口企业金融服务，促进外贸转型升级；大力实施乡村振兴战略，加大乡村振兴信贷投入；深入推进金融精准扶贫，完善金融扶贫组织架构与工作机制；大力发展绿色金融，建设广州绿色金融改革试验区和珠三角国家绿色发展示范区；深化银行业对内对外开放，落实粤港澳大湾区

---

① 中国银行业监督管理委员会广东监管局：《广东银监局关于广东银行业支持制造强省建设的实施意见》粤银监发〔2017〕27号，2017年5月18日。

发展规划纲要。①

广东实施差异化监管政策，引导金融资源配置到实体经济。对于科技创新企业金融服务成效显著、风控水平较高的商业银行，按照中国银监会有关政策，在市场准入、风险资产权重、存贷比考核等方面实施正向激励措施。联合人民银行广州分行、广东省科技厅、广东省人民政府金融工作办公室等部门共同开展科技信贷服务评价，"以评促贷"，全面助推科技信贷提质增效。加大金融资源投入。引导辖区银行业金融机构优化信贷结构，加强对重点领域和有市场发展前景、代表现代科技发展方向的智能制造业、战略性新兴产业、珠江西岸先进装备制造业等的支持力度。

广东金融强省建设初见成效。2017 年广东全省金融业增加值 6850.7 亿元，占 GDP 比重约 7.6%。金融业税收收入 2565 亿元。全省金融机构本外币存款余额 19.45 万亿元，本外币贷款余额 12.60 万亿元。境内上市公司 568 家，新三板挂牌企业 1878 家，区域股权交易中心注册挂牌企业 2.97 万家，保费收入 4304.6 亿元，均居全国首位。金融机构不良贷款占比 1.45%，低于全国平均水平，未发生重大金融风险事件。② 截至 2018 年 11 月末，辖内主要银行业金融机构发放高新技术企业贷款余额为 1754.16 亿元，同比增长 39.5%；先进制造业（包括高端电子信息制造业、先进装备制造业、石油化工产业、先进轻纺制造业、新材料制造业、生物医药

---

① 中国银行业监督管理委员会广东监管局：《广东银监局关于广东银行业促进经济高质量发展的实施意见》粤银监发〔2018〕39 号，2018 年 10 月 11 日。

② 黄倩蔚：《广东金融强省建设初见成效》，南方网，2018 年 5 月 21 日，https：//gdio.southcn.com/node_5201f00af5/84b4deb11c.shtml。

及高性能医疗器械产业）贷款余额2713.83亿元。[①]

党的第十八次全国代表大会以来，广东金融业认真贯彻落实中央决策部署，按照省委省政府提出的"支持创新、支持实体经济、支持对外开放合作"总体要求，大力发展国际金融、科技金融、产业金融、农村金融和民生金融。广东在增加实体经济有效金融供给的同时，通过金融改革创新先行先试，广东银行业不断发展壮大，创下多项全国第一：建设国内第一条民间金融街暨全国唯一的民间金融产业知名品牌示范区、设立全国第一家民营银行暨互联网银行、发布国内首个跨境金融指数、国内首创"互联网+信用三农"众筹模式、首家澳门本土银行分行在横琴开业等。

粤港金融合作取得新进展。为提高粤港两地跨境资金往来的结算效率，广东自贸区在全国率先启动粤港电子支票联合结算试点，率先实现粤港跨境电子直接缴费。广州自贸区珠海横琴新区片区推出国内第一批电子证照银行卡，实现电子证照、银行卡和结算账户"三整合"，大大简化企业金融服务流程。截至2017年6月末，广东自贸区珠海横琴新区片区已发出近千张商事主体电子证照银行卡。[②] 于2019年2月18日经中共中央、国务院同意正式公开发布的《粤港澳大湾区发展规划纲要》更是标志着粤港澳金融合作正式驶入快车道。

[①] 周延礼：《广东金融业支持"制造强省"富有特色》，新华社客户端，2019年1月18日，https：//baijiahao.baidu.com/s? id=1622917380416599019&wfr=spider&for=pc。

[②] 黄倩蔚、郭家轩：《广东金融五年成绩单靓丽出炉》，搜狐网，2017年8月28日，https：//www.sohu.com/a/167856415_742061。

七 广东银保监系统以高质量金融服务促进经济高质量发展

2018年11月1日，习近平总书记在民营企业座谈会上要求优先解决民营企业特别是中小企业融资难问题，逐步降低融资成本。11月7日，中国银保监会主席郭树清提出银行业金融机构要切实转变观念，形成对民营企业"敢贷、能贷、愿贷"的信贷文化，建立民营企业融资成本管理长效机制，有力支持民营企业发展。为引导辖内银行保险机构进一步研究制定细化、量化工作措施，确保各项要求落地、落细、落实。11月16日，广东银保监局官网发布《关于进一步做好民营企业金融服务的通知》，落实中国银保监会主席郭树清此前提出银行业金融机构要切实转变观念，形成对民营企业"敢贷、能贷、愿贷"的信贷文化，建立民营企业融资成本管理长效机制。

广东银保监局印发的《关于进一步做好民营企业金融服务的通知》，从六个方面引导辖内银行保险机构服务实体经济，推动银行业金融机构真正树立起"银企命运共同体"意识，形成"敢贷、能贷、愿贷"的信贷文化，缓解融资难融资贵问题。通知要求坚持公平原则。要求全流程梳理信贷业务，为民营企业提供公平信贷支持。同等条件下民营企业信用贷款准入标准不高于其他企业，信贷审批效率不低于平均水平，适当提高民营企业信用贷款、中长期贷款比例。同时，为民企"量体裁衣""雪中送炭"。

为保障上述工作落地，加强统计监测和日常监管，广东银保监局建立了"一报一表"制度。各银行保险机构要对照上述要求，细化工作目标、工作举措，确保措施早落地、早见效。自2018年12月起，每月10日前通过"广东银行业办公综合业务系统—金融互动"模块向属地监管机构（统信部门和对口监管部门）报告上月贯彻落实情况，内容包括加强民营企业金融服务情况及落实《转发中国银保监会办公厅关于进一步做好信贷工作提升服务实体经济质效的通知》情况；企业通过1104数据采集系统的区域特色模块下载《企业贷款情况表（按企业性质划分）》报表模板并填报数据后回传。

第四节　银行业改革发展成效与展望

经过40多年的改革开放，在中共中央、国务院及广东省委省政府的正确领导下，经过广大银行业工作者和监管人员的不懈努力，银行业整体的稳健性、安全性和竞争力得以显著提高，广东银行业实现了历史性的飞跃，开启了一个新的历史发展时期。但广东银行业的公司治理、内部控制机制、风险管理能力、银行服务水平、从业人员素质、信息科技水平等方面仍然存在诸多不足，在很多方面与国际先进银行相比还存在明显差距，还不能充分满足经济发展和广大金融服务消费者的需要。伴随着中国银行业的改革开放和巴塞尔协议Ⅰ至Ⅲ的实施，中国银行业的监管日趋成熟，形成了适合广东银行业发展特色的制度框架和方法体系，监管有效性不断提高。但随着广东银行业业务规模的扩大、业务经营的复杂程度的提高以及全球化、国际化进程的进一步加快，广东银行业监管面临着新的挑战。席卷全球的金融危机，重创了国际金融业，也为银行业下一步发展提供了鲜活的教材。展望广东银行业未来，银行业要看到"危"与"机"并存。我们要认真总结广东银行业改革开放积累的成功经验，高举习近平新时代中国特色社会主义思想伟大旗帜，坚持稳中求进工作总基调,坚定不移贯彻新发展理念,以供给侧结构性改革为主线,继续加强对银行业的风险监管,切实提高广东银行业的国际竞争实力,实现广东银行的科学发展。

一　广东银行业改革发展成效显著

(一) 银行业体系渐趋完整

在曾经的"大一统"的银行体制下,广东省银行业结构属于典型的完全垄断市场,人民银行一家基本上承揽了所有的金融业务。随着金融体制改革的不断深化,大量外资银行的涌入,广东省银行业勇于面对竞争和挑战,积极完善自身的结构组织体系。截至2019年,广东银行业已形成以人民银行为主导,国有四大银行和股份制银行为主体,其他商业银行、农村信用社、外资银行等为补充的多元化、竞争性的银行组织体系。

中国工商银行、中国农业银行、中国银行和中国建设银行四大国有商业银行无论资产规模还是市场份额,都具有主导优势,一直是广东经济主要的融资来源。随着股份制商业银行、其他银行业金融机构的设立和发展,四大国有商业银行的市场份额逐渐下降,但依然是广东银行业最重要的主体。随着交通银行、中国建设银行、中国银行和中国工商银行股份制改革的完成,交通银行与中国建设银行、中国银行和中国工商银行的属性已趋于一致,为实施对大型商业银行的有效监管,中国银监会将对交通银行的监管一并纳入对中国工商银行、中国农业银行、中国银行、中国建设银行四大国有商业银行的监管框架之中,并称为五家大型商业银行。

银行体系由于商业性银行的发展,民营资本和外资的进入而竞争日趋激烈,同时,银行业金融机构市场份额逐步优化,市场结构渐趋合理。以四大银行存款额占整个银行体系存款额比重衡量的集中度大体上呈现下降趋势，国有银行的市场占有率也在下降。股份制商业银行和城市商业银行发展迅速，而且资产相对良好，很大程度上促进了市场结构的优化。截至2017年末，广东银行业金融机构共有从业人员35.88万人，机构网点1.73万个。其中，政策性银行机构网点82个、国有商业银行机构网点6129个、股份制商业银行机构网点1868个、城市商业银行机构网点635个、外资银行机构网点262个、农村中小金融机构（含农村商业银行、农村信用社、村镇银行）机构网点6231个、邮政储蓄银行机构网点2073个，另金融资产管理公司、信托公司、企业集团财务公司、汽车金融公司及消费金融公司等各类非银行金融机构网点共有46个。[①]

（二）经营规模显著扩大

自改革开放以来，广东商业银行一方面通过强化资本管理、调整产业结构以及适度控制风险资产的增长速度达到节约资本使用的目的，另一方面则通过股改上市、定向增发、发行债（次级债和混合资本债）、引入战略投资者等方式广开增资之门。银行业金融机构资产规模大幅增长。银行业金融机构资产总量，银行业金融机构各项存、贷款继续稳步上升。截至2017年末，广东银行业金融机构资产总额22.72万亿元，比年初增加6027.37亿元，同比增长7.89%；负债总额21.95万亿元，比年初增加6018.14亿元，同比增长7.67%。

广东银行业金融机构各项存款余额19.45万亿元，比年初增加1.47万亿元，同比增长8.18%。分机构看，存款主要集中于国有

[①] 中国银行业监督管理委员会广东监管局：《广东银行业监管与发展报告（2017）》，2018年6月7日。

商业银行、股份制商业银行以及农村中小金融机构,占比分别为45.80%、26.52%和12.99%。2017年新增存款也主要集中于该三类机构,三类机构2017年各项存款增量占辖内总增量的77.83%。

截至2017年末,广东银行业各项贷款余额12.60万亿元,比年初增加1.51万亿元,同比增长13.62%。分机构看,贷款余额主要集中于国有商业银行、股份制商业银行以及农村中小金融机构,占比分别为45.36%、22.89%和11.24%。2017年新增贷款也主要集中于该三类机构,三类机构2017年各项贷款增量占辖内总增量的74.21%。

(三) 资产质量明显提高

改革开放之初,广东银行业曾经背负了沉重的不良资产包袱,但随着我国金融改革的深入,广东银行业的资产质量有了很大的改善。究其原因,主要得益于各银行贷款质量控制水平的提高和中国银监会对资产质量的监管日趋科学、严格。银行业金融机构不断强化信贷管理,加速财务重组步伐,加快不良贷款核销力度,资产质量明显改善。从不良贷款情况看,通过财务重组和加强监管,在资产保持稳步增长的同时,广东银行业金融机构进一步加强风险管控,信贷质量不断改善。截至2017年末,广东银行业金融机构不良贷款余额1794.44亿元,比年初增加134.42亿元;不良贷款率为1.45%,同比下降0.07个百分点,其中深圳银行业金融机构不良贷款率为1.07%,与年初持平。

(四) 盈利水平大幅提升

在改革开放40年来中国经济持续快速发展的大背景下,受不良资产剥离、业务快速扩张、存贷利差提高、中间业务快速发展和税收负担下降等有利因素的综合作用,广东中资商业银行的盈利规模保持快速增长的势头，盈利能力持续改观。

从资本利润率和资产利润率等指标看，中国股改后的国有商业银行和股份制商业银行已基本达到国际先进银行水平。中国上市商业银行的盈利能力呈"两头高，中间低"的特征，即城市商业银行和大型银行略高，股份制商业银行偏低。形成的主要原因是上市的城市商业银行所在地的经济金融环境较好、当地市场份额较大经营特色较为突出，而大型银行在发展中间业务和控制成本开支方面的规模效应进一步显现。长期以来，中国银行业务结构单一、趋同的问题较为突出，对公众的服务能力明显不足。

利差收入是中国商业银行传统的也是最重要的利润来源。不过，商业银行正在改变以往主要只做公司业务的局面，零售业务越来越受到银行的重视；财富管理等新产品不断涌现，为企业和居民提供增值服务；银行收益结构更趋合理，投资收益和中间业务收入占比越来越大，银行业务的服务品种和收入来源逐渐多样化。由于市场环境和监管环境的变化，以及商业银行本身对中间业务的重视和开发，利息收入在银行全部收入中所占的比重有所下降，但在相当长的一段时间内，利差收入仍然是影响银行盈利水平的决定因素。

中国利率市场化改革将会有明显进展。利率市场化的稳步推行，势必倒逼银行加快创新步伐，进一步改变银行主要依靠利差的传统盈利模式。广东银行业正逐步摆脱过分依赖存贷款利差收入的局面，银行的中间业务收入占全部经营收入的比例不断提高，收入结构得到优化和改善，整体经营效率明显增强。2017年，广东银行业金融机构累计实现税后利润2689.54亿元，同比增长19.03%。其中，国有商业银行全年累计实现利润1219.50亿元，占全部银行业金融机构利润的45.32%；股份制商业银行728.59亿元；农村中小金融机构300.11亿元；城市商业银行112.56亿元。

（五）流动性持续保持良好

资产流动性是指银行在无须资本流失的情况下，满足非预期性的现金支付能力。衡量流动性风险的指标主要有流动性比例和存贷款比率（即为贷存款比）。存贷比例是指存款资金被贷款资产占用的程度，比率越高，说明银行存款资金被贷款占用比率高，亟须提取时难以收回，银行存在流动性风险。但该比率太低也会使银行丧失潜在的盈利机会。广东商业银行总体流动性水平目前较高，银行间同业拆借市场流动性充裕。一直以来，广东多措并举督促机构严守风险底线，银行业金融机构整体流动性充足，风险总体可控。

（六）国际化程度不断提升

改革开放以来，广东金融业勇于改革、大力开放，成绩斐然。1982年开业的南洋商业银行深圳分行是中国引进的第一家外资银行营业性机构；1985年成立的珠海南通银行是改革开放以后引进的第一家外资法人银行；2005年美国新侨投资集团入股深圳发展银行，深圳发展银行由此成为第一家由外资控股的全国性股份制商业银行。广东作为我国改革开放的前沿阵地，银行业国际化程度的不断提高，促进了金融业实力的增强。

广东积极推进银行业国际化交流与合作。人民银行广州分行先后与澳门金融管理局、香港金融管理局建立粤澳、粤港金融合作联络机制，搭建起三地金融管理部门之间的沟通平台。广州借助CEPA、珠三角金融改革创新综合试验区、广东自贸区、粤港澳大湾区、"一带一路"等政策机制，积极推动金融交流合作。广州成功举办了7届中国（广州）国际金融交易·博览会和2017广州《财富》全球论坛，促使第 19 届中国风险投资论坛首次移师广州，国际金融论坛（IFF）永久落户广州并成功举办第 14 届全球年会，成功举办广州金融首次境外推介会等，这些高端国际金融展会论坛的成功举办，展示了广州金融发展的实力。未来广州将进一步做强中国（广州）国际金融交易·博览会，吸引兄弟城市、港澳台地区、各国驻穗领馆、商协会及机构参展参会，打造广州金融全球推介会品牌活动，不断凝聚境内外高端交流合作要素；进一步做优穗港澳金融合作联盟，形成穗港澳金融交流合作常态化机制；做大国际交流合作平台，加强与世界湾区国家沟通对话，逐步与其他三大湾区建立长效合作机制，探索成立国际湾区联盟等交流平台，助力粤港澳大湾区国际金融枢纽建设；加强与伦敦、纽约、香港、新加坡、东京、巴黎、法兰克福等国际金融中心的交流合作，探索创新交流合作机制，提升金融业协同发展能级。通过举办这些活动，不断提高广州金融的国际显示度和知名度，推进广州金融开放和国际化步伐。

深圳银行业积极推进区域金融改革、完善金融生态环境，立足于连接香港"桥头堡"的区位优势，充分发挥广东自贸区在深化金融改革和创新中的先导作用，持续推进粤港澳大湾区与"一带一路"建设。在人民币国际化、资本项目可兑换等领域积极先行先试，跨境金融合作进一步深化。积极推进跨境不良资产转让试点业务，推动 CEPA 框架下深港两地金融机构的深度合作。进一步完善对外开放金融基础设施，建设面向全球的人民币现钞发行处理中心和 IMF 联合能力建设中心。2017 年深圳外资银行机构 90 个，其中法人机构 5 个，共有从业人员 5341 人，资产总额 3772 亿元。

广州、深圳成为广东银行业金融机构综合实力和国际化程度不断提升的典型代表。广州、深圳两大核心城市已经成为区域甚至全国性金融中心,在全球金融中心中都具有较大影响力。根据第24期"全球金融中心指数"(GFCI 24)报告关于综合竞争力排名,国内上海、北京、深圳、广州在全球金融中心城市排名中分别为第5位、第8位、第12位和第19位,深圳、广州均进入全球金融中心20强行列,已具有全球性影响力。根据《中国金融中心指数报告》第10期(CDI·CFCI)排名,深圳、广州金融业综合竞争力分别排名内地(不包括香港)第3位和第4位。广州金融实力在国内省会城市中排名第一。

(七)银行业稳居金融业主导地位

经过近40年的发展,广东银行业仍然占据金融业主导地位。广东银行贷款在融资总额中仍占绝对优势。2017年,广东金融机构本外币存、贷款余额分别为19.45万亿元、12.6万亿元,同比分别增长8.2%、13.6%,约占全国的1/9和1/10。虽然资本市场迅速发展,间接融资地位有所增强,银行贷款占社会融资的比重呈现不断下降的趋势,但仍居首位。社会融资总量的提升并未削弱商业银行的主导地位。商业银行的经营环境正发生着深刻的巨变。随着市场经济改革不断深化,多层次资本市场不断完善,利率市场化进程深入,越来越多的资金通过非传统银行贷款渠道流向实体经济,商业银行的业务拓展空间日益从表内转向表外。表外业务,市场化程度更高,灵活性更强,竞争更加充分。此外,世界经济和中国经济的演变将为商业银行开展国际、国内业务提供更多新的机会。商业银行的金融生态环境将会不断改善,银行业的经营环境将更加成熟和稳定,商业银行的经营质量也将会由此得到提高。

(八)管理水平显著提高

改革开放使广东银行业更稳健、更安全,银行业综合实力大大提高。从深层次来说，银行业的发展变化还表现在以下几个方面。

1. 银行公司治理取得明显成效，经营理念和方式开始转变。多年来的金融改革，使广东银行业公司治理日趋完善。根据中国推进金融改革的总体部署，中国商业银行积极实施股份制改革，推进财务重组、引进外资和公开上市，取得了显著的阶段性成果，主要商业银行基本都已上市。特别是作为中国商业银行股份制改革的核心内容，公司治理日臻完善，股权结构更加合理，初步建立了治理架构，进一步明确了决策规则和程序，组织体系和运作机制更为健全，资本市场对银行的约束作用进一步显现。

银行业的经营理念和经营方式也发生了重大变化，发展目标开始从片面的追求数量调整到数量与质量并重，再到质量为先的原则上来。这突出表现在银行已经初步确立了价值意识、资本约束意识、风险管理意识和品牌意识；银行发展也改变了过去"无本经营"的局面，开始建立资本经营、资本与风险相匹配的理念，经济资本、经济增加值和经风险调整后的资本回报等在主要银行机构得到重视和应用，在资本配置、风险覆盖和激励考核等方面都发挥了日益重要的作用。

同时，商业银行信息披露正在向制度化和规范化迈进。全部银行业金融机构都已经严格按照审慎要求编制会计财务报表，彻底解决了过去内外"两本账"问题。不仅上市的商业银行能全部按照上市公司的要求及时对外公开披露有关经营信息，自觉接受市场监督，非上市商业银行和信托公司也实行了信息披露制度，接受投资者和社会公众监督。

2. 银行合规意识增强，风险意识不断提高。中国银行业的合规意识明显增强。目前基本上所有的银行都成立了合规部门或设立了专门的合规岗位；以风险为本的合规管理体系初步建立，银行的风险管控水平逐步提高。商业银行的经营安全性也有积极的变化，不良资产的比例逐年下降，贷款损失准备金的覆盖率逐年上升，资本充足率得到改善。广东银行金融机构更是创新思路，提升治理质效，开展跨行"穿透式"排查，对违规行为全程跟踪、精准画像。设立信访举报渠道，积极收集市场乱象整治相关线索，提高治理工作质效。广东银监局不断加强风险监测预警，切实发挥非现场监管重要作用。制定《广东银监局非现场监管委员会议事规则》，搭建非现场监管新框架，建立非现场监管工作提示单制度，推动日常监测分析专业化。强化风险分析研判，充分利用非现场监管信息系统、EAST系统、客户风险统计系统、银行风险早期预警系统，按月度、季度、年度分析辖内银行业运行情况，实现跟踪分析常态化。持续监测重点行业、重点业务、重点机构和重点区域，聚焦热点、风险点开展专题调研，定期形成银行业整体运行情况、系统性区域性风险分析报告，探索开展跨系统数据挖掘和综合分析。此外，还以防范房地产贷款风险、防范过度授信和多头授信、防范地方政府性债务风险、督促加大存量不良贷款的处置力度等重点环节发力，确保打好防范和化解系统性金融风险的攻坚战。

3. 银行业监管水平不断提高。改革开放以来，人民银行职能逐步向真正的中央银行职能演变迈进，特别是1998年人民银行取消对商业银行的信贷规模管理，采取资产负债比例管理，标志着中央银行对金融机构信贷调控由直接管理转向间接调节。同年，人民银行分支机构体制进行了重大改革，突破行政区划壁垒，设立9家分行和2家总行营业管理部，为提升货币政策的独立性和有效性消除了行政上的障碍。1998年11月，人民银行发布《关于设立中国人民银行广州分行的通知》，新成立的人民银行广州分行负责在广东、广西、海南三省区履行中央银行分支机构职能。2003年新一轮金融监管体制改革后，广东形成了人民银行分支行负责执行货币政策、防范和化解系统性金融风险、维护地区金融稳定、提供基础性金融服务，银监局、证监局和保监局分别负责银行、证券、保险业机构监管的新格局。曾经作为金融风险区的广东省，对问题金融机构的处置取得明显进展，随着问题银行机构的处置以及农村信用社、邮政储蓄机构的改革发展，广东银行业长期以来潜在的风险已基本得到有效化解，经营环境明显优化，并已走出金融"风险区"的阴影，开始重新树立起在全国的良好形象。

广东把握加强金融监管及风险防范趋势，补齐制度短板，促使金融业发展模式从追求规模扩张转向质量优先、效率至上。继续扩大开放，引入竞争，充分利用外资在治理结构、资本管理、风险管理等方面的良好示范作用，不断提升中资金融机构抵御风险的能力，促进国内金融机构降低投机和套利活动，回归服务实体经济的本源。坚守审慎原则，对各类所有制金融机构进行一视同仁的审慎监管。同时，强化科技功能监管，提升监管效能。对有独立核算系统的法人机构开展信息安全和业务连续性专项现场检查。统筹系统科技监管力量开展信息科技快速巡查，摸清风险底数。提升风险识别预警能力，对有独立核算系统的法人机构科技监管进行画像，全面掌握并客观反映银行业金融机构风险管理水平。定期开展银行业信息科技风险评估，针对银行业电子银行业务逻辑设计漏洞、银行客户Ⅱ类账户管理等风险主动开展前瞻性分析，发出风险预警。此外，强调依法依规实施行政处罚，切实做到应处必处、应罚尽罚。对于自查走过场、未充分暴露问题的银行业金融机构，督查发现问题后加大行政处罚力度。对于出现案件和风险事件的机构和责任人员，严肃进行顶格处罚，切实发挥警示作用，提升监管威慑力，强化案件风险的监管力度。

二 广东银行业发展趋势展望

展望未来，广东银行业既面临许多难得的机遇，又面对许多严峻的挑战，也将发生许多新的变化，显现许多新的趋势。全面推进广东金融强省建设，必须以习近平总书记对广东"四个坚持、三个支撑、两个走在前列"的要求为统领，贯彻全国金融工作会议和全省金融工作会议精神，服务于全国、全省经济社会发展大局，巩固和强化广东金融总量领先优势，破解银行业发展中的突出矛盾和问题，更加注重优化银行业结构，改善银行业服务供给，提高银行业资源配置效率，增强银行业服务实体经济的能力，增强银行业区域性、系统性金融风险防控能力，增强银行业的核心竞争力，增强发展后劲，为广东在全面建设小康社会、加快建设社会主义现代化征程中走在前列提供强大动力。站在新的历史起点，广东地区银行业发展前景广阔。

（一）银行业发展战略框架已经明确

第一，必须坚持让金融回归服务实体经济本源。实体经济是银行业发展的根基，银行业是实体经济的血脉，为实体经济服务是立行之本。全面推进金融强省建设，银行业要与实体经济固本强基紧密结合起来，切实增强银行体系的导向机能、服务机能，提高银行业金融服务供给的质量和效率，有效满足实体经济的投融资需求，疏通社会资金进入实体经济的管道，促进实体经济转型升级、做优做强，防止经济脱实向虚。

第二，必须坚持以新发展理念为指引促进银行业发展与经济社会发展相协调。坚持创新发展、协调发展、绿色发展、开放发展、共享发展，加快转变金融发展方式，实现银行业发展的动能转换和质量效益提升。落实创新发展理念，对接创新驱动发展战略，推进银行机构、市场和产品的全面创新。落实协调发展理念，改善间接融资结构，协调推动各类银行机构改革发展。落实绿色发展理念，构建绿色金融体系，推动全省经济社会迈进绿色发展新轨道。落实开放发展理念。深化粤港澳金融合作，加快将广东自贸区打造成为银行业对外开放门户枢纽，构建以"一带一路"为重点的银行业对外开放新格局。落实共享发展理念，构建普惠银行服务体系，加大对小微企业、"三农"、精准扶贫等环节的金融支持，有效化解融资难、融资贵问题。

第三，必须坚持防范系统性金融风险的底线。主动防范化解银行业区域性、系统性金融风险。落实风险属地处置责任，筑牢银行业安全防线。强化国家银行业监管部门驻粤机构与地方金融工作部门之间的监管协调，建立健全银行业风险管控的信息交换、资源共享和联防联动机制。[①]

（二）提升银行业竞争力，做优做强银行业总部

完善银行业资本补充机制，增强银行机构的资本实力。加快推动经营规模较大的股份制商业银行、城市商业银行、农村商业银行在境内外股票市场公开上市的步伐。支持具备条件的城市商业银行、农村商业银行、村镇银行在"新三板"挂牌、非公开发行优先股，募集资金用以补充一级资本。制定财政配套政策，支持银行机

---

① 王景武：《在新的起点上全面推进广东金融强省建设》，《南方金融》2017年第9期。

构在银行间市场发行次级债、二级资本债，拓宽附属资本的补充渠道。完善银行业资本管理，优化公司治理机制。探索以控股公司模式管理银行业资本，激发银行机构的经营活力。推动银行机构引入境内外战略投资者，逐步降低财政股和国有股比重，促进股权分散化和股东结构多元化。

（三）深化与港澳银行同业合作

强化广州、深圳金融集聚和辐射能力。实施中央商务区营商环境提升工程，增强金融总部集聚效应。完善广州、深圳中央商务区交通基础设施，增强商务服务功能，改善生活服务环境，提升人文品质，打造既有国际先进水平又具岭南文化特色的金融总部集聚区。强化广州、深圳金融中心和粤港澳大湾区建设的联动。深化与港澳银行同业业务合作，推进金融产品互认。加强跨境贷款项目评估、资信调查等合作，建立和完善跨境融资信用评级互认机制。开展信贷资产跨境转让试点，先行开展贸易融资、不良资产跨境转让。

（四）强化银行业科技融合创新，建立产学研结合的银行业科技创新协同机制

加快银行业金融服务智能化设备研发和更新，建立产学研结合的金融科技创新协同机制。支持具备条件的互联网企业、信息科技企业通过并购等市场化方式进入第三方支付领域，将所控股的第三方支付机构运营总部设在广东，充分发挥广东支付市场体量大的优势，培育一批在全国具有重要影响力、辐射力的互联网支付服务主体。把智慧城市建设与智慧金融服务结合起来，推进政务信息、公共服务信息与金融服务信息的对接和共享，推广银联闪付、二维码支付等新型支付方式在智慧交通、教育、医疗、养老、批发零售等

场景的应用,加快建设智慧金融服务示范社区、示范商圈和示范城市。①

(五)银行业经营模式进一步综合化,业务发展进一步国际化

随着世界经济和金融一体化趋势的增强,金融行业竞争日趋激烈,综合化经营已经成为国际金融市场的一大趋势。在金融脱媒压力、新资本协议实施和利率市场化推进等众多因素的促使下,商业银行已经积极介入基金、保险、证券、金融租赁等领域,相应业务板块对商业银行集团整体利润贡献度逐年提高。为适应这一趋势,银行、证券、保险等监管部门之间的监管协作机制将更趋完善,机构监管与功能监管的结合将不断加深,商业银行综合经营的外部环境也将进一步得到改善。

银行业的国际化进程和发展趋势,是一个从资本结构国际化到贸易追随国际化、投资国际化,逐步加深海外业务本土化,到最终实现全球一体化经营的过程。国内银行国际化是从依据国际规则进行战略重组,中国工商银行、中国银行、中国建设银行、交通银行等大型银行引入海外战略投资者并实现境内外上市开始的。海外上市过程中,依据成熟市场的规则强行植入的公司治理和信息披露等制度,为中资银行国际化打下了良好的基础。随着中国经济在国际市场渗透率的提高,广东银行业从早期贸易环节的业务跟随,扩张到了投资环节,由传统的逐步设立海外分支机构,到越来越多的以并购的形式来实现战略性网络扩张和区域性市场的覆盖。从主要为当地中资企业客户提供贸易结算和信贷融资,到开始能够真正融入当地市场,参与当地市场运作,为当地市场客户提供全面的金融服

---

① 王景武:《在新的起点上全面推进广东金融强省建设》,《南方金融》2017年第9期。

务。过去数年来，广东银行业的数起大型海外并购表明中资银行的国际化已逐步由贸易跟随国际化阶段发展到投资国际化阶段。同时，越来越多的海外中资银行获得当地的全银行业务牌照，进入零售市场，为本地客户提供服务，如中国银行英国分行在金融危机后大步进入欧洲放贷市场，同英国本地银行竞争，向英国客户提供购房贷款。这或许是中资银行开始进入海外业务本地化阶段的一个标志性事件。

银行业国际化的外部驱动力和内生动因继续保持，人民币的国际化进程将加速发展，跨境人民币结算量将继续保持快速增长，人民币离岸市场的规模和深度也将得到进一步扩大和深化。内生成长和外源成长将并存，兼并收购和机构新设将并举，广东银行业在继续平稳推进海外机构网络建设的同时，将持续谨慎推动海外并购，并在区域选择上更加关注成长性良好的发展中经济体。

（六）内部体制机制改革进一步深化，行业竞争格局稳中分化

在第十三个五年规划时期，广东金融管理体制将进一步完善。继续深化大型商业银行改革，推动大型商业银行不断完善公司治理，建立和完善现代金融企业制度，深化内部治理和风险管理，提高创新发展能力和国际竞争力。

银行业内部体制机制改革进一步深化。一是积极推进体制机制改革，提高银行业金融机构集约经营和服务水平。深入研究银行业"走出去"发展战略，优化海外布局。稳步推进农信社转制，鼓励农信社和农商行向乡村下沉服务网点。按照商业可持续和"贴近基层、贴近社区、贴近居民"原则，探索建立多种形式的便民服务网络，强化社区金融服务。二是以稳步实施新资本管理办法为契机，推动银行业金融机构完善公司治理、加强内部控制、改进IT和绩效考评,科学设定经营目标和考核指标,增强转型发展的内生动力。引导适应利率市场化改革要求,优化存贷款品种、结构和质量,加强利差管理和中间业务成本管理,审慎开展综合化经营试点。三是督促银行业金融机构落实消费者权益保护要求,广泛开展金融消费者宣传教育和"送金融知识下乡"活动。四是鼓励审慎开展金融创新。支持银行业创新支持实体经济的金融产品,加快资本工具创新进程。五是探索创新民间资本进入银行业的方式,鼓励民间资本参与发起设立新型银行业金融机构和现有机构的重组改制。如将积极推动广州银行股份有限公司、广州农村商业银行股份有限公司跨区域经营,加快业务创新,完善法人治理结构,引入战略投资者并择机上市。

  银行业行业竞争格局稳中分化。由于单纯追求市场份额的风险资产扩张模式不可持续,银行业竞争将开始出现分化,战略定位更为精准,经营方式更为灵活。在某些领域拥有更强的实力,更好的产品,更多的财务、网点、技术和人力方面的资源,更顺畅的管理架构,更短的管理链条、流程的具备核心竞争力的银行竞争优势有望得到实现。一是大型股份制银行稳步前行,部分银行规模优势可能得到体现。战略方面,大型银行推行全面发展的业务战略,批发业务和零售业务齐头并进,业务结构没有明显的偏重,其长期目标仍然是赢得在各个主要领域的优势地位;资源方面,大型银行拥有更多的网点和更广泛的物理服务网络;管理方面,大型银行通过股份制改造、引入战略投资者,公司治理架构逐步完善,管理体系等改革探索甚至走在整个银行业的前面。综合而言,大型银行具备推进全面发展战略的基础条件。二是中小型股份制银行开始分化,战略转型差异将决定其竞争优势。战略方面,限于资本约束以及网点扩张等方面的制约,中小型全国性股份制银行全面拓展的业务发展模式进入发展瓶颈,很多银行开始实施经营转型,试图把有限的资源投入到未来成长前景广阔自身又具有相对优势的领域中去,以构建相对独特、专业的经营模式;资源方面,中小型全国性银行虽然客户基础普遍不能与大型银行抗衡,但个别银行在个别领域还是掌握了一定的客户基础;管理方面,很多中小型全国性银行都进行了组织管理体制改革的探索。个别银行在风险管理、资本管理、资产负债管理、流程优化以及信息技术等方面可能各有优势。与大型银行相比,中小型全国性银行最大的竞争优势是灵活的经营机制、较强的创新能力和高效的资源配置效率。综合而言,中小股份制银行从粗放向集约转型只是新一轮竞争的开始。各家银行的竞争优势不再简单体现为市场份额和规模的扩张,而更多地体现在管理层面的提升。那些战略定位精准、管理体制顺畅、组织行动力强、经营灵活的银行将有望凭借其核心竞争力获取竞争优势。

从以上分析来看,尽管未来大型国家控股银行仍将占据主导地位,但相互间差距有可能进一步拉大,经过金融危机考验的外资银行,未来将展现出更强的业务竞争力和风险掌控力,中小型银行金融机构和新型农村金融机构经营机制灵活,围绕县域经济这片"蓝海"如雨后春笋般迅速发展,非银行金融机构在金融跨业经营的推动下与传统银行经营界限愈加模糊。可以预见,未来广东银行业同业间的竞争将日益强化。

三 新时期推进广东银行业高质量发展的策略

(一) 优势互补,深化银行业合作

2018年,广东全省金融业增加值7297亿元,占GDP的7.5%。[①] 广东省第十三个五年规划中明确提出要加强粤港澳金融合作与创新,全方位推进粤港澳在金融市场、金融机构、金融业务、金融智力等方面的深入合作,建设以香港金融体系为龙头、以珠三角城市金融资源和服务为支撑的金融合作区域;稳步推进金融业综合经营试点,积极推广广东金融改革创新综合试验区建设,尤其是深圳前海蛇口自贸区、珠海横琴新区等地的金融创新要先行先试;积极开展跨境贸易人民币结算工作,着力提高应对汇率变动能力等。为此,在人民币国际化、利率市场化、金融脱媒化以及企业"走出去"的大背景下,深入推动粤港澳区域金融合作、金融创新和综合化经营,可以为银行业提高竞争层次提供宝贵平台,有利于更好满足客户多样化的金融需求。

广东银行业将在《粤港澳大湾区发展规划纲要》、CEPA及其补充协议框架内,紧密围绕《珠江三角洲改革发展规划纲要(2008—2020年)》《粤港合作框架协议》《粤澳合作框架协议》有关政策,合理把握对外开放的时机和节奏,进一步提高银行业对外开放质量,加强广东银行业与港澳台地区的密切交流与合作,不断深化银行业的对外开放水平。《粤港澳大湾区发展规划纲要》将推动粤港澳金融竞合有序、协同发展,打造金融合作新平台,扩大内地与港

[①] 刘宏宇:《广东2018年社会融资规模增量2.25万亿元》,新华网,2019年2月26日,https://baijiahao.baidu.com/s?id=16265020757724405
91&wfr=spider&for=pc。

澳金融市场要素双向开放与联通，打造引领泛珠、辐射东南亚、服务于"一带一路"的金融枢纽，形成以香港为龙头，以广州、深圳、澳门、珠海为依托，以南沙、前海和横琴为节点的大湾区金融核心圈。

（二）强化区域性国际金融中心建设

2017年，广州金融业实现增加值1998.76亿元，占地区生产总值比重的9.3%，金融业成为广州第五大支柱产业。广州区域金融中心的目标是将进一步强化业已形成的区域金融管理营运中心、银行保险中心、金融教育资讯中心、支付结算中心功能，加快形成区域财富管理中心、股权投资中心、产权交易中心、商品期货交易中心，初步形成带动全省、辐射华南、联通港澳、面向东南亚、与广州国家中心城市地位相适应的区域金融中心。在构建珠三角金融改革创新综合试验区中发挥核心和带动作用，与珠三角主要城市形成分工合理、错位发展格局，并成为建设以香港国际金融中心为龙头、具有全球影响力的国际金融中心区域的重要支点。

深圳金融中心的目标是以制度创新和市场化实践为中国金融业改革开放发展探索路径、积累经验，丰富全国金融中心功能和内涵，全力建设金融创新核心区、产融结合示范区、国际金融先行区、金融品牌集聚区和金融运行安全区，力争到2020年把深圳打造成为联通香港、服务全国、辐射亚太、影响全球的人民币投融资集聚地和国际化金融创新中心。[1] 2017年，深圳市金融业认真贯彻稳健中性货币政策，银行体系流动性合理充裕，货币信贷和社会融

---

[1] 深圳市人民政府金融发展服务办公室：《深圳市金融业发展"十三五"规划》，深圳市地方金融监督管理局网站，2016年11月3日，http://www.jr.sz.gov.cn/sjrb/xxgk/ghjh/fzgh/content/post_3174821.html。

资规模平稳增长,利率水平基本稳定,金融市场整体平稳,服务实体经济的能力进一步增强。截至 2017 年末,深圳市银行、证券、保险业资产总额 14 万亿元,同比增长 10.5%。① 2017 年实现净利润 2407.7 亿元,同比增长 21.8%。2018 年全年,深圳金融业实现增加值 3067.21 亿元,同比增长 3.6%,占 GDP 比重 12.7%;金融业实现税收(不含海关代征和证券交易印花税)1314.8 亿元,同比增长 17.5%,占全市总税收的 22.37%,金融业对全市税收的贡献超过制造业(20.30%),成为全市纳税第一的产业。2018 年,深圳市新引进分行级以上持牌金融机构 26 家,其中法人持牌金融机构 8 家。截至同年 12 月末,全市持牌金融机构总数 465 家,其中法人金融机构 196 家。在 2018 年 9 月英国智库 Z/Yen 集团发布的第 24 期"全球金融中心指数"排名中,深圳由上期的第 18 位上升至第 12 位,在国内城市中仅次于香港(第 3 位)、上海(第 5 位)和北京(第 8 位)。②

依托区域性国际金融中心的建设,全省尤其是广州、深圳需进一步提升银行业服务能级。一是发挥国有商业银行主力军作用。支持国有商业银行加快市场化改革,提高资产质量和经营效益,建立符合国际惯例的商业银行运作架构,逐步提升竞争力。二是进一步提升股份制商业银行竞争能力。促使股份制商业银行不断完善公司治理结构,按照现代金融企业要求完善运作体系和市场营销体系,不断提高资产质量,保持适度规模扩张,探索推进经营模式转型。

---

① 中国人民银行深圳市中心支行货币政策分析小组:《深圳金融运行报告(2018)》,2018 年 6 月 22 日。

② 深圳市地方金融监督管理局:《2018 年深圳市金融业发展情况》,深圳市地方金融监督管理局网站,2019 年 2 月 14 日,http://jr.sz.gov.cn/sjrb/xxgk/sjtj/sjsd/content/post_6926153.html。

三是鼓励外资银行拓展业务规模。营造一流营商环境，吸引更多外资银行进驻广东。支持外资银行大力开展人民币业务，加强广东与中外资银行的交流与合作，促进共同发展。

（三）推出粤港澳大湾区银行业金融服务措施

2018年7月19日，中国银行在广州发布《粤港澳大湾区综合金融服务方案》标志着广东银行业推出粤港澳大湾区银行业金融服务措施。该方案通过精心设计的"支付通""融资通"和"服务通"三大产品体系，为粤港澳大湾区的互联互通、转型升级、科技创新、国际合作和民生福祉提供金融支持。广东银行业是中国全球化、综合化程度最高的，此次发布《粤港澳大湾区综合金融服务方案》就是要进一步表达银行业对大湾区发展的信心和支持。方案推出的"支付通""融资通"和"服务通"三大产品体系，主要包括针对公司和个人客户推出的13项服务。成立了"中国银行粤港澳一体化联动发展委员会"，统筹中国银行在粤港澳大湾区的一体化发展。目的就是优化体制机制、丰富产品体系、完善服务模式，为粤港澳大湾区的客户提供综合化、全方位和跨区域的金融服务。[①] 广东作为中国改革开放的前沿地域，"先行先试"已成为推动广东进一步深化银行业发展的关键性因素。

---

① 郭军：《中国银行发布〈粤港澳大湾区综合金融服务方案〉》，中国新闻网，2018年7月20日，https://www.chinanews.com/cj/2018/07-20/8573532.shtml。

第四章　广东证券业发展与证券监管实施

改革开放以来，广东证券市场历经从无到有、从小到大的跨越式发展，监管体系和制度建设不断成熟，市场规模日益壮大，经济效益显著提高，改革创新亮点迭出，综合实力全国领先，形成了具备主板、中小板、创业板的多层次资本市场体系。在广东经济体制改革史中，证券市场的创建和发展留下了浓墨重彩的一笔。广东证券市场在实现资源优化配置、推动现代企业制度建设、健全现代金融体系、将发展成果惠及百姓等方面做出了重要贡献，对广东金融业乃至整个广东社会经济发展与进步都具有重大意义。广东证券市场的发展大致可以划分为三个阶段：第一阶段：1978—1992年，中国经济体制改革全面启动后，随着股份制经济改革，广东证券市场萌生并初步发展；第二阶段：1993—1998年，证券市场进入稳定发展阶段；第三阶段：1999年至今，证券市场进入快速发展阶段。在证券市场发展过程中，资本市场的法律地位逐步确立，广东证券市场随着各项改革措施的推进，市场化、法治化和国际化程度不断提高。

第一节 股票市场发展

一 广东股票市场的萌芽与初步发展

1992年1—2月邓小平在南方发表重要谈话时指出,"要抓紧有利时机,加快改革开放步伐,力争国民经济更好地上一个新台阶";他又针对证券市场指出,"证券、股市,这些东西好不好,有没有危险,是不是资本主义独有的东西,社会主义能不能用?允许看,但要坚决地试。看对了,搞一两年对了,放开;错了,纠正,关了就是了。关,也可以快关,也可以慢关,也可以留一点尾巴。怕什么,坚持这种态度不要紧,就不会犯大错误"。① 邓小平南方谈话后,中国掀起了新一轮改革开放的浪潮,同年,中国确立经济体制改革的目标是"建立社会主义市场经济体制",股份制改革成为国有企业改革的方向,更多的国有企业实行股份制改造并开始在证券市场发行上市。

(一)萌生与发展

20世纪80年代以来,中国先后实行了农村土地承包制、企业股份制等重大经济改革。从1978年开始,中国农村出现了家庭联产承包责任制,部分地区的农民自发采用"以资代劳、以劳带资"的方式集资,兴办了一批合股经营的股份制乡镇企业,成为改革开放后股份制经济最早的雏形。20世纪80年代初,城市一些小型国有和集体企业也开始进行了多种多样的股份制尝试,深圳、珠海、汕头等经济特区率先进行企业股份制改革试点,少数企业发行股票或具有股票性质的有价证券,股份制企业开始出现。当时实行股份制的形式主要有以下三种:企业间相互参股、持股的股份制;企业内部职工持股的股

---

① 《邓小平文选》第3卷,人民出版社1993年版,第373页。

份制；跨地区、跨行业、跨所有制成分的股份制，并向社会公开发行股票的股份制企业。① 这一时期股票一般按面值发行，且保本、保息、保分红，到期偿还，具有一定的债券特性，发行对象多为内部职工和地方公众，且发行方式多为自办发行，没有承销商。1983年7月25日，广东省宝安县联合投资公司在《深圳特区报》刊登《招股说明书》，以县财政为担保，向社会发行股票，集资1300万元，其中国家股200万元、法人股160万元、个人股940万元，股东遍及全国20多个省份及港澳地区，成为改革开放后第一家股份有限公司并发行了第一只股票（见图4.1）。广东省宝安县联合投资公司还参照股份制企业的运作方式，建立股东大会和董事会制度，印制股金证和股东手册，并每年根据经营情况对股东分红派息。② 这是广东省乃至全国首家通过报刊公开招股的公司（见图4.2）。

图4.1 广东省宝安县联合投资公司在《深圳特区报》刊登的公开招股公告

资料来源：深圳市地方金融监督管理局。

---

① 《广东省志》编纂委员会：《广东省志（1979—2000）·银行·证券·保险卷》，方志出版社2014年版，第405页。

② 《广东省志》编纂委员会：《广东省志（1979—2000）·银行·证券·保险卷》，方志出版社2014年版，第405页。

图 4.2　1983 年深宝安公开招股——从聚集闲散资金到催生国有企业股份制改革的有关报道

资料来源：禹国刚、赵善荣、保民：《禹国刚重写中国股市历史》，海天出版社 2015 年版，第 28 页。

1984 年 9 月，中国人民建设银行广州第三支行代理广州市东风路建设指挥部发行的"广州市住宅建设有奖证券"，筹集资金 1250 万元用于东风路扩建，此举开了中华人民共和国成立以来国内发行有价证券之先河（见图 4.3）。1985 年 10 月开始，广东进行全省企业的股份制试点，广东省经济体制改革委员会办公室选择"以税代利"试点的 8 家企业中的广州市绢麻纺织厂、佛山棉纺织二厂、江门南方食品厂、韶关齿轮厂等企业实行股份制试点。同时，广州市选择南方大厦百货商店、广州木材总厂进行股份制试点。① 最初的股票开始出现。1986年后，随着国家政策的进一步开放，越来越多的企业，包括一些大型国营企业纷纷进行股份制试点，半公开或者公开发行股票，股票的一级市场出现。

图4.3 广州市住宅建设有奖证券的发行

资料来源：《广东省志》编纂委员会：《广东省志（1979—2000）·银行·证券·保险卷》，方志出版社2014年版，第34页。

随着企业股份制的推行，越来越多的股票发行，也呼唤一个规范的交易市场来实现流通和优胜劣汰，在缺乏其他完整市场手段的情况下，发展股市是比较创新的尝试。企业公开发行股票试点最初仅限于深圳经济特区和上海，股票发行工作主要由地方政府负责审批。1986年10月，深圳市人民政府制定《深圳经济特区国营企业股份化试点暂行规定》，对企业股份制改革进行规范，并初定6家国营企业进行股份制改革试点，分别是：深圳市贸易发展公司、深圳市贸易进出口公司、深圳经济特区发展中心有限公司、深圳市赛格集团公司、深圳市建设集团公司以及深圳市物资总公司。这些企业通过组建董事会和监事会，并由深圳市投资管理公司委派董事

---

① 《广东省志》编纂委员会：《广东省志（1979—2000）·银行·证券·保险卷》，方志出版社2014年版，第405页。

长，实行总经理负责制，自主经营，自负盈亏，责权互相挂钩。①1987年3月，深圳市人民政府决定在原有农村信用社的基础上，改制筹建深圳发展银行股份有限公司（以下简称"深圳发展银行"）。5月，深圳发展银行率先面向社会公众公开发行股票，成为全国企业股份制改造从定向募集走向公开募集、从小范围试点走向全社会扩展的一个重要里程碑，并成为中国首家允许自然人认购并发行外币优先股的股份制金融企业。1988年4月1日，深圳发展银行股票在特区证券公司的柜台开始了最早的证券交易。1988年11月、1989年2月、1989年12月和1990年3月，深圳万科股份有限公司、深圳金田股份公司、深圳蛇口安达运输股份有限公司和原野股份有限公司等公司相继发行股票并上市交易，形成深圳证券市场著名的"老五股"（见图4.4）。1988年，珠海市华丰华侨食品工业集团公司以保本保息、适度分红的原则，发行集资入股券500万元，此券已具有股票性质；1990年初，该公司正式改组为股份有限公司，并向社会公开发行股票500万股。1989年，珠海经济特区富华涤纶丝厂、珠海市海利冷气工程股份有限公司分别改组为珠海富华集团股份有限公司和珠海格力电器股份有限公司。1990年1月，珠海中富实业股份有限公司成立，总股本8500万股，至1991年底，深圳市改组和新设立的股份制公司136家，其中由原有企业改组的45家、新组建的91家，珠海、汕头两市改组和新设立的股份有限公司有13家。②

---

① 《广东省志》编纂委员会：《广东省志（1979—2000）·银行·证券·保险卷》，方志出版社2014年版，第405页。

② 《广东省志》编纂委员会：《广东省志（1979—2000）·银行·证券·保险卷》，方志出版社2014年版，第406页。

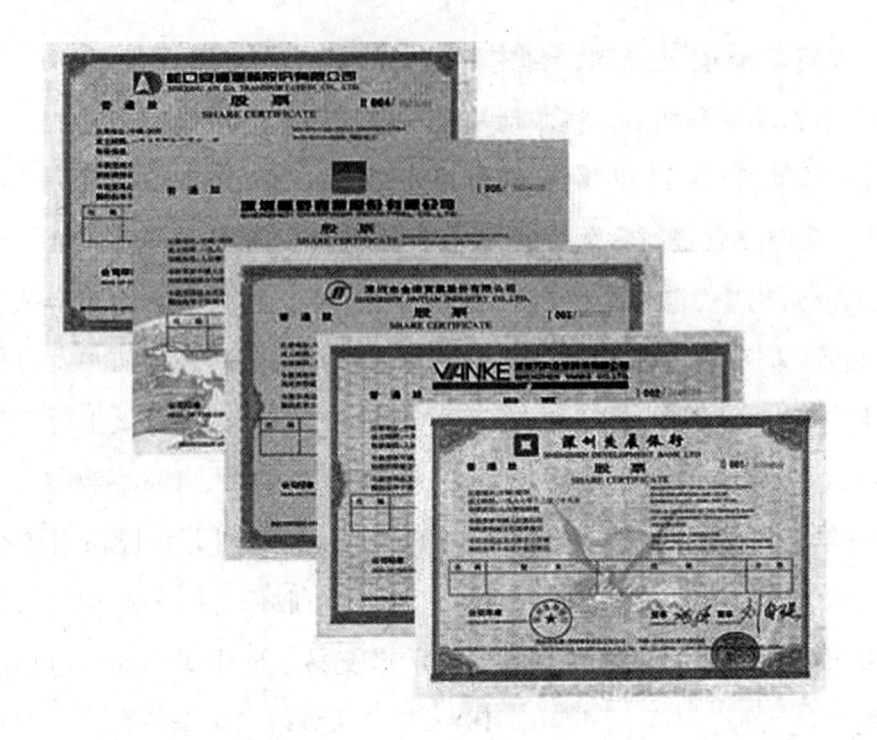

图 4.4 深圳"老五股"标准股票

资料来源:禹国刚、赵善荣、保民:《禹国刚重写中国股市历史》,海天出版社 2015 年版,第 10 页。

在此阶段,由于受各种条件的制约,人们对股票、股份公司等认识不充分及其他一些原因,股票和国债的发行规模较小,发行企业的数量极其有限。而且,只有一级发行市场,没有二级流通市场。另外,一些企业以"股票"之名发行,实际发行却是有固定期限和有提前兑现的选择权"企业债券"。但在这一阶段,广东证券市场的种子已经萌芽并开始逐渐发育。

(二)证券市场和交易所的出现

随着证券发行的增多和投资者队伍的扩大,证券流通的需求日益强烈,股票和债券的柜台交易陆续在全国各地出现。1984 年 4 月起,国家批准包括广州在内的 7 个城市开展个人持有国债的转让企业业务,① 到 1988 年底,国债转让市场在全国范围内出现。这些采用柜台交易方式的国债转让市场是债券二级市场的雏形。

1980—1992 年为广东证券经营机构实行混业经营阶段。最早的证券业务主要是通过商业银行、信托公司、保险公司、财务公司下属的证券部开办,广东国际信托投资公司、广东华侨信托投资公司、广东均财信托投资公司、广州国际信托投资公司、深圳国际信托投资公司等均设有证券业务部门,这些证券监管机构,在发展起步初期得到商业银行、信托公司、保险公司、财务公司在资金与人员方面的支持,业务发展迅速。伴随着一、二级市场的初步形成,广东证券经营机构的雏形开始出现。

1987 年 9 月和 1988 年 3 月,广东分别成立深圳经济特区证券公司和广州证券公司,成为改革开放后中国最早成立的一批证券业经营机构,其中,广州证券公司是经中国人民银行(以下简称"人民银行")批复同意,成为人民银行广州市分行的全资证附属金融企业公司,其在营运初期开办证券柜台交易业务,主要经营国债及企业债券的代理发行、兑付及转让业务。随后各银行信托投资公司相继成立证券部,由此形成专营证券机构与兼营证券机构混业经营的局面。② 深圳经济特区证券公司是由经人民银行批准,深圳市 12 家金融机构出资组成的广东乃至全国第一家专业性证券公司。1988 年 4 月,深圳经济特区证券公司开始营运,主要经营股票上市交易。4 月 7 日,深圳发展银行股票在深圳经济特区证券公司柜台上市交易,揭开深圳证券交易市场的发展序幕,深圳市全市只有一只股票、

---

① 7 个城市分别为,沈阳、上海、广州、深圳、武汉、重庆、哈尔滨。
② 《广东省志》编纂委员会:《广东省志(1979—2000)·银行·证券·保险卷》,方志出版社 2014 年版,第 381 页。

一家证券商,当时深圳发展银行股票面值20元,挂牌卖出价21元,买入价20.6元,工作日成交3手,计13692元。"老五股"上市交易初期,经常成交清淡,有行无市。人民群众普遍缺乏金融意识,股票投资热情不高,加之买卖交易操作不便,投资者寥寥无几。①

1990年10月12日,人民银行颁布《证券公司管理暂行办法》,《证券公司管理暂行办法》规定证券公司经营的业务品种可以是各类有价证券,经营范围包括:一级市场的承销和二级市场的代理与自营,经人民银行批准的证券代保管、证券鉴证、证券贴现、证券抵押贷款和证券投资咨询等业务。1990年,中国政府允许在有条件的大城市建立证券交易所。1990年12月,深圳证券交易所成立(以下简称"深交所")(见图4.5)。1991年9月8日,经中国人民银行广东省分行(以下简称"人民银行省分行")批复,广东发展银行证券部成立。1993年12月30日,改制成广东广发证券公司。

图4.5 李铁映为深圳证券交易所鸣钟开市

资料来源:深圳市政协文化文史和学习委员会:《深圳四大支柱产业的崛起——金融》,中国文史出版社2010年版,第37页。

---

① 《广东省志》编纂委员会:《广东省志(1979—2000)·银行·证券·保险卷》,方志出版社2014年版,第439页。

(三) 股票发行与交易情况

1. 股票发行制度回顾。1993年，证券市场建立了全国统一的股票发行审核制度，并先后经历了行政主导的审批制和市场化方向的核准制两个阶段。具体而言，审批制包括"额度管理"和"指标管理"两个阶段，而核准制包括"通道制"和"保荐制"两个阶段。

一是"额度管理"阶段（1993—1995年）。1993年4月25日，国务院颁布了《股票发行与交易管理暂行条例》，标志着审批制的正式确立。在审批制下，股票发行由国务院证券监督管理机构根据经济发展和市场供求的具体情况，在宏观上制定一个当年股票发行总规模（额度或指标），经国务院批准后，下达给发展计划委员会，发展计划委员会再根据各个省级行政区域和行业在国民经济发展中的地位和需要进一步将总额度分配到各省、自治区、直辖市、计划单列市和国家有关部委。省级政府和国家有关部委在各自的发行规模内推荐预选企业，证券监管机构对符合条件的预选企业的申报材料进行审批。对企业而言，需要经历两级行政审批，即企业首先向其所在地政府或主管中央部委提交额度申请，经批准后报送中国证券监督管理委员会（以下简称"中国证监会"）复审。中国证监会对企业的质量、前景进行实质审查，并对发行股票的规模、价格、发行方式、时间等作出安排。1993年12月，广东省人民政府（以下简称"省政府"）撤销企业股份制试点联审小组，授权广东省体制改革委员会同有关部门负责企业的股份制改造审批工作，成立广东省证券监督管理委员会负责企业上市的预选、审核与推荐工作。国务院证券委员会、中国证监会对广州和深圳两市上市企业的指标、额度单列户头，并对两市的证券监管部门单独授权。因此，广州、深圳两市的企业股份制改造审批和上市预选推荐工作由两市相关部门负责。1994年7月1日,《中华人民共和国公司法》实施后,股份有限公司的设立都必须经过省政府审核批准。1994年7月2日,广州证券业协会成立。

二是"指标管理"阶段(1996—2000年)。1996年,国务院证券委员会公布了《关于1996年全国证券期货工作安排意见》,推行"总量控制、限报家数"的指标管理办法。由国家计划委员会、国务院证券委员会共同制定股票发行总规模,中国证监会在确定的规模内,根据市场情况向各省级政府和行业管理部门下达股票发行家数指标,省级政府或行业管理部门在指标内推荐预选企业,证券监管部门对符合条件的预选企业同意其上报发行股票正式申报材料并审核。1997年,中国证监会下发《关于做好1997年股票发行工作的通知》,同时增加了拟发行股票公司预选材料审核的程序,由中国证监会对地方政府或中央企业主管部门推荐的企业进行预选,改变了两级行政审批下单纯由地方推荐企业的做法,开始了对企业的事前审核。

三是"通道制"阶段(2001—2004年)。1999年7月1日正式实施的《中华人民共和国证券法》明确确立了核准制的法律地位。1999年9月16日,中国证监会推出股票发行核准制实施细则。随后,中国证监会又陆续制定一系列与《中华人民共和国证券法》相配套的法律法规和部门规章,例如《中国证监会股票发行审核委员会条例》《中国证监会股票发行核准程序》《股票发行上市辅导工作暂行办法》等,构建了股票发行核准制的基本框架。核准制以强制性信息披露为核心,旨在强化中介机构的责任,减少行政干预。核准制的第一个阶段是"通道制"。2001年3月17日,中国证监会宣布取消股票发行审批制,正式实施股票发行核准制下的"通道制"。2001年3月29日,中国证券业协会对"通道制"做出了具体解释:每家证券公司一次只能推荐一定数量的企业申请发行股票,由证券公司将拟推荐企业逐一排队,按序推荐。所推荐企业每核准一家才能再报一家,即"过会一家,递增一家"(2001年6月24日又调整为"每公开发行一家才能再报一家",即"发行一家,递增一家"),具有主承销资格的证券公司拥有的通道数量最多8条,最少2条。到2005年1月1日"通道制"被废除时,全国83家证券公司一共拥有318条通道。"通道制"改变了由行政机制遴选和推荐发行人的做法,使主承销商在一定程度上承担起股票发行的风险,同时也获得了遴选和推荐股票发行人的权利。

四是"保荐制"阶段(2004年至今)。2003年12月,中国证监会制定《证券发行上市保荐制度暂行办法》等法规,这是适应市场需求和深化股票发行制度改革的重大举措。"保荐制"起源于英国,全称是保荐代表人制度。中国的保荐制度是指有资格的保荐人推荐符合条件的公司公开发行证券和上市,并对所推荐的发行人的信息披露质量和所做承诺提供持续训示、督促、辅导、指导和信用担保的制度。保荐制度的重点是明确保荐机构和保荐代表人的责任并建立责任追究机制。与"通道制"相比,保荐制度增加了由保荐人承担发行上市过程中连带责任的内容。保荐人的保荐责任期包括发行上市全过程,以及上市后的一段时期(比如两个会计年度)。

2. 股票发行情况。随着发行市场的不断规范化、完善化,证券流通市场也日趋活跃。A股市场方面,1986年10月,深圳市人民政府制定《深圳经济特区国营企业股份化试点暂行规定》,自此,深圳的股份制企业迅速发展，为股票市场的初期发展创造条件。[1] 1987年5月，深圳经济特区6家信用社联合组成深圳发展银行，同时公开向社会招股，由于当时人们对股票市场的不了解，招股结果仅完成计划发行任务的49.9%。1988年初，深圳发展银行对股东分派丰厚红利的消息传开后，股价上升，入市者逐渐增多，市场交易逐渐趋于活跃。二级市场的活跃带动一级市场新股的发行。随着深圳经济特区证券市场不断发展和完善，发行市场上股票发行种类和数量不断增加，流通市场逐步走向规范化。1988年，深圳股票上市成交额为130万元，1989年猛增至2825万元。1989年3月20日，深圳发展银行公开发行了新中国第一只记名优先股——"深发展外汇优先股"（见图4.6）。1990年又有9只股票公开上市，深圳证券市场呈现出迅速发展的趋势。[2] 1992年，中国南方玻璃股份有限公司等12家深圳市当地公司在深交所发行A股。11月20日深交所第一只异地股票武汉商场挂牌上市，11月23日，第二只异地股票琼能源在深交所挂牌上市。[3]

B股市场方面，其发展初期带有很强的地方性、实验性和行政性。1991年12月5日，深圳市人民政府颁布《深圳市人民币特种股票管理暂行办法》《深圳市人民币特种股票管理暂行办法》对人民币特种股票（B股）的界定、主管机关、投资者、发行和交易、违法违规行为的处罚等做出规定。12月16日，人民银行深圳分行

---

[1] 《广东省志》编纂委员会：《广东省志（1979—2000）·银行·证券·保险卷》，方志出版社2014年版，第428页。

[2] 《广东省志》编纂委员会：《广东省志（1979—2000）·银行·证券·保险卷》，方志出版社2014年版，第429页。

[3] 《广东省志》编纂委员会：《广东省志（1979—2000）·银行·证券·保险卷》，方志出版社2014年版，第429页。

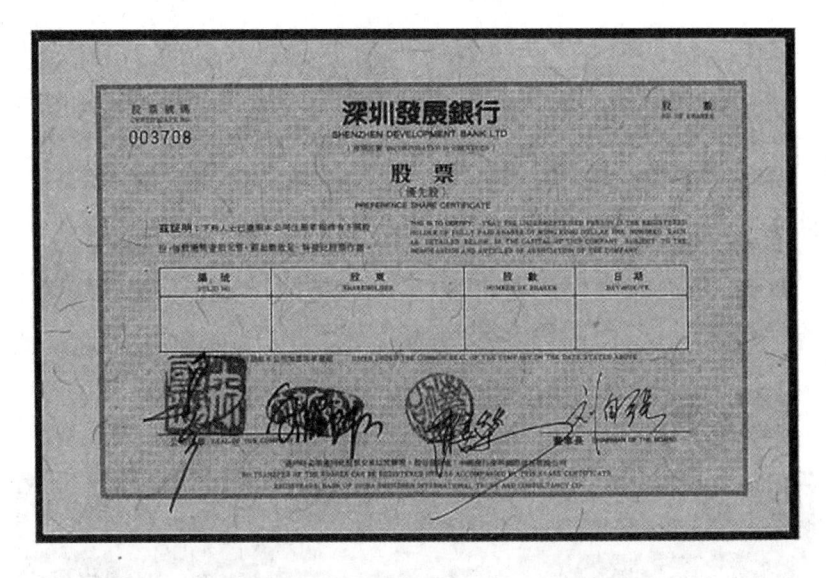

图4.6 深圳发展银行股份有限公司发行的外汇优先股

资料来源：禹国刚、赵善荣、保民：《禹国刚重写中国股市历史》，海天出版社2015年版，第51页。

颁布了《深圳市人民币特种股票管理暂行办法实施细则》。12月10日，中国南方玻璃股份有限公司首次完成B股发售，共1600万股，每股5.3港元，筹资近8500万港元。1991年12月18日，深圳市人民币特种股票（B股）市外发行承销签字仪式在深圳举行（见图4.7）。同日，深交所、深圳证券登记有限公司与渣打（香港）有限公司［现渣打银行（香港）有限公司］和美国花旗银行有限公司签订B股代理买卖、集中登记、托管、清算意向书。此后，深交所与德励财经资讯（香港）有限公司签订行情显示合作意向书。另外，发行B股的公司分别与B股特许境内外经纪商签订承销意向书。①1992年1月25日，人民银行深圳分行允许香港百富勤等部分境外特许证券商派出代表进驻深交所参加B股交易，并确认浩威证券亚

---

① 《广东省志》编纂委员会：《广东省志（1979—2000）·银行·证券·保险卷》，方志出版社2014年版，第429页。

洲有限公司等14家境外券商为深圳B股境外承销商。1992年2月28日,深南玻B股在深交所上市,成为广东第一家发行B股的上市公司。12月17日,国务院发布的《关于进一步加强证券市场宏观管理的通知》中明确指出,要做好人民币特种股票（B股）的试点工作,标志着B股试点工作得到国家层面的认可。继深南玻之后,1992年深康仕、深物业等8家A股上市公司先后发行B股,从而使深圳B股上市公司在发展的第一个年头就达到9家。

图4.7　1991年12月18日深圳9家上市公司B股承销签字仪式

资料来源：禹国刚、赵善荣、保民：《禹国刚重写中国股市历史》,海天出版社2015年版,第50页。

3. 股票市场交易情况。中国最初的股票流通市场是以柜台交易形式出现的。随着企业股份制改造和证券发行,深圳、广州等地区逐步形成以银行柜台交易为主的证券流通转让市场。从1990年起,深交所的成立和企业股份制改革试点由深圳、上海向全国扩张,深圳证券市场的上市公司数量、股票交易额和投资者队伍迅速扩大。

此外，广东其他地区的证券交易市场也逐步产生，出现多家地方性的证券交易中心，如广州南方证券交易中心、汕头证券交易中心等交易中心，除上市交易一些企业股票和基金等品种外，部分交易品种还与上海证券交易所、深圳证券交易所（统称"沪深交易所"）实行双向联网。① 1988 年 4 月上柜交易的深圳发展银行是深圳柜台第一只上市股票，面值为 20 元，也是中国证券市场上市交易的第一只金融股票，其交易价格一直在 20—22 元之间，股价基本稳定。该股票 1988 年的年终业绩公布后，实现的利润高（3 倍），且有远超于银行同期利息和人们预期的高比例派息送股分配方案。② 1986—1989 年，深圳股票柜台交易并不活跃。1990 年初，深圳发展银行召开的股东大会，确定了 10 送 5 配 5 的分配方案，深圳万科股份有限公司、深圳金田股份公司等也公布了较好的经营业绩。这些股票的投资价值由此被投资者认同，同时，在先期"股市一夜暴富"的巨大示范效应下，许多公众的股票投资意识被激发并不断增强，由此吸引了大量投资者踊跃入市（柜台交易）。因此，深圳股票柜台交易在经历了长达两年的交易低迷阶段后，从 1990 年 3 月开始活跃。1990 年 5 月、6 月，深圳股票柜台交易达到空前活跃，成交量迅速增加，仅 1990 年 5 月的成交量就高达 2.2 亿元，比 1988—1990 年两年多的股票成交量还要多。深安达、深万科、深原野分别上涨了 17.82 倍、17.03 倍、14.30 倍；深发展和深金田分别上涨 6.13 倍和 8.90 倍，形成"五花齐放、五马奔腾"的强劲态势。③

---

① 《广东省志》编纂委员会：《广东省志（1979—2000）·银行·证券·保险卷》，方志出版社 2014 年版，第 438 页。

② 马庆泉、刘钊：《中国证券简史》，山西经济出版社 2015 年版，第 38 页。

③ 马庆泉、刘钊：《中国证券简史》，山西经济出版社 2015 年版，第 36 页。

1990年11月起,深圳柜台交易又趋活跃,1990年11、12月的股票成交量分别为4.54亿元、3.51亿元。① 深圳柜台交易虽然起步晚、品种少,但是发展速度和影响超过上海,成为当时中国内地股票交易的真正中心。据统计,截至1990年底,广东发行股票筹资7.55亿元,排名全国第二,占全国总筹资(42.01亿元)的17.97%。

图4.8 1987年5月深圳发展银行原始股票

资料来源:《广东省志》编纂委员会:《广东省志(1979—2000)·银行·证券·保险卷》,方志出版社2014年版,第34页。

1990年5月28日起,深圳为防范市场风险,对柜台交易的股票设立了涨跌停板限制(最高涨幅由10%到1%,再到0.5%)。结果柜台交易的股票一度以每天1%的上限停涨,只有买单,没有卖单。1990年11月10日,深发展、深万科、深金田、深安达和深原野的场外价比柜台挂牌价分别高出52.17元、17.45元、89.02元、22.65元、95.67元,平均高出73%。这种巨大的场外私下交易和柜台交易差价说明,涨跌停板限制制度在限制柜台股价上涨的同

---

① 马庆泉、刘钊:《中国证券简史》,山西经济出版社2015年版,第36页。

时，也限制了柜台股票交易，刺激了场外私下股票交易。① 深、沪柜台交易制度设计和安排上的局限和股票场外私下交易的广泛存在与屡禁不止，客观上要求创新股票交易制度，尽快建立公开集中的股票集中市场。② 1990年12月1日，深交所开业，股票柜台交易和场外私下交易逐步退出，广东证券市场从此揭开了新的一页。

1993年之前，广东证券市场属于"坚决试"的阶段。总体来说，广东证券市场的探索发展是比较成功的，这一阶段的宝贵经验为中国证券市场的全面展开，提供了很好的借鉴，奠定了良好的基础。在这一阶段，随着公司法的颁布实施，证券市场单一监管主体的确立，促进了各种创新，为市场的繁荣做出巨大贡献，同时各种法律法规的推出也为日后法律的制定提供了宝贵的经验。其中，深圳秉承"敢闯敢试"的特区精神，推动或参与了多项资本市场新产品、新制度的创新。1992年11月中国第一只可转债"宝安转债"由中国宝安发行；2003年1月中信证券股份有限公司上市，成为中国第一家公开发行股票的证券公司。除此之外，第一批股权激励、第一批中小板上市公司、第一批创业板上市公司中都有深圳上市公司的身影。

二 广东股票市场的成长与调整阶段

随着中国改革开放的不断推进和全面建设小康社会目标的提出，资本市场在国民经济建设和社会发展中的作用和地位越来越突出。中共中央、国务院高度重视资本市场，提出要从全局和战略出发大力发展资本市场。自2000年开始，中国资本市场开始向市场

---

① 马庆泉、刘钊：《中国证券简史》，山西经济出版社2015年版，第33页。
② 马庆泉、刘钊：《中国证券简史》，山西经济出版社2015年版，第34页。

化、国际化发展方向转变,并引入了股票发行核准制、上市保荐人、公司治理结构、独立董事和证券公司分类监管等重要制度。2003年《中共中央关于完善社会主义市场经济体制若干问题的决定》对发展资本市场做出了战略性决定,由此资本市场的发展进入了一个新的阶段。"建立多层次资本市场体系,完善资本市场结构,丰富资本市场产品"已成为中国资本市场进一步发展的基本目标。同年,《国务院关于推进资本市场改革开放和稳定发展的若干意见》(以下简称"国九条")出台,提出了推进资本市场改革开放和稳定发展的指导思想、任务及相关政策,成为资本市场建设的纲领性文件,对于大力发展资本市场具有里程碑意义。中共广东省委、省政府积极贯彻党中央、国务院关于大力发展资本市场的战略决策,高度重视发展利用资本市场。2005年以来,中国证监会先后推出了股权分置改革、证券公司综合治理、提高上市公司质量、发展机构投资者、完善证券市场法制、发行并购制度改革和建立多层次资本市场等一系列旨在加强基础性制度建设的重要举措。同时,中共广东省委、省政府进一步加强了资本市场改革发展工作。

(一) 股票市场的快速发展

1996年开始,广东证券市场逐步从一个地方性市场迈向全国性市场。1997年是中国证券市场大发展、大扩容的一年,该年在深交所A股上市的省外股份制公司数量占当年所有在深交所A股上市的股份制公司数量的86.02%,深交所发行A股121只。至2000年,深交所共发行A股492只,其中省外379只,省内113只。1993年起,深圳B股市场逐步为境外投资者所接受和认可。1993年6月30日,福建省厦门灿坤实业股份有限公司B股股票(证券简称"闽灿坤B")在深交所挂牌上市,成为深交所第一只B股异地上市公司，而且是在深交所第一只仅发行 B 股的股票，深圳的 B 股市场开始朝全国性市场发展。7 月，美国证券交易委员会（SEC）发出关于美国机构投资者投资中国 B 股市场的不干预信件。1995 年 7 月 12 日，深圳蛇口招商港务股份有限公司 B 股（以下简称"招港 B 股"）在新加坡交易所挂牌上市，招港 B 股成为在深圳和新加坡两地上市的公司。1997 年，深圳 B 股发行总数达 51 家。1998 年和 2000 年深交所各发行 3 家 B 股。至 2000 年底，深交所共发行 B 股股票 58 只，其中 9 只为单纯 B 股。此后的 10 年里，深圳上市公司数量迅速增加至 76 家，上市公司总资产达 2210 亿元，是"老五家"时期的 40 多倍；营业收入达到 800 亿元，10 年增长 60 多倍；净利润达 40 多亿元，增长 30 多倍；缴纳的各项税费也由数千万元快速增长至约 50 亿元。

配股及增发新股是上市公司在证券市场再融资的主要方式。1991—2000 年底，广东共有 84 家上市公司先后实施 136 次配股，共融资 317.34 亿元。1998 年前，企业上市融资主要通过发行新股和配股进行。1998 年开始，企业融资方式拓展到增发新股、新基金招募和发行债券（可转换债）等，为那些存在巨大资金需求又无法满足配股条件的上市公司开辟了新的融资渠道。1998 年，国家将解困纺织业作为国企改革的突破口，加大对纺织企业解困的支持力度。同年 8 月 4 日深惠中获准上网增发 8000 万股新股，从此打破连续 3 年净资产收益率达到 10% 才能配售新股的做法，也改变过去仅向老股东配售的单一做法。1987—2000 年，广东有 9 家公司实施增发新股，募集资金 65.52 亿元。[1]

---

[1] 《广东省志》编纂委员会：《广东省志（1979—2000）·银行·证券·保险卷》，方志出版社 2014 年版，第 431 页。

自深交所开板以来，广东构建了主板、中小企业板、创业板、三板（含新三板）、区域性股权市场、基本市场、债券市场的多层次资本市场。股票与债券市场改革得到持续推进，直接融资比重稳步提升。2010年上半年，深交所跃居全球IPO及二次融资金额第一名，而中国也再次成为首次公开募股（以下简称"IPO"）最活跃的国家，这一切都与广东息息相关。广东省在"国九条"颁布以来，把大力发展资本市场作为重要战略举措来抓，积极推进优质企业改制上市和上市公司融资并购工作，使资本市场实现快速发展，市场规模迅速扩大，主要指标位居全国前列。2004年6月23日，省政府出台《关于大力发展广东资本市场的实施意见》。中共广东省委、省政府积极贯彻党中央、国务院的战略决策，大力推动资本市场发展，明确要求"各地区、各部门要充分认识资本市场在现代经济发展中的重要地位和作用，高度重视培育和发展资本市场工作"，并提出"发展资本市场的目标是：……争取经过三到五年的努力，把广东省建设成为全国资本市场最发达的地区之一"。中国证券业协会于2001年设立代办股份转让系统，以承担退市公司的股票流通转让功能。随后，中小企业板和创业板先后上市，新三板也由地区试点走向全国扩容。中国共产党第十七次全国代表大会提出，要"优化资本市场结构，多渠道提高直接融资比重"。按照这一要求，《广东省委、省政府关于加快发展金融产业建设金融强省的若干意见》进一步明确了广东省资本市场发展的总体要求和具体目标。此后广东上市公司数量和规模不断增长，直接融资比例不断提升。广东辖区积极优化资本市场结构，加快多层次资本市场体系建设，在继续发展股权融资产品的同时，加快发展固定收益类产品；在继续做优做强交易所主板和中小企业板市场的同时，创业板市场和场外市场取得较快发展；在继续发展金融现货市场的同时，努力推动金融衍生品市场的发展。积极整合产权市场资源，建立以南方联合产权交易中心为核心的全省统一的产权交易平台，形成立足广东省、辐射泛珠三角的国家级区域产权交易中心。鼓励和支持创业投资、私募股权投资和产业投资基金发展，积极推进资产证券化。积极发展公司债券、企业债券和短期融资券市场，推动商业银行等参与交易所债券市场，探索发行市政建设债券或地方政府债券。2005年，广东不仅推出短期公司债券，出台有关信贷资产证券化和按揭贷款证券化的制度，而且在解决上市公司股票全流通过程中推出认股权证和股票备兑权证。在市场准入方面，广东辖区扩大保险基金投资企业债券、公司债券和股票的比例，准许商业银行创办基金管理公司，同时准许国际金融机构在中国境内发行人民币债券；在保护投资者权益方面，广东出台《证券投资者保护基金管理办法》等相关制度，并依法设立"投资者保护基金公司"；在进一步推进股市产品创新方面，设立股票指数公司，为股票指数的期货、期权等交易做准备。债券市场方面，市场品种不断丰富，出现可转换公司债、银行信贷资产证券化等新品种，债券托管体系和交易系统等基础设施建设不断加快。

证券公司综合治理工作深入推进。随着市场的发展，中国资本市场积累的一些深层次问题和结构性矛盾也显现出来。2000年9月起，受政策调整的影响，深交所暂停新股发行。从2001年开始，证券市场步入持续4年的调整阶段，2002年1月，《上市公司治理准则》颁布实施，拉开了上市公司治理整顿运动的序幕。2002年，通过查处一大批违规的公司以及公司高管人员，有力地促进公司治理结构的改进与完善，并提高公司的质量和竞争力，增强投资者信心，为股权分置改革奠定了良好制度基础。2003—2004年期间，一些证券公司多年积累的风险呈现集中爆发态势，挪用客户保证金、违规理财以及大股东占用资金等违法违规现象普遍存在，全行业面临着严重的危机。2004—2007年，在中国证监局的领导下，中国证券监督管理委员会深圳监管局（以下简称"深圳证监局"）积极投入证券公司综合治理工作。南方证券有限公司的风险处置拉开了全国证券公司大规模综合治理的帷幕，在此后的几年中又相继处置了汉唐证券有限责任公司、大鹏证券有限责任公司、巨田证券有限责任公司等高风险公司，以及一大批证券公司驻深分支机构。2005年，中国证监会发布《关于集中解决上市公司资金被占用和违规担保问题的通知》，在深入分析辖区上市公司情况的基础上，采取"严明规定，强化责任"的措施：一是积极主动地向市政府有关领导和部门反映辖区"清欠解保"工作的现状和证券监管工作的要求，使相关部门意识到"清欠解保"的迫切性，由被动对待转到积极关注上来，在推进股权分置改革过程中，相关部门主动向有关上市公司提出结合改革解决历史遗留问题的要求和建议，强化了监管合力；二是下发通知，讲清"清欠解保"形势和相关监管措施，要求存在大股东占用和违规担保的上市公司在年内基本完成整改，没有"占用"和违规担保问题的上市公司不得出现新发生的行为，使上市公司意识到"清欠解保"对规范发展的重要性，不完成"清欠解保"计划后果的严重性；三是针对"清欠解保"对象加强跟踪，强化上市公司董事会在"清欠解保"中的责任，进一步要求独立董事严格把关。2005年4月29日，经国务院批准，中国证监会公布了《关于上市公司股权分置改革试点有关问题的通知》。股权分置改革为上市公司解决关联方资金占用和违规担保问题提供了良好的契机，并可降低解决关联方资金占用问题的工作难度。同年11月1日，国务院批转了中国证监会《关于提高上市公司质量的意见》，其中第十条和第十一条就上市公司资金占用和违规担保的问题做出规定，并对清理资金占用问题提出了明确的时间限期。根据相关文件精神，深交所颁布了关于上市公司"清欠解保"的股改第十二号备忘录，增加了股改说明书中关于"清欠解保"内容的信息披露强度，并要求股改文件中须明确承诺"清欠解保"的时限。另外，深交所在年报披露要求中强化清欠工作，要求上市公司在2006年年度报告中披露资金占用情况和解决方案，列明采用现金清偿、红利抵债、股权转让、以股抵债和以资抵债等清偿方式的具体金额，同时按月列出清欠方案实施的时间表；董事会在审议年报时应将清理资金被占用事项作为单独议案予以表决，全体董事必须签字；证券交易所在年报审核中，发现公司制定的方案不能确保在2006年彻底解决资金占用的，应当要求上市公司重新制订清欠方案。截至2005年12月31日，深交所491家上市公司中，共有90家存在关联方资金占用的现象，占总数的18.32%，与2004年底的91家公司数量基本持平。深交所上市公司关联方资金占用金额较2004年底下降1.57%。关联方资金占用余额占深交所全部上市公司净资产总额的比例为3.13%，与2004年的数据基本持平。同期深交所491家上市公司中，涉及担保问题的公司有314家，占上市公司总数的63.95%，比2004年末增加14家，增长幅度为4.67%。涉及担保金额的总数为856.38亿元，占深交所期末净资产总额的6.18%，比2004年末增加33.33亿元，增长4.05%。违规担保余额约为315.81亿元，涉及上市公司118家，占深交所期末净资产总额的比例为5.97%。为控股股东及公司持股50%以下的其他关联方提供担保的金额为142.51亿元，涉及上市公司57家；直接或间接为资产负债超过70%的被担保对象提供担保的金额为173.31亿元，涉及上市公司89家。① 到2007年底，广东上市公司股权分置改革和清理大股东占用资金问题基本完成，证券公司综合治理工作成功结束，解决了长期困扰资本市场健康发展的重大制度障碍和历史遗留问题，资本市场改革发展开始进入历史最好时期。证券公司综合治理处置了高风险券商、化解了历史遗留风险，从法律法规、基础性制度、创新机制等方面为证券行业的可持续健康发展奠定了基础，证券公司步入良性发展轨道。在各级政府的高度重视和大力推动下，广东省资本市场迎来了一个全面、持续和崭新的发展阶段。在这一阶段，全国性法律的颁布实施、全国性监管机构的确立、全国性交易场所的确定，推动了股份制改革在全国展开，促进了国有企业顺利转型，也推动了证券业的全面铺开。

（二）中小企业板的推出

多层次资本市场是一个综合概念，针对不同的投资者和资金需求者，制定不同的交易模式，运作机制，进入标准和监管机制。主板市场主要面向经营相对稳定、盈利能力较强的大型成熟企业；中小板主要面向进入成熟期但规模较主板小的中小型企业；创业板主要面向尚处于成长期的创业企业，重点支持自主创新企业。中小板是主板中相对独立的板块，在主板市场的制度框架下运行，在发行审核、交易制度等方面与主板一致；创业板在注重风险防范的基础上，在发行审核制度、公司监管制度、交易制度等制度设计方面进行了更加市场化的探索和创新，以适应创业企业的特点与实际

---

① 李莉：《2005年深市公司"清欠解保"情况分析》，《证券市场导报》2006年第7期。

需求。

2000年6月30日，深交所第二交易结算系统正式启用。2002年11月，深交所提出采取分步实施的方式推进创业板建设的建议，从建立中小企业板入手，为推进创业板市场积累经验。2004年5月，深交所设立中小企业板块，迈出分步推进创业板市场建设的阶段性步伐。以美国的纳斯达克市场为样板，涵盖所有高新技术行业，为高风险企业的成长提供便利的融资平台。中小企业在我国国民经济中有着至关重要的地位。作为改革开放的试点城市，深圳本地就聚集着大量中小企业。中小企业板的推出，为达不到主板市场要求的优质中小企业提供上市融资的途径，丰富证券市场的融资功能，大大缓解中小企业融资难的问题，对引导中小企业规范管理起到示范作用，调动创业风险机构对中小企业，特别是高新技术企业投资的积极性。中小企业板的建立是构筑多层次资本市场的重要举措，其肩负的历史使命使这个板块在发展中显示出越来越蓬勃的生命力。2004年，中小企业板交易总金额为822.63亿元，交易总量为59.16亿股；到2009年，中小企业板交易金额达48183亿元，交易总量为3276.49亿股，均比2004年增长50多倍。2005年以来，在中国证监会的统一部署下，广东辖区扎实做好股权分置改革、清理大股东及其关联方资金占用，实施新《公司法》和《证券法》、全面提升上市公司质量、开展上市公司治理专项活动等一系列工作，为广东上市公司发展营造了规范的发展环境。随着中小板快速发展，深圳上市公司迎来了快速发展的新机遇，一大批创新型中小企业抓住机遇成功上市。

（三）股权分置改革顺利推进

2005年4月29日，在中共中央、国务院的领导下，中国证监会启动了股权分置改革。2005年4月29日，中国证监会发布《关于上市公司股权分置改革试点有关问题的通知》，启动股权分置改革试点。同年5月8日，沪深交易所和中国证券登记结算公司发布《上市公司股权分置改革试点业务操作指引》。随后，三一重工股份有限公司、上海紫江企业集团股份有限公司、河北金牛能源股份公司和清华同方股份有限公司4家公司成为第一批试点公司。股权分置改革至2007年初步完成，实现大小股东利益的一致性，解决了证券市场的基础性问题。股权分置现象的产生源于市场发展早期社会各界对股份制以及资本市场功能与定位的认识不统一，同时，当时国有资产管理体制的改革还处于初期阶段，国有资本运营的观念还没有完全建立。作为历史遗留的制度性缺陷，股权分置在诸多方面制约了中国资本市场的规范发展和国有资产管理体制的变革，随着新股上市的不断积累，其对资本市场改革开放和稳定发展的不利影响也日益突出。股权分置改革解决股权分置问题，本质上是实现机制上的转换，即通过非流通股股东和流通股股东之间的利益平衡协商机制，消除A股市场股份转让的制度性差异。在整个改革过程中，市场各方遵循了"统一组织、分散决策"的工作原则与"试点先行、协调推进、分步解决"的操作思路。在改革中，非流通股股东与流通股股东之间采取对价的方式平衡相互利益，非流通股股东向流通股股东让渡一部分其股份上市流通带来的收益。其中，对价的确定既没有以行政指令的方式，也没有统一的标准，而是由上市公司相关股东在平等协商、诚信互谅、自主决策的基础上采取市场化的方式确定。改革方案需经参加表决的股东所持表决权的2/3以上和参加表决的流通股股东所持表决权的2/3以上同时通过，保证了在各参与主体博弈中广大中小投资者的利益得到充分保护。

为了配合股权分置改革,自2005年5月起我国证券市场融资活动暂时停止。同年,广发证券股份有限公司(以下简称"广发证券")相继推出多个理财新品种,万联证券有限责任公司成功通过规范类证券公司资格评审。到2005年11月底中小企业板已率先完成股权分置改革,在2006年股权分置改革取得大面积成功后,企业首次公开发行和上市公司再融资活动陆续恢复。另外,新《证券法》拓展了企业公开发行证券的内涵,为一些非上市股份公司公开发行股票行为提供了法律依据。由于广东股权分置改革工作抓得较早,一些已完成股权分置改革的公司可以较快地恢复再融资,2006年广东资本市场直接融资活动恢复性增长,企业直接融资比例逐步提高。

股权分置改革是中国资本市场完善市场基础制度和运行机制的重要变革,也是前所未有的重大创新。股权分置改革的顺利推进使国有股、法人股、流通股利益分置、价格分置的问题不复存在,各类股东具有一样的上市流通权和相同的股价收益权,各类股票按统一市场机制定价,二级市场价格开始真实反映上市公司价值,并成为各类股东共同的利益基础。因此,股权分置改革为中国资本市场优化资源配置奠定了市场化基础,使中国资本市场在市场基础制度层面与国际市场不再有本质的差别。截至2007年底,沪、深两市共1298家上市公司完成或者已进入股改程序,占应股改公司的98%;未进入股改程序的上市公司仅33家,股权分置改革在两年的时间里基本完成。股权分置改革的意义不仅在于解决历史问题,还在于为资本市场其他各项改革和制度创新积累经验、创造条件。股权分置改革的实践证明,资本市场的重大改革必须坚持"尊重市场规律，有利于市场的稳定和发展，切实保护投资者特别是公众投资者的合法权益"的基本原则；在解决资本市场的历史遗留问题和调整复杂利益关系时，必须要妥善处理改革力度与市场稳定之间的平衡，以稳定市场预期为核心；在改革措施的实施过程中，必须正确处理政府和市场的关系，实现政府统一组织与市场主体分散决策的协调，从而达到市场各方共赢的良好效果。

（四）创业板的诞生

2009年10月30日，历经九年筹备的创业板开始启动。自1998年1月，国家决定由国家科学技术委员会组织有关部门研究建立高新技术企业的风险投资机制总体方案进行试点，踏上了创业板开市的启程之路。1999年1月，深交所向中国证监会正式呈送成长板市场方案研究的立项报告；3月，中国证监会第一次明确提出"可以考虑在沪深证券交易所内设立科技企业板块"。2000年4月，周小川表示，中国证监会将会尽快成立二板市场。2003年10月，中共第十六届二中全会通过决议，推进风险投资和创业板市场建设。2007年8月，国务院批复以创业板市场为重点的多层次资本市场体系建设方案。2004年1月31日，国务院发布《关于推进资本市场改革开放和稳定发展的若干意见》。2008年3月5日，时任国务院总理温家宝指示建立创业板市场。2008年3月17日，中国证监会表示，2008年将加快推出创业板。2008年3月22日，创业板IPO《管理办法》意见稿发布。2009年3月31日，中国证监会正式发布《首次公开发行股票并在创业板上市管理办法》，自5月1日起实施。2009年5月8日，深交所发布《深圳证券交易所创业板股票上市规则（征求意见稿）》。2009年6月5日，深交所发布《深圳证券交易所创业板股票上市规则》。2009年7月2日，《深圳证券交易所创业板市场投资者适当性管理实施办法》发布；7月20日，中国证监会决定自7月26日起受理创业板发行上市申请；8月14日中国证监会第一届创业板发行审核委员会在北京成立；9月13日中国证监会宣布，将于9月17日召开创业板首次发审会，审核7家企业；10月30日，筹备达10年之久的创业板开市，首批28只个股集体亮相，这是中国证券史上上市家数最多的一次新股集中上市交易。同日，南方风机股份有限公司、惠州亿纬锂能股份有限公司在深交所创业板挂牌，成为广东省（非深圳）第一批创业板上市公司。广东省抓住创业板正式推出的历史机遇，积极培育创业板上市后备公司资源，掀起创业板上市的高潮。到2009年的12月末，全省共有40余家企业申请创业板上市，占全国申请总数的20%，已有8家企业成功上市。2010年5月31日，深交所发布创业板指数。[①] 创业板的设立主要是扶持中小企业，尤其是高成长性企业，为风险投资和创投企业建立正常的退出机制，为多层次的资本市场体系建设添砖加瓦。推出创业板是中共中央、国务院推进资本市场改革发展的重大决策，是完善我国资本市场结构和功能的重大举措，对完善上市公司融资体系，支持高科技企业发展提供了融资渠道，有利于知识产权的市场价值的实现，为风险投资机构提供退出的机制，促进了科学技术的发展。

三 广东股票市场创新发展阶段

广东证券市场以科学发展观统领资本市场改革和发展的全局，不断加深对资本市场发展规律和我国资本市场发展特点的认识。中

[①] 禹国刚、赵善荣、保民：《禹国刚重写中国股市历史》，海天出版社2015年版，第43页。

国共产党第十七次全国代表大会描述了在新的历史条件下，继续全面建设小康社会，加快推进社会主义建设的宏伟蓝图，对资本市场健康发展提出了新的要求。中国共产党第十八次全国代表大会报告提出"加快发展多层次资本市场"；中国共产党第十九次全国代表大会报告为资本市场改革与发展明确方向，标志着中国多层次资本市场迈入新发展阶段。中国共产党第十九次全国代表大会报告提出要"深化金融体制改革，增强金融服务实体经济能力，提高直接融资比重，促进多层次资本市场健康发展"。广东资本市场服务实体经济能力不断提升，直接融资功能加快完善，金融风险防控能力逐步增强。站在承前启后、继往开来的新时代，资本市场正以前所未有的蓬勃朝气迈向新征程。按照第十三个五年规划纲要，中国将健全金融市场体系，包括积极培育公开透明、健康发展的资本市场，提高直接融资比重，降低杠杆率；发展多层次股权融资市场，深化创业板、新三板改革，规范发展区域性股权市场，建立健全转板机制和退出机制。在中共中央、国务院的正确领导下，广东证券市场紧紧依靠各级党委政府和各有关方面的大力支持，共同推进资本市场改革和发展；把保护投资者合法权益作为监管工作的重中之重，坚持依法治市，切实维护"三公"原则；尊重市场规律，坚持市场化改革方向，注重培育和发挥市场机制在资源配置中的基础性作用；坚持"统筹兼顾"和"全面协调可持续发展"，着力加强市场基础性制度建设，注重改革力度、发展速度和市场可承受程度的协调统一。广东证券市场面临前所未有的广阔发展空间，资本市场在国民经济和社会发展中的地位和作用将不断增强，这些经验为今后广东证券市场的改革和发展提供了宝贵的精神财富。

（一）第十一个五年计划时期证券市场的创新发展

第十一个五年计划时期是广东金融全面转入科学发展轨道的五年，是发展金融产业、建设金融强省取得显著成绩的五年。中国证券业协会于2001年设立代办股份转让系统，以承担退市公司的股票流通转让功能。随后，中小企业板和创业板先后上市，新三板也由地区试点走向全国扩容。2007年初，全国金融工作会议提出，要大力发展直接融资，扩大公司债券的发行规模，完善债券管理体制，这些重要决定将为我国债券市场的创新发展提供重要政策支持。2007年2月，国务院通过了《期货交易管理条例》，为期货品种创新和金融衍生品发展提供了法律依据。此外，2007年证券市场各种新型融资并购方式、资产证券化、融资融券等创新业务逐步增多，特别是股指期货的推出改变了证券市场单边市场的历史，给证券市场盈利模式带来深刻的变化，极大地推动市场创新进程。广东积极利用资本市场助推企业发展，通过不断加强对企业上市的支持力度，重点支持现代产业体系中的优质骨干企业通过改制上市迅速做大做强。2010年，全年共新增上市公司62家，占全国新增上市公司的37%，当年上市公司融资额1361.67亿元。新上市企业绝大部分为高新技术企业，所募集资金90%以上投向广东省重点发展的五大产业，其中现代服务业占35%，战略性新兴产业占31%，先进制造业占9%，传统优势产业占13%，现代农业占6%。[1]

（二）第十二个五年计划时期证券市场的创新发展

围绕支持"加快转型升级"，广东辖区继续积极发展利用多层次资本市场，构建适应不同发展阶段企业融资需求的金融服务体

---

[1] 广东省人民政府金融工作办公室：《关于2010年及"十一五"金融工作的报告》2011年1月13日。

系，促进金融资本与实体经济，尤其是与高新技术产业、战略性新兴产业的对接融合。

一是以金融改革促进经济转型升级。在资本市场方面，2011年广东辖区上市公司达到359家（其中当年新增47家）。有130家广东企业在香港上市，总市值约7209亿港元，总融资达3038亿港元。此外，广东已有6家证券公司、7家基金公司、3家期货公司在港设立分支机构并开展相关业务，港股ETF等合作事项顺利推进。2011年8月15日，广州证券有限责任公司、香港恒生银行有限公司创办的全国首家合资证券投资咨询公司——广州广证恒生证券投资咨询有限公司开业成立。2012年9月，香港交易所、深圳证券交易所、上海证券交易所合资成立中华证券交易服务有限公司。2012年是广东金融改革创新、科学发展取得重大突破的一年。经国务院批准，人民银行等八部委联合印发了《广东省建设珠江三角洲金融改革创新综合试验区总体方案》，中共广东省委、省政府召开了全省金融工作会议，印发了《关于全面推进金融强省建设若干问题的决定》，吹响了新时期全面建设金融强省的号角。2012年广东辖区以金融稳健运行支持经济增长，以金融改革创新促进经济转型。2012年，广东辖区上市公司总数达到391家，全年新增32家。有130家广东企业赴港上市，累计融资额约2770亿港元，全省已有7家证券公司、7家基金公司、2家期货公司获准在港设立分支机构并开展相关业务。在科技金融和产业金融发展方面，广东辖区支持企业利用多层次资本市场加快发展。全年新增上市企业32家，占全国的1/5，连续6年居全国首位，从股票市场融资548亿元，有10家上市公司通过定向增发等方式实施资产重组，有力促进了上市公司做优做强和产业结构优化。同时，全省已储备500家上市后备企业和392家拟挂牌"新三板"后备企业。成立了广州股权交易中心股份有限公司和深圳前海股权交易中心有限公司，已有200多家非上市公众公司挂牌交易。鼓励股权投资类企业聚集发展。研究制定股权投资类企业规范管理办法，打造广东金融高新技术服务区、广州金融创新区、东莞松山湖高新区等股权投资类企业聚集区。2012年全省新增股权投资企业超过1500家，股权投资企业总数超过5000家，其中创业投资企业超过700家。加强大宗商品和要素类交易所建设。2013年，在中共广东省委、省政府的正确领导下，全省金融系统紧抓国家加快推进金融改革的历史机遇，沉着应对经济下行压力增大和金融风险因素增多的双重困难，围绕广东省中心工作部署，认真贯彻落实《关于全面推进金融强省建设若干问题的决定》，全面建设珠三角金融改革创新综合试验区，有力保持了广东省金融健康快速发展的良好态势，金融在经济社会发展中的推动与牵引作用显著增强。2013年，广东辖区共有366家企业在沪深交易所上市。2013年6月21日，广东省产权交易集团及其旗下的三个子公司：广东金融资产交易中心有限公司、广东省药品交易中心有限公司和广东省环境权益交易所有限公司被正式授牌。11月13日，广东集成担保公司在香港交易所主板上市，募集资金超过3亿港元，成为国内担保行业第一家上市公司。12月24日，批准小额贷款公司在广东金融资产交易中心和广州金融资产交易中心创新融资。①

　　二是积极推动多层次资本市场创新发展。在期货市场建设、各类交易场所发展、资本市场创新试点、证券机构发展等事项方面，2014年，国务院发布《关于进一步促进资本市场健康发展的若干意

---

① 广东省人民政府金融工作办公室：《关于印发小额贷款公司在金融资产交易中心开展融资创新业务批复的通知》（粤金函〔2013〕1036号）。

见》（新"国九条"）。这是资本市场改革新的纲领性文件，提出加快建设结构合理、功能完善、规范透明、稳健高效、开放包容的多层次资本市场体系。广东辖区证券期货经营机构围绕财富管理者、资本中介者、风险管控者的角色定位，加快业务、产品和组织创新步伐，努力实现去单一化、去低端化、去同质化。其间，广东辖区成立了全国首家合资证券投资咨询公司，广发证券第一批获得转融通业务试点资格、人民币合格境外机构投资者资格、上海证券交易所约定购回式证券交易权限。广州证券股份有限公司、东莞证券有限责任公司取得融资融券业务资格，联讯证券股份有限公司、广发期货有限公司（以下简称"广发期货"）、华泰长城期货有限公司取得资产管理业务资格，5家期货公司取得投资咨询业务资格。易方达基金管理有限公司成功发行了市场上首只跨境ETF基金。继续开展战略性新兴产业区域集优集合票据试点和中小企业区域集优债试点。在政策支持方面，推动股权投资类企业聚集发展。加强股权类投资企业备案管理制度建设，印发《关于开展我省股权投资企业备案管理工作的通知》，继续推动广州、深圳、佛山、东莞创业投资示范市建设，仅广州就有173家创业投资类企业，管理资金总规模超过500亿元。深化地方金融机构改革，加快建设现代金融体系。建设区域金融要素市场。在南方联合产权交易中心基础上组建广东省产权交易集团有限公司，广州、深圳前海和广东金融高新区三家股权交易中心挂牌企业总数达到3500家，还筹建广州、珠海、深圳三个金融资产交易所。2014年9月15日，中共汕头市委、市政府在汕头华侨经济文化合作试验区举行"华侨板"开板仪式，首批218家企业当天挂牌上市。"华侨板"由广东省人民政府金融工作办公室（以下简称"省金融办"）、广东省人民政府侨务办公室牵头，以广东金融高新区股权交易中心为载体，在汕头华侨试验区内成立运营中心进行运作，主要面向广东省内中小微企业，特别是侨资企业以及粤东地区中小微企业提供融资等金融服务。截至2019年4月，广东辖区证券市场共有上市公司305家，4个月累计市价总值39840.35亿元，比上年末增长31.08%；累计融资额841.21亿元，其中IPO融资24.72亿元，股权再融资40.3亿元，交易所债券市场融资776.19亿元。新三板挂牌企业数量934家，定向发行股票筹资22.25亿元。证券公司6家，4个月累计股票交易额60765.52亿元，同比增长40.48%；累计营业收入75.74亿元，同比增长49%；累计经纪业务收入23.18亿元，同比增长32.33%；累计净利润30.17亿元，同比增长60.91%。

（三）第十三个五年计划时期证券市场的创新发展

中国共产党第十八次全国代表大会以来，广东辖区证券经营机构持续稳定健康运行，规范运作水平和核心竞争力不断提升，守住了不发生系统性风险的底线，市场体量稳步扩大、资本实力不断增强，在金融领域改革攻坚、中国（广东）自由贸易试验区发展等工作中扮演了重要角色。广东辖区上市公司数量和规模不断增长，直接融资比例不断提升。2018年底，全省共有证券公司28家，其中，广东辖区6家，公司营业收入155.37亿元，实现净利润48.75亿元。基金管理公司32家，其中，广东辖区管理各类基金381只，基金规模11601.46亿份。期货公司22家，其中，广东辖区实现利润总额62059.61亿元。全省期货代理交易额288092.39亿元。2018年，广东辖区各项主要指标领跑全国，直接融资进一步扩大。新增境内外上市公司47家，位居全国第一，境内IPO融资额占全国的35%，企业直接融资总额1.16万亿元，同比增长40%，高出江苏约 2500 亿元。广东辖区证券公司通过多种途径融资增强资本实力，通过股东增资、借入次级债等方式扩充净资本，通过发行收益凭证、短期公司债等债务融资工具改善资产负债期限结构。深圳 22 家证券公司总资产 14601.58 亿元，净资产 3962.40 亿元、净资本 3216.35 亿元，均居全国第二，仅次于上海；实现营业收入 548.58 亿元、净利润 186.85 亿元，位列全国第一，但分别同比下降 9.80% 和 18.23%。上市公司方面，深圳共有境内上市公司 285 家，其中主板 80 家、中小板 116 家、创业板 89 家，上市公司总市值 4.60 万亿元，排名全国第二，仅次于北京；新三板挂牌公司 642 家，占全国的 6.01%，其中创新层 50 家。2018 年全年，深圳辖区新三板挂牌公司交易成交额 74 亿元，仅次于北京、上海，其中创新层挂牌公司交易成交额 44 亿元，仅次于北京。

金融服务创新驱动发展。广东着力推动证券市场实现多个创新：一是推动多层次资本市场创新，直接融资工作迈上新台阶。大力推动优质企业改制上市，积极推进市场化的并购重组和再融资。引导地方政府和上市公司在规范的前提下积极利用资本市场进行兼并重组和再融资，促使优质资源、优质项目和优质产业向优势上市公司集中。积极推动场外交易市场建设。密切关注、及时通报"新三板"的政策动态，推动有关地方政府和高新园区持续做好政策支持、宣传发动等工作，争取创造条件进入"新三板"试点。积极配合省政府开展各类交易场所的清理整顿工作，支持广州市成立广州股权交易中心股份有限公司，鼓励广发证券探索柜台交易（OTC）市场，拓宽中小微企业股权交易和融资渠道。二是加快债券市场发展步伐。引导辖区企业切实转变"重股轻债"的观念，积极利用债券市场发行中小企业私募债、公司债等产品，拓展直接融资渠道。

2015年,广东企业利用银行间交易市场发行债务融资工具1968亿元,发行企业债、公司债、中小企业私募债、资产证券化产品等融资3516亿元。三是积极推动交易平台创新发展。广东辖区加强广州股权交易中心股份有限公司"中国青创板"、广东金融高新区"科技板""华侨板"等服务平台建设,3家OTC注册挂牌企业超过1.9万家,累计融资1563亿元,占全国的20%。2015年广东境内上市企业421家,新三板挂牌企业675家。"新三板"华南服务基地落户珠海横琴,成为全国中小企业股份转让系统在国内的第三个服务基地。推动区域性股权交易市场发展,全省3家股权交易中心挂牌企业1.28万家,累计融资约600亿元。[1] 四是积极推动资本市场对外开放。广东辖区积极推进企业境外上市、引进境外证券期货机构、加强与境外证券监管机构和自律组织合作等工作,成效显著。2016年12月5日,深港通开通。深港通是由深股通和深港通下的港股通两部分组成,是连接深港两地的桥梁,它的正式开通,标志着我国资本市场在国际化方向上又迈出了坚实一步,将进一步提升内地与香港市场国际竞争力和服务实体经济的能力。2015年,广发证券在香港联合交易所主板挂牌上市,发行价为每股H股18.85港元,全球发售H股总数为14.8亿股,此次赴港IPO总募资金额将接近280亿港元,是当年当时整个亚太地区规模最大的IPO,亦是迄今为止中资券商在港最大规模的IPO。广发证券继续通过场外市场发行收益凭证1175只,累计发行规模495.8亿元,同比增长超过7倍,顺利完成7期次级债、6期证券公司短期债券和6期短期融资券,累计融资金额920亿元;2家公司借入次级债26亿元,

---

[1] 广东省人民政府金融工作办公室:《2015年广东金融创新发展情况及2016年金融工作思路》,2016年1月9日。

说明了广东证券市场进一步国际化发展的趋势。根据《2015年半年报》该公司合计募集资金27.91亿元。2015年12月23日,广东中盈盛达融资担保投资股份有限公司在香港联合交易所有限公司 H 股成功上市。募集资金近3亿港元,成为全球首家融资担保上市公司。① 五是证券市场结构不断优化。2017年是广东省证券市场发展中具有里程碑意义的一年。广东辖区证券中介机构持续做好沪港通、深港通的相关工作,为两地投资者跨境交易提供有力支持;利用两地证券业务合作不断深化的机遇,加快推进国际化发展战略,通过对境外子公司增资,支持子公司申请境外金融牌照,积极参与境外资本市场,开拓海外业务,为境内企业的海外投资、并购等业务提供金融支持和服务。支持广东金融资产交易中心加挂"国际金融资产交易中心"牌子,开展离岸金融资产交易等业务创新。在此期间,广东辖区产权交易平台形成初步整合方案。广东辖区证券公司通过多种途径融资增强资本实力,通过股东增资、借入次级债等方式扩充净资本,通过发行收益凭证、短期公司债等债务融资工具改善资产负债期限结构。

截至2021年8月,广东省辖区共有374家公司在证券市场上市,总市值达58295.59亿元,较上年末下降1.66%,本年累计融资额达2808.74亿元,其中包括IPO融资291.65亿元,股权再融资209.62亿元,以及交易所债券市场融资2307.47亿元。共有657家新三板挂牌公司,共发行股票筹资15.35亿元。

---

① 中国证券监督管理委员会广东监管局:《广东证监局2017政府信息公开年度报告》,中国证券监督管理委员会广东监管局网站——年度报告,2018年3月22日,http://www.csrc.gov.cn/guangdong/c104533/c1361327/content.shtml。

第二节 债券市场发展

一 广东债券市场起步阶段

债券是一种有价证券,债券市场是发行和买卖债券的市场。中国债券市场的试行是从中央政府发行国库券开始的。1978—1991年,全国范围内的债券发行始于1981年恢复的国库债发行,到1991年全国债券发行已包括国债、企业债券、(一般)金融债券、国际债券4大类14个品种。[①] 1981年,国家开始发行国库券,是深圳经济特区建立后首次出现的债券。之后国库券发行量逐步增加,同时企业债券和股票陆续在深圳经济特区出现。1983年,佛山市发行地方企业股票,实为债券。1981年和1988年,发行了国家重点建设债券、国家基本建设债券、国家财政债券、国家重点企业债券、地方企业发行企业债券和股票,国家专业银行和金融机构开办了可转让大额存单,国外称为存款证。1985年国家专业银行开始发行金融债券。据统计,广东省从1981年到1988年底累计发行了各种债券1084000多万元,在当时已形成了一个初具规模的证券发行市场。[②]

证券发行到了一定规模就必须有一个证券流通转让市场与之相配套,即证券的二级市场。只有有了证券的二级市场,发行的证券才能得以流通转让,证券发行的规模、发行的范围才能不受到限制,并反过来促进证券市场的发展,持有证券的人因急需现金,随

---

① 马庆泉、刘钊:《中国证券简史》,山西经济出版社2015年版,第41页。
② 刘平:《广东证券市场的现状和广东证券公司应起的作用》,《南方金融》1989年第7期。

时能通过证券的二级市场贴现、转让,抵押能立即变现,才能使他们放心购买。证券二级市场按照一般规律,开始的交易对象是1985年和1986年发行的国库券贴现转让,以及少量地方企业股票债券。到1989年广东省已有八家金融机构附设证券交易柜台,承办国库券的贴现转让业务。江门、湛江、东莞、惠州、深圳等市已建立五家证券公司,开办了柜台的证券交易业务,从事证券的自营买卖、代理买卖,代销包销证券业,以及证券见证、证券贴现、证券抵押、证券咨询服务等业务。据统计,1988年底,广东省证券自营买入1985年和1986年国库券共111000多万元,自营卖出58800多万元,证券库存56300多万元,代理证券买卖成交额共43200多万元。从以上证券的自营买卖、代理买卖的数字来看,在当时广东省证券二级市场已初步形成。①

从1982年开始,少量企业开始自发向社会或者企业内部集资并支付利息,最初的企业债开始出现。全国企业债券发行最早始于1984年,广东企业债券发行工作在全国起步较晚。为了规范企业债发行,1987年3月,国务院颁布《企业债券管理暂行条例》,规定企业发行债券必须先报后批且企业债券利率不得高于银行同期居民定期储蓄存款利率的40%。此外,企业发行债券必须在完成国家重点建设债券以及其他全国统一发行的债券的基础上,按照主管部门批准的规模发行,企业债券发行纳入全国资金计划。1990年,深圳机场在全省率先发行债券。1991年4月13日,深圳机场债券在深圳两家证券营业部开始交易。当时在企业债发行过热的情况下,许多企业并没有建立起到期偿债的意识,部分企业出现兑付危机。

---

① 刘平:《广东证券市场的现状和广东证券公司应起的作用》,《南方金融》1989年第7期。

1993年之后,企业债的发行进入一个较长的低迷时期。

1984年,为治理严重的通货膨胀,中国实行紧缩的货币政策。在这种宏观背景下,一些由银行贷款的在建项目出现了资金不足的现象,银行开始发行金融债以支持这些项目的完成,利率一般高于存款利率。此后,金融债成为银行的一种常规性融资工具。

图4.9　1988年4月群众冒雨排队购买中国银行广东省分行发售的金融债券

资料来源:《广东省志》编纂委员会:《广东省志(1979—2000)·银行·证券·保险卷》,方志出版社2014年版,第16页。

二　广东债券市场快速发展阶段

在广东证券市场规模不断扩大的同时,债券市场的交易品种也日趋多元化。1992年11月1日,盐田港重点建设债券成为在深交所挂牌上市的第一只公司债券。1992年10月19日,深圳宝安企业(集团)股份有限公司在全国首次发行可转换债券和中长期认股权证。该权证认购期限为1993年9月1日至1993年11月5日，发行对象为宝安集团老股东，发行比例为每10股深宝安股票送宝安93证券1张，可认购1股深宝安股票。1992年11月5日和1993年2月10日，宝安认股权证和宝安可转换债券先后在深交所挂牌上市。1994年3月18日，深交所开办国债现货交易业务。9月14日，广东省发行的首只企业债券——深平南铁路企业债券起息，该债券募集资金规模1亿元，发行期限3年，票面利率13.56%。募集资金用于深圳蛇口、赤湾、妈湾三条港口支线建设，并组建储运公司、在平南铁路沿线开发仓储业和建材市场。1995年7月，深南玻在瑞士成功发行4500万美元B股可转换债券，为中国企业首次在境外发行B股可转债。至1998年8月30日，该公司共有3226万美元的可转换债券申请转为B股，余下的1274万美元债券的持有人行使回售权。1998年，由于大批企业债券面临难以兑付的风险，国家对企业债券发行监管更加严格，在发行额度相对紧张的情况下，上市公司可转换债券应运而生。1998年8月28日，丝绸转债在深交所上网发行，发行200万张，发行额2亿元，成为第一只规范化的可转换债券。9月15日，丝绸转债正式挂牌上市，随后，茂炼转债于1999年7月28日在深交所上市发行，发行额15亿元，期限5年。2002年，商业银行柜台市场设立，是银行间债券市场的延伸，主要面向个人投资者和中小企业开展零售业务。2003年，沪深交易所成功化解债券回购风险，进行回购制度改革。2004年，推出买断式国债回购交易。2005年6月29日，广东省首单以省属企业为发行人的企业债券——广东省交通集团有限公司的公司债券——起息，该债券募集资金规模15亿元，发行期限15年，票面利率5.3%。募集资金用于阿深高速公路粤赣段项目、渝湛高速公路高遂段项目、广梧高速公路马河段项目建设，截至2019年上述项目均已建成通车。2007年10月，国内首只公司债——"07长安债"上市。11月，深圳市20家中小企业集合发行"07深中小债"，成为我国首单由中小企业捆绑发行的债券。2月26日，广东省首单城投债券——广州市建设投资发展有限公司的公司债券——起息，该债券募集资金规模28亿元，发行期限10年，票面利率5.0%，募集资金用于广州市珠江新城核心区市政交通项目和广州新电视塔项目（即广州市地标建筑"小蛮腰"）。2012年6月7日，深交所通过首批中小企业私募债券备案申请，共有国信证券股份有限公司、中银国际控股有限公司、国开证券有限责任公司、中信建投证券股份有限公司、平安证券有限责任公司、浙商证券股份有限公司、国泰君安证券股份有限公司和国海证券有限责任公司8家证券公司申报了13家中小企业私募债发行备案材料，其中北京、深圳和浙江各4家，江苏1家，9家企业于6月7日取得备案通知书，另外4家正履行备案程序，拟定的发行利率介于9.5%至13.5%之间，涵盖了电子信息服务、节能服务、高端制造、旅游和仓储物流等行业，股本规模最低是2000万元左右的小微型企业，最高2.5亿元，期限最短1年，最长3年，平均员工人数约为300人，其中有7家民营企业，4家取得了国家或省级高新技术企业资格，发行规模最低2000万元；8家采用了担保增信措施，6家提供了债项或主体的资信评级情况，债项评级最高的达到AA。这标志着具有高风险、纯信用特点的中小企业私募债品种在国内正式推出。

三　广东债券市场创新发展阶段

随着广东省债券市场的进一步发展，不断出现更加丰富多彩的债券形式。可交换债于 2008 年在我国第一次正式被提出,当时中国证监会制定公布了《上市公司股东发行可交换公司债券试行规定》,对可交换债的发行主体、作为换股标的的公司股票、可交换债的期限规模、具体条款都做了详细的要求规定。2009 年健康元尝试推出首只可交换债,但无疾而终。随后,深交所开启可交换私募债试点。2013 年 5 月,深交所发布《关于开展中小企业可交换私募债试点业务有关事项的通知》,同时进一步完善各种细节,以促进中小企业可交换私募债成形。同年 10 月底,福星药业成功发行 1 年期、2.57 亿元可交换债"13 福星债",成为国内首只中小企业可交换私募债,该债券已于 2014 年全部完成换股。"新公司债"颁布后交换债发行额快速增加。而 2015 年 1 月中国证监会颁布的《公司债券发行与交易管理办法》,规定上市公司、股票公开转让的非上市公众公司股东可以发行或可交换成上市公司或非上市公众公司股票条款的公司债券,这进一步明确了可交换公司债券的法律地位。2015 年起私募可交换债券发行量快速增加,从 2014 年的 20 亿元迅速增加到 2015 年的 136 亿元。2014 年 3 月 25 日,全省首单创投债券——广东省粤科金融集团有限公司的公司债券——募集资金规模 10 亿元,发行期限 10 年,票面利率 7.30%。该期债券系广东省响应《国家发展改革委关于加强小微企业融资服务支持小微企业发展的指导意见》推出的全国首批、全省首单创投债券,募集资金用于广东省科技风险投资有限公司增资、发起设立"广东省粤科股权投资母基金有限公司"进行股权投资。2014 年 3 月,"11 超债日"未按期付息,成为国内首例债券违约事件;1—8 月,广东省发行及获批企业债券 13 只,总规模达 304 亿元,比上年同期增长 29.9%;11 月 18 日,全国首单项目收益债券——广州市第四资源热力电厂垃圾焚烧发电项目收益债券,募集资金规模8亿元,发行期限10年,票面利率6.38%,募集资金全部用于广州市第四资源热力电厂项目的建设、运营或设备购置。该期债券开创了全国项目收益债券的先河,此后国家发展和改革委员会根据该期债券的审核经验,推出《项目收益债券管理暂行办法》。2015年广东省获批及发行的企业债券金额达到657亿元,是2014年的2.07倍。2015年广东省企业通过沪深交易所、新三板、区域性股权市场、银行间交易市场和发行企业债等方式直接融资金额达7733亿元,占全省各类融资总额的比重提高到31%,创历史新高,位居全国之首。2015年底,广州地铁集团有限公司、广州市城市建设投资集团有限公司、广州港集团有限公司和广州金融控股集团有限公司四家主体评级AAA的广州市属企业合计获批175亿元,2016年完成发行的债券票面利率均低于4.00%,低成本的债券资金为缓解广州市停车难问题提供了有力的资金支持。2016年5月13日,全国首单重点项目集合债券——第一期广东恒健投资控股有限公司项目集合公司债券,募集资金规模23亿元,发行期限10年,票面利率4.10%。该期债券在申报阶段创新了企业债券募投项目的业主属性模式,实现发行人与募投项目业主在股权上分离,募集资金到位之后通过直投或转贷的方式实现募集资金投入募投项目。2016年,全省首单可续期债券——广州地铁集团有限公司可续期公司债券——发行,该债券合计获批规模70亿元,分三次发行。2016年,广东辖区支持自贸区发行了国内首只再生纸项目运营的绿色债券(广纸绿债)。

2017年9月6日全省首单绿色债券——第一期广州发展集团股份有限公司绿色债券——起息,该债券系广东省响应《国家发展改革委办公厅关于印发〈绿色债券发行指引的通知〉》的号召推出的首单绿色债券,也是广东省首个上市公司发行的企业债券,获批规模达48亿元,募集资金规模24亿元,发行期限5年,票面利率4.94%,募集资金用于广州市天然气利用工程四期工程。2017年,组织广州珠江实业集团有限公司申报了全国首批政府和社会资本合作(PPP)专项债券。各公司不断做实基金项目,使其作为新区投融资主体的功能得到发挥,各市利用基金投资形成的资本金,通过发行企业债券等方式落实配套融资超过300亿元。2018年7月26日,全国首单产业政府和社会资本合作(PPP)项目专项债券——广州珠江实业集团有限公司社会领域产业政府和社会资本合作(PPP)项目专项债券——成功发行。募集资金规模10.20亿元,发行期限15年,票面利率5.70%。

2020年,广东省债券市场现券交易量253万亿元,同比增长16.5%。其中,银行间债券市场现券交易量232.8万亿元,日均成交9350.4亿元,同比增长12%。交易所债券市场现券成交20.2万亿元,日均成交830.4亿元,同比增长142.6%。2020年,广东省银行间市场信用拆借、回购交易总成交量1106.9万亿元,同比增长14%。其中同业拆借累计成交147.1万亿元,同比下降3%;质押式回购累计成交952.7万亿元,同比增长17.6%;买断式回购累计成交7万亿元,同比下降26.3%。

截至2020年末,广东省银行间债券市场各类参与主体共计27958家,较上年末增加3911家。其中境内法人类共3123家,较上年末增加41家;境内非法人类产品共计23930家,较上年末增加3734家;境外机构投资者905家,较上年末增加136家。2020年末,银行间市场存款类金融机构持有债券余额57.7万亿元,持债占比57.4%,与上年末基本持平;非法人机构投资者持债规模28.8

万亿元，持债占比 28.6%，较上年末下降 1 个百分点。公司信用类债券持有者中存款类机构持有量较上年末有所增加，存款类金融机构、非银行金融机构、非法人机构投资者和其他投资者的持有债券占比分别为 26.2%、6.4%、63.0%。

第三节　期货业发展

一　广东期货业起步及重大风险事件

（一）起步发展基本情况

广东省期货市场起步早、发展快。20世纪80年代末90年代初，我国的经济体制逐步由计划向市场转变，为进一步促进商品流通体制的改革，1988年3月25日，第七届全国人民代表大会第一次会议《政府工作报告》中首次提出探索期货交易。20世纪80年代，国内的有色冶炼公司在进口原料进行加工的时候，不懂得什么叫作期货，更谈不上用期货进行套期保值，因此，在成品返售的过程中，经常会面临巨大的价格波动风险。为防范这种风险，深圳经济特区开始了期货探索之路。1986年8月24日，由全国30多家大中型有色冶炼企业联营投资的中国有色金属工业总公司深圳联营展销中心正式开业，挑起了建立有色金属交易市场的重任。为使深圳联营展销中心运作更加规范、合理，深圳联营展销中心每一年都会举行"发展战略"研讨会。1987年，研讨会提出了一个更高的目标——办一个东方有色金属交易所。1990年，研讨会论证了建立深圳有色金属交易所的可行性，倡议大胆尝试。1990年12月30日，有色金属总公司批复，"同意在深圳建立深圳有色金属交易所，全民所有制性质，具有独立法人资格，实行会员制。"1991年1月18

日，中国有色金属总公司深圳联合公司向深圳市人民政府提交了《关于开办深圳有色金属交易所的请示》，得到了有色金属总公司以及深圳市人民政府的大力支持，联营中心准备筹建期货交易所的各项工作开展得如火如荼。1991年6月10日深圳有色金属期货交易所正式成立，这也是特区第一家期货交易所。在同年9月28日推出我国第一个商品期货标准合约——特级铝期货合约。当时的铝交易，在全国一直处于领先地位，深圳有色金属期货交易所研制出的特级铝标准合同，是国内首创的有色金属期货标准合同。从1994年至1997年，深圳有色金融期货交易所期货铝的交易量一直在全国占据领先地位，"深圳铝价"在市场享有权威。

1992年2月，广东成立广东星汉国际期货经纪有限公司。10月13日，成立广东万通期货经纪公司。此后，更多的期货经纪公司相继设立，1993年全省有期货公司144家，主要分布在广州、佛山、深圳等大中城市。其中广州市61家、佛山市20家。当时，广东成为全国期货市场发展最快，参与期货市场投资交易者最多的地区。[①] 其中，深圳期货市场起步早、发展快、规模较大，在20世纪90年代先后建有深圳有色金属交易所（中国改革开放以后最早设立的期货交易所）和深圳期货联合交易所，以及19家期货经纪公司。在20世纪90年代中期，深圳制定了国内第一个期货交易标准合约《深圳有色金属交易所特级铝标准合约》、第一个由政府颁布的期货交易管理规定《深圳经济特区有色金属期货经纪商管理暂行规定》，并建立了第一个期货市场监管的信息系统。

广东期货市场的快速发展带动期货交易所的创立和发展。至

[①] 《广东省志》编纂委员会：《广东省志（1979—2000）·银行·证券·保险卷》，方志出版社2014年版，第455页。

1993年上半年，广东省（未含深圳）登记注册的期货交易所有3家、期货经纪有限公司有97家、期货咨询中心近40家。1993年5月28日，广东成立华南商品期货交易所，主要上市品种为橡胶和油品。1993年7月，成立广州商品期货交易所，主要上市品种为食糖和金属。① 1994年9月1日，华南商品期货交易所和广州商品期货交易所合并为广东联合期货交易所，合并后各种上市合约成交都比较活跃，交易规模不断扩大，至12月底，广东联合期货交易所在85个交易日内累计交易额达1556亿元，日均成交额为18.3亿元。其中成交额在11月4日首次突破10亿元之后，11月18日突破70亿元，12月20日创出105亿元新高，月成交额也呈迅速上升的趋势，全年交易量跃居全国期货交易所的前三名。1994年，广东全省期货市场交易量迅速增加，广东联合期货交易所的商品期货和国债期货交易额分别为537.78亿元和1304.58亿元，占全国交易额的1.66%和20.85%。1995年5月，中国证监会批准重熔用铝锭为广东联合期货交易所上市期货合约，籼米、豆粕期货合约为试运行合约。至1996年2月，广东联合期货交易所相继推出白糖、石油、金属、粮油、国债等12个上市期货合约。1994年5月，深圳有色金属交易所与深圳期货联合交易所合并为深圳有色金属期货联合交易所。至1997年，深圳有色金属期货联合交易所交易总额增长到2040亿元，交易量达1228万吨。全年日平均交易额为8.43亿元，月平均实物交割率为2.71%，达到国际成熟期货市场的水准，合约执行率历年都保持100%，从1991年至1998年5月，深圳有色金属期货联合交易所交易总额达8643亿元（包括原深圳有色金属交易

---

① 《广东省志》编纂委员会：《广东省志（1979—2000）·银行·证券·保险卷》，方志出版社2014年版，第455页。

所和原深圳期货交易所），交易量达4470万吨。

（二）籼米事件[①]

1995年6月12日，广东联合期货交易所推出籼米期货合约交易后，短时间内就吸引众多投机商和现货保值者的参与，期价一路飙升，其中9511和9601两个合约，分别由开始的2640元/吨和2610元/吨，上升到7月上旬的3063元/吨和3220元/吨，尽管交投活跃，持仓量稳步增加，但市场分歧比较大，市场多头认为，由于国内湖南、湖北、江西等出产籼米的主要省份当年夏季遭受严重洪涝灾害，面临稻米减产形势，因而据此估算当时的期价偏低。市场空头则认为，籼米作为大宗农产品，其价格受国家宏观调控的影响，当时的籼米现货价格在2600元/吨左右，因此看空期价。后来，随着夏粮丰收，交易所特别保证金制度的出台，到10月籼米9511合约回落到2750元/吨，致使多头牢牢被套。10月中旬，以广东金创期货经纪有限公司为主的多头，联合广东南方金融服务总公司基金部、中国有色金属材料总公司、上海大陆期货经纪公司等会员，大举进驻广东联合期货交易所籼米期货市场，并利用交易所宣布当地注册仓单仅200多张的利多消息，强行拉抬籼米9511合约，开始大举"逼空"，在10月16日、17日、18日3个交易日多头连拉3个涨停板，至18日收盘时升至3050元/吨，几天内持仓剧增9万余手。此时，空方开始反击，并得到籼米现货保值商的积极响应。19日开盘，尽管多方在3080元/吨之上挂出万余手巨量买单，但新空全线出击，几分钟即扫光买盘。随后多头倾全力反扑，行情出现巨幅震荡，由于部分多头获利平仓、多方力风减弱，当日

[①] 《广东省志》编纂委员会：《广东省志（1979—2000）·银行·证券·保险卷》，方志出版社2014年版，第437页。

9511 合约收于 2910 元/吨，成交 248416 手，持仓量高达 22 万手以上，收盘后广东联合期货交易所对多方 3 家违规会员做出处罚。由此，行情逆转向下，9511 合约连续跌停，交易所于 10 月 24 日对籼米合约进行协议平仓，释放部分风险。11 月 3 日，中国证监会吊销广东金创期货经纪有限公司的期货经纪业务许可证。11 月 20 日，9511 合约最后摘牌时跌至 2301 元/吨。至此，多方损失 2 亿元左右，并宣告其逼空失败。这次"籼米事件"又称"金创事件"，是少数期货经纪商和投机大户企图通过操纵籼米期市以牟取暴利而演变出的一幕在期市大品种上"多逼空"的闹剧，是中国期货市场一次大户联手操纵市场交易的重大风险事件。

（三）豆粕系列事件①

从 1995 年广东联合期货交易所推出豆粕标准合约开始，至 1998 年结束的 3 年中，豆粕期货合约曾经演绎出 3 次逼仓行情。

1. 9601 合约的强行逼仓。1995 年 8 月 21 日，广东联合期货交易所推出豆粕期货合约时，正值国家暂停国债、白糖及石油等期货品种的交易，大量游资寻找新的投向。因此，豆粕合约一经推出就受到这些资金的关注。1995 年 11 月初，由于"籼米事件"将广东联合期货交易所当时最活跃的籼米期货品种推向深渊，于是豆粕合约变成当时沉淀在交易所的巨额资金追逐的热点。豆粕合约最初运行的是 9511 合约，其价格由最初的 2100 元/吨升到摘牌时的 3100 元/吨，涨幅高达 50%，从一定程度上刺激主力机构的多头思维。在这种环境下，9601 合约开始走上逼仓之路。1995 年 10 月下旬至 11 月初，主力开始在 2350—2450 元/吨的区域内吸收筹码。随着成

---

① 《广东省志》编纂委员会：《广东省志（1979—2000）·银行·证券·保险卷》，方志出版社 2014 年版，第 437—438 页。

交的日益活跃以及持仓量的不断扩大，跟风做投者十分踊跃，价格很快爬上2700元/吨的台阶。此时，9601合约投机气氛十分浓厚，日成交量甚至突破8万手。在多头浩大的攻势面前，主力空头开始溃退。有些空头主力机构眼看多头攻势甚猛，在期价一上2700元/吨便止损空单，随即反手建多仓，期价在很短的时间内飙上2900元/吨。随后，这些机构继续在2950—3050元/吨区域大举建多仓，导致期价高出现货价格500元/吨，使得市场内人心惶惶，众交易商不知所措。在巨大基差的诱惑下，大部分卖方套期保值者纷纷入市抛售，这正好落入一些机构圈套。于是，有些机构用不足半个月的时间吸足筹码，12月中旬便开始发力上攻，使期价直逼3600元/吨，呈现逼仓之态。其后尽管再遭卖期套保的狙击，期价在3200—3400元/吨之间略有反复。多头机构仍依仗雄厚的资金实力，迫使大部分投机空头忍痛"割肉"。1996年1月12日，9601合约曾创下3689元/吨的历史高位。随后，9601合约逐步减仓回落，最后交易日以3028元/吨结束交易，最终以多头接下10万吨实盘而告终。9601合约的逼仓事件以及10万吨现货的沉重压力，使得9603合约、9605合约的主力均不敢有所动作，抑制豆粕合约的交易，对广东联合期货交易所豆粕期货市场产生一定的消极影响。

2. 9607合约的投机取巧。9601合约逼仓，导致大量现货进入广东联合期货交易所注册仓库。沉重的现货压力使得广东联合期货交易所豆粕交易归于沉寂。为摆脱这种困境，广东联合期货交易所在促使豆粕库存从现货渠道消化的同时，开始着手修订有关交割规则。1996年4月，广东联合期货交易所公布新修订的交割及标准仓单管理规定，其中有关入库申请和仓容的规定引起某些机构的关注，并为9607合约的逼仓埋下伏笔。1996年5月底至6月初，主力机构开始在 9607 合约投机操作。随着成交量及持仓量的同步放大，9607 合约很快浮出水面成为龙头合约，此时价位在 3100—3200 元/吨之间横盘。当时广东联合期货交易所交割贴水及费用较高，套保卖方极少有人愿意入市，因此，参与交易者几乎全为投机商。此时的主力机构一时难以找到实力相当的对手，只好借助双向开仓交易方式在 3100 元/吨左右筑底。6 月 14 日，主力机构开始发力，短短 3 天内便将期价拉至 3350 元/吨左右。套保空头观念略有改变，认为在此价格水平入市抛售应有可观的利润，于是纷纷入市做卖空套保。多头主力机构为引诱更多空头入市，亦顺势打压。随着顶部形态的形成，一时间投机做空气氛浓厚。多头主力机构在 3200—3250 元/吨之间将空仓利润锁定之后，在进入交割月的前 3 天再次发动攻势，一举将期价推到 3600 元/吨之上。待空头恍然醒悟，为时已晚，大部分空头因资金不足而被迫忍痛"断臂"，部分有实力的空头开始寻找现货，准备组织现货入库。由于交割仓位已被多头事先放满，空头只好排队斩仓，价位飙升至 4000 元/吨以上。此时广东联合期货交易所为控制风险，出面协调，但多头不愿意协议平仓，并在最后交易日创下 4465 元/吨的天价。最终，空头能够交割的实盘仅 3 万吨。由于多头利用仓容规定在 9607 合约上投机取巧，挫伤广大交易商特别是套期保值者的入市积极性，绝大部分套保交易商开始撤离广东联合期货交易所，导致其后续合约的交易一日不如一日。为此，广东联合期货交易所不得不利用推出新合约之际，重新修改部分交割规则特别是有关仓容的规定。

3. 9708 合约交易危机的化解。1997 年春节过后，9708 合约创下 2646 元/吨的新低，基本面有利于多头，部分主力机构见此便入市做多，将期价推上 3200 元/吨。随后，利用对敲盘牢牢控制大盘走势。

当期价重上3400元/吨之后，现货商早已减退的兴趣再次被激起，部分现货卖期保值者开始试探性抛售，期价涨势顿止。经过近两个月的盘整，9708合约在技术走势上形成一个典型的圆顶。此时空头开始加大抛售力度，多头有点力不从心，期价滑落至3050元/吨左右方才止稳，后又反弹到3200元/吨。这期间又有不少空头加入，持仓量相应增加到4万手以上，多空再度相持一月有余。随着交割月的临近，空头平仓意愿不强，使多头无法抽身。无可奈何，多头决定铤而走险，强行逼仓。7月28日，主力多头通过对敲手法封住涨停到3322元/吨，第二天再封涨停到3383元/吨。随后，多头利用灵活多变的手法，逼使投机空头及部分准备不足的套保卖盘斩仓，价格一路上扬，最高探至3845元/吨。但有实力的套保空头不为所动，到8月4日其持仓仍有近2万手。多头原本就没有打算接实盘，面对空头的沉着与冷静，多头主力意欲强行拉爆空头，然后抽资离场。面对这一风险，广东联合期货交易所在8月5日收市后断然采取措施，强行把9708合约在3255元/吨的价位平仓90%，使9708合约渡过危机。

二 广东期货业清理整顿阶段

期货市场成立初期，各地各部门各自为政、各项制度不健全，监管手段滞后，期货市场出现盲目发展的情况，同时出现各种地下期货交易市场和违法境外期货交易，欺诈和操纵市场行为时有发生。与此同时，在期货市场发展的过程中，非法的境外期货交易活动严重扰乱了市场秩序。

虽然自1994年下半年开始，深圳大力打击非法境外期货交易、整顿市场秩序，四年内陆续查处二十余家从事非法期货交易的机构。但是，自1995年5月起，中国期货市场先后爆发郑州绿豆、广州豆粕、苏州红小豆、海南咖啡、闽南天然橡胶等多个期货品种的恶性投机事件，在一定程度上影响期货市场和社会秩序的稳定。为此，国务院采取一系列措施加强对期货市场的监管和规范，受国家清理整顿政策影响，1996年开始，广东部分期货经纪公司被清理出市场，期货交易所总体成交规模逐年下降，广东联合期货交易所交易品种由1996年的3个减少为1998年的1个；1998年总成交额只有107亿元，仅为1996年总成交额的11%，其中豆粕成交额在全国的占比由1996年的99.89%下降到64.50%；总成交额、总实物交割额等指标均出现严重萎缩，深圳有色金属期货联合交易所会员数由1996年的215个减至1998年的63个，总成交额由1476亿元下降至945亿元，当年总实物交割额为零。1997年底深圳市人民政府成立整顿市场秩序的领导协调机构；1998年8月，深圳有色金属期货联合交易所在国家对期货市场的调整中被撤销，期货经纪公司成了在深圳地区为期货投资者服务的主体。1999年9月1日《期货交易管理暂行条例》实施，国内期货市场进入了新的发展时期。2000年，注册地在深圳的19家期货经纪公司被要求增加注册资本金并重新登记，通过一轮注销式淘汰，减为11家。经过市场整顿，深圳的期货市场摆脱了发展初期的问题和风险隐患，进入规范发展的阶段，并在近年实现了持续快速健康发展。

由于国内期货市场迅猛发展，国内出现了品种繁杂、管理混乱、风险横生的局面。对全国期货市场实行统一领导、加强监管、加快立法的呼声越来越高。全国的期货市场进入了整治期，1998年8月25日，在北京京西宾馆召开的全国证券期货工作会议，传达了《国务院关于进一步整顿和规范期货市场的通知》，全国只保留上海、郑州、大连三家期货交易所，其余全部撤销改制。深圳有色金属期货联合交易所虽然在整治中结束了工作，但是，它在中国的期货交易史上留下了浓重的一笔。它为全国期货市场的培育，特别是有色金属期货交易所的建立开辟了道路，提供了宝贵的经验和教训。至2000年清理整顿工作基本完成后，广东期货市场运行基本平稳，市场功能初步发挥，投资者对市场的信心逐步恢复。

三　广东期货业创新发展阶段

在国内外经济形势错综复杂的背景下，广东辖区期货市场保持平稳运行，期货市场功能日益发挥，服务实体经济的能力和资源配置的效率显著增强，期货经营机构稳步推进创新业务，综合实力得到提升。广东辖区期货市场初步形成了期货期权、场内场外、境内境外、期货现货多元共融发展新局面，期货市场保持平稳运行，期货市场功能日益发挥，服务实体经济的能力和资源配置的效率显著增强，期货经营机构稳步推进创新业务，综合实力得到提升。2015年，新晟期货有限公司、华联期货有限公司、广州期货股份有限公司等3家期货公司取得资产管理业务资格，华泰期货有限公司（以下简称"华泰期货"）、广发期货继续积极发展资产管理业务。广发期货取得基金销售业务资格，华泰期货已获批在中国香港、美国设立子公司。同年2月，上证50ETF期权合约上市交易，是第一个场内标准化的股票期权产品。2017年，广州期货股份有限公司新设立第1家风险管理子公司，华泰期货新设立了第2家风险管理子公司。此外，广发期货、华泰期货积极扩展国际业务，华泰期货美国子公司已获得经纪业务牌照。华泰期货和广发期货两家公司排名全国前列，2017年分类评价中均被评为A类AA级。资产管理业务方面，辖区具备资产管理业务资格的期货公司共6家，已全部正式开展业务，资管规模约146亿元。2018年6月末，深圳期货公司总资产超过678亿元，净资产超过141亿元，净资本超过92亿元，上述指标均居全国前列。截至2021年8月，广东辖区有8家期货公司，实现商品期货代理交易量68850.44万手，同比增长24.43%，商品期货代理交易额523529.07亿元，同比增长83.54%；金融期货代理交易量773.72万手，同比下降4.74%，金融期货代理交易额98796.46亿元，同比增长6.48%；当年累计手续收入费95896.30万元，同比增长63.75%；当年累计利润总额70466.46万元，同比增长41.41%。[1]

四 创建型交易平台建设

在新时代资本市场创新发展的大背景下，重新建立国家级的广州期货交易平台一直是广东省和广州市的追求。经过多年谋划，2018年底，省长马兴瑞、时任副省长欧阳卫民先后率团赴京拜会中国证监会有关领导，商谈在广州建设创新型期货交易所事宜，标志着新的广州期货交易所筹建工作正式拉开序幕。

2019年3月4日，省政府成立广东省推进广州创新型期货交易所筹建工作领导小组（时任副省长欧阳卫民担任组长，广州市政府市长温国辉担任副组长），全面承担起广州期货交易所筹建工作。月底，中国证监会主席易会满来穗，分别与省委书记李希、省长马兴瑞等就广州创新型期货交易所事项做深入沟通，在会见市委书记张硕辅、市长温国辉时就推进广州创新型期货交易所筹建工作达成共识。3月31日，广州市政府成立广州市推进创新型期货交易所筹

---

[1] 中国证券监督管理委员会广东监管局：《2021年8月辖区证券期货市场概况》，2021年9月30日，http://www.csrc.gov.cn/guangdong/c104533/c1492282/content.shtml。

建工作小组（市长温国辉担任组长）。之后，广东省、广州市有关领导多次与中国证监会、生态环境部领导及有关部门负责人会谈交流，争取对建立广州期货交易所的支持。

2020年2月21日，广东省政府向国务院报送《关于调整拓展广州期货交易所期货品种的请示》（粤府〔2020〕13号），请求国务院同意广州期货交易所期货品种范围调整拓展为"开发服务绿色发展、粤港澳大湾区以及'一带一路'建设的期货品种"。3月19日，中国证监会副主席方星海与广东省政府副省长张新召开视频会议指出，证监会已就省政府请示征求生态环境部与中央湾区办意见，广州期货交易所筹建方案准备报国务院，请广州方面确定选址方案。4月3日，广州市政府致函证监会《广州市人民政府关于支持广州期货交易所落户的函》（穗府函〔2020〕36号），报送广州市支持广州期货交易所落户政策方案。4月23日，中国证监会向国务院提交关于设立广州期货交易所的请示，提出设立广期所具体方案。5月22日，省政府致函中国证监会《广东省人民政府关于报送协助推进广州期货交易所设立相关工作情况的函》（粤府函〔2020〕87号），商请支持加快推动广州期货交易所获批设立。6月10日，广州市政府再次致函中国证监会《广州市人民政府关于支持广州期货交易所落户的函》（穗府函〔2020〕111号），对4月3日报送的落户政策方案进行完善。7月初，广州市政府成立广州期货交易所筹建工作小组（由市委书记张硕辅和市长温国辉任组长），以及专责工作小组（设在市地方金融监管局）。10月9日，中国证监会副主席方星海在广州宣布成立广州期货交易所筹备组。11月27日，广州期货交易所第一次股东大会（创立大会）顺利召开，表明已具备向中国证监会申请设立广州期货交易所股份有限公司的条件。

2021年1月22日，经国务院同意，中国证监会批复同意在广州市南沙区注册成立广州期货交易所股份有限公司，经营范围为期货交易场所及期货市场管理业务。2月5日，广州期货交易所股份有限公司正式在广州市南沙区注册成立。4月19日，广州期货交易所揭牌仪式在广州成功举行。广东省委书记李希、中国证监会主席易会满共同为广州期货交易所揭牌。广东省委副书记、省长马兴瑞，广东省委常委、广州市委书记张硕辅，广东省委常委、省委秘书长张福海参加揭牌仪式。中国证监会副主席方星海、广东省政府副省长张新、广州市政府市长温国辉分别致辞。

第四节 基金业发展

一 广东基金业初步发展阶段

广东是全国证券投资基金业发展最早的地区。1991年8月，广东第一只投资基金——珠信基金——成立。[①] 人民银行深圳分行于1992年颁布《深圳市投资信托基金管理暂行办法》，这是国内有关投资基金最早的一部地方性法规。1992年10月，深圳投资基金管理公司成立，这是中国大陆第一家专业性基金管理公司。同年，深圳蓝天基金管理公司、深圳市南山风险投资基金管理公司和深圳半岛投资基金管理公司相继成立。当时投资基金的投资除股票外，还包括房地产与实业投资，并非真正意义的证券投资基金。这些基金管理公司与所管理的基金被称为"老基金管理公司"与"老基金"。深圳经济特区以其快速的改革步伐，成为20世纪90年代初国内投

[①] 《广东省志》编纂委员会：《广东省志（1979—2000）·银行·证券·保险卷》，方志出版社2014年版，第437页。

资基金管理公司数量最多、管理基金规模最大、投资基金业发展较快的地区。此外，广州等地区还陆续组建了一批投资基金管理机构，并发行基金。1992年6月，人民银行深圳分行颁布中国第一个关于投资基金的地方性法规《深圳市投资信托基金管理暂行规定》。1992年5月，当时中国最早设立的公司型封闭式基金——南山基金，由深圳南山风险投资基金管理公司开始定向发行，发行规模为10935.9万个基金单位，连同武汉证券投资基金以及珠信基金，成为国内最早的一批证券投资基金。南山基金于1995年4月10日起在深交所上市交易，1996年改为契约型基金，由深圳南山风险投资基金管理公司任基金管理人，并由中国建设银行深圳市分行托管。①1992年11月18日至1993年1月18日，深圳投资基金管理公司发行天骥基金，该基金发行规模为5.81亿个基金单位，为10年期契约型封闭式基金，是国内早期基金资产规模最大的契约型封团式基金。天骥基金于1994年3月21日在深交所正式挂牌上市。1992年5月，招商局蛇口工业区有限公司向区内职工集资成立公众基金。1993年初，该公众基金按人民银行深圳分行的要求改造为公司型封闭式基金——半岛基金，集资规模1亿个基金单位，每基金单位面值为1元，按面值发行。②1992年12月，深圳蓝天基金管理公司发行蓝天基金，该基金发行规模3.79亿个基金单位，为契约型封闭式基金。蓝天基金于1994年3月21日在深交所上市交易。③1992

---

① 《广东省志》编纂委员会：《广东省志（1979—2000）·银行·证券·保险卷》，方志出版社2014年版，第436页。
② 《广东省志》编纂委员会：《广东省志（1979—2000）·银行·证券·保险卷》，方志出版社2014年版，第436页。
③ 《广东省志》编纂委员会：《广东省志（1979—2000）·银行·证券·保险卷》，方志出版社2014年版，第436页。

年和1993年，广东发展银行证券部发行广发一期、广发二期投资基金。1993年4月，广东省南方金融服务总公司发行南方基金、广东证券股份有限公司发行广证基金、广东国际信托投资公司发行广信基金、广东华侨信托投资公司发行华信基金等13只基金，以上基金都在南方证券交易中心挂牌上市。[①] 1994年3月18日，深交所开办国债现货交易业务。1994年3月21日，天骥、蓝天、君安和富岛4只基金在深交所上市交易。同月，南方证券交易中心和深交所实行双向联网交易，在南方证券交易中心上市的南方、广证、华信、广信、广发二期等基金进入全国性市场交易。汕头和珠海等地也陆续发行投资基金。1994年，由于宏观经济紧缩和金融监管的要求，广东投资基金业进入调整时期。1998年10月，省政府根据《证券投资基金管理暂行办法》，对证券投资基金进行整顿，列入管理整顿的投资基金共有15只（不含深圳），占全国的1/5。至2000年，清理整顿工作基本完成。在此期间，整个广东，唯有深圳的基金市场比较活跃。[②] 1996年7月，人民银行深圳分行批准半岛基金规范为契约型封闭式基金。1995年4月，半岛基金获准在深交所上市交易。2000年3月21日，按照中国证监会的要求，半岛基金停止上市交易。摘牌后的半岛基金由博时基金管理有限公司（以下简称"博时基金公司"）对持有人的份额进行确认、转换和扩募并转为裕泽证券投资基金。3月28日，裕泽证券投资基金扩募发行为5亿个基金单位的规模，期限为10年。5月17日，裕泽证券投资基

[①]《广东省志》编纂委员会：《广东省志（1979—2000）·银行·证券·保险卷》，方志出版社2014年版，第437页。

[②]《广东省志》编纂委员会：《广东省志（1979—2000）·银行·证券·保险卷》，方志出版社2014年版，第436页。

金在深交所上市交易。① 1997年11月14日，国务院证券委员会颁布《证券投资基金管理暂行办法》。《证券投资基金管理暂行办法》规定，新设立的基金证券投资比例不低于80%、国债投资比例不低于20%。同时，为促进新基金公司健康发展，中国证监会参照国际惯例在新基金配售新股方面给予优惠政策。②

  1998年，中国证监会要求对在《证券投资基金管理暂行办法》颁布前成立的老基金管理公司进行清理规范。深圳证券管理办公室从1999年4月开始对老基金管理公司进行清理规范，到2000年7月基本完成有关清理规范工作。1998年3月23日，南方基金管理有限公司（以下简称"南方基金公司"）发行20亿个基金单位的开元证券投资基金。4月7日，该基金在深交所上市。开元基金全部投资于债券和股票，两者投资比例为2∶8。1998年12月30日，鹏华基金管理有限公司发行20亿个基金单位的普惠证券投资基金，1999年1月27日在深交所上市交易。1999年7月8日，鹏华基金管理有限公司发行普丰证券投资基金，该基金规模为30亿个基金单位，于7月30日在深交所上市交易。1999年8月18日，南方基金公司发行规模为30亿个基金单位的天元证券投资基金，并于9月20日在深交所上市交易。随着证券投资基金规模的扩大，以基金为代表的专业化机构投资力量在深圳证券市场不断增强。至2000年深圳成为全国基金管理公司数量最多、管理基金规模最大、投资基金业发展较快的地区。③

---

  ① 《广东省志》编纂委员会：《广东省志（1979—2000）·银行·证券·保险卷》，方志出版社2014年版，第436页。
  ② 《广东省志》编纂委员会：《广东省志（1979—2000）·银行·证券·保险卷》，方志出版社2014年版，第436页。
  ③ 《广东省志》编纂委员会：《广东省志（1979—2000）·银行·证券·保险卷》，方志出版社2014年版，第437页。

二 广东基金业规范化发展阶段

(一) 公募基金发展

1998年3月6日,南方基金公司在深圳成立,这是首批经中国证监会批准设立的基金管理公司之一,也是深圳市设立的第一家规范化证券投资基金管理公司。同年,博时基金管理有限公司、鹏华基金管理有限公司在深圳筹建。新的基金管理公司按《证券投资基金管理暂行办法》运作。随后十二年,基金业迅速成长为深圳金融业的生力军和具有比较优势的行业,截至2019年深圳基金管理公司已达16家,资产管理规模快速增长,品牌效应显现,创新亮点频出。基金业已成为深圳金融发展战略的重要内容。2000年4月26日,对原珠江基金清理规范为基金金盛,6月30日在深交所上市,8月24日扩募成功。2001年6月,广发二期和南方基金、广发一期和广信基金、广证基金和华信基金,分别清理规范后合并为基金科闭、基金科讯、基金科汇,清理规范后的投资基金在深交所上市。2002年12月27日,中国证监会批准设立的第一家中外合资的基金管理公司——招商基金管理有限公司成立,注册资本为1.6亿元人民币,其中招商证券股份有限公司持股40%,荷兰投资持股30%,中国电力财务有限公司、中国华能财务有限责任公司和中远财务有限责任公司各持10%股权。2008年7月,南方基金公司获批香港设立资产管理合资公司——南方东英资产管理有限公司,成为当时唯一一家获批设立香港分公司的内地基金公司,注册资本为2亿港元。南方东英资产管理有限公司的成立标志着中国基金业向海外发展迈出第一步,也标志着南方基金公司从一家参与本土竞争的大型资产管理公司升级成融入全球竞技的有特色、有潜力的资产管理公司。同时南方东英资产管理有限公司初期搭建的南方基金公司旗下QDII基金——"南方全球精选配置基金"于2007年9月获中国证监会审批,成为于中国推出的首个QDII股票类基金,首期募资总额高达491亿元人民币,设立规模300亿元,在同期同类基金中业绩持久领先。2009年5月,广东成功在CEPA补充协议六中争取到允许港澳证券公司在广东设立合资证券咨询公司和引进港股ETF(交易型开放式指数基金)等先行先试合作事项,当时已有3家港资异地支行开业,3家正在筹建中,另有3家在接受审批。[①] 2016年,广东省积极争取中央政策支持,全省获批设立公募基金管理公司2家,与中科招商投资管理集团股份有限公司、海通证券股份有限公司等机构积极对接,推动设立总规模500亿元的广东省产业转型升级投资基金以及总规模各为100亿元的广东南方媒体融合发展投资基金和广东省新媒体产业基金。[②]

(二)私募基金

2004年6月1日,《中华人民共和国证券投资基金法》正式施行。此法为2003年发布,后于2015年4月24日进行修订。2004年2月20日,私募投资人赵丹阳与深国投信托合作,成立"深国投·赤子之心(中国)集合资金信托计划",被业内视为国内首只阳光私募产品,以"投资顾问"的形式开启了私募基金阳光化的模式。与"地下私募"相对,市场将证券投资类信托称为"阳光私募",与公募基金呼应。2005年4月29日,中国证监会发布《关于

[①] 广东省人民政府金融工作办公室:《关于2009年广东金融工作的报告》,2010年2月11日。

[②] 广东省人民政府金融工作办公室:《关于2016年广东金融工作的报告》,2016年11月4日。

上市公司股权分置改革试点有关问题的通知》，股权分置改革试点工作启动。2006年3月，《证券投资基金产品创新鼓励措施》实施。私募证券基金除了信托模式外，2007年6月1日新合伙企业法为国内私募证券基金的规范发展提供了新的发展机遇。6月28日，南海成长创业投资有限合伙企业在深圳成立，成为新修订的《中华人民共和国合伙企业法》生效后国内第一家以有限合伙方式组织的创业投资企业，也是国内首家真正意义上的私募股权基金。2008年5月10日，深圳市金融顾问协会正式面向会员颁布国内首部"私募证券基金同业公约"。同业公约从私募基金募集、投资及从业人员等领域进行自我规范，比如明确投资人委托金额不低于人民币100万元和不能通过公开广告进行宣传等。这是我国私募证券基金发展史第一部行业自律公约。2009年9月7日，省金融办与广州开发区管委会在广州科学城共同举办了"中科白云股权投资基金成立大会"，中科白云股权投资基金在广州揭牌。2010年，广东省以2009年成立的广东中科招商创业投资管理公司和中科白云股权投资基金为平台，全面推动股权投资基金体系建设，新成立了中科中山、中科客家、中科白云文化产业等股权投资基金，基金管理规模扩大到50亿元，先后投资10亿元到广州市香雪制药股份有限公司、广东通宇通讯股份有限公司、广东东方精工科技股份有限公司、广东鸿源机电股份有限公司等十几家符合广东省产业发展方向的企业，支持企业做大做强，其中广州市香雪制药股份有限公司成功在创业板上市。[①]10月28日，嘉实中国企业指数QDII在深交所正式上市交易，成为场内首只指数型QDII基金。同年，广东省财政初步安排注资广东省

[①] 广东省人民政府金融工作办公室：《关于2010年及"十一五"金融工作的报告》，2011年1月30日。

粤科金融集团有限公司建立广东省创业投资和风险投资基金，广州市成立了2亿元的创业投资引导基金，佛山市南海区成立了4亿元的创业投资引导基金。到2010年末，广东省基金管理公司共管理280只基金，业务规模占全国的43%，全年股票基金代理交易额达到11.2万亿元，全省金融机构管理的理财资金余额达到近3000亿元，比年初增长26%。[1] 2011年，广东省通过建立创业投资引导基金、完善配套扶持政策等措施，鼓励发展各类股权投资基金，全省设立创业投资及相关咨询机构220多家，私募股权投资机构4000多家，管理资金超过1万亿元。为了建立金融与科技、产业对接平台，省政府支持广东金融高新技术服务区连续举办了两届"金融·科技·产业融合创新洽谈会"，吸引境内外200多家创业投资和私募股权投资机构参会，现场签约近20亿元，取得了良好效果。[2] 2009年中国银行业监督管理委员会印发《信托公司证券投资信托业务操作指引》，成为第一个规范证券类信托产品的文件，意味着存在多年的阳光私募模式得到监管认可。7月7日，华夏基金管理有限公司吸收合并中信基金管理有限责任公司获得中国证监会批准，国内首例基金公司并购案完成。2012年11月1日，《证券投资基金管理公司子公司管理暂行规定》正式实施，允许基金公司通过设立专业子公司开展专项资产管理业务。12月28日，第十一届全国人民代表大会常务委员会第三十次会议通过新修订的《中华人民共和国证券投资基金法》，增加"非公开募集基金"章节，对私募基金

---

[1] 广东省人民政府金融工作办公室：《关于2010年及"十一五"金融工作的报告》，2011年1月30日。
[2] 广东省人民政府金融工作办公室：《关于2010年及"十一五"金融工作的报告》，2011年1月30日。

做出相关规定，意味着私募基金的法律地位得以确立，纳入监管成为正规军。2013年3月20日，中国证监会就《私募证券投资基金业务管理暂行办法（征求意见稿）》公开征求意见。6月1日，新《证券投资基金法》正式实施。新法借鉴现行非公开募集基金实践和国外立法情况，将非公开募集基金纳入调整范围，并设立专章对非公开募集基金做了原则规定，加强了对私募的监管。

2014年1月17日，中国证券投资基金业协会发布《私募投资基金管理人登记和基金备案办法（试行）》，开启私募基金备案制度，赋予了私募合法身份，同时私募作为管理人可以独立自主发行产品。2月7日，《私募投资基金管理人登记和基金备案办法（试行）》实施。5月9日，国务院印发《关于进一步促进资本市场健康发展的若干意见》（以下简称"新国九条"），将"培育私募市场"单独列出，要求建立健全私募发行制度、发展私募投资基金。8月21日，中国证券投资基金业协会出台《私募投资基金监督管理暂行办法》，在备案制的基础上，进一步对包括阳光私募在内的私募基金监管做出全面规定。11月24日，中国证券投资基金业协会发布《基金业务外包服务指引（试行）》。12月31日，中国证券投资基金业协会发布《中国证券投资基金业协会关于改进私募基金管理人登记备案相关工作的通知》。中国证券投资基金业协会为首批50家私募机构颁发私募基金管理人登记证书，拿到资格的私募可以从事私募证券投资、股权投资、创业投资等业务，成为正规军。2015年3月，《关于实行私募基金管理人分类公示制度的公告》正式启动了私募基金管理人分类公示制度。中国证券投资基金业协会表示，分类公示是基金业协会开展差异化行业自律管理、强化事中事后治理的有效工具。4月24日，第十二届全国人民代表大会常务委员会第十四次会议通过《关于修改〈中华人民共和国港口法〉等七部法律的决定》，对《中华人民共和国证券投资基金法》进行了修正。12月16日发布了《私募投资基金募集行为管理办法（试行）（征求意见稿）》进一步规范私募基金的募集市场。12月23日，银行私募基金牌照、私募股权投资机构挂牌新三板均被叫停。2016年2月1日，中国证券投资基金业协会陆续发布《私募投资基金管理人内部控制指引》《私募投资基金募集行为管理办法》等私募行业自律规则。2月5日，中国证券投资基金业协会发布《私募投资基金信息披露管理办法》和《中国基金业协会关于进一步规范私募基金管理人登记若干事项的公告》，规定私募基金管理人登记必须出具《法律意见书》。4月15日，中国证券投资基金业协会正式发布了《私募投资基金募集行为管理办法》，5月27日，中国证监会表示拟开展私募基金管理机构参与新三板做市业务试点。同时，全国股转系统公布《关于金融类企业挂牌融资有关事项的通知》，其中划定8条私募基金挂牌门槛，这也让暂停近半年的私募基金挂牌新三板终于得以放开。

第五节　证券市场主要行业机构

1990年开始，中国政府允许在有条件的大城市建立证券交易所。同年12月，深圳证券交易所成立。广东证券经营机构起步于20世纪80年代末，最初以商业银行和信托机构的证券业务部形式存在。随着证券业务与其他金融业务的分离，专业的证券公司开始发展起来，最早的证券公司是1987年9月成立的深圳经济特区证券公司。自此，广东证券经营机构的业务空间得到快速扩展，一些新的更大规模的证券公司不断成立,广东证券经营机构逐步形成全国性证券公司、地方性证券公司与证券兼营机构并存的多元化格局。在当时,无论是专营证券公司还是兼营证券机构,其业务范围均相当广泛,广东证券市场的发展也开启了新的篇章。

一 深圳证券交易所

1990年12月1日,深交所开业,是国务院批准设立的全国性证券交易场所。多年来,深交所积极推进多层次资本市场建设,从主板、中小企业板到创业板,从股票、基金、固定收益产品到衍生品,全力打造创新资本形成中心,不断提升服务实体经济能力,致力建设全球最具活力的资本市场。

(一)诞生

1988年5月,深圳市人民政府做出筹建证券交易所的决定。1988年6月至9月,香港新鸿基公司先后为深圳举办了四期资本市场基础理论培训班。1988年11月,深圳市成立资本市场领导小组和专家小组,主持深交所的筹备工作。1989年9月,在领导小组指导下,专家小组完成了集深圳证券市场法律、交易所章程、运作办法于一体的《深证证券交易所筹建资料汇编》编制工作。1989年11月25日,深圳市人民政府下达《关于同意成立深圳证券交易所的批复》。

1990年1月,人民银行深圳分行发布《关于深圳证券交易所筹建若干问题的意见》。深交所筹备小组在特区改革开放的象征——国贸大厦三楼正式挂牌办公。针对非法黑市交易活动猖獗现象,1990年5月28日,深圳市人民政府通告取缔场外非法交易,其后又进一步决定实行股票买卖价格涨跌停板制度和征收交易印花税,同时也加快了深交所筹备进程。1990年7月27日,深交所举办第一批出市代表培训班。1990 年 8 月 18 日，深圳市先行成立深圳证券登记公司，为股票的登记、过户做准备。1990 年 10 月，深交所各项准备工作基本就绪。深圳“股票热”引起中共中央、国务院的高度关注，1990 年先后对深圳企业股份制改革和证券市场进行了三次调查，最后决定保留上海、深圳股份制及证券市场试点。1990 年 11 月 22 日，中共深圳市委、市政府听取深交所筹备情况，决定从 1990 年 12 月 1 日开始集中交易（见图 4. 10）。1990 年 12 月 1 日，改革开放以来中国第一

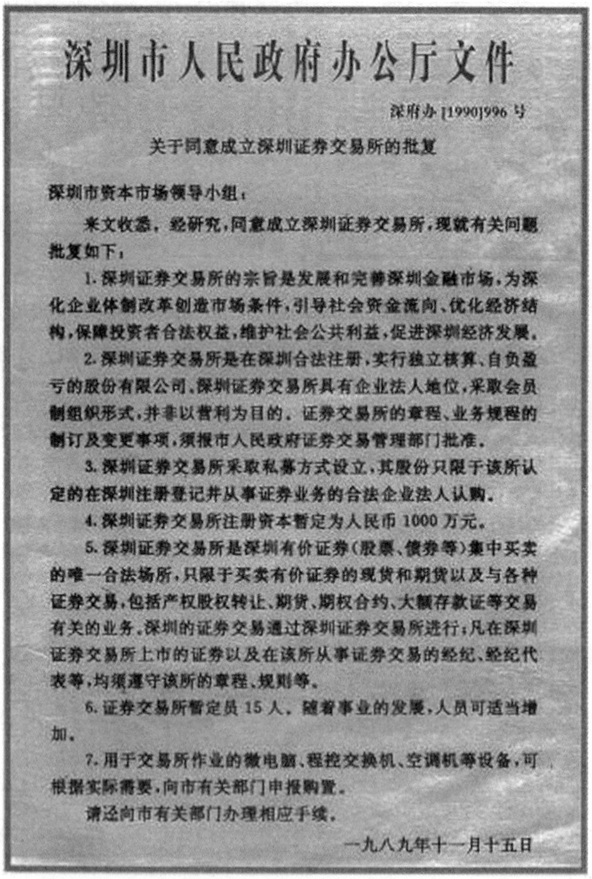

深圳市人民政府办公厅文件

深府办[1990]996 号

关于同意成立深圳证券交易所的批复

深圳市资本市场领导小组：

来文收悉。经研究，同意成立深圳证券交易所，现就有关问题批复如下：

1. 深圳证券交易所的宗旨是发展和完善深圳金融市场，为深化企业体制改革创造市场条件，引导社会资金流向、优化经济结构，保障投资者合法权益，维护社会公共利益，促进深圳经济发展。

2. 深圳证券交易所是在深圳合法注册，实行独立核算、自负盈亏的股份有限公司。深圳证券交易所具有企业法人地位，采取会员制组织形式，并非以营利为目的。证券交易所的章程、业务规程的制订及变更事项，须报市人民政府证券交易管理部门批准。

3. 深圳证券交易所采取私募方式设立，其股份只限于该所认定的在深圳注册登记并从事证券业务的合法企业法人认购。

4. 深圳证券交易所注册资本暂定为人民币 1000 万元。

5. 深圳证券交易所是深圳有价证券（股票、债券等）集中买卖的唯一合法场所，只限于买卖有价证券的现货和期货以及与各种证券交易，包括产权股权转让、期货、期权合约、大额存款证等交易有关的业务。深圳的证券交易通过深圳证券交易所进行；凡在深圳证券交易所上市的证券以及在该所从事证券交易的经纪、经纪代表等，均须遵守该所的章程、规则等。

6. 证券交易所暂定员 15 人。随着事业的发展，人员可适当增加。

7. 用于交易所作业的微电脑、程控交换机、空调机等设备，可根据实际需要，向市有关部门申报购置。

请迳向市有关部门办理相应手续。

一九八九年十一月十五日

图 4. 10 《关于同意成立深圳证券交易所的批复》全文

资料来源：禹国刚、赵善荣、保民：《禹国刚重写中国股市历史》，海天出版社 2015 年版，第 55 页。

家运作的证券交易所——深交所开始集中交易,标志着集中统一交易的场内市场正式建立。开业当天,仅有深安达一只股票上市,交易8笔,成交金额20万元。自此,证券市场从分散柜台交易转为交易所集中交易。1991年4月16日,深交所获人民银行批准成立。

(二) 开拓发展阶段

1992年初,邓小平视察南方并发表谈话,其中关于股市的论述从根本上消除了人们的疑虑,对证券市场发展起到了巨大的推动作用。随着沪深交易所的成立,股票发行试点由上海和深圳迅速扩大到全国。1992年前后,股份制改革和股票市场发展迎来了新的春天,深圳股票市场发展突飞猛进,投资者入市踊跃。1992年8月,由于新股认购组织不严密,抽签表供不应求,引发了一起群体性事件——深圳"8·10事件",表明亟须建立统一规范的监管体系。1992年10月12日,国务院办公厅发布《关于成立国务院证券委员会的通知》,国务院证券管理委员会和中国证监会先后成立。1992年10月8日,广西证券公司深圳营业部开业,成为首家在深圳开设营业部的异地券商。到1992年底,异地券商发展到157家。1992年11月20日,武汉商场股份有限公司股票挂牌上市,成为深交所首家异地上市公司。到1992年底,先后又有琼能源A、琼化纤A、琼港澳A、珠江实业A等5家异地上市公司股票挂牌。深圳证券交易市场开始突破当地界限,向全国性证券市场方向发展。

在探索对外开放及产品创新方面。1991年起,深交所积极探索证券市场国际化道路。1991年10月,召开B股问题咨询会。1991年12月,举行深圳市9家上市公司B股清算签字仪式。1992年2月28日,深圳第一只B股股票——深圳南方玻璃股份有限公司特种股票(深南玻B)在深交所上市,标志着深圳股票进入国际市场。1993年4月，国务院颁布《股票发行与交易管理暂行条例》，深圳上市公司率先尝试市场化并购。1993年9月，深宝安通过二级市场收购上海延中实业。1993年11月，深万科收购上海申华实业。1994年3月，君安证券收购深万科。

同时，在成立初期，深交所积极探索产品创新。1991年11月，盐田港重点建设债券在深交所上市。1992年11月，深圳宝安企业（集团）股份有限公司同时发行1992年认股权证及5亿元可转换债券。1994年9月，深交所推出国债期货交易业务，首期推出五个系列19个期货品种。到1995年，深交所已初步形成A股、B股、债券、认股权证、国债期货等在内的多品种证券市场格局。

（三）规范成长阶段

1996年3月，第八届全国人民代表大会第四次会议要求进一步完善和发展证券市场，结束试验性质。同年8月，国务院证券委员会发布《证券交易所管理办法》。1997年7月，沪深交易所正式划归中国证监会直接管理。1998年11月16日，时任全国人民代表大会委员长李鹏第二次来到深交所，进行《证券法》立法调研。同年12月29日，第九届全国人民代表大会常委会第六次会议通过《中华人民共和国证券法》，1999年7月1日起正式实施。

1996年9月5日，深交所召开第四次会员大会，提出"争创八大新优势"并立即付诸实施。1995年10月至1997年8月，深交所开展全国性市场服务工程，确立"市场至上，服务为本"为立所之本。1996年4月，与陕西省证券委员会办公室签署第一份服务与监管合作协议书。至1996年底，深交所共与31个地方证管办签订了合作协议书。1996年，设立北京、上海、武汉、西安和成都服务中心，建立全国性市场服务网络。这一时期，深圳证券市场实现从区域性市场到全国性市场的跨越性成长。

表4.1 深圳证券交易所异地上市公司、投资者开户数及其股票交易额占比

年份	异地上市公司数（家）	异地公司占比（%）	异地投资者开户数（人）	异地投资者开户占比（%）	异地会员数（人）	本地会员数（人）	会员合计（人）	异地会员占比（%）
1995	80	59.26	380.72	68.59	498	34	532	93.61
1996	179	75.53	889.79	81.66	508	34	542	93.73
1997	295	81.49	1396.4	86.74	349	24	373	93.57
1998	344	83.09	1680.9	88.42	314	15	329	95.44
1999	394	84.73	1959.72	89.50	304	14	318	95.60
2000	441	85.47	2584.22	91.30	310	16	326	95.09

资料来源：深圳证券交易所：《深圳证券交易所发展历史资料》，2019年7月15日。

伴随规则体系完善，深交所形成以上市、交易、会员规则为主体的自律监管规则体系，实现由试验性探索到规范化运作的关键性转变。1996年5月，深交所出台《上市公司董事会秘书管理暂行办法》，开展系列上市公司董事会秘书培训。1996年7月9日，举办绩优公司表彰暨上市公司与建立现代企业制度高级研讨会，首创量化评估绩优上市公司。1996年12月，前端风险控制系统一期上线，消除席位违规卖空。1997年10月，前端风险控制系统二期上线，消除账户违规卖空。1997年12月，深交所修订发布《深圳证券交易所股票上市规则》。1998年8月，发布《深圳证券交易所会员管理暂行办法》。1998年10月，举办上市公司规范运作经验交流会。2001年8月，制定发布《深圳证券交易所交易规则》。深交所积极探索上市公司退市制度。1998年4月，"辽物资A"首家实行"ST"特别处理。1999年9月，"ST苏三山"首家因连续三年亏损暂停上市。2001年6月，"PT粤金曼"成为首家退市公司。

1997年4月,深交所成立综合研究所。1999年成立中国证券行业第一家博士后工作站,成为中国资本市场研究领域的先行者。

(四)求索创新阶段

20世纪90年代,全球新经济快速发展,中国经济结构加快调整,客观上要求资本市场发挥其促进企业创新和科技进步的重要功能。1999年1月,深交所向中国证监会提交《关于进行成长板市场方案研究的立项报告》及其实施方案。

2000年2月,深交所成立高新技术板工作小组,负责高新技术企业板建设工作。2000年6月,第二(创业板)交易结算系统正式启用。2000年8月,经国务院同意,中国证监会决定由深交所承担创业板市场筹备任务,同时停止深交所主板新公司上市。2000年8月,深交所成立创业板筹备工作领导小组,下设9个工作组,创业板筹备工作全面启动。深交所全面动员,周密组织,在法规规则、技术系统、企业培育、人才储备等方面,为创业板市场建设做了大量基础性工作。2001年下半年,受全球网络泡沫破灭、海外创业板市场步入低谷等因素影响,创业板进程搁置。

深交所酝酿提出在现有法律框架内先为中小企业设立板块、分步推进创业板的战略思路,2002年11月和12月分别向中国证监会提交《关于分步实施推进创业板市场建设的请示》及《关于当前推进创业板市场建设的思考与建议》,并很快取得各方认同。2004年1月,国务院发布《关于推进资本市场改革开放和稳定发展的若干意见》,提出"分步推进创业板市场建设,完善风险投资机制,拓展中小企业融资渠道"。2004年5月17日,经国务院同意,中国证监会批复同意在深交所设立中小企业板,5月27日,中小企业板正式启动,6月25日,中小企业板首8家公司挂牌上市。中小企业板规范发展,成为全球范围内最为成功的中小企业市场之一,中小企业板的成功实践为创业板推出开辟了道路。2005年4月29日,中国证监会正式启动股权分置改革。2006年底,深交所上市公司股权分置改革率先基本完成。股权分置改革、证券公司规范治理和上市公司综合治理解决了长期困扰资本市场发展的主要障碍,也为推出创业板进一步创造了条件。2007年10月,中国证监会主持召开创业板筹备工作会议,创业板筹备工作再次启动。2008年,国际金融危机波及全球。为实现中国经济持续健康发展,各界呼吁尽快推出创业板。2008年3月,《首次公开发行股票并在创业板上市管理办法》向社会公开征求意见。2008年12月,国务院发布《关于当前金融促进经济发展的若干意见》,提出"适时推出创业板"。2009年3月,《首次公开发行股票并在创业板上市管理暂行办法》发布,标志创业板市场建设迈出决定性一步。2009年10月23日,创业板正式启动,10月30日,首批28家创业板上市公司集中上市。

截至2018年12月31日,深交所上市公司2134家,总市值16.54万亿元;挂牌债券(含资产支持证券)4904只,托管面值1.9万亿元;挂牌基金517只,资产净值1299亿元。2018年,深交所股票成交金额49.97万亿元,股票筹资额3945亿元。据世界证券交易所联合会(WFE)统计,深交所成交金额、融资金额、股票市价总值分别位列世界第三、第五和第八。[①]

在多层次市场方面,深交所积极服务国家经济转型升级和创新驱动发展战略,大力支持科技企业和中小企业发展,市场板块层次清晰、特色鲜明,充分匹配中国经济多元协同发展优势,已经成为

---

① 深圳证券交易所:《深圳证券交易所发展历史资料(2018)》,2019年7月。

中国新兴企业的聚集地。主板助力更多成熟企业做大做强，支持各类市场化蓝筹公司成长，推动传统行业改造提升，成为国企改革下的新动力。中小企业板近4成公司为细分行业龙头，市场化并购重组活跃，代表产业升级下的新经济，是全球最为成功的专注服务中小企业的市场。创业板7成以上公司属于战略新兴产业，8成以上拥有自主研发核心能力，9成以上为高新技术企业，是全球成长最快的服务创业创新的市场，创业板市值及成交金额在全球创业板市场居领先地位。

在多样化产品方面，深交所不断增加创新产品供给，为实体经济提供创新性资本服务，引导资金流向创业创新实体。积极发展债券市场，充分发挥利率债和信用债"双轮驱动"，服务实体经济和地方经济发展，持续推动债券品种创新，推出股债结合品种等多元化融资产品，发挥标准化质押回购优势，激发市场活力，大力推进资产证券化业务，创新推出住房租赁、政府和社会资本合作（PPP）、保障房、不动产、新经济等领域资产证券化产品。全力建设"基金超市"，打造高效、便捷、低成本的一站式资产配置和交易平台，具备交易型开放式指数基金（ETF）、上市型开放式基金（LOF）、封闭式基金等品种齐全的产品线，投资标的涵盖股票、债券、货币、黄金、商品期货、房地产等多个资产类别。构建"1+2"指数格局，打造中国新经济引领性指数。深证成份指数定位于标尺指数，代表中国新兴成长性企业；深证100指数定位于旗舰型指数，表征创新型、成长型龙头企业；创业板指数刻画战略新兴产业和创业创新企业。持续研究发展深交所特色期权等金融衍生品，为投资者提供风险管理工具。

在国际化发展方面，2016年12月，深港通正式开通，进一步完善内地与香港市场互联互通机制。截至2019年,深交所与全球43家交易所、市场机构等签订合作谅解备忘录,并开展深度合作;积极落实"一带一路"倡议,务实参与"一带一路"沿线资本市场建设,参股巴基斯坦证券交易所,牵头战略入股孟加拉国达卡证券交易所。积极探索跨境资本服务,推动创新创业投融资平台在35个国家落地,建立跨境创新资本生态体系,其中与伦敦证券交易所集团合作共建的"深伦科创投融资服务联盟"纳入第九次中英两国经济财金对话重点成果清单,与泛欧交易所、多伦多交易所的中小科创企业投融资服务机制合作分别纳入中法、中加相关战略对话成果。

二 广东地区主要证券公司

(一)广发证券股份有限公司

广发证券股份有限公司(股份代码000776.SZ,1776.HK)的前身是1991年9月8日成立的广东发展银行证券部。1993年末设立公司,2001年改制为广发证券股份有限公司,是国内首批综合类证券公司,2004年12月获得创新试点资格。截至2007年12月31日,公司注册资本20亿元,合并报表资产总额974.30亿元,归属母公司股东权益142.41亿元;2007年实现主营业务收入170.99亿元,实现利润总额113.97亿元,归属母公司所有者的净利润75.86亿元。通过多次的收购兼并,公司全系统营业网点已达到223家,名列国内前茅;全系统员工总数逾4000人,服务客户近300万人,托管客户资产超4000亿元。自1994年开始,公司一直稳居全国十大券商行列,凭借着正确的发展战略、规范的经营管理以及完善的风控机制,已发展成为市场上具有较高影响力的证券公司之一。

2015年4月10日,广发证券在香港联合交易所主板挂牌上市,此举是广发证券迈向国际资本市场的重要一步。公司控股广发基金管理有限公司、广发期货有限公司、广发控股（香港）有限公司、广发信德投资管理有限公司等4家子公司，并参股易方达基金管理有限公司，初步形成了跨越证券、基金、期货、股权投资领域的金融控股集团架构。

（二）招商证券股份有限公司

招商证券股份有限公司（以下简称"招商证券"）与中国资本市场一起成长壮大，1991年8月8日，招商银行股份有限公司证券业务部在深圳南油工业区新能源大厦一楼举行开业仪式，公司由此发端，进入中国资本市场，迄今已经走过了二十三年的发展之路。公司是在招商银行股份有限公司证券业务部的基础上发展壮大起来的，二十三年来，经过了多次历史性的飞跃及一系列里程碑事件。

1992年11月，招商银行股份有限公司证券业务部作为8家证券商组成的承销团成员之一，包销深圳市宝安企业（集团）股份有限公司可转换债券5000万元，当时发行可转换债券在我国尚属首次。1994年4月，招商银行股份有限公司证券业务部改制为具有独立法人资格的招商银行股份有限公司的全资子公司——招银证券公司，注册资本1.5亿元人民币，实现了第一次飞跃。1995年10月13日，招银证券公司担任上市推荐人的洛阳玻璃在上交所上市，实现公司在上交所一级市场零的突破。1997年11月，招银证券公司统一了全国柜台委托系统，实现了全国营业部通买通卖。1998年10月，公司成为首家经中国证监会批准改制增资的证券公司，并更名为"招商证券有限责任公司"，实现了第二次飞跃。2000年伊始，公司再次增资扩股，资本金增至22亿元人民币，并被中国证监会核准为综合类券商。2001年，公司致力于现代化企业制度建设，完成了股份制改造，资本金为24亿元。2002年7月，为谋求国际化之路，公司更名为招商证券股份有限公司，实现了第三次飞跃。2003年1月12日，招商证券控股的国内首家中外合资基金管理公司——招商基金管理公司——在深圳开业。2004年12月1日，招商证券凭借良好的内部控制、资产质量、业内领先的客户保障措施等，顺利通过"证券公司创新券商"评审，首批获得了创新试点券商资格。2005年4月4日，中国证监会批准招商证券设立首个集合资产管理计划"基金宝"。5月20日，"基金宝"如期完成首发，共募集资金13.58亿元，为当时券商理财产品首发规模第一。2009年11月17日，招商证券A股顺利发行并在上海证券交易所挂牌上市，股票代码600999，成为中国A股市场第3家以IPO方式直接上市的大型券商。公司IPO融资总额超过111亿元，成为有史以来全球规模第二大的投资银行IPO交易。2010年6月，招商证券（600999）入选上证180、沪深300和中证100指数样本股。2012年6月25日，招商证券推出业内首家"量化交易平台"。2012年，招商证券顺利完成《私募基金综合托管服务创新方案》，获得监管机构无异议函，成为行业内首个获准开展托管服务的券商。2013年3月17日20点08分，招商证券非现场开户系统在业界率先成功上线，也诞生了中国证券史上第一个成功通过非现场系统自助开户的客户。

2014年9月16日，招商证券独家主承销发行的"央企混改第一基金"——嘉实元和基金新闻发布会。该基金总规模100亿元人民币，招商证券包销50亿元人民币，销售当日即实现销售额181亿元人民币，展现了招商证券强大的销售能力。2016年10月7日，招商证券在香港联合交易所主板挂牌交易，铸就了招商证券发展历史上的又一重要里程碑。2017年3月31日，豆粕期权作为内地首只场内商品期权品种,于3月31日在大连商品交易所上市交易。大商所公布的首批10家做市商名单中,招商证券成为唯一一家入选的券商。2017年6月28日,公司通过招商证券国际有限公司设立的全资子公司——招商证券(韩国)有限公司获得韩国金融委员会颁发的金融投资业正式牌照,将开始向韩国机构投资者提供中国大陆及中国香港的股票、债券、基金及衍生品中介服务,这标志着招商证券成为首家进军韩国的中国大陆证券公司。

(三)国信证券股份有限公司

国信证券股份有限公司(以下简称"国信证券")正式成立于1994年,经过20多年的发展,已成长为全国性大型综合类证券公司。2014年12月29日,公司在深交所挂牌上市。

国信证券的发展大体可以分为三个阶段。1994年至2004年的第一个十年,公司规模稳步提升,总资产和净资产分别由5.9亿元、1.4亿元增长到63.3亿元、21亿元,累计实现利润总额34亿元,为后续发展打下坚实基础。2005年至2014年的第二个十年,公司步入发展快车道,总资产和净资产分别增长到1614亿元、328亿元,累计实现利润总额375亿元,整体实力迅速壮大。上市后,公司进入全新的发展时期,行业地位进一步巩固;截至2018年底,公司的总资产、净资产分别增长到2118.14亿元、525.27亿元。伴随公司规模的不断壮大,国信证券经营实力也不断增强,营业收入和净利润分别由1994年的1.15亿元、0.41亿元增长到2018年的100.31亿元、34.23亿元,年复合增长率约20%;公司总资产、累计营收均实现"超千亿"(总资产2118.14亿元、累计营业收入1407.61亿元)。

除此以外,国信证券的成长还围绕着更多具体的历史事件:

1997 在深圳国投证券有限公司基础上进行增资扩股，改组成立"国信证券有限公司"，注册资本增至 8 亿元。1998 年发起设立中国基金管理行业最早的十家公司之一——鹏华基金管理有限公司，持股比例 50%。2000 年经监管部门核准，公司注册资本增至 20 亿元，并将公司名称规范为"国信证券有限责任公司"。2004 年获中国证券业协会核准的创新试点资格，成为行业前八家创新类证券公司之一。2005 年托管、收购原民安证券经纪业务，收购原大鹏证券投行业务，拓宽了公司基业。2007 年收购河南正鑫期货经纪有限公司并增资更名为国信期货有限责任公司，正式进入期货行业。2008 年改制为股份有限公司，注册资本增至 70 亿元；设立国信弘盛创业投资有限公司、国信证券（香港）金融控股有限公司，全面布局直投业务和国际业务。国信证券在 2007—2012 年连续 6 年被深交所评为"最佳保荐机构"。2014 年首次向社会公开发行股票并在深交所上市交易，注册资本增至 82 亿元，上市后净资本和总市值进入行业前列。同时，全面布局互联网证券业务，探索互联网时代的新型金融服务体系。最后，截至 2018 年底累计完成 IPO 项目 247 家，排名行业第一。

（四）平安证券股份有限公司

平安证券股份有限公司（以下简称"平安证券"）是中国平安保险（集团）股份有限公司旗下重要成员，前身为 1991 年 8 月创立的平安保险证券业务部，拥有平安财智投资管理有限公司、平安期货有限公司、中国平安证券（香港）有限公司、平安磐海资本有限责任公司共 4 家子公司。截至 2018 年 12 月 31 日，平安证券注册资本为 138 亿元，净资产 294 亿元，总资产 1223.02 亿元。

2001 年 3 月 15 日，平安证券注册资本由 1.5 亿元增加至 10 亿元。其中以盈余公积金转增股本4.5亿元，新股东以现金方式出资4亿元。2005年5月8日，平安证券注册资本由10亿元增加至13亿元，新增资本3亿元由平安信托出资。2005年12月16日，平安证券注册资本由13亿元增加至18亿元，新增资本5亿元由平安信托出资。2008年4月2日，平安证券母公司平安信托所持本公司股权比例增加至86.7666%。公司最终控股股东为平安集团。2009年6月17日，公司注册资本由18亿元增加至21.6亿元，新增资本3.6亿元由未分配利润转增。2009年9月27日，平安证券注册资本由21.6亿元增加至30亿元，新增资本8.4亿元由未分配利润转增。2013年3月13日，注册资本由30亿元增加至55亿元，新增资本25亿元由未分配利润转增。2015年，因国家工商管理总局职能调整，平安证券注册登记机关由国家工商管理总局变更为深圳市市场监督管理局，并于2015年9月25日取得深圳市市场监督管理局颁发的企业法人营业执照。2015年，平安证券先后进行了三次增资，注册资本由55亿元增加至85.74亿元。2016年，平安证券通过资本公积金转增资本，并整体改制为股份制公司，平安证券名称变更为平安证券股份有限公司，注册资本变更为138亿元。于2016年9月20日，取得深圳市市场监督管理局颁发的变更后的营业执照。2017年，平安证券经纪业务总客户数突破1300万，跃居行业第一。App月活达到348万，炒股生态圈初步建立。

平安证券以先进的金融科技为基础，依托行业领先的互联网平台和高效的线下业务网络，利用庞大的个人客户群，凭借资产获取和产品制造方面的强大实力，为客户提供包括互联网财富管理、企业及机构证券服务以及投资管理的全方位金融产品及服务，打造平安综合金融战略下智能化证券服务平台。

（五）长城证券有限责任公司

1995年11月，长城证券有限责任公司（以下简称"长城证券"）获人民银行批准，在原深圳长城证券部和海南汇通国际信托投资公司所属证券机构合并基础上组建设立，公司正式成立于1996年5月，总部位于广东省深圳市。2003年，经中国证监会批准，发起设立景顺长城基金管理有限公司，是中国境内最早的中美合资基金公司。2004年，顺利发行2.3亿元公司债，成为国内首家按时足额成功发行债券的证券公司。2006年，获批规范发展类证券公司资格，正式加入规范发展类券商阵容。2007年，收购管理浙江金达期货经纪有限公司，同时，公司注册资本增至20.67亿元。2015年4月，长城证券整体变更设立股份有限公司。2018年10月26日，长城证券股份有限公司首次向社会公开发行股票310340536股并在深交所上市交易，证券简称"长城证券"，证券代码002939。

长城证券注册资本为31.034亿元人民币，拥有员工3000余人，在北京、上海、广州、杭州等地设有13家分公司，在全国主要城市设有112家营业部。公司控股宝城期货有限责任公司、长城证券投资有限公司、深圳市长城长富投资管理有限公司等多家子公司，同时是长城基金管理有限公司、景顺长城基金管理有限公司两家基金公司的主要股东。作为国内较早成立的综合类证券公司之一，经过二十余年的发展壮大，长城证券已经成长为一家资质齐全、业务覆盖全国的综合类证券公司，形成了多功能协调发展的金融业务体系。经营范围覆盖：证券经纪；证券投资咨询；与证券交易、证券投资活动有关的财务顾问；证券承销与保荐；证券自营；证券资产管理；融资融券；证券投资基金代销；为期货公司提供中间介绍业务；代销金融产品。

（六）第一创业证券股份有限公司

第一创业证券股份有限公司（以下简称"第一创业证券"）系经中国证监会批准，以发起设立方式设立的综合类证券公司，总部设在深圳。公司注册资本 35.024 亿元，法定代表人为刘学民，员工总数近 4000 人。2016 年 5 月 11 日，公司首次公开发行股票并在深交所上市交易，证券简称"第一创业"，证券代码 002797。截至 2019 年 6 月 30 日，公司总资产 351.99 亿元，较年初增长 5.72%；归属母公司净资产 87.34 亿元，较年初增长 2.14%。

第一创业证券前身为佛山证券公司。经人民银行批复同意，1993 年 4 月，佛山证券公司正式成立，初始注册资金为 1000 万元。1998 年 1 月，公司更名为"佛山证券有限责任公司"，公司注册资本增至 8000 万元。2002 年 7 月，公司更名为"第一创业证券有限责任公司"，注册资本由 8000 万元增至 7.473 亿元。2012 年 3 月，"第一创业证券有限责任公司"整体变更为股份有限公司，并领取了核发的"企业法人营业执照"。2016 年 5 月 11 日，公司首次向社会公开发行股票并在深交所上市交易。上市后，公司注册资本变更为 21.89 亿元。2016 年 8 月，公司领取了核发的"企业法人营业执照"。2017 年 5 月 26 日，公司进行了 2016 年度权益分派，分派实施后，公司注册资本由 21.89 亿元增加至 35.024 亿元。

第一创业证券研发的文科一期 ABS 是中国获批的首只知识产权证券化标准化产品，实现了我国知识产权证券化零的突破，荣获《证券时报》"2019 中国区资产证券化项目君鼎奖"。此外，第一创业证券作为计划管理人和销售机构的中联一创——首创钜大奥特莱斯一号获无异议函，是国内首单百亿规模商业物业储架 REITs 产品和国内首单以奥特莱斯为底层资产 REITs，亦是继长租公寓 REITs

之后，又新开拓的一类储架式 REITs 产品。

（七）博时基金管理有限公司[①]

博时基金管理有限公司（以下简称"博时基金公司"）成立于 1998 年 7 月 13 日，是中国内地首批成立的五家基金管理公司之一，致力于为海内外各类机构和个人投资者提供专业、全面的资产管理服务。博时基金公司总部设在深圳，在北京、上海等地设有分公司，同时拥有博时基金（国际）有限公司和博时资本管理有限公司两家全资子公司。博时基金公司经营范围包括基金募集、基金销售、资产管理和中国证监会许可的其他业务。博时基金公司是截至 2019 年我国资产管理规模最大的基金公司之一。截至 2019 年 9 月 30 日，博时基金公司共管理 191 只开放式基金，并受全国社会保障基金理事会委托管理部分社保基金，以及多个企业年金、职业年金及特定专户，管理资产总规模逾 10059 亿元人民币。其中，剔除货币基金与短期理财债券基金后的公募资产管理规模逾 2976 亿元人民币，累计分红逾 1154 亿元人民币。博时基金公司是首批全国社保基金投资管理人、首批企业年金基金投资管理人、首批基本养老保险基金证券投资管理人，博时养老金资产管理规模在同业中名列前茅。

作为首批成立的五家基金公司之一，博时基金公司不但在中国基金业内率先倡导价值投资理念，而且最早开始细分投资风格小组。博时基金公司拥有业内居前的投研团队和完善的投研管理体系。经过 21 年稳健发展，博时基金公司建立了制度、技术、执行三重保障的内部控制体系，设立了以董事会风险管理委员会、公司风险管理委员会为中心的风险管理组织架构。同时博时基金公司吸引

[①] 数据来源：Wind 数据库，2019 年 9 月 30 日。

并培养了大批优秀的 IT 人才，搭建起实力雄厚的 IT 信息系统。同时，博时基金公司高度注重科技创新，是基金行业最早建立自主开发能力的公司。2018 年博时基金成立了金融科技中心，博时基金公司 DevOps 统一研发平台全面支持公司的系统研发，该平台荣获第六届证券期货科学技术二等奖。博时基金公司还凭借"新一代投资决策支持平台"项目，荣登证券时报"中国公募基金智能投研先锋榜"。博时基金公司还是首批布局债券指数基金的基金公司之一，也是截至 2019 年市场上政金债指数基金发行数量最多的基金公司。

（八）南方基金管理有限公司

1998 年 3 月 6 日，经中国证监会批准，南方基金管理有限公司（以下简称"南方基金公司"）作为国内首批规范的基金管理公司正式成立，成为我国"新基金时代"的起始标志。

2002 年，南方基金公司成为首批全国社保基金管理人。2005 年，成为首批企业年金管理人。2007 年，成为第一家获得基金合格境内机构投资者（QDII）业务资格的基金公司。2008 年，首批获得特定客户资产管理业务资格。2008 年，设立第一家内地基金公司香港子公司。2009 年，首批获得专户"一对多"产品业务资格。2011 年，南方基金公司首批获得人民币境外合格机构投资者。2012 年，首批入选保险资金投资管理人。2013 年，获批设立全资子公司南方资本。2016 年以后，南方基金公司先后推出了国内首批公募 FOF 基金"南方全天候策略"、首批战略配售基金"南方战略配售"、国内首只 MSCI 中国 A 股国际通指数基金"MSCI 中国 A 股国际通 ETF"、首批养老目标基金"南方养老目标 2035"。2019 年 5 月，南方恒庆正式成立，首募规模超过 63 亿元，成为成立以来公司首募规模最大的基金，也是 2019 年上半年行业主动债券基金募集规模最大的基金。

具体来看,截至2019年三季度末,南方基金公司母子公司合并资产管理规模10442亿元。其中南方基金公司母公司资产管理总规模8917亿元,位居行业前列。南方基金公司旗下管理公募基金共197只,产品涵盖股票型、混合型、债券型、货币型、指数型、另类投资型、QDII、FOF等,其中公募基金资产管理规模5939亿元,累计向客户分红超过1110亿元,拥有客户数量超过1亿人;南方基金公司非公募业务管理规模2978亿元,在行业中持续保持领先地位。南方资本专户子公司规模1091亿元,南方东英香港子公司规模420亿元。南方基金公司已经发展成为国内产品种类最丰富、业务领域最全面、经营业绩优秀、资产管理规模最大的基金管理公司之一。

(九)中信期货有限公司

1993年3月30日,中信期货有限公司成立,是国内最早成立的期货公司之一。1995年,公司股东中信证券股份有限公司成立。2007年被中信证券股份有限公司全资收购,2011年公司吸收合并浙江新华期货经纪有限公司,2014年公司吸收合并中信新际期货有限公司。经过二十余年的发展,它已由一家中小券商发展成A+H综合经营的国际化投资银行,处于市场领先地位。公司所属中信集团在世界500强中最新排名第137位,旗下中信银行、中信信托、中信投资控股、中信产业基金、华夏基金、中信保诚人寿等百余家大型龙头企业赋予中信期货有限公司全方位拓展的广阔空间,为广大机构提供风险管理、期现业务、境外衍生品经纪及投资咨询、国际化业务等服务。其中,中信中证资本管理有限公司成立于2013年,注册资本人民币5亿元,是中信期货有限公司的全资子公司,也是首批经中国期货业协会备案批准开展风险管理业务的期货子公司。

中国原油期货上市后，中国期货市场的国际化进程开始提速。2018年，中信期货有限公司与国有石油公司开展深入合作，完成了原油期货上市后的国内首次实货交割，在中国原油期货历史进程中写下了浓墨重彩的一笔。

（十）五矿经易期货有限公司

五矿经易期货有限公司（以下简称"五矿经易期货"）由五矿期货有限公司和经易期货经纪有限公司于2014年吸收合并而成，是集商品期货经纪、金融期货经纪、期货投资咨询、资产管理、风险管理及国际业务为一体的综合性期货公司，注册资本金27.15亿元，是国内注册资本排名第二的期货公司，现有员工471人。五矿经易期货总部设在深圳，在北京、深圳、青岛、成都等大中城市拥有4家分公司与20多家营业部，业务范围遍布全国。旗下五矿产业金融服务（深圳）有限公司、五矿经易金融服务有限公司2家全资子公司分别提供风险管理业务、境外期货经纪服务。拥有上海期货交易所、郑州商品交易所、大连商品交易所、中国金融期货交易所等国内全部期货交易所的席位，是中国金融期货交易所全面结算会员、中国期货业协会理事单位、深圳市期货同业协会的副会长单位、上海国际能源交易中心首批会员单位、中国有色金融工业协会再生金属分会理事。五矿经易期货股东为五矿资本控股有限公司和上海汇笠贸易有限公司，分别持股99%和1%。

五矿经易期货具体的发展可分为四阶段。第一，立足深圳、探索成长阶段（1993—2000年），1993年4月，经深圳市人民政府办公厅批准，五矿期货有限公司的前身深圳实达有色金属期货经纪公司在深圳正式设立,注册资本为1000万元,股东为中国有色金属工业总公司供销运输公司。同年5月,获得深圳市贸易发展局核发的注册编号为002的"深圳市期货经纪商期货买卖许可证",是中国最早获得期货经纪资格的期货公司之一。同年10月,深圳实达有色金属期货经纪公司更名为深圳实达期货经纪有限责任公司(以下简称"实达期货经纪公司")。1995—1998年实达期货经纪公司成交规模连续四年在深圳有色金属交易所排名第一,1997—1999年连续三年在上海期货交易所排名第一。第二,划入五矿集团旗下、明确发展方向阶段(2001—2012年),进入2001年,实达期货经纪公司自身也完成了一系列发展升级。2001年公司的股东中国有色金属工业贸易集团公司(由有色金属供销公司更名而来)划归中国五矿集团有限公司。根据中国五矿集团有限公司整体发展战略,2003年实达期货经纪公司完成了股权的划转,股东由原中国有色金属工业贸易集团变更为中国五矿集团有限公司及下属的五矿投资发展有限责任公司(简称"五矿投资"),正式交由五矿金融板块管理,并由五矿投资完成了新的增资,公司注册资本金增至1亿元。并先后于2006年更名为五矿实达期货经纪有限责任公司,2010年更名为五矿期货有限公司。注册资本金也在经历2008年的1亿元和2010年的3亿元增资后,增至5亿元。2011年3月,经中国证监会批复,实达期货经纪公司股权变更为由五矿投资100%持股,2012年股东五矿投资更名为五矿资本控股有限公司。2001年和2002年公司再度蝉联上海期货交易所总成交额第一,2003年公司代理成交首次突破千亿元大关。2001年公司成功设立了第一家营业部——上海营业部,到2012年公司营业部已增至6家,从一家地区性的期货公司逐步发展成为一家具有全国布局的期货公司,期货公司分类评级上升至 BBB 类。第三，积极转型、创新发展阶段（2013—2016 年），2013—2015 年，成功摘牌深圳南山后海金融商务区地块，成为国内首家自建总部大楼的期货公司。2014 年五矿期货有限公司吸收合并经易期货经纪有限公司，并更名为五矿经易期货有限公司。随着合并整合的顺利完成和公司业务转型不断深化，公司经营业绩大幅提升。2015 年公司全年实现成交额 21.15 万亿元，同比增幅为 271.26%，远高于市场 90% 的增长水平，日均客户权益 49.03 亿元，创历史新高，在期货公司分类评级中获得了最高的 AA 级。2016 年日均客户权益大幅增长至 65.39 亿元，实现净利润 1.69 亿元，成功进入行业利润亿元俱乐部。第四，提速发展、对接资本市场和海外市场阶段（2017—2019 年），2017 年五矿经易期货作为重要资产参与股东五矿资本（600390）A 股重大资产重组项目，获得股东 15.15 亿元增资，注册资本增至 27.15 亿元，成为当时国内注册资本最雄厚的期货公司。2017 年在香港设立综合经营类全资子公司——五矿经易金融服务有限公司，并于 2018 年成功取得香港期货经纪业务牌照和投资咨询业务牌照。同时获得上海国际能源交易中心首批会员资格，大力引入境外客户参与境内期货市场交易。至此，五矿经易期货的业务框架全面搭建。

第六节　证券市场监管与政策法规发展历程

一　证券市场监管的发展历程

（一）监管体制基本格局

1992 年，邓小平视察南方后，中国经济体制改革步伐加快，1992 年 5 月，人民银行成立证券管理办公室，7 月，国务院建立国务院证券管理办公会议制度，代表国务院行使对证券业的日常管理职能。但随着证券交易所的成立、证券公司的增加和股份公司的增加，股票发行缺乏全国统一的法律法规，也缺乏统一的监管，为扩大发行，有的企业甚至采用各种"优惠"措施来促销其股票。这些做法使股票发行市场变得较为混乱。证券市场相继出现了一系列违规操作、市场混乱等问题，如1992年8月10日，百万人拥至深圳争购1992年新股认购表，结果多数人因为没有买到中签表而到市政府示威，从而引发了震惊全国的"8·10风波"。

从1981年国库券的恢复发行，到1990年深交所的成立，广东证券市场处于试点期，证券法规建设和监管体制都相对滞后，具有多部门分散监管的特点。企业股份制改造由省、市体制改革委员会审批；国库券、国债、证券市场管理由人民银行省分行以及各市分支行管理。广东省证券市场的监管体制也随着广东证券市场自身的形成发展，经历了从多头到统一、从分散到集中的变迁过程。作为资本市场的监管者，广东辖区监管部门伴随着市场的草创、发展，经历了组织机构的变迁、监管职能的转换，经受了监管历程中的风风雨雨。其间，深圳市提出多项监管建议，引导多项全国性监管制度的重大变革：2001年3月，为规范关联交易行为，保护中小投资者的合法权益，提出在深圳上市公司建立独立董事制度。后来独立董事制度作为改善公司治理结构的重要举措，在全国上市公司正式实施。2002年底至2003年上半年，提出了客户交易结算资金第三方独立存管思路。2004年第三方独立存管模式在南方证券有限公司风险处置过程中率先实施，随后在全国全面推行。该存管模式被写入新修订的《中华人民共和国证券法》，为根治行业挪用客户资金顽症、防范金融风险做出了重要贡献；同年，推动国债回购制度改革，分析了国债回购制度存在的漏洞，力荐采取买断式国债回购模式。在深圳证监局的推动下，2006年，交易所债券回购业务改革在全国证券公司实施；12月，推行上市公司内幕信息知情人登记报备制度，并不断加以深化，这是立足中国国情背景和现行法律框架，应对上市公司特殊监管难题的开创性举措。这一制度创新在2010年11月16日国务院办公厅转发的证监会、公安部、监察部、国资委、预防腐败局五部委《关于依法打击和防控资本市场内幕交易的意见》中已经被正式采纳，在全国范围进行推广；2010年，旗帜鲜明地提出改革上市公司退市制度和绩差公司重组制度的主张，向中国证监会报送了系列专题建议，呼吁重点解决资源流向问题。改革上市公司退市和绩差公司重组制度已被列入中国证监会的重点工作，并逐渐赢得了资本市场各方的认同。

截至2019年，中国对证券行业的监管体制分为两个层次：中国证监会作为国务院证券监督管理机构，为国务院直属事业单位，是全国证券期货市场的主管部门，依法对全国证券期货市场实行集中统一的监督管理；中国证券业协会和证券交易所等行业自律组织对会员实施自律管理。

一是中国证监会的集中统一监管。经国务院授权，中国证监会及其派出机构依法对证券市场实行监督管理，维护证券市场秩序，保障其合法运行，并承担以下具体职责：依法制定有关证券市场监督管理的规章、规则，并依法行使审批或者核准权；依法对证券的发行、上市、交易、登记、存管、结算等进行监督管理；依法对证券发行人、上市公司、证券公司、证券投资基金管理公司、证券服务机构、证券交易所、证券登记结算机构的证券业务活动进行监督管理；依法制定从事证券业务人员的资格标准和行为准则，并监督实施；依法监督检查证券发行、上市和交易的信息公开情况；依法对证券业协会的活动进行指导和监督；依法对违反证券市场监督管理法律、行政法规的行为进行查处；法律、行政法规规定的其他职责。

二是证券业协会的自律管理。中国证券业协会和各地方证券业协会是证券行业的自律性组织。中国证券业协会实行会员制，会员主要是各证券公司、期货公司或从事证券行业的服务机构。中国证券业协会履行如下职责：教育和组织会员遵守证券法律、行政法规；依法维护会员的合法权益，向证券监督管理机构反映会员的建议和要求；收集整理证券信息，为会员提供服务；制定会员应遵守的规则，组织会员单位的从业人员的业务培训，开展会员间的业务交流；对会员之间、会员与客户之间发生的证券业务纠纷进行调解；组织会员就证券业的发展、运作及有关内容进行研究；监督、检查会员行为，对违反法律、行政法规或者协会章程的，按照规定给予纪律处分；证券业协会章程规定的其他职责。各地方证券业协会对本地证券公司进行自律管理。

三是证券交易所的自律管理。证券交易所是为证券集中交易提供场所和设施、组织和监督证券交易、实行自律管理的法人。进入证券交易所参与集中交易的，必须是证券交易所的会员。我国证券交易所包括上海证券交易所和深圳证券交易所。证券交易所的主要职责如下：提供证券交易的场所和设施；制定证券交易所的业务规则；接受上市申请、安排证券上市；组织、监督证券交易；对会员进行监管；对上市公司进行监管；设立证券登记结算机构；管理和公布市场信息；中国证监会许可的其他职能。

（二）证券监管的探索及深圳"8·10"事件

作为全国证券市场试点之一的深圳，在股市创立初期，许多复杂问题的解决不能一蹴而就，有待逐步发展完善。继深发展以后，深万科、深金田、深安达、深原野等股票相继发行上市，在这些股票交易的过程中，先后出现了不正常的暴涨和暴跌，并出现了严重的黑市交易，人民银行深圳分行、深圳市人民政府相继出台了种种政策、法规与措施，对市场的涨跌幅度、印花税等进行了干预，打击黑市交易，为深圳证券市场的健康发展和深交所的成立奠定了良好基础。1988年3月28日，经人民银行批复同意，广州证券公司成立。1988年11月，深圳市人民政府设立资本市场领导小组，负责组织深圳市的公司改制和股票发行，同年7月，深圳市人民政府又授权领导小组全面协调和管理证券市场的职能。1990年3月，中国政府允许上海、深圳两地试点公开发行股票，两地分别颁布了有关股票发行和交易的管理办法。

由于一些股票的分红派息方案优于银行存款，加上当时股份制企业数量较少，股票发行数量有限，供求关系由冷转热，大量的投资者涌向深圳和上海购买股票。地方政府虽然采取措施试图缓解过热现象，但仍不能改变股票供不应求的局面。限量发售的认购证严重供不应求，并出现内部交易和私自截留行为，最终导致了投资者抗议舞弊行为的"8·10"事件。1992年8月初，深圳股市将在8月9日发售500万张新股认购抽签表的消息，通过深圳的亲友或者媒体传遍全国各地后，近100万全国各地闻讯赶来的投资者涌入深圳，上千万张、成捆的身份证也通过特快专递邮至深圳。9日早上，深圳各发售点已有100万人排队。至8月9日晚9时，500万张新股认购抽签表全部发售完毕，但此时还有数十万排队的群众未能买到抽签表，由于发售机构人员存在舞弊行为，发售网点前炒卖认购表猖獗，100元一张认购抽签表炒到300—500元，于是，当天晚间有少数人开始聚众闹事，出现游行抗议及个别打、砸、抢、烧现象。8月10日晚11时，深圳市领导出面，会见请愿者，宣布深圳市人民政府的5项通告，决定再增发50万张认购表以缓解购买压力。8月11日下午2时，新增发的50万张新股认购抽签表兑换券开始发售，次日全部售完，秩序良好。事后，公安机关对公务人员的舞弊行为进行查处，"8·10"事件对股市的经营发展留下了深刻教训。"8·10"事件进一步表明中国证券市场需要按照国际惯例设立专门机构。它表明在证券市场"三公"（公开、公平、公正）原则和法治建设尤为重要，这一事件也成为中央政府决定设立全国性证券监管机构的直接原因之一。

（三）监管体系确立时期的监管机构

20世纪80年代，对证券经营机构的业务监管主要由人民银行及其分行负责。当时，人民银行监管的重点在于对证券经营机构的设立进行审批，对后续业务活动监管力度不大。20世纪90年代初期，为加强对非银行金融机构的管理，人民银行严格监管证券公开设立的审批程序，将全国性证券公司设立审批权全部收归人民银行，各地分行只有对本地证券公司设立的审核权力。1988年以前，国家实行中央和地方两级证券监管体制，其中地方政府主要负责股份制企业设立审批和股票发行上市推荐等工作。80年代后期，深圳、珠海、汕头等经济特区率先进行企业股份制改革，各地方政府开始对企业股份制改造和股票发行工作进行审批和管理。1986年1月，国务院颁布《中华人民共和国银行管理暂行条例》，人民银行深圳分行成为深圳金融市场的主要监管机关。同年10月，深圳市人民政府制定《深圳经济特区国营企业股份化试点的暂行规定》，对企业股份制改革进行规范。1990年11月正式成立"深圳市证券市场领导小组办公室",设立市场监管组。市场监管组本着监督证券市场参与者特别是证券经营机构的行为,保护投资者合法权益,促进市场健康发展这一宗旨,专职从事受理股民有关证券交易过程中的问题查询、纠纷投诉及举报的调查处理工作,对市场管理做了大量工作。1990年5月,根据国务院有关企业改革文件,深圳市人民政府决定成立特区企业股份制改革联审领导小组专门负责审批企业股份制改造。同月,人民银行深圳分行得以批准、授权开始对深圳市股票的发行和交易进行日常监管。6—9月,为深圳股市的抑制和清淡阶段。1990年5月28日,深圳市人民政府发布了《关于加强证券市场管理取缔场外非法交易的通告》。然而由于场外私下交易仍然猖獗,1990年7月2日,深圳市正式成立了深圳市证券市场领导小组,对证券市场的筹建和发展起具体的领导和推动作用。1990年8月31日,深圳市证券商联席会成立,由当时深圳的证券商组成,深圳市证券商联席会秘书处设在综合开发研究院(中国深圳)研究部,也成为后来深圳市证券业协会的前身。9月9日,深圳市人民政府发布《关于严格制止企业以股票债券形式擅自集资的公告》,规定未经人民银行批准,任何单位不得在内部或社会以任何方式进行集资活动;凡未经人民银行批准的任何集资发行,政府及有关部门将不对投资者负任何责任。10月4日,深圳市人民政府再次采取措施,发布了《关于加强对股票发行公司管理的措施》。10月26日,深圳市人民政府发布了《关于保持公有股主导地位的措施》,对股份制企业改革中的具体比例进行了进一步详细的规定。[①]鉴于当时各证券经营机构绝大部分是非独立法人的金融经营机构,给主管机关(人民银行)实行有效的专业管理带来了困难。

[①] 马庆泉、刘钊:《中国证券简史》,山西经济出版社2015年版,第92页。

为探索出一条既便于管理，又利于证券业发展的路子，使证券经营机构协调统一，成为依法规范运作的完整体系，经相关主管部门研究决定，从1991年起，深圳对各证券经营机构实行年终审核检查制度。1991年度的年检工作由深圳市证券市场领导小组办公室、人民银行深圳分行证券管理处、金融管理处联合组成检查组，在各证券机构自查的基础上开展普查。对检查发现的证券经营机构中普遍存在的问题发出通报，指出改正方向，同时对一些问题较突出的单位令其限期整改，整改验收合格后核发证照，促进了证券经营机构的发展和完善。1991年5月15日，经国务院同意，人民银行批准，深圳市人民政府颁布《深圳市股票发行与交易管理暂行办法》，自6月15日起实施。9月，省政府成立企业股份制试点联审小组，对全省（不含广州、深圳两市）股份制改革工作进行统一领导。联审小组办公室设在省经济体制改革委员会办公室，主要职责是拟订企业股份制改革的有关规章、审核全省（广州、深圳除外）股份制企业的试点方案并监督实施，并出台《关于企业股份制试点工作若干问题的意见》对股份制企业的股权设置、股份流通、利润分配等做出明确规定。

1992年邓小平南方谈话后，中国掀起了新一轮改革开放的浪潮。同年，中国确立经济体制改革的目标是"建立社会主义市场经济体制"，股份制改革成为国有企业改革的方向，更多的国有企业实行股份制改造并开始在证券市场发行上市。1992年7月，根据国务院的决定，在原股票上市办公会议的基础上，建立了国务院证券管理办公会议（办事机构设置在人民银行），代表国务院行使对证券工作的日常管理职责；而关于证券工作的立法起草工作，则由国家经济体制改革委员会牵头，证券管理由人民银行牵头。1992年底，国务院设立国务院证券委员会和中国证监会，中央政府开始对证券市场进行统一管理。1992年10月26日，国务院证券委员会、中国证监会成立，证券监管职能从人民银行中分离出来，并与人民银行共同监管证券市场，形成了"一行一委一会一局"监管制度，原来无所不包的综合监管模式逐步向专业金融监管体制转变。1992年中国证监会的成立，标志着中国证券市场开始逐步纳入全国统一监管框架，全国性市场由此开始发展。中国证券市场在监管部门的推动下，建立了一系列的规章制度，初步形成了证券市场的法规体系。1993年4月22日，李鹏总理签署国务院令第112号，《股票发行与交易管理暂行条例》正式颁布实施。1993年7月7日，国务院证券委员会发布《证券交易所管理暂行办法》。1993年8月2日，国务院发布《企业债券管理条例》。1993年11月，国务院决定将期货市场的试点工作交由国务院证券委员会负责，中国证监会具体执行。

1993年，股票发行及上市交易试点开始在全国推开。同时，广东省相继成立了广东省证券监督管理委员会及广州市证券管理办公室、深圳市证券管理办公室等地方性监管机构。而深圳作为改革示范的先行区，也率先进行了诸多监管体系的尝试，是整个广东省法规体系建设的先行区和亮点区。为加强证券市场的宏观管理，1993年3月5日，中共深圳市委、市政府决定成立深圳市证券管理委员会，对深圳市证券市场进行宏观管理，并接受国家证券管理部门的领导。深圳市证券管理委员会下设深圳市证券管理办公室（以下简称"深圳证管办"），负责深圳市证券管理委员会的日常工作，按市属局级事业单位管理，于1993年4月1日正式挂牌办公。

为了规范证券投资基金设立、运作，保护持有人利益，1992年

6月,人民银行深圳分行颁布了《深圳市投资信托基金管理暂行规定》,这是当时唯一一部有关投资基金监管的地方性法规。虽然只是地方性的法规,但是它对早期的基金行业发展产生了深远的影响,该规定是1997年《证券投资基金暂行管理办法》出台前,国内证券投资基金发行、管理、托管等重要的法律依据。这一时期,国内证券投资基金处于快速发展阶段,深圳基金业的发展速度以及规模更是远超其他城市。到1993年底,全国一共批准设立了近50家证券投资基金,总规模达到了18亿元,其中深圳的证券投资基金资产总规模达到了13.7亿元,占全国基金资产总额的76.11%。当时深圳发行了国内两只最大的证券投资基金——天骥基金和蓝天基金,发行份额分别为5.81亿份、3.79亿份。同时,1993年3月份,两只基金被批准在深交所上市交易,这是我国基金首次进入交易所交易,再加上同年8月份经人民银行批准设立的淄博基金在上海证券交易所上市,标志着中国全国性投资基金市场正式诞生。天骥基金和蓝天基金现在虽然已经消失在人们的视线中,但是它们的早期实践,为我国基金业的起步提供了宝贵的经验与教训。

为加强对期货市场的管理,1993年4月,省政府成立广东省期货市场管理领导小组。同年7月23日,省政府颁布《广东省期货市场管理规定》,对期货交易所、期货经纪有限公司和期货清算公司等机构的运营进行规范。9月11日,省政府决定成立广东省期货监督管理委员会。12月16日,广东省期货监督管理委员会、广东省工商行政管理局、国家外汇管理局广东分局联合发出《关于清理和规范期货经纪机构的通知》,对期货经纪机构经营中出现的混乱状况加以规范。1994年下半年,为贯彻落实国务院关于坚决制止期货市场盲目发展的要求,广东开始严格规范整顿期货经纪公司,对省内100多家期货公司进行整顿，并要求其重新到工商行政管理局进行登记注册，此外，还对未经审批擅自从事的各种非法期货交易活动，坚决予以打击查处。7月16日，国家外汇管理局广东分局决定取消广东银发国际期货有限公司、广东星汉国际期货经纪有限公司等12个单位的外汇期货试办业务资格。9月20日，广东省期货监督管理委员会、广东省工商行政管理局、国家外汇管理局广东分局发布《关于进一步整顿期货市场的通告》，经过清理整顿，广东省大多数期货经纪公司停止境外期货业务、并有53家（未含深圳市）期货经纪公司获工商局重新注册，清理整顿之后，广东还有300多家期货经纪公司，约占全国期货公司总数的一半。1995年，广东省期货监督管理委员会建立期货经纪公司报告制度，要求各公司就公司财务和其他重大事项向广东省期货监督管理委员会报告备案。1995年5月17日，中国证监会发出《关于暂停国债期货交易试点的紧急通知》，规定各国债期货交易场所一律不准会员开新仓，由交易场所组织会员协议平仓。1996年2月，根据国务院和人民银行的要求，金融机构退出期货市场，当年广东有期货经纪机构112家，其中期货经纪公司55家、经纪公司营业部17家、兼营机构40家。1997年，广东省证券监督管理委员会与国家外汇管理局广东分局联合开展对从事外汇期货和外汇按交易活动的清查工作，在清查工作中，有关管理部门对10家相关机构违法活动进行处罚。

1994年7月18日，国务院证券委员会做出决定，由中国证监会配合人民银行共同审批、监管证券经营机构，实现证券公司的监管权分权管理。1995年5月10日，国家撤销广东省期货监督管理委员会与广东省证券监督管理委员会，合并组成新的广东省证券监督管理委员会（以下简称"省证监会"），包含24名工作人员，其中，广东省期货监督管理委员会管理的广东期货培训中心也划归新成立的省证监会管理。1997年6月，深圳市对证券、期货市场管理体制进行改革，将深圳市期货管理办公室并入市证券管理办公室，市证券管理办公室增设期货管理处，履行深圳期货市场监管职能。

图 4.11　1988 年 3 月 28 日广州证券公司开幕仪式在广州市举行

资料来源：《广东省志》编纂委员会：《广东省志（1979—2000）·银行·证券·保险卷》，方志出版社 2014 年版，第 8 页。

（四）证券监管规范发展阶段

1997 年《证券法》颁布实施后，中国证券市场开始实行集中统一的监管体制。广东省地方性监管机构先后被纳入中国证监会垂直管理，并成为中国证监会驻粤派出机构。1997 年 11 月，中国金融体系进一步明确了银行业、证券业、保险业分业经营、分业管理的原则。1998 年，中国证券市场监督管理体制发生重大变化。1998 年 4 月，国务院证券委员会撤销，其全部职能及人民银行对证券经

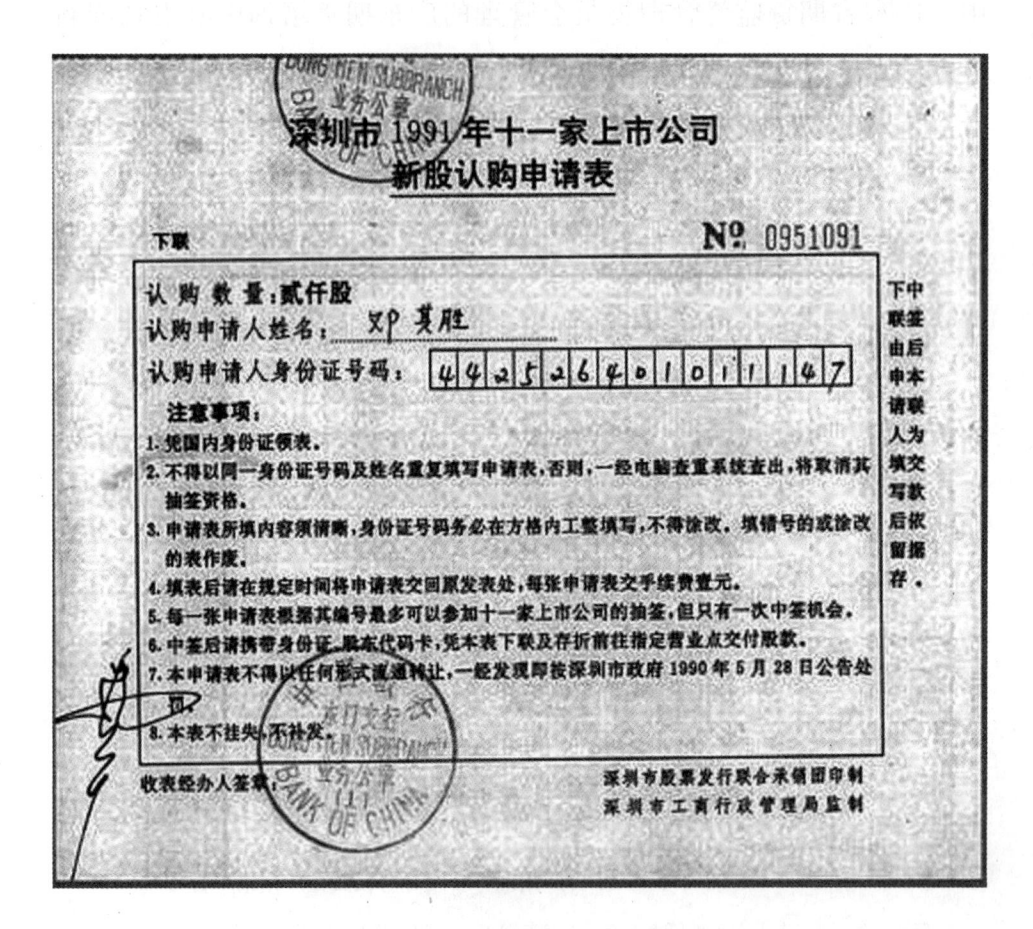

图 4.12　中华人民共和国第一次使用电脑抽签表认购新股，1991 年深圳新股认购申请表

资料来源：禹国刚、赵善荣、保民：《禹国刚重写中国股市历史》，海天出版社 2015 年版，第 115 页。

营机构的监管职能同时划归中国证监会，地方证券监管机构由中国证监会垂直领导。中国证监会成为全国证券期货市场的监管部门，吸收全国各省、自治区、直辖市和计划单列市的证券管理办公室和期货管理办公室（天津、沈阳、上海、济南、武汉、广州、深圳、成都、西安），实行跨区域监管体制，在全国设立了 36 个派出机构，由此全国性的单一监管就已经正式建立，也有利于证券市场的全国铺开发展。

在20世纪90年代中期，不少地方政府未经国务院批准越权设立产权交易所（中心）、证券交易中心和证券交易自动报价系统等机构，大量从事非上市公司股票、股权证等股权类证券的发行和交易活动。截至1998年5月，在广东省证券交易中心和证券交易自动报价系统等机构（NET和STAQ）挂牌交易的非上市公司股票（股权证）近30只，涉及的股本金额和投资者人数都比较多，但是，由于上市审批机制不健全，不少挂牌交易的非上市公司存在重筹资、轻转制的情况，对证券市场稳定和投资者合法权益构成很大隐患，证券投资基金参与人之间的权利和义务等法律都没有明确的规定。伴随着基金业的快速膨胀，证券投资基金也出现了不少的问题。一方面，基金的运作不规范，缺少必要的约束机制。以深圳为例，当时的证券投资基金虽然是根据《深圳市投资信托基金管理暂行规定》而设立的，持有人、管理人以及与托管人有较为规范的契约与监管关系，但是实际运作过程中，出现了监管的实质性缺位，有效的制约机制未能形成，使其早期的投资运作随意性很大。另一方面，投资理念尚未成熟，缺乏风险控制意识。当时的证券投资基金很大一部分投资于火爆的东南沿海房地产项目以及不可流通的法人股，随着1993年房地产泡沫的破灭，基金资产大幅缩水，很多基金公司面临破产倒闭的风险。在这样的大背景之下，曾经在国内基金业叱咤风云的天骥基金和蓝天基金也未能幸免。蓝天基金后来经过重组和改制更名为鸿飞证券投资基金，交由深圳宝盈基金管理公司管理；天骥基金经过重组和改制成为融鑫证券投资基金，交由国投瑞银基金管理公司管理。

从1998年4月开始，为依法规范和维护金融秩序，有效防范和化解金融风险，按照国家统一部署，广东省对场外股票交易市场、证券交易中心、证券经营机构、证券投资基金及期货市场进行全面清理整顿。通过清理整顿，广东证券市场运作进一步规范，管理体制得到完善，市场环境逐步好转。在这一阶段，证券市场由点及面，逐步扩展到全国，进入全面铺开的时代。1998年9月，人民银行深圳分行对深圳证券经营机构的监管职能划转至深圳证管办。同年，中国证监会设立"中国证券监督管理委员会深圳证券监管办公室"，深圳证管办由地方政府的职能部门转为中国证监会的派出机构，职能发生重要变化，不再负责政策制定、市场发展和行使审批，专事对深圳辖区资本市场的一线监管。11月，深圳市人民政府正式将深圳市的证券期货监管机构划归中国证监会。1999年7月1日，"中国证券监督管理委员会深圳证券监管办公室"正式挂牌。2004年3月1日，根据中央编制办公室的批复，中国证监会派出机构统一更名。中国证券监督管理委员会深圳证券监管办公室更名为中国证券监督管理委员会深圳监管局，简称"深圳证监局"。

从1998年上半年，省证监会和深圳证管办再次对省内期货市场进行清理整顿。在省政府的支持下，省证监会牵头专门开展广东省非法境外期货交易稽查工作，先后查处34家非法期货业务机构，关闭广东航联期货经纪公司，抑制非法境外期货交易的蔓延。1998年底，省证监会配合省政府完成广东联合期货交易所撤销工作，并制定将其改组为证券经纪公司的方案。同时，还如期完成全部期货兼营机构的期货代理业务的清查工作、清理合约1068手，清退保证金1015万元。1999年1月，省证监会又开始重点对期货经纪公司进行清理整顿，共关闭11家运作不规范、财务状况差的期货经纪公司，并推动通过年检的公司进行增资扩股工作，要求其达到3000

万元资本金的底线。深圳市在清理整顿期间，先后转让、自行停业或注销8家期货经纪公司。至1999年底，广东期货经纪公司数量从1998年的62家减少到42家；有35家公司完成增资扩股，公司注册资本由1000万元增加到3000万元以上。

除此之外，广东期货业加强对期货从业人员的监管，包括对期货经营机构高级管理人员和一般从业人员的准入资格和相关行为的监管。1998年初，省证监会制定《关于规范期货从业人员的暂行规定》，对期货从业人员在职业道德、职业行为等方面进行规范，同年6月，省证监会根据中国证监会授权，开始在全省期货经纪公司中建立期货从业人员档案。1998年以后，根据中国证监会的要求及授权，广州市证券管理办公室（以下简称"广州证管办"）和深圳证管办建立期货业从业人员、期货经纪公司高级管理人员数据库，并对期货业从业人员（期货交易所人员除外）、期货经纪公司高级管理人员，期货部经理、副经理任职资格进行确认。1999年11月，广州证管办根据中国证监会要求，举办首次期货从业人员资格考试，考试参加人数971人。11月4日，广州证管办承办全国期货经纪公司高级管理人员第一期培训，全国213家公司250名高级人员参加培训。2000年，中国证监会制定《期货交易所管理办法》等4个配套文件，这些文件成为期货经纪公司监管的主要法律依据。经过1998—2000年的清理整顿，广东期货市场秩序进一步规范，并建立起集中统一的期货市场监管体制。在中国证监会和中共广东省委、省政府的正确领导下，广东证券监管部门不断完善监管手段，创新监管方式，增强监管能力，严厉打击各种证券期货违法违规行为，有力地维护了辖区资本市场的正常秩序。广东证券监管部门于2004年着手进行了证券公司挪用客户保证金、违规代客理财的清理工作；2005年5月开始着手解决不可流通股的流通问题，同时加大打击违法违规从事证券交易活动的力度。通过积极支持和推动优质上市公司通过资本市场做大做强，支持证券期货公司拓展创新业务，完善公司治理和内部管理制度，有效地提升了上市公司及证券期货机构的质量和竞争实力。

（五）证券强监管阶段

2003年证券市场最终形成了分业监管模式，运行了将近15年。这一监管体制部分解决了当时金融领域的混乱局面，但随着开放程度的不断加深，越来越受到金融一体化和综合经营的挑战。2015年股票市场出现剧烈波动，为了证券市场的长远健康发展，中国证监会及相关监管部门进一步加强对证券行业的监管，证券市场进入了全面从严监管阶段。为了强化金融监管协调，补齐金融监管短板，2017年7月14日至15日，全国金融工作会议决定设立国务院金融稳定发展委员会，金稳委于2017年11月8日正式成立，由此形成"一行一委一局三会"[①]体制，体现了既有分工又有协调的监管原则。无论是从政策要求还是从制度环境看，监管体制的变化即是对金融业过于看重规模扩张，忽视质量提升和风险防范的校正，也是对新时代中国特色社会主义建设目标的适应性调整。从2016年起，"一行三会"[②]针对大量资金在金融体系内空转的现象，颁布一系列政策，引导资金脱虚向实，共同推进资管行业供给侧改革。"一行三会"的密集发声，体现了监管思路和监管标准的逐步趋同。2016

[①] "一行一委一局三会"，指中国人民银行、国务院金融稳定发展委员会、国家外汇管理局、中国银行业监督管理委员会、中国证券监督管理委员会、中国保险监督管理委员会。

[②] "一行三会"，指中国人民银行、中国银行业监督管理委员会、中国证券监督管理委员会和中国保险监督管理委员会。

年7月,中国证监会颁布《证券期货经营机构私募资产管理业务运作管理暂行规定》,对证券期货经营机构私募资产管理业务做了严格规范,结构化产品杠杆比例大幅降低;10月,中国证监会颁布新版风控指标,通过净资本指标约束定向资管业务。2017年,监管层延续2016年严监管的主基调,"依法监管、从严监管、全面监管"思想贯穿始终。从中国证监会颁布一系列文件来看,监管层在股市巨幅震荡后将防控风险作为第一要务,着眼于严肃市场纪律,保证资本市场稳中求进发展。2017年2月,"一行三会"流出的"资管新规"内审稿拉开了本轮资管去杠杆的序幕;2017年11月底,《关于规范金融机构资产管理业务的指导意见(征求意见稿)》出台,狂飙猛进的大资管时代开始落下帷幕,各券商通道业务的清理整顿工作陆续开展;2018年4月27日,《关于规范金融机构资产管理业务的指导意见》正式发布,宣告了券商资管野蛮发展的时代终结,主动管理规范发展时代正式来临。

按照国务院和中国证监会的统一部署,广东各级政府和有关部门紧密合作,认真开展证券公司综合治理工作,先后处置了南方证券有限公司、大鹏证券有限责任公司、汉唐证券有限责任公司、民安证券有限责任公司、广东证券股份有限公司等高风险证券公司,有效地遏止了风险的扩散,维护了广东证券市场秩序和经济社会稳定。其中包括:1999年至2000年,查办我国股市第一个市场操纵大案——中科创业股价操纵案,最终此案移送司法机关起诉,成为我国第一例因市场操纵追究刑事责任的案件。2001年,在法律法规未有明确规定的情况下,迎难而上,坚决查处三九医药股份有限公司大股东违规占用上市公司26亿巨额资金案。三九医药案件的查处在中国资本市场产生了巨大的轰动和震慑效应,外国媒体对中国证券监管当局的决心也给予充分肯定，由此打响了全国范围清理大股东及实际控制人违规占用上市公司资金战役的第一枪，推动了《中华人民共和国公司法》修订等相关法制建设。2001年至2004年，在券商风险处置政策尚未明朗的情况下，摸清、跟踪、处置了南方证券有限公司风险，拉开全国范围证券公司综合治理的序幕。2005年，针对证券投资咨询公司利用公众媒体以虚假宣传、承诺收益等方式招揽会员、骗取会费、损害投资者利益的行为，率先清理整顿证券投资咨询公司会员制业务，果断立案查处了智多盈、股海观潮、华鼎财经三家证券投资咨询公司。在深圳证监局监管实践和政策建议的推动下，中国证监会2005年12月发布《会员制证券投资咨询业务管理暂行规定》，有效防范全行业风险。2009年8月，对辖区全部基金公司开展突击检查，检查发现两家基金公司三名基金经理涉嫌"老鼠仓"行为，随后对其进行立案调查并高效完成调查工作，有效维护了市场秩序，促进了基金行业的规范发展。2010年7月，中国证监会将其中一名基金经理涉嫌犯罪的证据材料移送公安司法机关追究刑事责任，首开我国基金经理因"老鼠仓"被移送追究刑事责任之先河。同时，完善了证券公司内部管理和风险控制制度，妥善解决了挪用客户保证金、违规理财、股东出资不实等长期困扰广东省证券公司健康发展的历史遗留问题。此外，广东还采取有力措施，先后妥善处置了广东金曼集团股份有限公司、汕头宏业（集团）股份有限公司、深圳南华西投资发展集团有限公司、深圳深金田光电有限公司、深圳中浩（集团）股份有限公司等10多家上市公司的退市风险，帮助广东科龙电器股份有限公司、广东梅雁吉祥水电股份有限公司、TCL科技集团股份有限公司、春晖（上海）农业科技发展股份有限公司、广东风华高新科技股份有限公司等 20 多家上市公司化解了相关经营风险或治理风险。2017 年，广东省进一步创新新三板监管方式方法，构建"立体式"监管工作新格局。在全国率先开展年报全面审核工作，勾画辖区挂牌公司"脸谱"，实现年报审核"全覆盖"。同时在全国率先探索开展挂牌公司集体谈话活动。为进一步加强募集资金监管，广东辖区制定了《广东证监局公司债券违约风险处置应急预案》，建立健全违约风险应急处置的组织领导和工作机制；研究制定了《公司债券发行人年报审核工作底稿》，确定了募集资金管理、财务核算、偿债能力、公司治理及其他等 4 大类共 44 项审核事项，逐一明确了审核内容、程序和方式。

二　证券市场政策法规及制度的建立

（一）司法层面的法律规制

从法律层面来看，证券市场的法律法规变迁经历了三个阶段：全面铺开（1994—1998 年）阶段，标志性事件就是公司法的颁布、证监机构的调整；立体规范（1999—2004 年）阶段，标志性事件是证券法的颁布、上市公司治理；稳固根本（2005—2008 年）阶段，标志性事件是股权分置改革、券商综合治理。从监管的角度来看，分散、多头的监管模式逐渐过渡到集中、统一的监管模式。从国家层面来看，证券立法体制与证券市场的发展相适应，经历了一个由分散的地方立法、部门立法向集中的层级分明的立法体制转变的过程。全国人民代表大会是国家最高权力机关，掌握最高立法权，制定了一系列有关证券市场的法律。以《公司法》《证券法》《证券投资基金法》为核心，结合《会计法》《刑法》等有关法律的规定，对证券市场主体及其组织、证券发行和交易行为，以及相关中介机构的组织、活动都做出了比较全面的规定。国务院作为最高行政机关，行使证券市场行政法规制定权及决定、命令的发布权。在行政法规层面，《股票发行与交易管理暂行条例》《国务院关于股份有限公司境外募集股份及上市的特别规定》《国务院关于股份有限公司境内上市外资股的规定》等，基本上是在《证券法》颁布之前的立法，填补了法律空白，在《证券法》颁布施行后，其中与《证券法》不相抵触的部分依然有效。

中国证监会作为国务院证券监督管理机构，履行全国证券市场集中统一监管权，制定证券市场规章及规范性文件；国务院其他有关部门依法制定与证券市场相关的部门规章和规范性文件。截至2004年底，中国证监会单独或者联合相关部门发布的文件达316件，构成了证券法律规范的主体部分。另外，最高人民法院以司法解释的形式，制定了一系列证券法律规范。在国家立法之外，作为自律性组织的证券交易所和证券业协会，其自律规范也基本自成体系。从以上轨迹可以看出，首先，证券市场自身运行的规律要求证券市场的监管必须改变单纯依靠行政命令配置社会资源的固有模式，转向依靠相应的市场规则和法律制度。其次，当证券市场从一个区域性市场变成一个全国性市场，客观上要求立法跟上市场和监管需要的步伐，建立起完善的、统一的分层级的法律法规体系。再次，立法的过程，在客观上促进了法制先行、依法治市的良好观念的形成，推动了证券法制建设的进步。

（二）行政管理的他律监管

我国逐步建立了证券发行与交易及相关机构管理的制度体系。以《公司法》《证券法》《股票发行与交易管理暂行条例》为基础，以《中国证监会股票发行核准程序》《上市公司新股发行管理办法》

等规章为补充，形成了证券发行制度；以行政法规《国务院关于股份有限公司境外募集股份及上市的特别规定》及规章《关于企业申请境外上市有关问题的通知》《境内企业申请到香港创业板上市审批与监管指引》等为基础，建立了境外发行与上市制度；以《证券结算风险基金管理暂行办法》《证券交易所管理办法》《证券交易所风险基金管理暂行办法》等规章，规定了证券交易与结算机构监管制度；以《证券、期货投资咨询机构管理暂行办法》《证券公司管理办法》《客户交易结算资金管理办法》等规章为骨干，建立了证券经营机构与证券交易服务机构监管制度；以《上市公司收购管理办法》《上市公司股东持股变动信息披露管理办法》《关于上市公司重大购买、出售、置换资产若干问题的通知》等规章为骨干，形成了上市公司监督管理及信息披露制度；由《证券投资基金法》及相关的行政法规、规章，规定了证券投资基金管理制度；建立了证券违法行为法律责任制度。在期货市场，由行政法规《期货交易管理暂行条例》和《期货交易所管理办法》《期货经纪公司管理办法》等规章，规范了期货市场制度体系。

中国证券市场在监管部门的推动下，建立了一系列的规章制度，初步形成了证券市场的法规体系。1993年4月22日，李鹏总理签署国务院令第112号，《股票发行与交易管理暂行条例》正式颁布实施。1993年7月7日，国务院证券委员会发布《证券交易所管理暂行办法》。1993年8月2日，国务院发布《企业债券管理条例》。1993年11月，国务院决定将期货市场的试点工作交由国务院证券委员会负责，中国证监会具体执行。1994年7月18日，国务院证券委员会做出决定，由中国证监会配合人民银行共同审批、监管证券经营机构，这时对证券公司的监管权开始出现分化。

从广东省层面来看，1991年6月，为了规范证券机构的行为，保护投资者的合法权益，促进证券市场的健康发展，深圳市主管机关依据《深圳市股票发行与交易管理暂行办法》有关条款，颁发了《深圳市证券机构管理暂行条例》，它对证券经营机构的设置、业务范围、证券交易操作做出严格、明确的规定。尤其为保护公开、公平、公正的市场原则的落实，对证券交易过程中设定可能发生的若干行为，制定出监管及处罚的规则，为监督检查证券经营机构的营运情况，查处证券从业人员违规行为提供了依据。人民银行深圳分行1990年发布了《中国人民银行深圳经济特区分行关于深圳目前股票柜台交易的若干暂行规定》，确立了诸如委托经确认不得撤单、委托价格不得高于或低于前一交易日收市价的10%，时间优先、价格优先等交易规则。地方上的股票管理的法规，比较瞩目的有深圳市人民政府1991年发布的《股票发行与交易管理暂行办法》，将股东股票分三种发行方式：公开发行、私募发行与内部发行，对于不同的发行方式，程序上、审批的严格程度上有不同的要求。[①] 针对B股，也于1991年12月5日，施行《深圳市人民币特种股票管理暂行办法》，对B股的具体发行做出相应规定。[②]

在上市管理方面，1996年省证监会制定《关于公开发行股票工作程序的暂行规定》《关于加强省内企业境外发行股票及上市管理暂行办法》等一系列地方性规章制度同时，省证监会成立上市初审委员会，制定上市预选企业选拔标准，明确选拔指标，对备选企业进行打分，后来，在选拔工作中，省证监会逐步建立备选企业现场与非现场检查相结合的选拔机制，即：一方面根据各市政府及相关

---

① 马庆泉、刘钊：《中国证券简史》，山西经济出版社2015年版，第93页。
② 马庆泉、刘钊：《中国证券简史》，山西经济出版社2015年版，第95页。

厅局推荐的备选公司情况、派出检查小组深入公司进行实地调查，对公司的设施、经营、财务、产品和管理状况等逐项进行考察，并形成调查报告；另一方面专门组织材料审核小组，对各备选企业的上市申请材料进行现场审核，针对审核中发现的问题，审核小组通过向企业反馈、约见公司负责人等方式，督促企业解决上市中遇到的问题，并在此基础上出具对企业改制的初步审核意见。

在监管方面，按照国务院及中国证监会的统一部署，1998年6月省政府会同有关管理部门开始对省内所有证券交易中心、证券报价中心挂牌的企业股票进行全面停牌清理。1998年6月29日，省政府颁布《广东省股份有限公司审计规定》，规定：国有资本占企业资本总额50%以上，或国有资本比例不足50%但实质上拥有控制权的股份有限公司，进行公司设立、股份发行、企业改组等时，必须接受审计机关审计。同年9月29日，省政府转发广东省体制改革委员会《关于发展完善我省股份有限公司的意见》并提出发展股份有限公司的4个原则，其中第3个原则是：鼓励企业之间跨地区、跨行业、跨所有制交叉持股，吸引境内外法人、自然人投资入股，优化股权结构。[①] 到1999年底，在广东省NET和STAQ挂牌交易的20多家企业大部分通过大股东收购、赎回、资产置换等方式顺利实现退市。根据1999年中国证监会发出的《关于对拟公开发行股票公司改制运行情况进行调查的通知》规定，拟发行上市公司必须聘请证券公司进行辅导，并向中国证监会各地派出机构报送改制运行情况报告。辅导完成后，省证监部门对发行上市公司改制运行情况进行稽查，并向中国证监会报送调查报告。

---

① 《广东省志》编纂委员会：《广东省志（1979—2000）·银行·证券·保险卷》，方志出版社2014年版，第406页。

2013年11月，中共第十八届三中全会推出《关于全面深化改革若干重大问题的决定》，2014年10月，中共第十八届四中全会推出了《关于全面推进依法治国若干重大问题的决定》，这标志着中国资本市场发展进入了新的历史时期。其一，按照《关于全面深化改革若干重大问题的决定》中有关充分发挥市场机制在资源配置方面的决定性作用和实行负面清单管理的精神，广东证券监管机构认真梳理相关制度，修改相关法律、法规和部门规章，积极研究探讨资本市场的负面清单管理机制，调整各项监管机制、方法和措施，处理好政府与市场的关系，积极推进资本市场按照市场机制的内在要求健康发展。其二，积极探讨和完善资本市场的法治建设，明确监管部门的正面清单，加快依法治市的进程，落实各项制度和措施，建立中国特色的资本市场法制体系和法治机制。其三，按照《关于全面深化改革若干重大问题的决定》中关于"健全多层次资本市场体系，推进股票发行注册制改革，多渠道推动股权融资，发展并规范债券市场，提高直接融资比重"的要求，加快和完善多层次资本市场体系建设，积极发展直接金融机制和创新直接金融产品，推进中国金融体系改革和发展。

中小企业板块设立之初，监管部门就非常重视市场风险的防范。2004年2月1日，国务院发布了《关于推进资本市场改革开放和稳定发展的若干意见》，明确资本市场改革开放和稳定发展的指导思想、主要任务和政策措施，在此基础上2004年5月9日，深交所公布了《中小企业板块交易特别规定》《中小企业板块上市公司特别规定》和《中小企业板块证券上市协议》。这3个文件是针对中小企业的特点而制定的，目的是为了改进和加强市场监管，有效防范市场风险。[1] 2004年8月10日，深交所公布了《深圳证券交易所中小企业板块保荐工作指引》，细化和明确了保荐机构和保荐代表人推荐中小企业到深交所及进行持续督导的工作内容和程序，并建立了重大事项发表意见制度和保荐人约见制度，同时提出建立定期现场调查制度和募集资金专户存储制度等建议。[2] 为了保护投资者的合法权益，最大限度地防范和控制上市首日的过度炒作风险，深交所于2006年9月14日颁布了《关于加强中小企业版股票上市首日交易风险控制的通知》，针对上市首日股票建立了以"盘中涨幅与开盘涨幅之差"为指标的临时停牌风险控制机制。[3] 2007年8月9日，深交所发布了《关于进一步加强中小企业板股票上市首日交易监控和风险控制通知》，新股上市首日停牌次数最多可达4次。《关于进一步加强中小企业板股票上市首日交易监控和风险控制的通知》规定，投资者在新股交易中，若出现大笔申报、连续申报、高价申报影响了股票交易价格，其账户将被限制交易，涉嫌市场操纵的还将面临上报中国证监会立案查处的法律风险。

（三）行业协会的自律监管

证券市场的自律监管机构是通过制度公约、章程、准则和细则，对证券市场活动进行自我监管的组织。自律组织一般实行会员制，符合条件的证券经营机构及其他机构，可申请加入自律组织成为其会员，如证券同业公会、证券交易所等。中国证券市场的自律

---

[1] 马庆泉、刘钊：《中国证券简史》，山西经济出版社2015年版，第323页。

[2] 马庆泉、刘钊：《中国证券简史》，山西经济出版社2015年版，第323页。

[3] 马庆泉、刘钊：《中国证券简史》，山西经济出版社2015年版，第323页。

性监管机构主要有中国证券业协会、中国期货业协会、中国上市公司协会、沪深交易所，以及其他证券服务型中介机构，如会计、审计、律师和评估事务所等。广东省证券期货协会组织辖区期货经营机构会员签署了《广东期货业自律公约》，有力促进了期货业的规范有序发展，树立了诚信合规经营的社会形象。为配合中国期货业协会组织辖区期货公司签署《期货行业诚信宣言》，推进期货业更好地诚信发展。2014年和2015年，广东省证券期货业协会联合中国证券监督管理委员会广东监管局分别与广州市中级人民法院和广东省高级人民法院分别签订了《证券期货纠纷诉调对接合作备忘录》，为投资者提供了多元化纠纷解决渠道。2016年、2018年中国证监会与最高人民法院联合发布推进证券期货纠纷多元化解机制建设的试点意见和全面推进意见，填补了证券期货市场诉调对接制度空白。广东辖区积极推动指导辖区行业协会牵头于2015年设立广东中证投资者服务与纠纷调解中心，组建专业调解员队伍，并与中证中小投资者服务中心合作建设运营中证广东调解工作站，全面承担辖区证券期货投诉纠纷处理职责，免费为投资者提供专业便捷高效的一站式调解服务。完善调解工作机制，分别与广东省高院和广州市中级人民法院、广州仲裁委员会签署合作备忘录，建立诉调对接、仲调对接机制。2018年，为加强对辖区各证券分支机构的有效监管，中国证券监督管理委员会广东监管局开展了证券公司分支机构分类评价工作，下发《关于开展辖区证券公司分支机构分类监管工作的通知》，由广东证券期货协会承担分类监管的考核指标制定及自律评价等工作，并组织相应的证券公司和部分证券分公司召开调研座谈会，对分类监管各项考核指标进行详细讨论，结合工作实际，从自律管理和服务会员的角度提出了有效的修改和完善意见；

成立4个检查工作小组，对56家证券公司分支机构开展了自律评分现场检查，并结合日常投诉等情况，完成了对辖区966家证券公司分支机构自评结果的非现场核查工作。

通过强化"大监管、大稽查"理念，广东省多措并举，严厉打击财务造假、操纵市场、内幕交易、欺诈客户等严重侵害中小投资者利益的违法违规行为。落实行政处罚权，对情节严重的违法失信者依法实行"顶格"处罚。强化诚信监管，及时将辖区市场主体违法失信信息录入资本市场诚信数据库，建立失信记录与行政许可、日常监管、稽查处罚挂钩的监管机制，并加强跨部门信息共享，对上市公司等违法失信责任主体实施联合惩戒，形成"一处失信、处处受限"的失信惩戒环境。同时，积极为有关法院办理虚假陈述民事诉讼案提供专业支持，为受害投资者依法维权创造条件。持续加大非法证券活动监测、排查和查处力度，累计核查涉非机构信息389家次，现场摸查128家次，在广东局互联网站公开曝光190家不具有合法证券经营业务资质机构黑名单，叫停涉及传播非法荐股信息的某财经直播平台直播服务，向公安机关等部门通报移送非法证券案件线索146宗，协助公安机关侦破非法证券案件8宗，抓捕犯罪嫌疑人36人，辖区非法证券活动高发的势头得到有效遏制。